algoritmos
e programação
com exemplos em Pascal e C

⇢ as autoras

Nina Edelweiss é engenheira eletricista e doutora em Ciência da Computação pela Universidade Federal do Rio Grande do Sul. Durante muitos anos, lecionou em cursos de Engenharia e de Ciência da Computação na UFRGS, na UFSC e na PUCRS. Foi, ainda, orientadora do Programa de Pós-Graduação em Ciência da Computação da UFRGS. É coautora de três livros, tendo publicado diversos artigos em periódicos e em anais de congressos nacionais e internacionais. Participou de diversos projetos de pesquisa financiados por agências de fomento como CNPq e FAPERGS, desenvolvendo pesquisas nas áreas de bancos de dados e desenvolvimento de software.

Maria Aparecida Castro Livi é licenciada e bacharel em Letras, e mestre em Ciência da Computação pela Universidade Federal do Rio Grande do Sul. Desenvolveu sua carreira profissional na UFRGS, onde foi programadora e analista de sistema, antes de ingressar na carreira docente. Ministrou por vários anos a disciplina de Algoritmos e Programação para alunos dos cursos de Engenharia da Computação e Ciência da Computação. Sua área de interesse prioritário é o ensino de Linguagens de Programação, tanto de forma presencial quanto a distância.

E22a   Edelweiss, Nina.
　　　　　Algoritmos e programação com exemplos em Pascal e C /
　　　　Nina Edelweiss, Maria Aparecida Castro Livi. – Porto Alegre :
　　　　Bookman, 2014.
　　　　　xxviii, 446 p. : il. ; 23 cm.

　　　　　ISBN 978-85-8260-189-1

　　　　　1. Informática. 2. Algoritmos – Programação. I. Livi,
　　　　Maria Aparecida Castro. II. Título.

　　　　　　　　　　　　　　　　　　　　　　　CDU 004.421

Catalogação na publicação: Ana Paula M. Magnus – CRB 10/2052

nina edelweiss
maria aparecida castro livi

algoritmos
e programação

com exemplos em Pascal e C

2014

Copyright © 2014, Bookman Companhia Editora Ltda.

Gerente editorial: *Arysinha Jacques Affonso*

Colaboraram nesta edição:

Editora: *Maria Eduarda Fett Tabajara*

Capa e projeto gráfico: *Tatiana Sperhacke*

Imagem da capa: © *iStockphoto.com/enot-poloskun*

Leitura final: *Susana de Azeredo Gonçalves*

Editoração: *Techbooks*

Reservados todos os direitos de publicação, em língua portuguesa, à
BOOKMAN EDITORA LTDA., uma empresa do GRUPO A EDUCAÇÃO S.A.
Av. Jerônimo de Ornelas, 670 – Santana
90040-340 – Porto Alegre – RS
Fone: (51) 3027-7000   Fax: (51) 3027-7070

É proibida a duplicação ou reprodução deste volume, no todo ou em parte, sob quaisquer formas ou por quaisquer meios (eletrônico, mecânico, gravação, fotocópia, distribuição na Web e outros), sem permissão expressa da Editora.

Unidade São Paulo
Av. Embaixador Macedo Soares, 10.735 – Pavilhão 5 – Cond. Espace Center
Vila Anastácio – 05095-035 – São Paulo – SP
Fone: (11) 3665-1100   Fax: (11) 3667-1333

SAC 0800 703-3444 – www.grupoa.com.br

IMPRESSO NO BRASIL
PRINTED IN BRAZIL

apresentação

A série *Livros Didáticos*, do Instituto de Informática da Universidade Federal do Rio Grande do Sul, tem como objetivo a publicação de material didático para disciplinas ministradas em cursos de graduação em computação, ou seja, para os cursos de bacharelado em ciência da computação, de bacharelado em sistemas de informação, de engenharia de computação e de licenciatura em computação. A série é desenvolvida tendo em vista as Diretrizes Curriculares Nacionais do MEC e é resultante da experiência dos professores do Instituto de Informática e dos colaboradores externos no ensino e na pesquisa.

Os primeiros títulos, *Fundamentos da matemática intervalar* e *Programando em Pascal XSC* (esgotados), foram publicados em 1997 no âmbito do Projeto Aritmética Intervalar Paralela (ArInPar), financiados pelo ProTeM – CC CNPq/Fase II. Essas primeiras experiências serviram de base para os volumes subsequentes, os quais se caracterizam como livros-texto para disciplinas dos cursos de computação.

Em seus títulos mais recentes, a série *Livros Didáticos* tem contado com a colaboração de professores externos que, em parceria com professores do Instituto, estão desenvolvendo livros de alta qualidade e valor didático. Hoje a série está aberta a qualquer autor de reconhecida capacidade.

O sucesso da experiência com esses livros, aliado à responsabilidade que cabe ao Instituto na formação de professores e pesquisadores em computação, conduziu à ampliação da abrangência e à institucionalização da série.

Em 2008, um importante passo foi dado para a consolidação e ampliação de todo o trabalho: a publicação dos livros pela Bookman Editora. Uma lista completa dos títulos disponíveis encontra-se na orelha desta obra. Estamos ampliando a oferta aos leitores da série, sempre com a preocupação de manter nível compatível com a elevada qualidade do ensino e da pesquisa desenvolvidos no âmbito do Instituto de Informática da UFRGS e no Brasil.

Prof. Paulo Blauth Menezes
Comissão Editorial da Série Livros Didáticos
Instituto de Informática da UFRGS

prefácio

Este livro é o resultado da experiência que acumulamos ao longo dos muitos anos que ministramos a disciplina Algoritmos e Programação nos cursos de Bacharelado em Ciência da Computação e de Engenharia da Computação da Universidade Federal do Rio Grande do Sul.

O conteúdo foi selecionado para estar de acordo com a proposta de Currículo de Referência da Sociedade Brasileira de Computação – SBC (versão de 2005) para cursos de graduação nas áreas de computação e informática. Está incluída no tópico "Fundamentos da Computação", correspondendo à parte dos tópicos sugeridos para a matéria F2, Algoritmos e Estrutura de Dados, que são, segundo a proposta:

> Metodologia de Desenvolvimento de Algoritmos. Tipos de Dados Básicos e Estruturados. Comandos de uma Linguagem de Programação. Recursividade: Conceito e Implementação. Modularidade e Abstração. Estratégias de Depuração. Cadeias e Processamento de Cadeias. (...) Técnicas de Projeto de Algoritmos: Método da Força Bruta, Pesquisa Exaustiva, Algoritmo Guloso, Dividir e Conquistar, "Backtracking" e Heurísticas.

Utilizamos aqui a mesma pseudolinguagem do livro *Estruturas de Dados* (Edelweiss; Galante, 2009), também integrante da série *Livros Didáticos*, possibilitando, assim, a integração entre os conteúdos apresentados.

Agradecemos as importantes colaborações que tivemos ao longo dos anos, que muito contribuíram para a confecção deste livro. Em primeiro lugar, nosso reconhecimento aos demais professores que ministraram a disciplina de Algoritmos e Programação no Departamento de Informática Aplicada do Instituto de Informática da UFRGS, cada um acrescentando algum novo conhecimento através de suas experiências. Nosso reconhecimento ao professor Carlos Arthur Lang Lisbôa pela excelente e detalhada revisão dos originais. Especial agradecimento à professora Cora Helena Francesconi Pinto Ribeiro, que participou ativamente do início da confecção do livro. Nossos agradecimentos vão também a todos os nossos alunos que, ao longo de todos esses anos, sempre nos estimularam a melhorar o material apresentado. Finalmente, este livro não existiria sem o estímulo constante do professor Paulo Fernando Blauth Menezes, sempre nos apoiando e incentivando.

Nina Edelweiss

Maria Aparecida Castro Livi

lista de figuras

Figura 1.1   Simulação de um algoritmo   8
Figura 1.2   Valores durante a simulação   9
Figura 1.3   Esquema simplificado de um computador   11
Figura 1.4   Blocos de fluxograma   13
Figura 1.5   Fluxograma da soma de dois números   14
Figura 1.6   Etapas da construção de um programa   16
Figura 1.7   Tradução de programa-fonte para executável   18
Figura 1.8   Estruturas de controle de fluxo de execução na programação estruturada   20
Figura 3.1   Fluxograma com entrada e saída de dados   63
Figura 3.2   Fluxograma da soma de dois valores   64
Figura 3.3   Fluxograma do cálculo da média de três notas   66
Figura 3.4   Troca errada dos conteúdos de duas variáveis   68
Figura 3.5   Troca correta dos conteúdos de duas variáveis   69
Figura 4.1   Fluxograma de um comando de seleção simples   91
Figura 4.2   Fluxograma de um exemplo com comando de seleção simples   92
Figura 4.3   Fluxograma de comando de seleção simples com comando composto   93
Figura 4.4   Fluxograma do comando de seleção dupla   95
Figura 4.5   Fluxograma de um comando de seleção múltipla   99
Figura 4.6   Fluxograma do comando switch/case sem break   113
Figura 5.1   Fluxograma de execução interna do comando de repetição para/faça   128
Figura 5.2   Fluxograma do comando para/faça   129

Figura 5.3	Exemplo de fluxograma com comando para/faça	130
Figura 5.4	Fluxograma do comando de repetição enquanto/faça	135
Figura 5.5	Fluxograma do comando de repetição repita/até	140
Figura 6.1	Características de um vetor	166
Figura 6.2	Vetores gabarito e respostas (com respostas de um aluno)	167
Figura 6.3	Deslocamento de valores do vetor	170
Figura 6.4	Vetores com dados de atletas: número de identificação e escore	177
Figura 6.5	Pesquisa binária	178
Figura 6.6	Classificação por seleção	181
Figura 6.7	Classificação por meio do Método da Bolha	182
Figura 6.8	Exemplos de vetores em Pascal	184
Figura 7.1	Um vetor para cada aluno	196
Figura 7.2	Uma matriz para todos os alunos	197
Figura 7.3	Matriz tridimensional para notas	201
Figura 8.1	Vetor indexado por enumeração	224
Figura 9.1	Chamadas ao subprograma que calcula o fatorial	237
Figura 9.2	Fluxo de execução entre programa e subprograma	238
Figura 9.3	Vários níveis de chamadas a subprogramas	239
Figura 9.4	Escopo dos identificadores	245
Figura 9.5	Exemplo de programação modular	251
Figura 10.1	Variáveis simples *string* manipuladas como vetores de caracteres	273
Figura 10.2	Estrutura de uma *string* de 10 caracteres em Pascal	277
Figura 11.1	Campos do registro de um funcionário	294
Figura 11.2	Arranjo de registros	296
Figura 11.3	Arranjo como campo de um registro	297
Figura 11.4	Estruturas e arranjos em vários níveis	297
Figura 12.1	União de dois conjuntos	318
Figura 12.2	Intersecção entre dois conjuntos	319
Figura 12.3	Diferença entre dois conjuntos	319
Figura 13.1	Interação entre programa e arquivo	336
Figura 13.2	Estrutura de um arquivo de texto	343
Figura 13.3	Leitura a partir de um arquivo de texto	344

Figura 13.4 Acesso a arquivos binários 345
Figura 13.5 Conteúdo de um arquivo binário de inteiros 346
Figura 13.6 Acesso direto a arquivo gerado de forma sequencial 350
Figura 13.7 Acesso direto a arquivo gerado randomicamente 350
Figura 13.8 Arquivo com dois arquivos de índices associados 351
Figura 14.1 Alocação estática e dinâmica de memória 398
Figura 14.2 Representação gráfica de variável do tipo ponteiro 398
Figura 14.3 Perda de acesso a uma variável: ponteiro utilizado para outra variável 401
Figura 14.4 Perda de acesso a uma variável: atribuição de novo endereço ao ponteiro 402
Figura 14.5 Variáveis encadeadas 402
Figura 14.6 Lista encadeada 403
Figura 14.7 Vetor de ponteiros para listas encadeadas 406
Figura 15.1 Chamadas recursivas no cálculo de Fatorial (3) 421
Figura 15.2 Exemplo de recursividade indireta 423
Figura 15.3 Chamadas recursivas para cálculo do quinto termo da série de Fibonacci 427
Figura 15.4 Simulação de valores no *Quicksort* 428

lista de tabelas

Tabela 2.1	Operadores aritméticos na pseudolinguagem	33
Tabela 2.2	Funções predefinidas na pseudolinguagem	34
Tabela 2.3	Operadores relacionais na pseudolinguagem	35
Tabela 2.4	Operadores lógicos na pseudolinguagem	35
Tabela 2.5	Tabela-verdade dos operadores lógicos	36
Tabela 2.6	Operadores aritméticos em Pascal	43
Tabela 2.7	Operadores relacionais em Pascal	43
Tabela 2.8	Operadores lógicos em Pascal	44
Tabela 2.9	Algumas funções predefinidas em Pascal	44
Tabela 2.10	Tipos-base e seus modificadores de tipo	48
Tabela 2.11	Tamanho e intervalo de valores de tipos de dados declarados com o uso de modificadores	48
Tabela 2.12	Operadores aritméticos em C	51
Tabela 2.13	Operadores relacionais em C	51
Tabela 2.14	Operadores lógicos em C	51
Tabela 2.15	Precedência entre operadores em C	52
Tabela 2.16	Algumas funções predefinidas em C	53
Tabela 3.1	Exemplos de saída de dados sem formatação	71
Tabela 3.2	Exemplos de saída de dados com formatação	72
Tabela 3.3	Funções de incremento e decremento em Pascal	74
Tabela 3.4	Especificação de formato em C	77
Tabela 3.5	Formatações de saída em C	78
Tabela 3.6	Operadores de incremento e decremento em C	79

Tabela 3.7	Exemplos de valores de entrada a serem testados	85
Tabela 12.1	Exemplos de comparações entre conjuntos	320
Tabela 12.2	Exemplos de comparações entre conjuntos	327
Tabela 13.1	Arquivos de sistema	370
Tabela 13.2	Quadro resumo de modos de abertura para arquivos binários	372
Tabela 14.1	Acesso a vetor com notações de arranjo e de ponteiro	413

sumário

	introdução	1
1	**fundamentos**	**5**
1.1	o que é um algoritmo	6
	1.1.1 algoritmos executados por um computador	7
	1.1.2 comandos básicos executados por um computador	11
	1.1.3 da necessidade do desenvolvimento de algoritmos para solucionar problemas computacionais	11
	1.1.4 formas de expressar um algoritmo	12
	1.1.5 eficácia e eficiência de algoritmos	13
1.2	etapas de construção de um programa	15
1.3	paradigmas de programação	17
1.4	programação estruturada	19
1.5	elementos de representação interna de dados	21
1.6	dicas	22
1.7	testes	22
1.8	exercícios sugeridos	23
1.9	termos-chave	23

2 → unidades léxicas, variáveis, constantes e expressões 25

2.1 componentes das linguagens de programação 26
- 2.1.1 literais 26
- 2.1.2 identificadores 27
- 2.1.3 palavras reservadas 28
- 2.1.4 símbolos especiais 28
- 2.1.5 comentários 28

2.2 declarações 28
- 2.2.1 declaração de variáveis 29
- 2.2.2 declaração de tipos de dados 30
- 2.2.3 declaração de constantes 31

2.3 expressões 32
- 2.3.1 expressões aritméticas 32
- 2.3.2 expressões lógicas 34
- 2.3.3 expressões de *strings* 36

2.4 em Pascal 37
- 2.4.1 literais 37
- 2.4.2 identificadores 38
- 2.4.3 palavras reservadas 38
- 2.4.4 símbolos especiais 38
- 2.4.5 comentários 38
- 2.4.6 tipos de variáveis 39
- 2.4.7 declarações 40
- 2.4.8 expressões aritméticas, lógicas e de *strings* 43

2.5 em C 45
- 2.5.1 literais 45
- 2.5.2 identificadores 46
- 2.5.3 palavras reservadas 46
- 2.5.4 símbolos especiais 46
- 2.5.5 comentários 46
- 2.5.6 tipos de variáveis 47

	2.5.7	declarações	49
	2.5.8	expressões	50
2.6	**dicas**		**53**
2.7	**exercícios sugeridos**		**54**
2.8	**termos-chave**		**55**

3 → algoritmos sequenciais — 57

3.1	**esquema básico dos algoritmos sequenciais**	**58**
3.2	**comandos de entrada e de saída**	**59**
	3.2.1 comando de entrada de dados	59
	3.2.2 comando de saída de dados	59
	3.2.3 formatação de entrada e saída	60
3.3	**comando de atribuição**	**60**
	3.3.1 atribuição numérica	61
	3.3.2 atribuição lógica	62
	3.3.3 atribuição de caracteres	62
3.4	**fluxograma de programas sequenciais**	**63**
3.5	**estrutura de um algoritmo**	**64**
3.6	**exercícios de fixação**	**66**
3.7	**em Pascal**	**69**
	3.7.1 entrada de dados	69
	3.7.2 saída de dados	70
	3.7.3 comando de atribuição	73
	3.7.4 estrutura de um programa em Pascal	74
3.8	**em C**	**76**
	3.8.1 entrada e saída de dados	76
	3.8.2 atribuição	78
	3.8.3 estrutura de um programa em C	80
3.9	**dicas**	**83**

3.10	testes 84
3.11	exercícios sugeridos 85
3.12	termos-chave 87

4 → estruturas condicionais e de seleção — 89

4.1	comando de seleção simples 90
4.2	comando composto 92
4.3	comando de seleção dupla 94
4.4	comandos de seleção aninhados 95
4.5	comando de seleção múltipla 98
4.6	exercícios de fixação 100
4.7	em Pascal 105
	4.7.1 comando composto 105
	4.7.2 comando de seleção simples 106
	4.7.3 comando de seleção dupla 107
	4.7.4 comando de seleção múltipla 108
4.8	em C 109
	4.8.1 comando composto 109
	4.8.2 comando de seleção simples 110
	4.8.3 comando de seleção dupla 111
	4.8.4 comando de seleção múltipla 112
	4.8.5 bloco: declaração de variáveis locais 116
4.9	dicas 117
4.10	testes 118
4.11	exercícios sugeridos 119
4.12	termos-chave 123

5 → estruturas de repetição — 125

5.1 conceito de contador 126

5.2 comando de repetição por contagem para/faça 127
    5.2.1   aninhamento de comandos para/faça 133

5.3 comando de repetição condicional enquanto/faça por avaliação prévia de condição 134
    5.3.1   sinalização de final de dados 136
    5.3.2   contagem de repetições 138
    5.3.3   comandos de repetição aninhados 138

5.4 comando de repetição condicional repita/até por avaliação posterior de condição 139

5.5 garantia da consistência de dados através de comandos de repetição 141

5.6 selecionando o comando de repetição mais adequado 142

5.7 exercícios de fixação 142

5.8 em Pascal 145
    5.8.1   comando de repetição por contagem for 145
    5.8.2   comando de repetição condicional while/do 147
    5.8.3   comando de repetição condicional repeat/until 148

5.9 em C 149
    5.9.1   comando de repetição for 149
    5.9.2   comando de repetição condicional while por avaliação anterior de condição 152
    5.9.3   comando de repetição condicional do/while por avaliação posterior de condição 153
    5.9.4   selecionando o comando de repetição mais adequado 154

5.10 dicas 154

5.11 testes 156

5.12 exercícios sugeridos 156

5.13 termos-chave 161

6 variáveis estruturadas: arranjos unidimensionais — 163

6.1 arranjos 164
6.2 vetores 165
    6.2.1 declaração de um vetor 165
    6.2.2 acesso a um elemento de um vetor 166
    6.2.3 inicialização de vetores 168
6.3 exemplos de uso de vetores 168
    6.3.1 operações sobre um só vetor 168
    6.3.2 operações sobre mais de um vetor 170
    6.3.3 pesquisa e classificação de vetores 172
6.4 exercícios de fixação 172
6.5 em Pascal 183
    6.5.1 declaração de um vetor 183
    6.5.2 acesso aos elementos de um vetor..184
    6.5.3 inicialização de vetor na declaração 185
    6.5.4 atribuição em bloco...185
    6.5.5 *string* tratada como vetor 185
6.6 em C 186
    6.6.1 declaração de um vetor 186
    6.6.2 acesso aos elementos de um vetor..186
    6.6.3 inicialização na declaração..187
    6.6.4 cadeias de caracteres ou *strings*..187
6.7 dicas 188
6.8 testes 188
6.9 exercícios sugeridos 189
6.10 termos-chave 193

7 → variáveis estruturadas: arranjos multidimensionais — 195

7.1 matrizes 196

7.2 matrizes bidimensionais 197
    7.2.1 declaração de uma matriz bidimensional 197
    7.2.2 acesso a um elemento de uma matriz 198
    7.2.3 inicialização de matrizes 198
    7.2.4 exemplos de uso de matrizes 199

7.3 matrizes com mais de duas dimensões 200

7.4 exercícios de fixação 202

7.5 em Pascal 209
    7.5.1 declaração de uma matriz 209
    7.5.2 acesso aos elementos de uma matriz 210
    7.5.3 inicialização de matriz na declaração 210
    7.5.4 atribuição em bloco 211

7.6 em C 211
    7.6.1 declaração de uma matriz 211
    7.6.2 acesso aos elementos de uma matriz 212

7.7 dicas 212

7.8 testes 213

7.9 exercícios sugeridos 214

7.10 termos-chave 219

8 → tipo definido por enumeração — 221

8.1 enumerações 222
    8.1.1 declaração de tipo enumeração 222
    8.1.2 variáveis do tipo enumeração 223
    8.1.3 tipo enumeração utilizado como índice de vetores ou matrizes 224

8.2 exercícios de fixação 225

8.3 em Pascal 228

8.4	em C	230
8.5	dicas	231
8.6	testes	231
8.7	exercícios sugeridos	232
8.8	termos-chave	233

9 → subprogramas — 235

- **9.1** conceito de subprogramação 237
- **9.2** implementação de chamadas a subprogramas 238
- **9.3** parâmetros 240
  - 9.3.1 parâmetros formais e reais 240
  - 9.3.2 parâmetros de entrada e de saída 241
  - 9.3.3 parâmetros por valor ou por referência 241
- **9.4** declarações locais e globais 242
  - 9.4.1 escopo de identificadores 243
- **9.5** tipos de subprogramas 246
  - 9.5.1 procedimentos 246
  - 9.5.2 funções 247
- **9.6** refinamentos sucessivos e programação modular 248
- **9.7** exercícios de fixação 250
- **9.8** em Pascal 255
  - 9.8.1 procedimentos em Pascal 255
  - 9.8.2 funções em Pascal 256
- **9.9** em C 258
- **9.10** dicas 262
- **9.11** testes 262
- **9.12** exercícios sugeridos 263
- **9.13** termos-chave 269

10 manipulação de *strings* — 271

10.1 formas de manipular *strings* 272

10.2 tamanho de variáveis do tipo *string* 273

10.3 exercícios de fixação 274

10.4 em Pascal 277
- 10.4.1 declaração de *strings* 277
- 10.4.2 comprimento efetivo de *strings* 278
- 10.4.3 procedimentos para alteração de *strings* 279
- 10.4.4 comparação entre *strings* 281
- 10.4.5 procedimentos para conversão de tipos 281
- 10.4.6 mais funções de manipulação de *strings* 282

10.5 em C 284
- 10.5.1 declaração de *strings* 284
- 10.5.2 tamanho de *strings* 284
- 10.5.3 declaração com inicialização de *strings* 284
- 10.5.4 leitura de *strings* – função `scanf` 285
- 10.5.5 escrita de *strings* 285
- 10.5.6 comparação entre *strings* e outras operações com uso da biblioteca `string.h` 286

10.6 dicas 289

10.7 testes 289

10.8 exercícios sugeridos 289

10.9 termos-chave 291

11 registros — 293

11.1 o que é um registro 294

11.2 declaração de registro 295

11.3 referência a elementos de registros 298

11.4 exercícios de fixação 298

11.5	em Pascal	301
	11.5.1 declaração de um registro	301
	11.5.2 referência a campo de registro	301
	11.5.3 comando with	303
	11.5.4 atribuição de registros inteiros	304
11.6	em C	305
	11.6.1 declaração de uma estrutura	305
	11.6.2 referência aos campos de uma estrutura	306
11.7	dicas	307
11.8	testes	307
11.9	exercícios sugeridos	307
11.10	termos-chave	313

12 conjuntos — 315

12.1	tipo de dado conjunto	316
12.2	declaração de conjuntos	316
12.3	construção de conjuntos	317
12.4	operações sobre conjuntos	317
	12.4.1 operações que resultam em conjuntos	318
	12.4.2 operações que resultam em valores lógicos	318
12.5	inclusão de um elemento em um conjunto	320
12.6	entrada e saída de variáveis do tipo conjunto	321
12.7	exercícios de fixação	322
12.8	em Pascal	325
	12.8.1 declaração de conjuntos	325
	12.8.2 construção de conjuntos	325
	12.8.3 operações sobre conjuntos	326
	12.8.4 inclusão de um elemento em um conjunto	328
	12.8.5 entrada e saída de variáveis do tipo conjunto	328
12.9	em C	329

12.10	dicas	329
12.11	testes	329
12.12	exercícios sugeridos	330
12.13	termos-chave	333

13 → arquivos — 335

13.1	características de arquivos	336
	13.1.1 tipos de arquivos	337
	13.1.2 controle para acesso	337
	13.1.3 formas de acesso	338
13.2	etapas para o uso de arquivos	338
	13.2.1 declaração de arquivos	338
	13.2.2 associação de nome físico a arquivo	339
	13.2.3 abertura de arquivo	339
	13.2.4 fechamento de arquivos	340
	13.2.5 apagar e renomear arquivos	340
	13.2.6 leitura e escrita em arquivos	341
	13.2.7 verificação de erros de entrada e saída	342
13.3	arquivos de texto	342
	13.3.1 leitura e escrita em arquivos de texto	342
13.4	arquivos binários	345
	13.4.1 leitura e escrita em arquivos binários	346
	13.4.2 arquivos binários e acesso sequencial	346
	13.4.3 arquivos binários e acesso direto (ou randômico)	348
13.5	arquivos de texto *versus* arquivos binários	354
13.6	exercícios de fixação	354
13.7	em Pascal	360
	13.7.1 características de arquivos em Pascal	360
	13.7.2 etapas para uso de arquivos em Pascal	361
	13.7.3 arquivos de texto	363
	13.7.4 arquivos binários	366

13.8	em C 368
	13.8.1 características de arquivos em C 368
	13.8.2 etapas para uso de arquivos em C 371
	13.8.3 arquivos de texto 374
	13.8.4 arquivos binários 380
13.9	dicas 385
13.10	testes 385
13.11	exercícios sugeridos 386
13.12	termos-chave 393

14 → ponteiros e alocação dinâmica de memória — 395

14.1	alocação dinâmica de memória 396
14.2	conceito de ponteiro 397
14.3	declaração de um ponteiro 398
14.4	alocação e liberação de memória por meio de ponteiros 399
14.5	acesso a variáveis acessadas por ponteiros 399
14.6	atribuição de valor a ponteiro 400
14.7	perda de acesso a uma variável 400
14.8	exercícios de fixação 402
14.9	em Pascal 407
	14.9.1 declaração de um ponteiro 407
	14.9.2 alocação e liberação de memória por meio de ponteiros 408
14.10	em C 409
	14.10.1 declaração de um ponteiro 409
	14.10.2 atribuição a ponteiros 409
	14.10.3 operadores sobre ponteiros 409
	14.10.4 aritmética sobre ponteiros 410
	14.10.5 alocação e liberação de áreas de memória usando ponteiros 410
	14.10.6 ponteiros para vetores 412

14.11	dicas	413
14.12	testes	414
14.13	exercícios sugeridos	414
14.14	termos-chave	415

15 → recursividade — 417

15.1	conceito de recursividade	418
15.2	subprograma recursivo	419
15.3	implementação de subprogramas recursivos	420
15.4	recursividade indireta	422
15.5	vantagens e desvantagens da recursividade	424
15.6	exercícios de fixação	425
15.7	em Pascal	432
15.8	em C	433
15.9	dicas	433
15.10	testes	433
15.11	exercícios sugeridos	433
15.12	termos-chave	436

→ apêndice — 437

→ referências — 439

→ índice — 441

introdução

Aprender programação não é uma tarefa simples. Requer um entendimento perfeito do problema a ser solucionado, a análise de como solucioná-lo e a escolha da forma de implementação da solução. Abstração, organização, análise e crítica são fundamentais.

Linguagens de programação utilizadas no livro

A escolha da linguagem a ser utilizada para um primeiro curso de programação é fundamental na formação do futuro programador.

O número de linguagens desenvolvidas nos últimos 30 anos é muito grande, desde linguagens como Fortran, Algol, Cobol, Ada, Smalltalk, até as mais recentes, como C++, C#, Java, Ruby, Perl, Phyton. Devido à diversidade de linguagens atualmente utilizadas, foram necessárias algumas escolhas na elaboração deste livro.

Primeiramente foi feita a opção pelo paradigma de programação imperativo ou procedural (apresentado na Seção 1.3), por ser muito utilizado em um grande número de cursos de graduação e por ter servido de base para o desenvolvimento dos demais paradigmas.

Optou-se, ainda, por apresentar os conceitos de programação em uma pseudolinguagem algorítmica em lugar de utilizar diretamente alguma linguagem de programação específica. Desse modo, os conceitos apresentados podem ser traduzidos para qualquer linguagem de programação que siga o paradigma procedural, com as devidas adaptações. Deixa-se, assim, a escolha da linguagem a ser utilizada a cargo de cada professor que utilizar este livro.

A título de ilustração, todo novo conceito apresentado através da pseudolinguagem é, em seguida, exemplificado em duas linguagens de programação, Pascal (Farrer et al. 1999; Schmitz; Teles, 1988) e C (Kernighan; Ritchie, 1988) (Senne, 2009). A opção por essas duas linguagens, também encontrada em outras publicações acadêmicas (Ziviani, 2011), foi feita a partir de uma análise de quais são as linguagens mais utilizadas no nosso meio nas primeiras disciplinas de programação.

Pascal foi criada em 1970 por Niklaus Wirth com o objetivo de ser utilizada para ensinar programação. Até a década de 1990, foi a linguagem mais utilizada para esse fim. Novas versões da linguagem, como o Turbo Pascal aqui utilizado, introduziram novos recursos, dando-lhe mais flexibilidade. É uma linguagem bastante simples, intuitiva, sendo seu comportamento bem definido e conhecido. A pseudolinguagem utilizada baseia-se muito em Pascal.

A linguagem C foi proposta por Ritchie, em 1974 (Ghezzi; Jazayeri, 1987), e influenciou o desenvolvimento de muitas outras linguagens, especialmente de C++. A escolha da linguagem

C deu-se por ser muito utilizada em aplicações reais. Comparando-a com Pascal, C permite detalhar mais a representação interna das informações e apresenta características próprias, que devem ser bem conhecidas para que os resultados desejados sejam obtidos.

As duas linguagens não foram esgotadas nesse livro. São apresentadas somente as construções necessárias à representação dos problemas solucionados em uma disciplina de programação básica de um semestre. Em todos os exemplos apresentados, são utilizados os conceitos de programação estruturada, não sendo, portanto, apresentados comandos de desvio incondicional. Alguns algoritmos apresentados ao longo do livro são numerados exclusivamente com o objetivo de serem referenciados mais adiante. Se houver interesse em aprofundar os conhecimentos em linguagem C, sugere-se o livro *Linguagem C*, de Luís Damas (Damas, 2007), e o site de Steve Summit (Summit, 1999).

Para testar os programas apresentados, foram utilizadas as seguintes versões de software:

- em Pascal, o Dev-Pascal versão 1.9.2;
- em C, o Dev-C++ versão 4.9.9.2.

Descrição dos capítulos

A apresentação dos conteúdos mescla comandos e tipos de dados. Essa estrutura, desenvolvida e adotada quando a disciplina "Algoritmos e Programação" foi ministrada pelas autoras, permite a execução de pequenos programas já nas primeiras aulas. Essa abordagem didática foi comprovada ao longo dos anos como a melhor forma de manter a motivação dos alunos ao longo do curso: a cada semana é introduzido um novo conceito em aulas expositivas e com exercícios, as quais são seguidas de uma aula prática em laboratório.

Os capítulos do livro são todos estruturados de forma semelhante, como segue:

- apresentação dos conceitos do capítulo (comandos e/ou declarações de tipos), utilizando a pseudolinguagem;
- resolução de alguns exercícios de fixação com base nos novos conceitos apresentados, ainda utilizando pseudolinguagem;
- tradução dos conceitos vistos para as linguagens de programação Pascal e C, ressaltando as especificidades de cada uma;
- seção apresentando algumas dicas de programação e de estilo, para proporcionar programas legíveis e facilmente entendidos, chamando sempre a atenção para erros frequentes;
- indicação de alguns testes a serem realizados, para garantir programas corretos;
- lista de exercícios sugeridos incluindo, sempre que possível, aplicações práticas, científicas e comerciais, para mostrar ao aluno a real aplicabilidade dos conceitos apresentados.

O primeiro capítulo do livro traz alguns conceitos básicos sobre programação, necessários para o desenvolvimento de algoritmos. São também apresentadas duas formas de representar os algoritmos.

No Capítulo 2 são introduzidos os conceitos de variáveis e de tipos de dados. São apresentados os tipos de dados simples e a forma de representar expressões nos algoritmos. O primeiro algoritmo completo é construído no Capítulo 3, utilizando somente comandos sequenciais.

No Capítulo 4 são introduzidos os comandos condicionais e de seleção e, no Capítulo 5, os comandos de repetição.

A partir daí, são introduzidos tipos de dados estruturados, sendo os arranjos unidimensionais (vetores) apresentados no Capítulo 6 e os multidimensionais (matrizes), no Capítulo 7. Um tipo de dado definido através da enumeração dos seus elementos é apresentado no Capítulo 8.

O Capítulo 9 introduz o conceito de subprogramação, sendo seu uso estimulado ao longo dos capítulos seguintes, os quais voltam a apresentar tipos de dados estruturados: *strings* no Capítulo 10, registros no Capítulo 11, conjuntos no Capítulo 12, arquivos no Capítulo 13 e ponteiros no Capítulo 14.

O Capítulo 15 apresenta o conceito de recursividade, que pode ser utilizado em subprogramas.

Um Apêndice complementa o livro, trazendo a notação utilizada ao longo do texto para representar as regras da pseudolinguagem.

Informações para o professor

Esse livro foi concebido para ser utilizado como apoio para uma disciplina inicial de programação, envolvendo a construção de algoritmos. O conteúdo pode ser apresentado em uma disciplina de 6 (seis) horas semanais, com duração de um semestre.

A estruturação das aulas pode seguir diretamente a forma de apresentação do livro, utilizando em torno de uma semana para cada capítulo. O ideal é que os conceitos de um capítulo sejam apresentados aos alunos em uma aula expositiva, seguida de uma segunda aula na qual a construção de algoritmos com os novos conceitos seja praticada pelos alunos em sala de aula, individualmente ou em pequenos grupos. Somente depois de bem exercitada a construção de algoritmos de cada novo conceito é que se aconselha a realização de uma aula prática, quando então os alunos traduzem os algoritmos construídos para uma linguagem de programação. Dessa forma, os alunos não se fixam em uma linguagem de programação específica, podendo utilizar os conceitos aprendidos em outras linguagens que porventura forem utilizar.

Ponteiros são apresentados no penúltimo capítulo. Esse conceito geralmente é introduzido no início da disciplina de "Estruturas de Dados", em que é necessário para implementar listas encadeadas. Foi incluído neste livro por ser extremamente importante na linguagem C. Se a linguagem utilizada for Pascal, a discussão de ponteiros é opcional. Entretanto, se for C, ponteiros devem ser introduzidos antes do capítulo de subprogramação.

O conceito de recursividade foi deixado para o final do livro devido às dificuldades que os alunos têm de entendê-lo. Esse capítulo também poderia ser deixado para ser apresentado junto à disciplina de "Estruturas de Dados", pois o uso de recursividade é muito importante na resolução de algoritmos que envolvem percorrer árvores.

 Visitando o site do Grupo A (**www.grupoa.com.br**), o professor terá acesso às respostas dos exercícios de fixação propostos ao decorrer do livro. Para acessá-las, basta buscar pela página do livro e cadastrar-se.

capítulo

fundamentos

■ ■ Este primeiro capítulo discute algoritmos, formas de expressar algoritmos, etapas para a construção de um algoritmo e de um programa, paradigmas de programação, programação estruturada e fundamentos de representação interna de dados. Introduz, ainda, as linguagens de programação Pascal e C, utilizadas no livro.

Computadores constituem uma poderosa ferramenta para auxiliar o trabalho do homem. O uso mais comum dos computadores é por meio de aplicativos já desenvolvidos e disponíveis, tais como editores de texto, planilhas eletrônicas, sistemas de gerenciamento de bancos de dados, programas de acesso à Internet e jogos. Entretanto, por vezes, as pessoas desenvolvem soluções específicas para determinadas aplicações, de modo a permitir que as informações dessas aplicações possam ser acessadas e manipuladas de forma mais segura, rápida e eficiente ou com um custo mais baixo. Este livro trata dessa segunda forma de uso dos computadores, ou seja, de como um usuário pode projetar e desenvolver soluções próprias para resolver problemas específicos de seu interesse.

Este primeiro capítulo apresenta alguns conceitos básicos utilizados no restante do livro: o que vem a ser um algoritmo, formas de expressar algoritmos, etapas para a construção de um algoritmo e de um programa, algumas considerações a respeito das linguagens de programação utilizadas, o que vem a ser a programação estruturada, que é a técnica de programação adotada no desenvolvimento dos programas aqui apresentados, e alguns fundamentos de representação interna de dados.

1.1 o que é um algoritmo

Vejamos como são solucionados alguns problemas do cotidiano.

exemplo 1: Telefone público. Para utilizar um telefone público como um "orelhão" ou similar, as operações que devemos realizar estão especificadas junto a esse telefone, sendo mais ou menos assim:

1. leve o fone ao ouvido;
2. insira seu cartão no orifício apropriado;
3. espere o sinal para discar;
4. assim que ouvir o sinal, disque o número desejado;
5. ao final da ligação, retorne o fone para a posição em que se encontrava;
6. retire seu cartão.

Esse conjunto de operações é o que se denomina algoritmo. Qualquer pessoa pode executar essas operações, na ordem especificada, para fazer suas ligações telefônicas, desde que possua um cartão específico e conheça o número para o qual quer telefonar.

exemplo 2: Compra de um livro. Uma compra em um estabelecimento comercial também obedece a uma sequência de ações predeterminadas. Por exemplo, para comprar um livro em uma livraria deve-se:

1. entrar na livraria;
2. verificar se o livro está disponível. Para isso, precisa-se conhecer (1) o título e o autor do livro e (2) ter disponibilidade financeira para a compra. Caso a compra venha a ser efetuada, deve-se:
   a. levar o livro até o balcão;
   b. esperar que a compra seja registrada no caixa;

c. pagar o valor correspondente;
   d. esperar que seja feito o pacote;
   e. levar o livro comprado.
3. sair da livraria.

Os dois exemplos apresentados são resolvidos por uma sequência de ações bem definidas, que devem ser executadas em uma determinada ordem. Outras aplicações de nosso dia a dia podem ser detalhadas de forma semelhante: uma receita de um bolo, o acesso a terminais eletrônicos de bancos, a troca do pneu de um carro, etc.

definição de algoritmo. Um **algoritmo** é definido como uma sequência finita de operações que, quando executadas na ordem estabelecida, atingem um objetivo determinado em um tempo finito.

Um algoritmo deve atender aos seguintes requisitos:

- possuir um estado inicial;
- consistir de uma sequência lógica finita de ações claras e precisas;
- produzir dados de saída corretos;
- possuir estado final previsível (deve sempre terminar).

Além de definir algoritmos para resolver problemas do dia a dia, podemos também desenvolver algoritmos que podem ser transformados, total ou parcialmente, em programas e executados em computadores. Este livro concentra-se em problemas resolvidos através de algoritmos que podem ser integralmente executados por computadores.

1.1.1 algoritmos executados por um computador

Para que um algoritmo possa ser totalmente executado por um computador é necessário identificar claramente quais as ações que essa máquina pode executar. O exemplo a seguir permite identificar, através de uma simulação, algumas das ações básicas que um computador executa e como isso é feito.

Vamos supor que um professor, na sala de aula, mostre aos alunos como é calculada a média das notas de uma prova. Para simplificar, suponhamos que a turma tenha somente cinco alunos. As provas estão sobre sua mesa, já corrigidas. O professor desenha uma grade no quadro, dando nome a cada um dos espaços nos quais vai escrever a nota de cada aluno: Nota1, Nota2, etc. (Figura 1.1). Acrescenta mais um espaço para escrever os resultados de seus cálculos, que chama de Resultado.

Para formalizar o que está fazendo, ele escreveu a sequência de ações que está executando em uma folha sobre sua mesa. Ele inicia pegando a primeira prova, olha sua nota (vamos supor que seja 10) e escreve essa nota no espaço reservado para ela, que chamou de Nota1. Essa prova ele coloca em uma segunda pilha sobre a mesa, pois já foi usada e não deve ser considerada uma segunda vez para calcular a média. Em seguida, faz o mesmo para a segunda prova (nota 8), escrevendo seu valor em Nota2 e colocando-a na pilha das já utilizadas. Ele repete essa operação para cada uma das provas restantes.

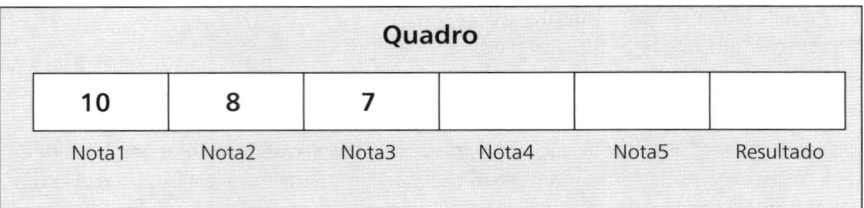

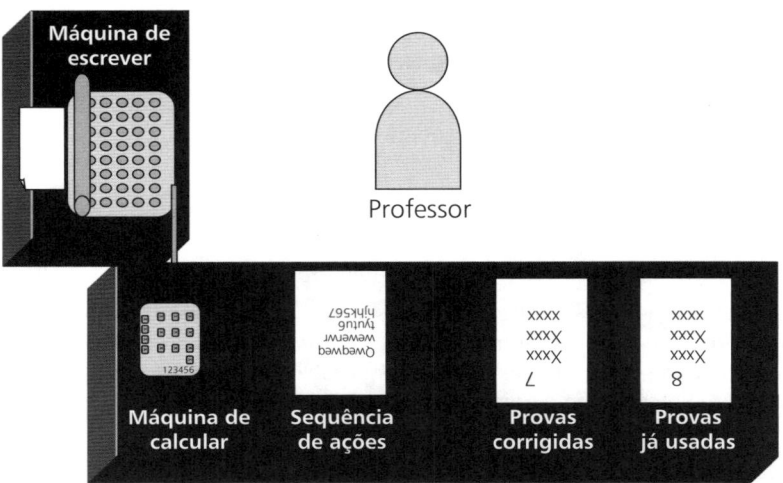

figura 1.1 Simulação de um algoritmo.

Obtidas todas as notas das provas, o professor passa a realizar as operações que vão calcular a média. Inicialmente, precisa somar todas as notas. Em cima da sua mesa, está uma calculadora. Ele consulta cada um dos valores das notas que escreveu no quadro e utiliza essa calculadora para fazer sua soma:

    Soma = Nota1 + Nota2 + Nota3 + Nota4 + Nota5

O resultado da soma ele escreve no espaço que chamou de Resultado (Figura 1.2a).

Feita a soma, ela deve ser dividida por cinco para que seja obtida a média das notas. Utilizando novamente a calculadora, o professor consulta o que escreveu no espaço Resultado (onde está a soma) e divide este valor por cinco. Como não vai mais precisar do valor da soma, o professor utiliza o mesmo espaço, chamado Resultado, para escrever o valor obtido para a média, apagando o valor anterior (Figura 1.2b).

Finalizando, o professor escreve as cinco notas obtidas nas provas e a média em uma folha, utilizando uma máquina de escrever, para informar à direção da escola.

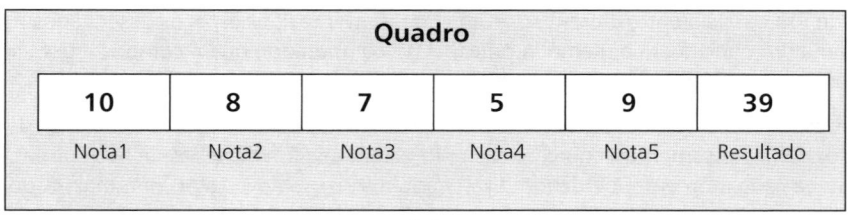

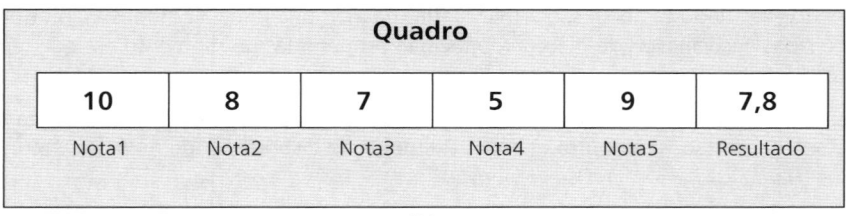

Quadro (a)

10	8	7	5	9	39
Nota1	Nota2	Nota3	Nota4	Nota5	Resultado

(a)

Quadro (b)

10	8	7	5	9	7,8
Nota1	Nota2	Nota3	Nota4	Nota5	Resultado

(b)

figura 1.2 Valores durante a simulação.

A sequência de ações que foram executadas foi a seguinte:

1. ler a nota da primeira prova e escrevê-la em Nota1;
2. ler a nota da prova seguinte e escrevê-la em Nota2;
3. ler a nota da prova seguinte e escrevê-la em Nota3;
4. ler a nota da prova seguinte e escrevê-la em Nota4;
5. ler a nota da prova seguinte e escrevê-la em Nota5;
6. somar os valores escritos nos espaços Nota1, Nota2, Nota3, Nota4 e Nota5. Escrever o resultado da soma em Resultado;
7. dividir o valor escrito em Resultado por cinco e escrever o valor deste cálculo em Resultado;
8. usando a máquina de escrever, escrever os valores contidos em Nota1, Nota2, Nota3, Nota4, Nota5 e Resultado;
9. terminar a execução desta tarefa.

Essa sequência de operações caracteriza um algoritmo, sendo que todas as ações realizadas nesse algoritmo podem ser executadas por um computador. A tradução desse algoritmo para uma linguagem que um computador possa interpretar gera o **programa** que deve ser executado pelo computador. O professor corresponde à unidade central de processamento (UCP ou, mais comumente, CPU, de *Central Processing Unit*), responsável pela execução desse programa. Essa unidade organiza o processamento e garante que as instruções sejam executadas na ordem correta.

Fazendo um paralelo entre o exemplo e um computador real, os espaços desenhados na grade do quadro constituem a memória principal do computador, que é composta por espaços acessados pelos programas através de nomes dados pelo programador.

Nesses espaços são guardadas, durante o processamento, informações lidas na entrada e resultados de processamentos, como no exemplo visto. Cada um desses espaços só pode conter um valor a cada momento, perdendo o valor anterior se um novo valor for armazenado nele, como ocorreu quando se escreveu a média em Resultado, apagando o valor da soma que lá estava. Denomina-se **variável** cada um desses espaços utilizados para guardar valores, denotando que seu valor pode variar ao longo do tempo. As instruções de um programa que está sendo executado também são armazenadas na memória principal. Todas as informações armazenadas nas variáveis da memória principal são perdidas no momento em que termina a execução do programa.

Unidades de memória secundária podem ser utilizadas para guardar informações (dados) a fim de serem utilizadas em outra ocasião. Exemplos de dispositivos de memória secundária são HDs (*Hard Disks*), CDs, DVDs e *pendrives*.

A comunicação do computador com o usuário durante o processamento e ao seu final é feita através de unidades de entrada e saída. No exemplo anterior, a pilha de provas corresponde à unidade de entrada do computador, através da qual são obtidos os valores que serão utilizados no processamento. A unidade de entrada mais usada para interação entre o usuário e o programa durante a execução é o teclado do computador. Quando se trata de imagens, a unidade de entrada pode ser, por exemplo, uma máquina fotográfica ou um *scanner*.

A máquina de escrever corresponde à unidade de saída, que informa aos usuários o resultado do processamento. Exemplos de unidades de saída são o vídeo do computador e uma impressora.

As unidades de entrada e saída de dados constituem as únicas interfaces do computador com seu usuário. Observe que, sem as unidades de entrada e saída, não é possível fornecer dados ao computador nem saber dos resultados produzidos.

A máquina de calcular corresponde à unidade aritmética e lógica do computador, responsável pelos cálculos e inferências necessários ao processamento. Sua utilização fica totalmente transparente ao usuário, que somente é informado dos resultados do processamento.

Resumindo, um computador processa dados. Processar compreende executar atividades como, por exemplo, comparações, realização de operações aritméticas, ordenações. A partir de dados (de entrada), processando-os, o computador produz resultados (saídas). Na figura 1.3, vê-se um esquema simplificado da organização funcional de um computador. Nela podem ser observados os sentidos em que as informações fluem durante a execução de um programa: o sistema central do computador compreende a CPU e a memória principal; na CPU estão as unidades de controle e de aritmética e lógica; a unidade de controle tem acesso à memória principal, às unidades de entrada e de saída de dados e aos dispositivos de memória secundária.

1.1.2 comandos básicos executados por um computador

Analisando o exemplo anterior, identificamos as primeiras ações que podem ser executadas por um computador:

- obter um dado de uma unidade de entrada de dados, também chamada de leitura de um dado;
- informar um resultado através de uma unidade de saída, também chamada de escrita de uma informação ou saída de um dado;
- resolver expressões aritméticas e lógicas;
- colocar o resultado de uma expressão em uma variável.

Essas ações são denominadas **instruções** ou **comandos**. Outros comandos serão vistos ao longo deste livro.

1.1.3 da necessidade do desenvolvimento de algoritmos para solucionar problemas computacionais

Nas atividades cotidianas já vistas, é sem dúvida necessária alguma organização por parte de quem vai realizar a tarefa. No uso do telefone, retirar o fone do gancho e digitar o número e, só depois, inserir o cartão não será uma boa estratégia, assim como, no caso da livraria, levar o livro sem passar pelo caixa também resultará em problemas. Nessas atividades, no entanto, grande parte das pessoas não necessita colocar por escrito os passos a realizar para cumprir a tarefa. Porém, quando se trata de problemas a solucionar por computador, a sequência de

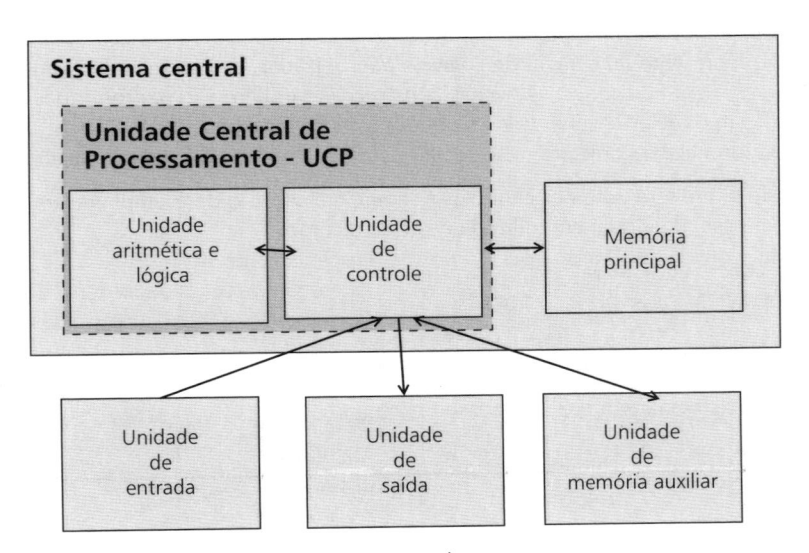

figura 1.3 Esquema simplificado de um computador.

ações que o computador deve realizar é por vezes bastante extensa e nem sempre conhecida e óbvia. Para a programação de computadores, a análise cuidadosa dos elementos envolvidos em um problema e a organização criteriosa da sequência de passos necessários à sua solução (algoritmo) devem obrigatoriamente preceder a escrita do programa que busque solucionar o problema. Para problemas mais complexos, o recomendável é desenvolver um algoritmo detalhado antes de passar à etapa de codificação, mas para problemas mais simples, o algoritmo pode especificar apenas os passos principais.

1.1.4 formas de expressar um algoritmo

Em geral, no desenvolvimento de algoritmos computacionais não são utilizadas nem as linguagens de programação nem a linguagem natural, mas formas mais simplificadas de linguagens. As formas mais usuais de representação de algoritmos são a linguagem textual, alguma pseudolinguagem e o fluxograma. Para exemplificar cada uma delas vamos usar o seguinte exemplo: *obter a soma de dois valores numéricos quaisquer*.

linguagem textual. Foi a forma utilizada para introduzir o conceito de algoritmo nos exemplos anteriores. Analisando o problema aqui colocado, para obter a soma de dois valores é preciso realizar três operações na ordem a seguir:

1. obter os dois valores
2. realizar a soma
3. informar o resultado

pseudolinguagem. Para padronizar a forma de expressar algoritmos são definidas pseudolinguagens. Uma pseudolinguagem geralmente é bastante semelhante a uma linguagem de programação, sem, entretanto, entrar em detalhes como, por exemplo, formatação de informações de entrada e de saída. As operações básicas que podem ser executadas pelo computador são representadas através de palavras padronizadas, expressas na linguagem falada (no nosso caso, em Português). Algumas construções também são padronizadas, como as que especificam onde armazenar valores obtidos e calculados, bem como a forma de calcular expressões aritméticas e lógicas.

Antecipando o que será visto nos capítulos a seguir, o algoritmo do exemplo recém-discutido é expresso na pseudolinguagem utilizada neste livro como:

```
Algoritmo 1.1 - Soma2
{INFORMAR A SOMA DE 2 VALORES}
  Entradas: valor1, valor2 (real)
  Saídas: soma (real)
início
  ler (valor1, valor2)          {ENTRADA DOS 2 VALORES}
  soma ← valor1 + valor2        {CALCULA A SOMA}
  escrever (soma)               {INFORMA A SOMA}
fim
```

fluxograma. Trata-se de uma representação gráfica que possibilita uma interpretação visual do algoritmo. Cada ação é representada por um bloco, sendo os blocos interligados por linhas dirigidas (setas) que representam o fluxo de execução. Cada forma de bloco representa uma ação. A Figura 1.4 mostra alguns blocos utilizados em fluxogramas neste livro, juntamente com as ações que eles representam. São adotadas as formas propostas na padronização feita pela ANSI (*American National Standards Institute*) em 1963 (Chapin, 1970), com algumas adaptações. Outras formas de blocos serão introduzidas ao longo do texto. A representação do algoritmo do exemplo acima está na Figura 1.5.

A representação através de fluxogramas não é adequada para algoritmos muito extensos, com grande número de ações a executar. Utilizaremos a representação de fluxogramas somente como apoio para a compreensão das diferentes construções que podem ser utilizadas nos algoritmos.

1.1.5 eficácia e eficiência de algoritmos

Dois aspectos diferentes devem ser analisados quando se constrói um algoritmo para ser executado em um computador: sua eficácia (exatidão) e sua eficiência.

eficácia (corretude) de um algoritmo. Um algoritmo deve realizar corretamente a tarefa para a qual foi construído. Além de fazer o que se espera, o algoritmo deve fornecer o resultado correto para quaisquer que sejam os dados fornecidos como entrada. A eficácia de um algoritmo deve ser exaustivamente testada antes que ele seja implementado em um computador, o que levou ao desenvolvimento de diversas técnicas de testes, incluindo testes formais. A forma mais simples de testar um algoritmo é através de um "teste de mesa", no qual se si-

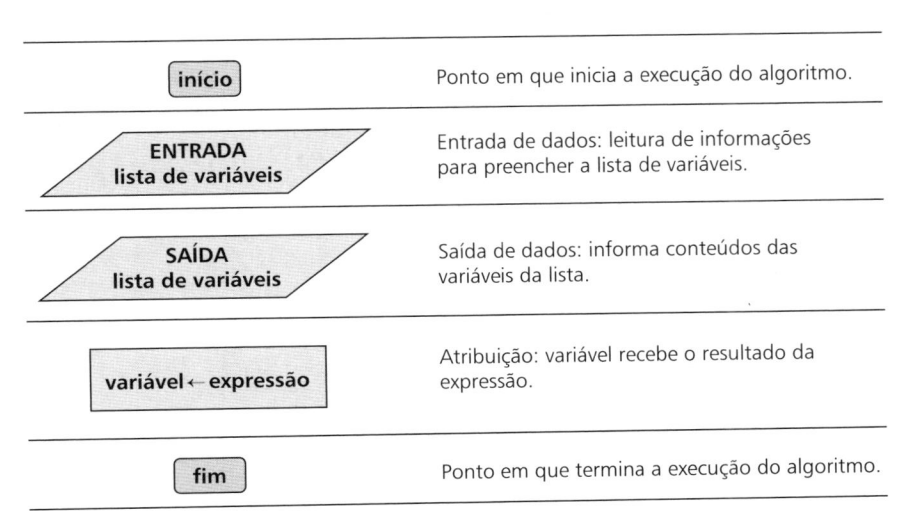

início	Ponto em que inicia a execução do algoritmo.
ENTRADA lista de variáveis	Entrada de dados: leitura de informações para preencher a lista de variáveis.
SAÍDA lista de variáveis	Saída de dados: informa conteúdos das variáveis da lista.
variável ← expressão	Atribuição: variável recebe o resultado da expressão.
fim	Ponto em que termina a execução do algoritmo.

figura 1.4 Blocos de fluxograma.

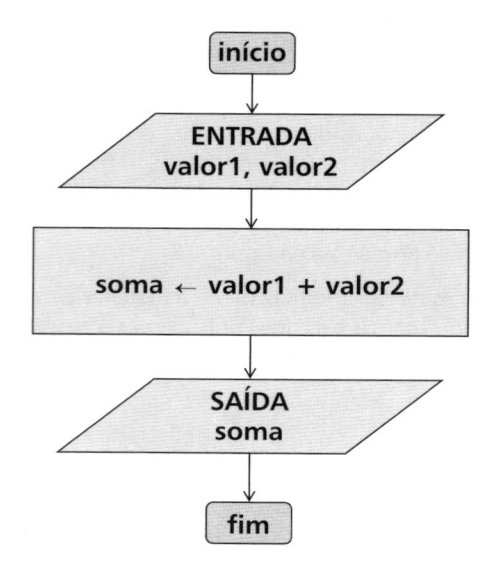

figura 1.5 Fluxograma da soma de dois números.

mula com lápis e papel sua execução, com conjuntos diferentes de dados de entrada. No final de cada capítulo deste livro, são indicados alguns cuidados a adotar para verificar a exatidão dos algoritmos durante os testes.

eficiência de um algoritmo. A solução de um problema através de um algoritmo não é necessariamente única. Na maioria dos casos, algoritmos diferentes podem ser construídos para realizar uma mesma tarefa. Neste livro será enfatizada a utilização de técnicas que levam à construção de algoritmos mais eficientes. Entretanto, em alguns casos não se pode dizer *a priori* qual a melhor solução. Pode-se, sim, calcular qual a forma mais eficiente, com base em dois critérios: tempo de execução e espaço de memória ocupado. Aspectos de eficiência de algoritmos são vistos em outro livro desta série (Toscani; Veloso, 2012).

Um exemplo da diferença entre eficácia e eficiência pode ser observado na receita de ovo mexido mostrada a seguir:

1. ligar o fogão em fogo baixo;
2. separar 1 ovo, 1 colher de sobremesa de manteiga e sal a gosto;
3. quebrar o ovo em uma tigela;
4. colocar sal na tigela;
5. misturar levemente o ovo e o sal, com um garfo;
6. aquecer a manteiga na frigideira até que comece a derreter;
7. jogar o ovo na frigideira, mexendo com uma colher até ficar firme;
8. retirar da frigideira e servir.

Se analisarmos o algoritmo acima, podemos observar que, embora o ovo mexido seja obtido, garantindo a eficácia da receita, existe uma clara ineficiência em relação ao gasto de gás, uma vez que ligar o fogão não é pré-requisito para a quebra do ovo e mistura do ovo e do sal. Já em outras ações, como as especificadas nos passos 3 e 4, a sequência não é relevante.

Se modificarmos apenas a sequência das ações, conforme indicado abaixo, então teremos um algoritmo eficaz e mais eficiente:

```
1. separar 1 ovo, 1 colher de sobremesa de manteiga e sal a gosto;
2. quebrar o ovo em uma tigela;
3. colocar sal nesta tigela;
4. misturar levemente o ovo e o sal, com um garfo;
5. ligar o fogão em fogo baixo;
6. aquecer a manteiga na frigideira até que comece a derreter;
7. jogar o ovo na frigideira, misturando com uma colher até ficar firme;
8. retirar da frigideira e servir.
```

1.2 etapas de construção de um programa

A construção de um algoritmo para dar suporte computacional a uma aplicação do mundo real deve ser feita com todo cuidado para que ele realmente execute as tarefas que se quer de forma correta e em tempo razoável. Programar não é uma atividade trivial, muito antes pelo contrário, requer muito cuidado e atenção. A dificuldade em gerar bons programas levou à definição de técnicas específicas que iniciam frequentemente com a construção de um algoritmo.

A forma mais simples de garantir a qualidade de um programa é construí-lo seguindo uma série de etapas. Parte-se de uma análise inicial da realidade envolvida na aplicação, desenvolvendo a solução de forma gradual, e chega-se ao produto final: um programa que executa as funcionalidades necessárias à aplicação.

A seguir, são explicadas as etapas que devem ser cumpridas para assegurar a construção de um programa correto (Figura 1.6). Observe que este processo não é puramente sequencial, mas, em cada etapa, pode ser necessário voltar a alguma etapa anterior para desenvolver com mais detalhes algum aspecto.

- **análise detalhada do problema.** Inicia-se com uma análise detalhada do problema, identificando os aspectos que são relevantes para a sua solução. No Algoritmo 1.1, o problema é:

  `Informar a soma de dois valores.`

- **especificação dos requisitos do problema.** Nessa etapa são identificados e especificados os resultados que deverão ser produzidos (saídas) e os dados que serão necessários para a execução da tarefa requerida (entradas). No Algoritmo 1.1, os dados de entrada e saída são:

```
Entradas: dois valores numéricos, digitados via teclado.
Saída: a soma dos dois valores, mostrada na tela.
```

Esse é um problema simples, adequado à introdução dos conceitos iniciais. Contudo, na prática, não apenas os objetivos podem ser mais complexos como a identificação de entradas e saídas pode incluir formatos e valores válidos, bem como quantidades de valores e a especificação de outros dispositivos de entrada e saída.

- **construção de um algoritmo.** A etapa seguinte é o projeto de um algoritmo que solucione o problema, ou seja, de um conjunto finito de ações que, quando executadas na ordem estabelecida, levem ao resultado desejado em um tempo finito. É importante notar que mesmo os problemas mais simples tendem a ter mais de uma solução possível, devendo ser determinada a solução que será adotada. Nesta etapa já devem ser criados nomes de variáveis que irão armazenar os valores de entrada e os valores gerados durante o processamento. O Algoritmo 1.1. representa uma possível solução alcançada nesta etapa.
- **validação do algoritmo.** Em seguida, deve ser feita a validação lógica do algoritmo desenvolvido. Essa validação muitas vezes é feita através de um teste de mesa, ou seja, simulando sua execução com dados virtuais. Procura-se, através desses testes, verificar se a solução proposta atinge o objetivo. Devem ser feitos testes tanto com valores corretos como incorretos. No exemplo que está sendo utilizado aqui, os dados para testes devem incluir valores nulos, positivos e negativos, como por exemplo:

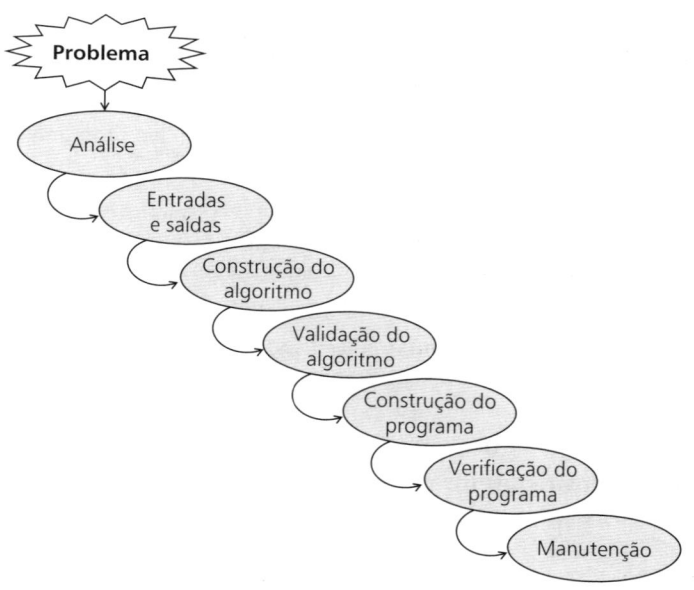

figura 1.6 Etapas da construção de um programa.

Valor1	Valor2	Soma
0	0	0
26	12	38
-4	-10	-14
12	-10	2
-5	2	-3

- **codificação do programa.** É a tradução do algoritmo criado para resolver o problema para uma linguagem de programação. Os programas em Pascal e C gerados a partir do algoritmo desenvolvido para o exemplo (Algoritmo 1.1) são apresentados no Capítulo 3.
- **verificação do programa.** Consiste nas verificações sintática (compilação) e semântica (teste e depuração) do programa gerado. Os mesmos valores utilizados no teste de mesa podem ser utilizados para testar o programa gerado.
- **manutenção.** Uma vez considerado pronto, o programa passa a ser utilizado por usuários. A etapa de manutenção do programa inicia no momento em que ele é liberado para execução, e acompanha todo seu tempo de vida útil. A manutenção tem por finalidade corrigir eventuais erros detectados, assim como adicionar novas funcionalidades.

Cada uma dessas fases é importante, devendo ser respeitada e valorizada para se chegar a programas de qualidade. Neste sentido, aqui são fornecidos subsídios a fim de que todas as etapas sejam consideradas durante a escrita de programas como, por exemplo, a indicação de valores que devem ser utilizados nos testes de cada comando e conselhos para deixar os programas legíveis, de modo a facilitar a sua manutenção.

1.3 paradigmas de programação

O programa realmente executado por um computador é escrito em uma linguagem compreendida pela máquina, por isso denominada linguagem de máquina, na qual as instruções são codificadas no sistema de numeração binário. A utilização direta de linguagem de máquina é bastante complicada. Para tornar a escrita de programas mais acessível a usuários comuns foram desenvolvidas linguagens de mais alto nível, denominadas linguagens de programação. São linguagens que permitem a especificação das instruções que deverão ser executadas pelo computador através de uma linguagem mais próxima da linguagem natural.

Um programa escrito numa linguagem de programação, denominado programa-fonte, deve ser primeiro traduzido para linguagem de máquina, para só então ser executado pelo computador. A tradução do programa-fonte para o programa em linguagem de máquina correspondente é feita por um outro programa, específico para a linguagem utilizada, denominado compilador (Figura 1.7).

Na busca de uma forma simples, clara e precisa de escrever programas, diversas linguagens de programação foram desenvolvidas nos últimos anos. Toda linguagem possui uma sintaxe bem definida, que determina as construções corretas a serem utilizadas para a elaboração de programas. Além disso, cada linguagem de programação utiliza um conjunto de conceitos adotados na solução de problemas, o qual corresponde à semântica desta linguagem, ou seja, à forma como construções sintaticamente corretas são executadas. Esses conceitos possibilitam diferentes abordagens de problemas e formulações de soluções, isto é, seguem diferentes **paradigmas de programação**.

A palavra "paradigma" corresponde a um modelo ou padrão de como uma realidade é entendida e de como se interage com essa realidade. Aqui, um paradigma de programação corresponde à forma como a solução está estruturada e será executada no programa gerado, incluindo técnicas e conceitos específicos, bem como os recursos disponibilizados. Os principais paradigmas das linguagens de programação são (Ghezzi; Jazayeri, 1987; Melo, Silva, 2003; Sebesta, 2003):

- **imperativo ou procedural**, no qual um programa é composto por uma sequência de comandos a serem executados pelo computador em uma determinada ordem. Dentre as linguagens de programação voltadas a esse paradigma destacam-se Pascal, C, Fortran, Cobol, PL/1, Basic, Algol, Modula e Ada, entre outras;
- **funcional**, em que um programa é composto pela declaração de funções que transformam a(s) entrada(s) na(s) saída(s) desejada(s). Exemplos de linguagens funcionais são Lisp, ML, Miranda, Haskell e OCaml;
- **lógico**, que utiliza a avaliação de condições lógicas como base para a escrita dos programas. Um programa é composto por regras que disparam ações a partir da identificação de premissas. Um exemplo desse paradigma é a linguagem Prolog;
- **orientação a objetos**, em que o mundo real é representado por meio de classes de objetos e das operações que podem ser realizadas sobre eles, as quais definem seu comportamento. Herança e polimorfismo são conceitos básicos adotados nesse paradigma. Smalltalk, C++, Java, PascalOO, Delphi, C#, Eiffel e Simula são exemplos de linguagens orientadas a objetos.

A forma de escrever um programa em cada um desses paradigmas é bastante diferente. Neste livro será considerado somente o **paradigma imperativo** ou **procedural**. Essa opção, para um primeiro curso em programação, justifica-se pelas seguintes razões:

- o paradigma imperativo permite representar de uma forma intuitiva os problemas do dia a dia, que geralmente são executados através de sequências de ações;

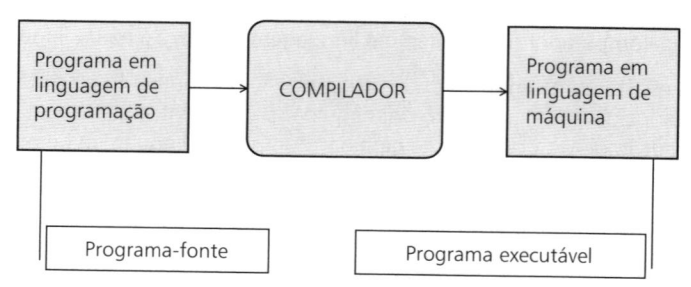

figura 1.7 Tradução de programa-fonte para executável.

- historicamente, os primeiros programas foram desenvolvidos utilizando linguagens imperativas, sendo esse um paradigma dominante e bem estabelecido;
- existe um grande número de algoritmos e de sistemas implementados em linguagens que seguem esse paradigma, os quais podem ser utilizados como base para o desenvolvimento de novos programas.

A opção de utilizar as linguagens Pascal e C neste livro deu-se por serem essas as linguagens mais utilizadas como introdutórias à programação na maior parte dos cursos brasileiros de ciência da computação, informática e engenharia da computação.

A **linguagem Pascal** foi definida por Niklaus Wirth em 1970 (Wirth, 1971, 1972, 1978) com a finalidade de ser utilizada em aplicações de propósito geral e, principalmente, para ensino de programação. Uma característica importante de Pascal é que foi, desde sua criação, pensada para dar suporte à programação estruturada. Pascal serviu de base para o desenvolvimento de diversas outras linguagens de programação (Ghezzi; Jazayeri, 1987). Portanto, o aprendizado de novas linguagens de programação, sobretudo as que seguem o paradigma imperativo, se torna mais fácil para quem conhece Pascal.

A **linguagem C** foi desenvolvida por Dennis Ritchie nos anos 1970 (Kernighan; Ritchie, 1988) com o propósito de ser uma linguagem para a programação de sistemas. É hoje largamente utilizada em universidades e no desenvolvimento de *software* básico.

1.4 programação estruturada

A **programação estruturada** (Jackson, 1975) pode ser vista como um subconjunto do paradigma imperativo. Baseia-se no princípio de que o fluxo do programa deve ser estruturado, devendo esse fluxo ficar evidente a partir da estrutura sintática do programa. A estruturação deve ser garantida em dois níveis: de comandos e de unidades.

No nível de comandos, a programação estruturada fundamenta-se no princípio básico de que um programa deve possuir um único ponto de entrada e um único ponto de saída, existindo de "1 a n" caminhos definidos desde o princípio até o fim do programa e sendo todas as instruções executáveis, sem que apareçam repetições (*loops*) infinitas de alguns comandos. Nesse ambiente, o programa deve ser composto por blocos elementares de instruções (comandos), interconectados através de apenas três mecanismos de controle de fluxo de execução: sequência, seleção e iteração. Cada bloco elementar, por sua vez, é delimitado por um ponto de início – necessariamente no topo do bloco – e por um ponto de término – necessariamente no fim do bloco – de execução, ambos muito bem definidos. Os três mecanismos de controle do fluxo de execução estão representados na Figura 1.8 através de fluxogramas, nos quais se observa claramente os pontos de entrada e de saída de cada bloco de instruções. Alguns dos blocos que constam nessa figura serão vistos nos próximos capítulos deste livro.

Uma característica fundamental da programação estruturada é que o uso de desvios incondicionais no programa, implementados pelo comando GOTO (VÁ PARA), é totalmente proibido.

Embora esse tipo de comando, em alguns casos, possa facilitar a construção de um programa, dificulta enormemente sua compreensão e manutenção.

No nível de unidades, a programação estruturada baseia-se na ideia proposta em 1972 pelo cientista de computação E. W. Dijkstra: "A arte de programar consiste na arte de organizar e dominar a complexidade dos sistemas". A programação estruturada enfatiza a utilização de unidades separadas de programas, chamadas de módulos, que são ativadas através de comandos especiais. Propõe que os programas sejam divididos em um conjunto de subprogramas menores, cada um com seu objetivo específico e bem definido, mais fáceis de implementar e de testar (seguindo a tática de "dividir para conquistar").

O desenvolvimento de programas deve ser feito de forma descendente, com a decomposição do problema inicial em módulos ou estruturas hierárquicas, de modo a dividir ações complexas em uma sequência de ações mais simples, desenvolvidas de forma mais fácil. Essa técnica decorre da programação estruturada e é também conhecida como **programação modular**.

Resumindo, a programação estruturada consiste em:

- uso de um número muito limitado de estruturas de controle;
- desenvolvimento de algoritmos por fases ou refinamentos sucessivos;
- decomposição do algoritmo total em módulos.

Essas técnicas para a solução de problemas visam à correção da solução desenvolvida, bem como à simplicidade dessa solução, garantindo uma melhor compreensão do que é feito e facilitando a manutenção dos programas por outras pessoas além do desenvolvedor inicial.

Neste texto será utilizada a programação estruturada, incentivando o desenvolvimento de programas através de módulos, de forma a garantir a qualidade dos programas construídos (Farrer et al., 1999). Seguindo os preceitos da programação estruturada, comandos do tipo GOTO (VÁ PARA), que alteram o fluxo de execução incondicionalmente, não serão tratados neste livro.

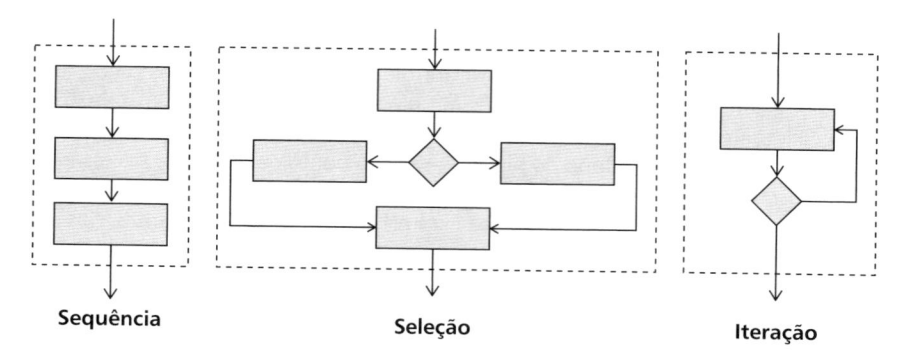

figura 1.8 Estruturas de controle de fluxo de execução na programação estruturada.

1.5 elementos de representação interna de dados

Internamente, os computadores digitais operam usando o sistema numérico binário, que utiliza apenas os símbolos 0 e 1. Na memória e nos dispositivos de armazenamento, o componente conceitual básico e a menor unidade de armazenamento de informação é o bit. Bit vem do Inglês *binary digit*, ou seja, dígito binário, e um bit pode memorizar somente um entre dois valores: zero ou um. Qualquer valor numérico pode ser expresso por uma sucessão de bits usando o sistema de numeração binário.

Para representar caracteres, são utilizados códigos armazenados em conjuntos de bits. Os códigos mais comuns armazenam os caracteres em *bytes*, que são conjuntos de 8 bits. Nos códigos de representação de caracteres, cada caractere tem associado a si, por convenção, uma sequência específica de zeros e uns. Três códigos de representação de caracteres são bastante utilizados: ASCII (7 bits por caractere), EBCDIC (8 bits por caractere) e UNICODE (16, 32 ou mais bits).

Tanto o ASCII (*American Standard Code for Information Interchange*), que é o código utilizado pela maioria dos microcomputadores e em alguns periféricos de equipamentos de grande porte, quanto o EBCDIC (*Extended Binary Coded Decimal Interchange Code*) utilizam um *byte* para representar cada caractere, sendo que, na representação do conjunto de caracteres ASCII padrão, o bit mais significativo (bit mais à esquerda) do *byte* é sempre igual a 0. A representação dos caracteres A e Z nos dois códigos é:

Caracteres	EBCDIC	ASCII
A	1100 0001	0100 0001
Z	1110 1001	0101 1010

O UNICODE é promovido e desenvolvido pelo *Unicode Consortium*. Busca permitir aos computadores representar e manipular textos de forma consistente nos múltiplos sistemas de escrita existentes. Atualmente, ele compreende mais de 100.000 caracteres. Dependendo do conjunto de caracteres que esteja em uso em uma aplicação, um, dois ou mais *bytes* podem ser utilizados na representação dos caracteres.

As unidades de medida utilizadas para quantificar a memória principal e indicar a capacidade de armazenamento de dispositivos são:

K	quilo	(mil)	10^3
M	mega	(milhão)	10^6
G	giga	(bilhão)	10^9
T	tera	(trilhão)	10^{12}

O sistema métrico de unidades de medida utiliza os mesmos prefixos, mas o valor exato de cada um deles em informática é levemente superior. Como o sistema de numeração utilizado internamente em computadores é o binário (base 2), as capacidades são representadas como potências de 2:

K	1.024	2^{10}
M	1.048.576	2^{20}
		etc...

A grafia dos valores expressos em múltiplos de *bytes* pode variar. Assim, por exemplo, 512 quilobytes podem ser escritos como 512K, 512KB, 512kB ou 512Kb. Já os valores expressos em bits, via de regra, são escritos por extenso, como em 512 quilobits.

1.6 dicas

Critérios que devem ser observados ao construir um algoritmo:

- procurar soluções simples para proporcionar clareza e facilidade de entendimento do algoritmo;
- construir o algoritmo através de refinamentos sucessivos;
- seguir todas as etapas necessárias para a construção de um algoritmo de qualidade;
- identificar o algoritmo, definindo sempre um nome para ele no cabeçalho. Este nome deve traduzir, de forma concisa, seu objetivo. Por exemplo: Algoritmo 1.1 - Soma2 indica, através do nome, que será feita a soma de dois valores;
- definir, também no cabeçalho, o objetivo do algoritmo, suas entradas e suas saídas;
- nunca utilizar desvios incondicionais, como GOTO (VÁ PARA).

1.7 testes

Testes de mesa. É importante efetuar, sempre que possível, testes de mesa para verificar a eficácia (corretude) de um algoritmo antes de implementá-lo em uma linguagem de programação. Nestes testes, deve-se utilizar diferentes conjuntos de dados de entrada, procurando usar dados que cubram a maior quantidade possível de situações que poderão ocorrer durante a utilização do algoritmo. Quando o algoritmo deve funcionar apenas para um intervalo definido de valores, é recomendável que se simule a execução para valores válidos, valores limítrofes válidos e inválidos e valores inválidos acima e abaixo do limite estabelecido. Por exemplo, se um determinado algoritmo deve funcionar para valores inteiros, no intervalo de 1 a 10, inclusive, o teste de mesa deveria incluir a simulação da execução para, no mínimo, os valores 0, 1, 10, 11 e um valor negativo.

1.8 exercícios sugeridos

exercício 1.1 Identifique quais as ações e qual a sequência de execução das mesmas para:

- **a** realizar a troca de uma lâmpada em um lustre no teto de um aposento;
- **b** retirar um tíquete de estacionamento em um parquímetro de rua;
- **c** trocar um pneu de um carro;
- **d** assar um bolo de chocolate (receita do bolo);
- **e** fazer um saque de R$ 50,00 em um caixa eletrônico;
- **f** fazer uma compra na Internet pagando com cartão de crédito;
- **g** realizar atividades envolvidas em uma viagem de férias, como o planejamento, a compra das passagens, a reserva de hotéis e de carros, etc.;
- **h** comprar e instalar um novo equipamento de videogame.

Escreva um algoritmo em linguagem natural para a realização de cada uma dessas tarefas.

exercício 1.2 Usando somente os comandos básico vistos na Seção 1.1.2, escreva um algoritmo em pseudolinguagem para calcular e informar ao usuário:

- **a** o produto de três valores obtidos do teclado;
- **b** o valor a pagar em uma loja, recebendo como entradas o preço de um produto e o número de unidades compradas;
- **c** o preço final de um produto, com um desconto de 10%. O preço sem desconto é obtido do teclado;
- **d** o valor em reais de um valor em dólares informado. Além do valor em dólares, deve ser informada a taxa de conversão.

1.9 termos-chave

algoritmo, p. 7

comandos, p. 11

etapas de construção de um programa, p 15

fluxograma, p. 13

instruções, p. 11

linguagem C, p. 19

linguagem Pascal, p. 19

linguagem textual, p. 12

paradigma imperativo ou procedural, p. 18

paradigmas de programação, p. 18

programa, p. 9

programação estruturada, p. 19

programação modular, p. 20

pseudolinguagem, p. 12

testes de mesa, p. 22

variável, p. 10

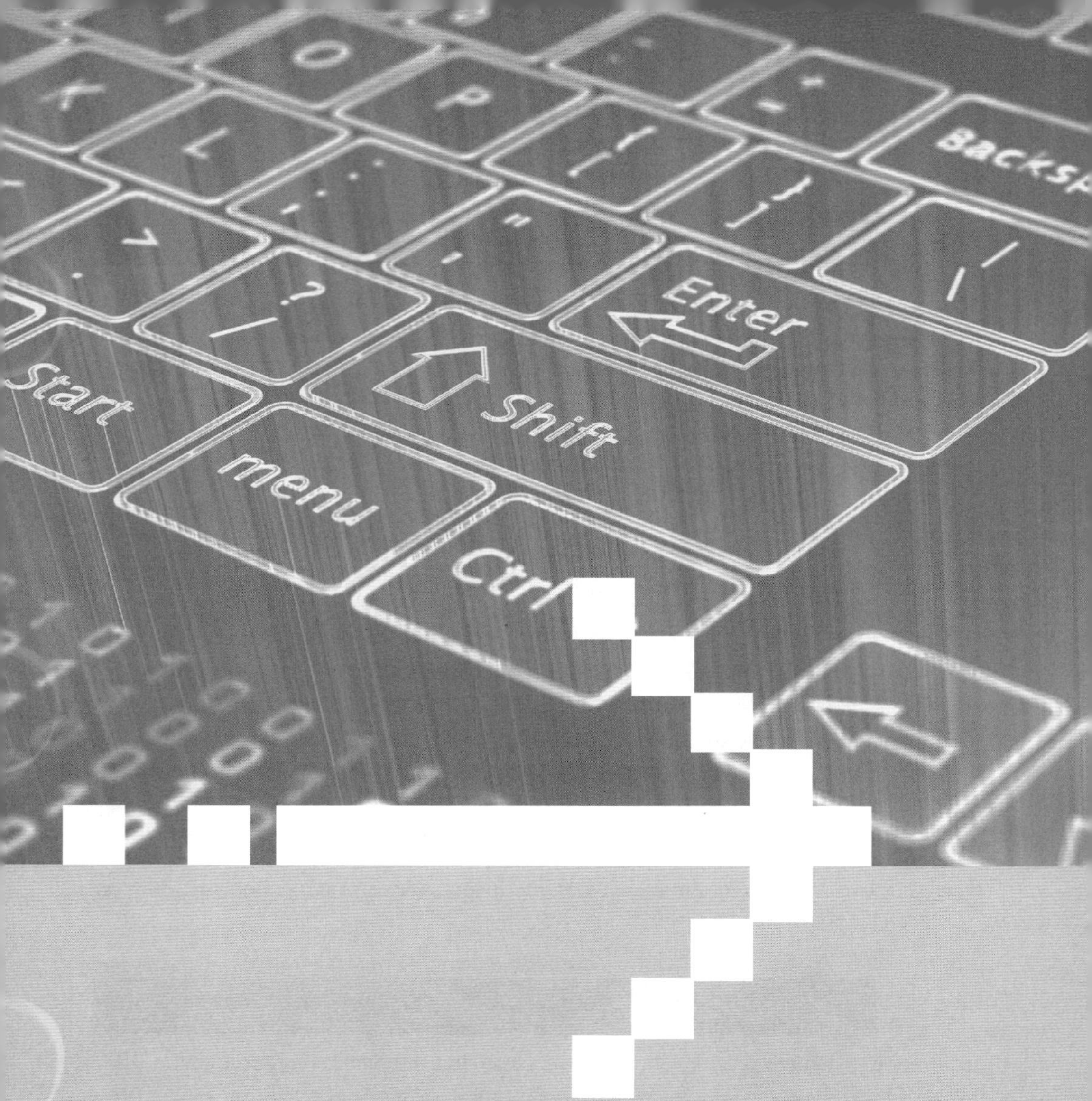
Enter
Start
Shift
menu

capítulo 2

unidades léxicas, variáveis, constantes e expressões

■ ■ Este capítulo apresenta as unidades léxicas de linguagens de programação imperativas, como Pascal e C. Discute as declarações de variáveis, de constantes e de tipos, bem como a representação de expressões aritméticas e lógicas. Neste capítulo, e nos que o sucedem, todos os conceitos são apresentados e analisados inicialmente em linguagem algorítmica, sendo a seguir comentados e exemplificados em Pascal e C.

Para que um algoritmo se transforme em um programa executável, é necessário que esse seja inicialmente traduzido para uma linguagem de programação pelo compilador correspondente, que irá gerar o programa a ser executado. Essa tradução é feita com base na gramática da linguagem. Nesse processo, cada símbolo, cada palavra e cada construção sintática utilizados no programa devem ser reconhecidos pelo compilador. Isso é possível porque toda linguagem de programação possui uma gramática bem definida que rege a escrita dos programas, ou seja, que define sua sintaxe.

A primeira representação da gramática de uma linguagem de programação foi apresentada por John Backus, em 1959, para expressar a gramática da linguagem Algol. Esta notação deu origem à **BNF** (**Backus-Naur Form** ou **Backus Normal Form**) (Knuth, 2003; Wiki, 2012), que se tornou a forma mais utilizada para representar a gramática de linguagens de programação. Neste livro, é utilizada uma forma simplificada da BNF (ver Apêndice) para representar a gramática da pseudolinguagem e das linguagens Pascal e C.

As gramáticas das linguagens de programação imperativas são bastante parecidas no que se refere a unidades léxicas e comandos disponíveis. Esses elementos são apresentados a partir deste capítulo, que inicia apresentando as unidades léxicas de linguagens de programação imperativas. A seguir, ele mostra como devem ser feitas as declarações de variáveis, de constantes e de tipos, incluindo a análise de diferentes tipos de variáveis e dos valores que podem conter. Por fim, esse capítulo apresenta as expressões aritméticas e lógicas e suas representações. Outros tipos de declarações serão vistos mais adiante neste livro. Todos os conceitos são apresentados e analisados na linguagem algorítmica, sendo depois traduzidos para as linguagens de programação Pascal e C.

2.1 componentes das linguagens de programação

Os componentes básicos de uma linguagem de programação são denominados **unidades léxicas**. As unidades léxicas mais simples, analisadas a seguir, são valores literais, identificadores, palavras reservadas, símbolos especiais e comentários.

2.1.1 literais

Literais são valores representados explicitamente no programa e que não mudam durante a execução. Podem ser números, valores lógicos, caracteres ou *strings*.

números. Usualmente é utilizada a notação decimal para representar números nos programas, embora se saiba que internamente eles sejam representados na forma binária. Podem ser utilizados valores numéricos inteiros ou fracionários (chamados de reais), positivos ou negativos. Os números são representados na linguagem algorítmica exatamente como aparecem nas expressões aritméticas em português.

Ex.: 123   −45   +6,7

As linguagens de programação geralmente também permitem uma forma alternativa de escrita, mais compacta, de números muito grandes ou muito pequenos, denominada notação exponencial, científica ou de ponto flutuante. Nessa notação, um número real é representado por um valor inteiro (denominado mantissa) multiplicado por potências de 10 (indicadas pelo seu expoente). Por exemplo, o valor 3.000.000.000.000 seria representado como 3×10^{11}. Tanto a mantissa como o expoente podem ter sinal (positivo ou negativo). Cada linguagem de programação define uma forma para a representação de números em notação exponencial, conforme será visto nas seções correspondentes a Pascal e C.

valores lógicos. Os valores lógicos (ou booleanos) verdadeiro e falso podem ser utilizados diretamente nos programas quando for feita alguma comparação.

caracteres. Permitem representar um símbolo ASCII qualquer, como uma letra do alfabeto, um dígito numérico (aqui, sem conotação quantitativa, apenas como representação de um símbolo) ou um caractere especial (um espaço em branco também corresponde a um caractere especial). Nos programas, os caracteres são geralmente representados entre apóstrofos. Essa é também a forma utilizada na pseudolinguagem aqui empregada.

Ex.: 'A'   'b'   '4'   '+'

strings. São sequências de um ou mais caracteres. Quaisquer caracteres podem ser utilizados (letras, dígitos e símbolos), incluindo o símbolo que representa um espaço em branco. *Strings* normalmente são representadas entre apóstrofos em um programa, forma também utilizada na pseudolinguagem.

Ex.: 'Ana Maria'   'A12B3'   'a$b'   '91340-330/1'

2.1.2   identificadores

São as palavras criadas pelo programador para denominar o próprio programa ou elementos dentro do mesmo, tais como: variáveis, constantes ou subprogramas. Toda linguagem de programação define regras específicas para a formação de **identificadores**, para que eles possam ser reconhecidos pelo compilador.

Na pseudolinguagem utilizada neste livro, um identificador deve sempre iniciar por uma letra, seguida de qualquer número de letras e dígitos, incluindo o símbolo "_" (sublinhado), por ser essa a forma mais frequentemente utilizada em linguagens de programação. Tratando-se de uma pseudolinguagem, a acentuação e a letra "ç" também podem ser utilizadas de forma a traduzir de forma mais fiel os valores que devem ser representados. A pseudolinguagem não diferencia letras maiúsculas de minúsculas, mas se recomenda que sejam usadas apenas minúsculas nos nomes de identificadores, reservando as maiúsculas para iniciais e para casos específicos que serão destacados oportunamente.

Exemplos de identificadores:

```
valor
número1
a7b21
Nome_Sobrenome
```

2.1.3 palavras reservadas

São identificadores que têm um significado especial na linguagem, representando comandos e operadores, ou identificando subprogramas já embutidos na linguagem. As **palavras reservadas** não podem ser utilizadas como identificadores definidos pelo programador.

Algumas das palavras reservadas definidas na pseudolinguagem são:

```
início
fim
se
então
escrever
ler
função
```

2.1.4 símbolos especiais

Símbolos especiais servem para delimitar ações, separar elementos, efetuar operações ou indicar ações específicas. Na pseudolinguagem aqui adotada, também existem alguns símbolos especiais com significado específico, como:

```
←    +    (    )    <    >    :    ;
```

2.1.5 comentários

Comentários são recursos oferecidos pelas linguagens de programação que permitem, por exemplo, a inclusão de esclarecimentos sobre o que o programa faz e como isso é feito. Os comentários são identificados e delimitados por símbolos especiais e podem compreender quaisquer sequências de caracteres. Todo o conteúdo compreendido entre os símbolos delimitadores de comentários é ignorado pelo compilador durante a tradução do programa, servindo apenas para documentar e facilitar o entendimento pelos seres humanos que tiverem acesso ao código do programa. Na pseudolinguagem, os comentários são delimitados pelos símbolos "{" e "}".

Exemplo de comentário: `{ Este é um comentário @#$% }`

2.2 declarações

Todos os itens utilizados em um programa devem ser declarados antes de sua utilização. Os nomes e as características desses itens são definidos através de **declarações**. Nesta seção, são analisadas declarações de variáveis, de tipos de dados e de constantes. Outras declarações são vistas em capítulos subsequentes.

2.2.1 declaração de variáveis

Uma variável representa um espaço de memória identificado e reservado para guardar um valor durante o processamento. Ressalte-se que somente um valor pode estar armazenado em uma variável em um determinado momento. Caso seja definido um novo valor para uma variável, o anterior será perdido.

Sempre que um programador decidir utilizar uma variável em seu programa, ele deverá informar seu nome e o tipo de valores que ela irá armazenar. Isso faz com que, ao final da compilação do programa, exista um espaço reservado para essa variável na memória principal do computador, com um determinado endereço físico. O tamanho do espaço alocado para a variável depende do tipo definido para ela. Uma vez alocada a variável, ela passa a ser referenciada no programa através do nome dado pelo programador, não sendo necessário saber seu endereço físico.

Variáveis de dois tipos, bastante diferentes no seu conteúdo e forma de uso, podem ser utilizadas em um programa: (1) variáveis que armazenam os valores manipulados no programa e (2) variáveis que guardam endereços físicos de memória, denominadas ponteiros. Esse segundo tipo de variável será tratado mais adiante, no Capítulo 14. Até lá, sempre que forem feitas referências a variáveis se estará tratando das que armazenam valores e não endereços de memória.

Toda variável utilizada pelo programa deve ser declarada no seu início, através de uma **declaração de variáveis**, em que são definidos seu nome e o tipo de dados que poderá armazenar.

Os **tipos de dados** utilizados nas linguagens de programação se classificam, de acordo com os valores que podem armazenar, em:

- tipos simples:
    - numéricos;
    - alfanuméricos;
    - lógicos ou booleanos;
    - ponteiros.

- tipos compostos:
    - arranjos;
    - registros;
    - enumerações;
    - conjuntos;
    - arquivos.

Inicialmente serão analisados somente os três primeiros tipos de dados simples. O tipo ponteiro e os tipos compostos serão gradualmente apresentados ao longo deste livro.

Os nomes dados aos tipos de dados simples na pseudolinguagem são:

- `inteiro`, para armazenar somente valores numéricos inteiros;
- `real`, em que são armazenados valores numéricos fracionários;
- `caractere`, para armazenar somente um caractere alfanumérico, utilizando a codificação de caracteres ASCII, que representa qualquer caractere em 8 bits;

- **string**, em que são armazenadas cadeias de caracteres alfanuméricos;
- **lógico**, para variáveis que podem armazenar somente um dos dois valores lógicos, verdadeiro ou falso.

Uma opção na declaração de uma variável simples do tipo string é definir o número de caracteres que poderá conter por meio de um inteiro entre colchetes. Por exemplo, uma variável definida com o tipo string[3] poderá conter somente três caracteres, enquanto que uma variável definida com o tipo string, sem limitação de tamanho, poderá ter o número de caracteres permitido na linguagem de programação utilizada.

No Capítulo 1 ressaltou-se a importância de identificar os valores de entrada e de saída de um algoritmo. Esses valores são armazenados em variáveis. Na pseudolinguagem, sugere-se que as variáveis sejam definidas em conjuntos separados, identificando (1) as variáveis de entrada, que servirão para valores fornecidos ao programa, (2) as de saída, que vão armazenar os valores que serão informados pelo programa, resultantes de seu processamento, e (3) as variáveis auxiliares, que servirão somente para guardar valores durante o processamento. A sintaxe da declaração de variáveis é a seguinte:

```
Entradas: <lista de nomes de variáveis com seus tipos>
Saídas: <lista de nomes de variáveis com seus tipos>
Variáveis auxiliares: <lista de nomes de variáveis com seus tipos>
```

Os nomes escolhidos pelo programador para cada variável devem ser seguidos do tipo da variável entre parênteses:

```
nome (string)
valor (real)
```

Várias variáveis do mesmo tipo podem ser agrupadas em uma lista de nomes separados por vírgula, seguida pelo tipo correspondente:

```
int1, int2, int3 (inteiro)
```

Um exemplo do cabeçalho de um algoritmo, incluindo as declarações das variáveis já identificadas conforme sua futura utilização, é mostrado a seguir:

```
Algoritmo - MédiaEMaiorValor
  {INFORMA A MÉDIA DE 2 VALORES E QUAL O MAIOR DELES}
  Entradas: valor1, valor2 (real)
  Saídas: média (real)
         maior (real)
  Variáveis auxiliares: aux (real)
```

2.2.2 declaração de tipos de dados

As linguagens de programação geralmente permitem a **definição de novos tipos de dados**. Um novo tipo é identificado através de um nome dado pelo programador. Sua definição se baseia em um tipo-base, anteriormente definido ou predefinido na linguagem. Na pseudolinguagem, a declaração de tipos é feita no início do programa, junto à declaração de variáveis, obedecendo à seguinte sintaxe:

```
Tipos: <identificador> = <tipo-base>
```

No exemplo a seguir, são definidos dois novos tipos que depois são utilizados na declaração de variáveis:

```
Tipos:
   letra = caractere
   valor = real
Entradas:
   letra1, letra2 (letra)
   medida (valor)
Saída:
   medidafinal (valor)
```

Um novo tipo também pode ser definido impondo restrições aos elementos de um tipo-base anteriormente definido. Isso é feito definindo o intervalo ou subfaixa dos valores válidos no novo tipo. Como tipo-base podem ser utilizados os tipos simples, com exceção do tipo `real`. A sintaxe da definição de um novo tipo através de um intervalo é:

```
<nome do tipo> = <limite inferior> .. <limite superior>
```

Os limites inferior e superior devem ser elementos do tipo-base, sendo o primeiro sempre menor do que o segundo. Por exemplo, os tipos `inteiro` e `caractere` podem ser limitados a alguns de seus valores. No exemplo a seguir, são definidos dois novos tipos, o primeiro restringindo valores inteiros e o segundo, `letras_maiúsculas`, permitindo somente alguns caracteres. Vale lembrar que, no código de representação de caracteres em questão (ASCII), os valores dos códigos das letras maiúsculas são números inteiros consecutivos:

```
Tipos:
   nota = 0..10     {LIMITA OS VALORES DE NOTA, INTEIROS}
   letras_maiúsculas = 'A' .. 'Z'  {SOMENTE AS LETRAS MAIÚSCULAS}
```

A declaração e o uso de tipos de dados definidos através de intervalos contribuem para uma melhor documentação dos programas. Entretanto, geralmente não impedem o armazenamento de dados inválidos em variáveis, cabendo ao programador evitar que isso ocorra pela codificação de testes e outros controles.

2.2.3 declaração de constantes

Um valor específico utilizado em um programa pode ser associado a um nome, constituindo o que se chama de uma constante. Uma **declaração de constante** associa um nome a um valor que, geralmente, não pode ser alterado durante a execução do programa.

A declaração de uma constante é feita também no cabeçalho do algoritmo, seguindo a seguinte sintaxe:

Constantes: <identificador> = <valor>

Exemplo de declaração de constantes:

```
Algoritmo NoIntervalo
{INFORMAR SE UM VALOR LIDO ESTÁ ENTRE DOIS LIMITES}
  Constantes:
    LIMITESUP = 10
    LIMITEINF = 3
```

Constantes são bastante utilizadas quando um mesmo valor aparece em diferentes pontos de um programa, como no exemplo anterior, em que se trabalha com um determinado intervalo de valores que será testado diversas vezes. Sem o uso de constantes, seria necessário que os mesmos valores fossem digitados em diferentes pontos do programa. Um erro de digitação do valor de um dos limites não impediria a compilação correta do programa, aumentando a possibilidade de erro de execução. Adicionalmente, caso fosse necessário alterar esse intervalo (por exemplo, aumentar o valor do limite superior), seria necessário que a alteração fosse feita em diferentes pontos do programa, o que poderia levar a erros. Com a utilização de uma constante, somente o valor definido na declaração precisa ser alterado sem que outra modificação no restante do programa se faça necessária.

Para identificar facilmente os lugares onde uma constante é utilizada, aconselha-se escrever seus nomes utilizando apenas letras maiúsculas.

2.3 expressões

No exemplo simulado da Seção 1.1.1 foram realizadas algumas operações que envolvem cálculos de expressões aritméticas. Ao escrever o programa correspondente àquele exemplo, essas expressões deverão ser escritas de forma que sejam entendidas corretamente pelo compilador. Cada linguagem de programação define regras bem claras para escrever expressões aritméticas, lógicas e de *strings*.

2.3.1 expressões aritméticas

Expressões aritméticas são expressões cujos resultados são valores numéricos, inteiros ou fracionários. A sintaxe de uma expressão aritmética é a seguinte:

<operando> <operador aritmético> <operando>

Na pseudolinguagem utilizada neste livro, os operadores que podem ser usados em expressões aritméticas são os mesmos utilizados nas expressões aritméticas comuns. Mas, da mesma forma que nas linguagens de programação, o símbolo utilizado para a multiplicação é o asterisco, e o símbolo de divisão é a barra inclinada. A Tabela 2.1 mostra os operadores que podem ser utilizados em expressões aritméticas, na forma adotada pela pseudolinguagem.

tabela 2.1 Operadores aritméticos na pseudolinguagem

Operador	Significado	Observação
+	Soma	-
-	Subtração	-
*	Multiplicação	-
/	Divisão	-
**	Potência	-
Div	Divisão inteira	Operandos inteiros
Mod	Resto da divisão inteira	Operandos inteiros

Os operadores aritméticos têm diferentes precedências na execução das operações: primeiro são calculadas as potências, depois as multiplicações e as divisões e, no final, as somas e as subtrações. Expressões com operadores de mesma precedência justapostos são avaliadas da esquerda para a direita. Essa ordem de precedência pode ser alterada através do uso de parênteses.

Os seguintes tipos de operandos podem ser utilizados:

1. valores numéricos literais;
2. variáveis numéricas;
3. chamadas a funções[1] que devolvem um valor numérico;
4. expressões aritméticas, as quais podem incluir partes entre parênteses.

Se uma expressão aritmética incluir funções, essas terão precedência maior na execução.

Exemplos de expressões aritméticas:

```
a + 1
a * 2 + 7,32
( x / 2 )  / C - ( valor + 1 / 2 )
2 + cos(x)                            onde cos(x) é uma função
```

As expressões aritméticas devem ser escritas horizontalmente, em uma mesma linha, com eventuais valores fracionários expressos linearmente. Muitas vezes é necessário o emprego de parênteses para garantir a execução na ordem correta. A necessidade de linearização possibilita a uma expressão aritmética ter sua aparência inicial bastante modificada, como no caso da expressão a seguir:

$$a + \frac{(b-4)(\frac{a}{2}+z42)}{c+d}$$

A representação dessa expressão em pseudolinguagem fica:

```
a + ( ( b - 4 ) * ( a / 2  + 4 * z42) / ( c + d ) )
```

---

[1] Uma FUNÇÃO é um subprograma. Pode receber parâmetros (valores) para realizar sua tarefa e normalmente devolve um valor em seu nome, sendo o tipo do valor devolvido o próprio tipo da função. Mais detalhes sobre definição de funções são vistos no Capítulo 9.

Algumas funções básicas predefinidas já vêm embutidas nas linguagens de programação. Entre elas, funções matemáticas, como o cálculo do cosseno de um ângulo utilizado no exemplo anterior. Algumas dessas funções necessitam de alguma informação para calcular o que é pedido como, por exemplo, o valor do ângulo do qual se quer o cosseno. As informações requeridas são chamadas de parâmetros da função e são listadas logo após o nome da função, entre parênteses. Um parâmetro pode ser fornecido através de uma expressão cujo valor, depois de avaliado, será utilizado pela função.

Na Tabela 2.2 são listadas algumas funções que podem ser utilizadas na pseudolinguagem, definidas de forma idêntica ou similar àquela em que ocorrem na maioria das linguagens de programação.

tabela 2.2 Funções predefinidas na pseudolinguagem

Nome da função	Parâmetro	Significado
abs	valor	Valor absoluto do valor
sen	ângulo	Seno do ângulo
cos	ângulo	Cosseno do ângulo
tan	ângulo	Tangente do ângulo
arctan	valor	Arco cuja tangente tem o valor
sqrt	valor	Raiz quadrada do valor
sqr	valor	Quadrado do valor
pot	base, expoente	Base elevada ao expoente
ln	valor	Logaritmo neperiano
log	valor	Logaritmo na base 10

2.3.2 expressões lógicas

Expressões lógicas são aquelas que têm como resultado valores lógicos, ou seja, um dos dois valores verdadeiro ou falso.

Uma expressão lógica pode ter uma das seguintes formas:

<relação lógica>
<operando>   <operador lógico binário>   <operando>
<operador lógico unário>   <expressão lógica>

Uma relação lógica compara dois valores, numéricos ou alfanuméricos, resultando em um valor lógico verdadeiro ou falso. A sintaxe de uma relação lógica é a seguinte:

<expressão>   <operador relacional>   <expressão>

Os operadores relacionais utilizados na pseudolinguagem são listados na Tabela 2.3. Outros operadores serão vistos quando se analisar operações sobre *strings*. É importante lembrar que os dois operandos de uma relação devem ser do mesmo tipo para que possam ser comparados.

tabela 2.3 Operadores relacionais na pseudolinguagem

Operador relacional	Significado
=	Igual
≠	Diferente
>	Maior
<	Menor
≥	Maior ou igual
≤	Menor ou igual

Exemplos de relações:

```
idade > 21              onde idade é uma variável numérica
nome = 'Ana Terra'      onde nome é uma variável string
a < (b + 2 * x)         onde a, b e x são variáveis numéricas
```

Os operandos de expressões lógicas devem resultar em valores lógicos, que são então comparados através de um operador lógico. Podem ser:

- os valores lógicos literais `verdadeiro` e `falso`;
- variáveis declaradas como lógicas;
- relações lógicas;
- chamadas a funções que tenham resultado lógico;
- outras expressões lógicas.

O uso de parênteses é permitido, tanto para dar prioridade a algumas comparações, como simplesmente para tornar o entendimento das expressões mais claro.

Os operadores lógicos comparam valores lógicos, resultando em `verdadeiro` ou `falso`. Na Tabela 2.4 estão os operadores lógicos usualmente empregados – e, ou, oux (ou exclusivo) e não (negação) – identificando como é obtido o resultado da comparação. A Tabela 2.5 apresenta os resultados produzidos por cada operador lógico de acordo com os resultados das expressões lógicas A e B, representando "V" o valor lógico verdadeiro e "F" o falso.

tabela 2.4 Operadores lógicos na pseudolinguagem

Operador lógico	Tipo	Resultado
e	Binário	Verdadeiro somente se ambos os operandos são verdadeiros
ou	Binário	Verdadeiro se um dos operandos for verdadeiro
oux	Binário	Verdadeiro se somente um dos operandos for verdadeiro
não	Unário	Verdadeiro se o operando for falso, falso se o operando for verdadeiro

tabela 2.5 Tabela-verdade dos operadores lógicos

A	B	A e B	A ou B	A oux B	não A
V	V	V	V	F	F
V	F	F	V	V	F
F	V	F	V	V	V
F	F	F	F	F	V

A ordem de precedência na avaliação das operações incluídas em uma expressão lógica pode variar conforme a linguagem de programação utilizada. Na pseudolinguagem é adotada a seguinte ordem de precedência na avaliação das operações: primeiro são avaliadas as expressões aritméticas, depois as relações e, por último, as expressões lógicas. Nas expressões lógicas, primeiro são realizadas as negações e, depois, são aplicados os operadores lógicos, entre os quais o "e" tem maior prioridade, seguido pelos operadores "ou" e "oux". As ordens de precedência utilizadas nas linguagens Pascal e C serão mostradas nas seções específicas para essas linguagens, mais adiante neste capítulo.

Independentemente do conhecimento da ordem de precedência adotada na linguagem, o uso de parênteses é recomendado não só porque garante a correta avaliação das expressões, mas também porque facilita o entendimento do que está sendo executado.

Supondo:

a i uma variável inteira
b r uma variável real
c c uma variável do tipo caractere
d achou uma variável lógica

as expressões lógicas a seguir são válidas na pseudolinguagem:

```
( i ≠ 10 ) ou achou
( i mod 2 = 7 ) e ( r / 4 < 2 )
( r ≥ 0 ) e ( r + 1 < 10 ) ou achou
c = 'w' oux não achou
```

2.3.3 expressões de *strings*

Na pseudolinguagem, podem ser também utilizadas expressões que têm como resultado uma *string* (**expressões de *strings***). Inicialmente só é definida a operação de concatenação, com o operador de concatenação representado pelo caractere "+". A sintaxe de uma expressão desse tipo é:

```
<operando> + <operando>
```

onde os operandos são uma *string* ou um caractere, definidos explicitamente ou através do conteúdo de variáveis do tipo `string` ou `caractere`, ou do resultado de uma expressão sobre *strings*. O resultado dessa expressão é uma *string*, formada pela *string* correspondente ao primeiro operando, seguida da que corresponde ao segundo operando.

Supondo que nome seja uma variável do tipo `string` (conteúdo 'Maria') e letra uma variável do tipo `caractere` (conteúdo 'x'), seguem exemplos de expressões de *strings*, com as *strings* resultantes ao lado, entre parênteses:

```
'ABC' + 'DEF'              ('ABCDEF')
'Maria' + 'Silva'          ('MariaSilva')
'Maria' + ' ' + 'Silva'    ('Maria Silva')
nome + ' Silva'            ('Maria Silva')
nome + 'S'                 ('MariaS')
letra + nome + letra       ('xMariax')
```

2.4 ⇢ em Pascal

A linguagem Pascal não diferencia letras maiúsculas de minúsculas. Entretanto, é aconselhável adotar alguma padronização para facilitar o entendimento dos programas. A seguir são apresentados os conceitos vistos nas seções anteriores, já adotando a padronização para letras maiúsculas e minúsculas que será utilizada nos programas mostrados neste livro.

2.4.1 literais

números. Em Pascal, o ponto decimal é utilizado em lugar da vírgula na representação de números fracionários. A notação exponencial usa a letra "E" para indicar um expoente da base 10, seguida da potência de 10, que pode ser positiva ou negativa. A mantissa pode conter um ponto decimal, mas a potência de 10 deve ser inteira. Tanto a parte inicial como a que representa a potência de 10 podem ou não ter sinal. A potência de 10 deve ser sempre um número inteiro.

Exemplos de números em notação exponencial e seus correspondentes aritméticos:

```
1.2E3       →    1,2 x 10³
-4.5E-6     →    -4,5 x 10⁻⁶
0.123E-5    →    0,123 x 10⁻⁵
```

$1.2E3 \rightarrow 1{,}2 \times 10^{3}$
$-4.5E-6 \rightarrow -4{,}5 \times 10^{-6}$
$0.123E-5 \rightarrow 0{,}123 \times 10^{-5}$

valores lógicos. Os valores lógicos são representados pelas palavras reservadas `true` (verdadeiro) e `false` (falso).

caracteres. Um caractere é representado em Pascal da mesma forma como na pseudolinguagem, entre apóstrofos.

strings. *Strings* em Pascal podem ter de 0 a 255 caracteres. Uma *string* com zero caracteres é denominada *string* vazia. Também são representadas entre apóstrofos simples. Caso a *string* contenha um apóstrofo, esse será representado internamente à *string* por dois apóstrofos.

Exemplos de *strings*:

```
'String sem apóstrofo'    'String com apóstrofo''interno'
```

2.4.2 identificadores

Um identificador deve sempre iniciar por uma letra, seguida de quaisquer combinações de letras e dígitos, incluindo o símbolo "_" (sublinhado). Não podem ser utilizados outros símbolos nem espaços em branco em um identificador. O número de caracteres válidos para identificadores varia de acordo com a versão de Pascal: no Turbo Pascal, somente os primeiros 63 caracteres de um identificador são significativos e, no FreePascal, esse tamanho aumenta para 255 caracteres.

Exemplos de identificadores válidos:

```
    valor      nota1      Nome_Sobrenome      preco      H1N1
```

2.4.3 palavras reservadas

As palavras reservadas de Pascal estão associadas a ações que devem ser executadas, não podendo ser utilizadas como identificadores para nomear variáveis, constantes, tipos ou subprogramas.

Exemplos de palavras reservadas de Pascal:

```
begin
end
if
read
Function
```

2.4.4 símbolos especiais

Em Pascal, os símbolos especiais podem ser compostos de um ou dois caracteres. Seu significado em um programa é definido pela sintaxe da linguagem.

Exemplos de símbolos especiais do Pascal:

```
    :=      +      (      )      <>      :      ;
```

2.4.5 comentários

Os comentários em Pascal podem ser escritos de duas maneiras:

a entre os símbolos "{" e "}", da mesma forma apresentada na pseudolinguagem; ou
b entre os símbolos duplos "(*" e "*)".

Qualquer sequência de caracteres pode ser utilizada entre os delimitadores escolhidos, com qualquer quantidade de caracteres. Comentários podem ser inseridos em qualquer lugar do programa Pascal, podendo inclusive iniciar numa linha e terminar muitas linhas abaixo.

Exemplo de um comentário:

```
{ INÍCIO DE UM COMENTÁRIO
  FINAL DO MESMO COMENTÁRIO }
```

2.4.6 tipos de variáveis

Os tipos de dados em Pascal podem ser:

- tipos simples:
    - numéricos: `integer, longint, shortint, word, byte, real, double, extended, single`;
    - alfanuméricos: `char, string, string[<inteiro>]`;
    - lógicos ou booleanos: `boolean`;
    - ponteiros.

- tipos compostos:
    - arranjos;
    - registros;
    - enumerações;
    - conjuntos;
    - arquivos.

Conforme visto na Seção 2.2, serão discutidos inicialmente somente os tipos de dados simples que armazenam valores numéricos, alfanuméricos e lógicos, sendo os demais apresentados e detalhados mais adiante.

Cada tipo de dado de Pascal requer um espaço diferente de memória. No caso dos tipos numéricos, o espaço alocado limita a ordem de grandeza dos números que podem ser armazenados. Nas tabelas a seguir são mostrados, para os tipos de dados simples mais usuais, qual o espaço de memória alocado e quais os valores que eles podem armazenar.

- Tipos de dados para valores numéricos inteiros:

Nome do tipo	Espaço de memória	Números armazenados
integer	2 bytes	-32768 a 32767
longint	4 bytes	-2147483648 a 2147483647
shortint	1 byte	-128 a 127
word	2 bytes	0 a 65535
byte	1 byte	0 a 255

- Tipos de dados para valores numéricos fracionários:

Nome do tipo	Espaço de memória	Números armazenados	Dígitos significativos
real	6 bytes	-1.7E38 a -2.9E-39 2.9E-39 a 1.7E38	11 a 12
double	8 bytes	5.0E-324 a 1.7E308	15 a 16
extended	10 bytes	3.4E-4932 a 1.1E4932	19 a 29
single	4 bytes	1.5E-45 a 3.4E38	7 a 8

- Tipo de dado para valores lógicos:

Nome do tipo	Espaço de memória	Valores armazenados
boolean	1 byte	true - false

- Tipos de dados para valores alfanuméricos:

Nome do tipo	Significado	Espaço de memória	Números armazenados
char	1 caractere	1 byte	1 caractere ASCII
string	Cadeia de caracteres	256 bytes	255 caracteres
string [X]	Cadeia de caracteres de tamanho fixo (X = inteiro)	X+1 bytes	Máximo de 255 caracteres

2.4.7 declarações

Em Pascal, todo e qualquer item que não pertença à linguagem deve ser declarado antes de ser utilizado. Há uma exceção a essa regra que será discutida no Capítulo 15.

■ declaração de variáveis

Todas as variáveis utilizadas em um programa Pascal devem ser declaradas. As declarações são feitas no início do programa, antes do primeiro comando. A declaração de variáveis inicia com a palavra reservada var, seguida dos nomes das variáveis (identificadores), cada um associado ao tipo de dado que vai armazenar (nome e tipo separados pelo símbolo ":").

Sintaxe da declaração de variáveis em Pascal:

```
var <declarações de variáveis separadas por ";">
```

Sintaxe de uma declaração de variável:

```
<identificador que é o nome da variável> : <tipo>
```

Quando várias variáveis são do mesmo tipo, pode-se utilizar uma lista de nomes separados por vírgulas, sendo essa lista seguida de ":" e do tipo. Declarações de variáveis de tipos diferentes são separadas pelo símbolo ";".

Os nomes escolhidos para as variáveis devem ser únicos no programa, seguindo a regra de definição de identificadores.

Exemplo de declaração de variáveis:

```
var
  idade : integer;
  nota1, nota2, nota3 : real;
  soma : real;
  aprovado : boolean;
  conceito : char;
  nome : string[30];
```

■ declaração de tipos

Pascal permite a declaração de novos tipos de dados. Todos os novos tipos devem ser declarados no cabeçalho do programa, antes de serem utilizados em outras declarações. A sintaxe da declaração de tipos em Pascal é a seguinte:

```
type <lista de declarações de tipos separadas por ";">
```

Sintaxe da declaração de um tipo:

```
<identificador do tipo> = <nome do tipo-base>
```

Exemplo de declaração de tipos:

```
type letra = char;
     inteiro = integer;
```

Os nomes utilizados para nomear novos tipos se tornam palavras reservadas, as quais não podem ser utilizadas em outras declarações do programa.

Pascal aceita a definição de um tipo pela delimitação dos valores permitidos em um tipo-base simples através de um intervalo, segundo a sintaxe:

```
<nome do tipo> = <limite inferior> .. <limite superior>
```

O limite inferior deve ser menor ou igual ao limite superior. Tipos-base permitidos para essa forma de definição são `integer`, `char`, `boolean` e definido por enumeração. Esse último tipo será visto no Capítulo 8.

Exemplos:

```
Type
  nota = 0 .. 10;
  maiusculas = 'A' .. 'Z';
  minusculas = 'a' .. 'z';
```

■ declaração de constantes

A declaração de constantes em Pascal inicia com a palavra reservada const. A sintaxe da declaração de constantes é:

const <lista de declarações de constantes separadas por ";">

Sintaxe da declaração de uma constante:

<identificador da constante> = <valor da constante>

Embora a palavra "constante" sugira a impossibilidade de alteração de um elemento desse tipo, há em Pascal duas formas de declarar constantes, e uma delas permite a alteração posterior do valor nela armazenado.

A primeira forma de declaração de uma constante, que impede a posterior alteração do valor a ela associado, inicia pelo identificador da constante, seguido do sinal "=" e de seu valor:

<identificador da constante> = <valor da constante>

Uma constante declarada dessa forma tem seu tipo estabelecido a partir do seu conteúdo.

A segunda forma de declaração cria uma constante tipada, que na prática funciona como uma variável, já que o valor declarado na constante tipada é apenas seu valor inicial, valor esse que pode ser posteriormente alterado no programa. A declaração de uma constante tipada é:

<identificador da constante> : <tipo da constante> = <valor da constante>

O <valor da constante> pode ser um valor literal ou uma expressão.

É aconselhável escolher nomes muito significativos para as constantes, já que a finalidade de seu uso é simplificar a manutenção do programa e aumentar sua segurança. A utilização de letras maiúsculas em identificadores de constantes é uma prática recomendada, pois facilita sua identificação ao longo do código.

Exemplos de declaração de constantes:

```
const
  LIMITE = 10;          {CONSTANTE DO TIPO INTEIRO}
  PRECO = 15.50;        {CONSTANTE DO TIPO REAL}
  SIM = true;           {CONSTANTE DO TIPO LÓGICO}
  DIVISOR: integer = 2; {CONSTANTE TIPADA INTEIRA}
```

2.4.8 expressões aritméticas, lógicas e de *strings*

Os operadores aritméticos de Pascal, mostrados na Tabela 2.6, são muito semelhantes àqueles definidos na pseudolinguagem, apresentados na Tabela 2.1. Observe que, em Pascal, não há operador específico para potenciação. Para essa operação é utilizada uma função, conforme pode ser visto logo a seguir (Tabela 2.9), quando são apresentadas algumas funções predefinidas de Pascal.

tabela 2.6 Operadores aritméticos em Pascal

Operador	Significado	Operandos
+	Soma	integer e/ou real
-	Subtração	integer e/ou real
*	Multiplicação	integer e/ou real
/	Divisão real	integer e/ou real
div	Divisão inteira	integer
mod	Resto da divisão inteira	integer

Alguns operadores relacionais têm representação diferente daquela vista na pseudolinguagem, sendo compostos por dois símbolos dispostos horizontalmente, conforme pode ser visto na Tabela 2.7.

tabela 2.7 Operadores relacionais em Pascal

Operador relacional	Significado
=	Igual
<>	Diferente
>	Maior
<	Menor
>=	Maior ou igual
<=	Menor ou igual

Os operadores lógicos de Pascal estão listados na Tabela 2.8, correspondendo diretamente a "e" (and), "ou" (or), "ou exclusivo" (xor) e negação (not). O último se aplica a somente um operando.

tabela 2.8 Operadores lógicos em Pascal

Operador lógico	Significado	Resultado
and	e	Verdadeiro somente se ambos os operandos são verdadeiros
or	ou	Verdadeiro se um dos operandos for verdadeiro
xor	ou exclusivo	Verdadeiro se somente um dos operandos for verdadeiro
not	negação	Verdadeiro se o operando for falso, falso se o operando for verdadeiro

Outros operadores disponíveis em Pascal serão vistos ao longo deste livro.

A avaliação de expressões aritméticas e lógicas é feita obedecendo à seguinte ordem de precedência entre os operadores:

1. funções;
2. expressões entre parênteses;
3. operador unário "-" (de sinal);
4. operador not;
5. operadores de multiplicação "*", "/" , div, mod e o operador lógico and;
6. operadores aditivos "+" , "−" e os operadores lógicos or e xor;
7. operadores relacionais "=", "<", ">", "<>", "<=", ">=".

Pascal oferece um extenso conjunto de **funções predefinidas** que podem ser utilizadas em expressões, algumas das quais estão listadas na Tabela 2.9.

tabela 2.9 Algumas funções predefinidas em Pascal

Função	Argumentos	Resultado	Ação
abs(X)	integer/real	integer	Valor absoluto
arctan(X)	integer/real	real	Arco tangente
cos(X)	integer/real	real	Cosseno
sin(X)	integer/real	real	Seno
exp(X)	integer/real	real	e^x
frac(X)	integer/real	real	Parte fracionária
int(X)	integer/real	real	Parte inteira
trunc(X)	integer/real	integer	Trunca para inteiro
round(X)	integer/real	integer	Inteiro mais próximo
ln(X)	integer/real	real	Logaritmo neperiano
Pi	-	real	Valor de π
sqr(X)	integer	integer	Quadrado
sqr(X)	real	real	Quadrado
sqrt(X)	integer/real	real	Raiz quadrada

Para elevar um número ao quadrado, usa-se a função sqr e, para extrair a raiz quadrada de um número, usa-se a função sqrt. Para elevar um número a potências superiores a 2 ou extrair raízes maiores que 2, usa-se uma combinação das funções exp e ln:

```
exp(ln(base) * expoente) (elevação de um número a uma potência)
exp(ln(base) / expoente) (extração de raiz)
```

Os exemplos de expressões lógicas apresentados no final da Seção 2.3.2 são assim representados em Pascal:

```
( i <> 10 ) or achou
( i mod 2 = 7 ) and ( r / 4 )
( r >= 0 ) and ( r + 1 < 10 ) or achou
c = 'w' xor not achou
```

Em expressões *string*, o operador de concatenação em Pascal é o mesmo utilizado na pseudolinguagem. Exemplo de expressões *string* em Pascal:

```
'inicio' + ' ' + 'final'   (resultado 'inicio final')
```

2.5 ⋯→ em C

Nos códigos em linguagem C, na escrita de identificadores e de elementos próprios da linguagem, como comandos, as letras maiúsculas são consideradas diferentes das letras minúsculas. Para evitar erros, é necessário cuidar ao escrever os programas, utilizando sempre o tipo de letra adequado a cada caso, como nos exemplos mostrados neste livro.

2.5.1 literais

números. Em C, é utilizado o ponto decimal em lugar da vírgula. A notação exponencial em C utiliza a letra "E" ou "e" antes do expoente da base 10, seguindo após essa letra a potência de 10, que deve ser inteira e pode ser positiva ou negativa. Tanto a parte inicial como a que representa a potência de 10 podem ou não ter sinal. A potência de 10 deve ser sempre um número inteiro.

Exemplos de números em notação exponencial e seu correspondente aritmético:

```
1.2e3      →    1,2 x 10³
-4.5E-6    →    -4,5 x 10⁻⁶
0.123E-5   →    0,123 x 10⁻⁵
```

$1.2e3 \rightarrow 1,2 \times 10^{3}$
$-4.5E-6 \rightarrow -4,5 \times 10^{-6}$
$0.123E-5 \rightarrow 0,123 \times 10^{-5}$

valores lógicos. Em C, não existe o tipo básico lógico. Os valores lógicos estão associados a valores numéricos. O valor 0 (zero) corresponde ao valor lógico falso; qualquer valor diferente de zero significa o valor lógico verdadeiro. Isso significa que, se o número −1 for analisado logicamente, o valor retornado é verdadeiro.

caracteres. Um caractere é representado em C da mesma forma como na pseudolinguagem utilizada neste livro, entre apóstrofos.

strings. Cadeias de caracteres são representadas entre aspas duplas. Como não existe o tipo básico *string* em C, *strings* são processadas de uma forma específica que será vista em detalhes no Capítulo 10.

2.5.2 identificadores

O caractere inicial de um identificador em C pode ser uma letra ou o caractere "_" (sublinhado), que pode ser seguido por qualquer combinação de letras, dígitos e caracteres "_". Outros caracteres, como acentos, cedilha e espaços em branco, não são permitidos. Exceto em casos especiais, indicados oportunamente, recomenda-se fortemente iniciar os nomes dos identificadores por letras e, quando letras forem utilizadas, empregar apenas as minúsculas. Não existe um número máximo de caracteres definido para nomes de identificadores em C, mas nomes muito extensos não são recomendados. O ideal é utilizar nomes de identificadores relativamente curtos e sempre significativos, ou seja, que expressem com razoável clareza para que servem.

Exemplos de identificadores:

```
        valor       nota1       nome_sobrenome      preco      _h1n1
```

2.5.3 palavras reservadas

As palavras reservadas em C não devem ser utilizadas fora de seu propósito original. Algumas palavras reservadas são: `case`, `char`, `const`, `continue`, `default`.

2.5.4 símbolos especiais

Em C, os símbolos especiais podem ser compostos por um ou dois caracteres. Aparecem no programa sem apóstrofos, com significado definido pela sintaxe da linguagem.

Exemplos de símbolos especiais do C:

```
    !=      ++      (       )       %       =
```

2.5.5 comentários

Os comentários em C podem ser escritos de duas maneiras:

- entre os símbolos "/*" e "*/". Nesse caso, todo o texto entre esses delimitadores constitui o comentário, mesmo que abranja mais de uma linha;
- após os caracteres "//". O texto do comentário vai desses dois caracteres até o final da linha onde eles ocorrem.

Qualquer sequência de caracteres pode ser utilizada em um trecho de comentário.

2.5.6 tipos de variáveis

Os tipos de dados em C podem ser:

- tipos simples:
  - numéricos: int, float, double;
  - alfanumérico: char;
  - void;
  - ponteiros.
- tipos compostos:
  - arranjos;
  - registros;
  - enumerações;
  - arquivos.

Conforme visto na Seção 2.2, serão discutidos inicialmente os tipos de dados simples que armazenam valores numéricos e alfanuméricos, ficando os demais para serem apresentados e discutidos mais adiante.

Para cada tipo de dado de C é alocado um espaço de memória diferente. No caso dos tipos numéricos, isso limita o tamanho dos números que podem ser armazenados. A seguir, são analisados os tipos mais usuais, mostrando qual o espaço de memória alocado e quais os valores que esses tipos podem armazenar.

- Variáveis com valores numéricos inteiros:

Tipo	Espaço de memória	Números armazenados
int	4 bytes	-214783648 a 214783647

- Variáveis com valores numéricos fracionários:

Tipo	Espaço de memória	Números armazenados
float	4 bytes	-3.4e38 a +3.4e38
double	8 bytes	-1.7e308 a +1.7e308

- Variáveis alfanuméricas:

Tipo	Significado	Espaço de memória	Caracteres armazenados
char	1 caractere	1 byte	caracteres do código ASCII

■ Modificadores de tipo

Modificadores de tipo alteram um tipo de dado, chamado de tipo-base, gerando um novo tipo. Na linguagem C, são quatro os modificadores de tipo: short, long, signed e unsigned. Dependendo do tipo-base de uma variável, um ou mais modificadores podem ser utilizados (ver Tabela 2.10).

tabela 2.10 Tipos-base e seus modificadores de tipo

Tipo-base	Modificador(es)
int	short, long, signed, unsigned
char	signed, unsigned
double	long

Se o tipo-base é omitido em uma declaração, o tipo-base considerado é o int. Exemplo:

```
long saldo; // int eh o tipo-base
unsigned char caract;
```

A Tabela 2.11 apresenta tipos declarados com o uso de modificadores, o seu tamanho em bytes e o intervalo de valores passíveis de representação.

tabela 2.11 Tamanho e intervalo de valores de tipos de dados declarados com o uso de modificadores

Tipo	Tamanho (Bytes)	Intervalo de valores
char ou signed char	1	-128 a 127
unsigned char	1	0 a 255
int ou signed int	4	-2147483648 a 2147483647
unsigned int	4	0 a 4294967295
short int ou signed short int	2	-32768 a 32767
unsigned short int	2	0 a 65535
long int ou signed long int	4	-2147483648 a 2147483647
unsigned long int	4	0 a 4294967295

Um caractere pode ser qualquer símbolo da tabela ASCII. Observar que a representação binária dos símbolos, utilizando 1 byte, é feita pelo uso de um número inteiro. Dessa forma, os símbolos da tabela ASCII original, que possui 128 caracteres, são representados por números inteiros entre 0 e 127. Também os números inteiros entre -128 e 255 podem ser representados em 1 byte, sendo utilizados em extensões da tabela ASCII para representar, entre outros símbolos, caracteres acentuados.

2.5.7 declarações

Todos os itens de um programa em C devem ser declarados antes de serem usados.

■ declaração de variáveis

Todas as variáveis utilizadas em um programa em C devem ser declaradas. Recomenda-se que as declarações sejam feitas no início do programa, antes do primeiro comando, mesmo quando a linguagem permitir declaração em outros pontos.

Os nomes escolhidos para as variáveis devem ser únicos no programa, seguindo a regra de definição de identificadores. Em uma declaração, primeiro é indicado o tipo da variável, depois o seu nome. Ex.:

```
int cod;
float salario;
char caract;
```

Se há mais de uma variável do mesmo tipo, elas podem ser declaradas em conjunto, escrevendo os seus nomes, separados por vírgulas, logo após o tipo. Ex.:

```
int cod, valor, ind;
float salario_inicial, salario_final, media;
```

É possível declarar uma variável e, ao mesmo tempo, inicializá-la. Nesse caso, após o nome da variável vai o sinal "=" seguido do valor de inicialização, que deve ser coerente com o tipo da variável. Ex.:

```
int cod, valor = 0, ind;
// apenas a variavel valor esta sendo inicializada
float salario_inicial, salario_final, media = 0.0;
// apenas a variavel media esta sendo inicializada
```

■ criação de novos tipos

Com o recurso `typedef` pode-se criar em C nomes alternativos para tipos de dados existentes, conforme segue:

```
typedef <tipo original> <nome alternativo do tipo>
```

A partir desse ponto, em todas as situações em que o nome original do tipo puder ser utilizado, o tipo alternativo é igualmente válido:

```
typedef int inteiro;      //inteiro torna-se nome alternativo de int
typedef char caractere;//caractere torna-se nome alternativo de char
```

Conforme esses dois exemplos, as seguintes declarações passam a ser possíveis:

```
inteiro valor_um, valor_dois;
caractere simbolo;
```

■ declaração de constantes

Em C, constantes podem ser declaradas de três formas:

- com a palavra reservada const;
- com a diretiva para o pré-processador #define;
- com o tipo enumeração (ver Capítulo 8).

A sintaxe de declaração de uma constante com const é:

```
const <tipo da constante>   <nome da constante>   =   <valor da
constante> ;
```

A palavra reservada const permite a definição de constantes com o tipo indicado em `<tipo da constante>`. Exemplo:

```
const NOTA_MAXIMA = 100;
```

As constantes declaradas através da diretiva do pré-processador #define são chamadas de constantes simbólicas, e sua sintaxe de declaração é:

```
#define <nome da constante> <valor da constante>
```

Um #define especifica uma regra de substituição de um identificador (`<nome da constante>`) por um valor (`<valor da constante>`). Antes da compilação propriamente dita, o pré-processador realizará essas substituições no código e os tipos das constantes simbólicas ficarão definidos internamente com base nos valores indicados para elas.

Na declaração de uma constante simbólica, nenhum símbolo ou caractere, exceto espaços, deve ser colocado entre o nome da constante e o seu valor (que pode ser uma expressão), pois tudo o que vier após o nome da constante é entendido como devendo substituí-lo no código. Da mesma forma, após o valor, não deverá ser colocado um ponto e vírgula.

Nos exemplos a seguir, MAX é uma constante inteira e VALOR_INF é uma constante real:

```
#define MAX 40
#define VALOR_INF 5.7
```

No trecho de código a seguir, MAX será substituído por 40 pelo pré-processador:

```
media = somatorio_valores/MAX;
```

Os nomes das constantes simbólicas costumam, por convenção, ser declarados em letras maiúsculas, e devem ser assim utilizados nos programas. Nos códigos deste livro estão sendo utilizadas preferencialmente constantes simbólicas.

2.5.8 expressões

Os operadores aritméticos de C são apresentados na Tabela 2.12. Observar que em C não existe um operador para representar potências, sendo o cálculo feito com funções predefinidas, apresentadas mais adiante.

tabela 2.12 Operadores aritméticos em C

Operador	Significado	Operandos
+	Soma	inteiros e/ou reais
-	Subtração	inteiros e/ou reais
*	Multiplicação	inteiros e/ou reais
/	Divisão	Se inteiros, a divisão será inteira Se pelo menos um operando for real, a divisão será real
%	Resto da divisão inteira	Inteiros
++	Incremento de variável (de um)	Inteiros ou char
--	Decremento de variável (de um)	Inteiros ou char

A linguagem C permite que o tipo char tenha seu conteúdo tratado tanto como caractere quanto como inteiro, inclusive aparecendo como operando de uma expressão aritmética.

Os operadores relacionais em C podem ser vistos na Tabela 2.13.

tabela 2.13 Operadores relacionais em C

Operador relacional	Significado
==	Igual
!=	Diferente
>	Maior
<	Menor
>=	Maior ou igual
<=	Menor ou igual

Os operadores lógicos de C estão listados na Tabela 2.14.

tabela 2.14 Operadores lógicos em C

Operador lógico	Significado	Resultado
&&	e	Verdadeiro somente se ambos os operandos são verdadeiros
||	ou	Verdadeiro se um dos operandos for verdadeiro
!	negação	Verdadeiro se o operando for falso, falso se o operando for verdadeiro

Além dos operadores vistos, o C possui operadores para trabalhar com outros tipos de dados, que serão apresentados mais adiante neste livro.

A avaliação de expressões aritméticas e lógicas é feita obedecendo à ordem de precedência entre os operadores, apresentada na Tabela 2.15. Nela são incluídos os operadores vistos até este ponto do livro, agrupados por ordem de precedência de maior para menor.

tabela 2.15 Precedência entre operadores em C

Operação	Operadores	Prioridade
Incremento, decremento, mais, menos, não lógico, *casting* para tipo	++, --, +(unário), -(unário), !, * (tipo) expressão	↑
Multiplicação, divisão, resto da divisão inteira (módulo)	*, /, %	
Soma, subtração	+, -	
Operadores relacionais	>, >=, <, <=	
Igual, diferente	==, !=	
E lógico	&&	
Ou lógico	||	
Operadores de atribuição	=, +=, -= , *= , etc.	↓

Os operadores do primeiro grupo (++, --, etc.) e os operadores de atribuição operam da direita para a esquerda. Os outros operadores operam da esquerda para a direita.

No caso de uma expressão apresentar dois ou mais operadores de mesma precedência justapostos, a avaliação é feita da esquerda para a direita. Por exemplo, a expressão 1 - 2 - 3 é equivalente a (1 - 2) - 3, resultando em -4 (se a avaliação fosse feita da direita para a esquerda, o resultado seria +2).

Parênteses podem ser utilizados para alterar a precedência entre as operações. Por exemplo, a expressão 1 + 2 * 3 tem como resultado o valor 7, pois primeiro é efetuada a multiplicação (precedência maior do que a da soma). Essa ordem de precedência pode ser alterada se a expressão for escrita como (1 + 2) * 3, em que primeiro é avaliada a expressão entre parênteses.

C oferece várias funções predefinidas que podem ser utilizadas em expressões, algumas das quais estão listadas na Tabela 2.16.

tabela 2.16 Algumas funções predefinidas em C

Função	Biblioteca	Argumentos	Resultado	Ação
abs(X)	stdlib.h	integer	integer	Valor absoluto
atan(X)	math.h	double	double	Arco tangente
cos(X)	math.h	double	double	Cosseno
sin(X)	math.h	double	double	Seno
exp(X)	math.h	double	double	e^x
pow(x,y)	math.h	double	double	Eleva x à potência y
sqrt(X)	math.h	double	double	Raiz quadrada
log(x)	math.h	double	double	Logaritmo natural de x

Para extrair a raiz quadrada de um número, usa-se a função sqrt; para extrair uma raiz qualquer, pode-se usar tanto uma combinação das funções exp e log, funções predefinidas da biblioteca math.h (#include <math.h>): exp((log(base))/<expoente>), quanto apenas a função pow: pow (base, 1/expoente).

Os exemplos de expressões lógicas apresentados no final da Seção 2.3.2 são assim representados em C:

```
( i != 10 ) || achou //achou sera uma variavel numerica
( (i % 2) == 7 ) && ( r / 4 ))
((( r >= 0 ) && ( r + 1 < 10 )) || achou )
                // achou sera uma variavel numerica
((caract == 'w' || (!achou)) && (!(caract =='w' && achou)))
                // achou sera uma variavel numerica
```

2.6 dicas

escolha de nomes para variáveis. Os nomes dados às variáveis devem sempre ser curtos, porém significativos. Devem passar uma ideia clara do que as variáveis devem armazenar. Como regra geral, devem ser evitados nomes de variáveis muito genéricos, como a, x ou n.

escolha de nomes para constantes. Os nomes de constantes devem ser muito bem escolhidos, indicando claramente o que o valor significa no programa.

representação padronizada de nomes de identificadores. É recomendável padronizar a forma de representar os nomes de identificadores. Neste livro, são utilizadas somente letras minúsculas nos nomes das variáveis e tipos, e somente letras maiúsculas nos nomes das constantes.

parênteses nunca são demais. Usar parênteses, até mesmo quando não são necessários, é recomendável para melhorar o entendimento das expressões e garantir a sua correta execução.

comentários são importantes. A utilização de comentários é fortemente aconselhada, pois eles facilitam muito a legibilidade e o entendimento dos programas. Devem ser utilizados comentários junto às declarações sempre que os nomes das variáveis não forem autoexplicativos e, também, em pontos estratégicos ao longo do programa, explicando o que é realizado.

escolha adequada do tipo das variáveis. Na declaração dos tipos das variáveis, só utilizar tipos mais restritos como, por exemplo, inteiros sem sinal, quando o espaço de armazenamento das variáveis for uma questão crítica. Se uma maior precisão for necessária, utilizar sempre o tipo que possua a maior capacidade de representação.

2.7 exercícios sugeridos

Resolva os exercícios especificados a seguir em uma das linguagens de programação apresentadas.

exercício 2.1 Quais destas constantes numéricas são válidas?

a	.123		**f**	7E123456
b	+45.6		**g**	78E-9
c	–7,89		**h**	–123E+45.67
d	123456789		**i**	8.9E(–123)
e	123.456789		**j**	–45.6E+7.8

exercício 2.2 Quais destes nomes de identificadores são válidos?

a	a		**f**	a b
b	ix+2		**g**	a/b7
c	comprimento		**h**	12ab7
d	largura_123		**i**	xdivididoy
e	preço$		**j**	preço(X)

exercício 2.3 Escreva as fórmulas abaixo como expressões aritméticas válidas na linguagem algorítmica:

a $\sqrt{\dfrac{-b}{a \cdot b - c^2}} + 2\dfrac{(a+b)}{c+5}$

b $\dfrac{-c}{a \cdot d - b \cdot c} \cdot u + \sqrt[2]{\dfrac{a+b}{c-1}} \cdot v$

exercício 2.4 Escreva em uma linguagem de programação (Pascal ou C) a fórmula que calcula a média harmônica:

$$\dfrac{3}{\dfrac{1}{a}+\dfrac{1}{b}+\dfrac{1}{c}}$$

exercício 2.5 As coordenadas de dois pontos no plano cartesiano são definidas como $(x1,y1)$ e $(x2, y2)$. Escreva a fórmula que calcula a distância entre esses dois pontos de acordo com a linguagem algorítmica:

$$\sqrt{(x2-x1)^2 + (y2-y1)^2}$$

exercício 2.6 Escreva uma expressão lógica que seja verdadeira no caso do valor contido em uma variável inteira `valor` estar compreendido entre os valores 10 e 50, incluindo os limites.

exercício 2.7 Declare as variáveis necessárias e escreva uma expressão lógica que seja verdadeira se o preço a pagar em um restaurante for inferior a R$ 20,00 e a qualidade da comida (variável do tipo caractere) for 'b' (boa), ou se o preço estiver entre R$20,00 e R$ 30,00 e a qualidade for 'e' (excelente).

exercício 2.8 Escreva uma expressão lógica que seja verdadeira sempre que no mínimo três valores armazenados em quatro variáveis inteiras i, j, k e l forem iguais.

exercício 2.9 Considerando que foram declaradas as seguintes variáveis:

- tipofilme (caractere)   {tipo do filme – pode ser "A", "B" ou "C"}
- entrada (real)   {preço da entrada do cinema}
- companhia (lógico)   {verdadeiro se a companhia é agradável; falso, caso contrário}

Converta suas declarações para uma das linguagens em estudo e escreva expressões lógicas que sejam verdadeiras caso o filme seja do tipo "A" e o preço da entrada seja igual ou inferior a 10 reais ou se a companhia for agradável.

2.8 ⇢ termos-chave

BNF (Backus-Naur Form ou Backus Normal Form), p. 26

comentários, p. 28

declaração de constante, p. 31

declaração de variáveis, p. 29

declarações, p. 28

definição de novos tipos de dados, p. 30

expressões aritméticas, p. 32

expressões de *strings*, p. 36

expressões lógicas, p. 34

identificadores, p. 27

literais, p. 26

palavras reservadas, p. 28

símbolos especiais, p. 28

tipos de dados, p. 29

unidades léxicas, p. 26

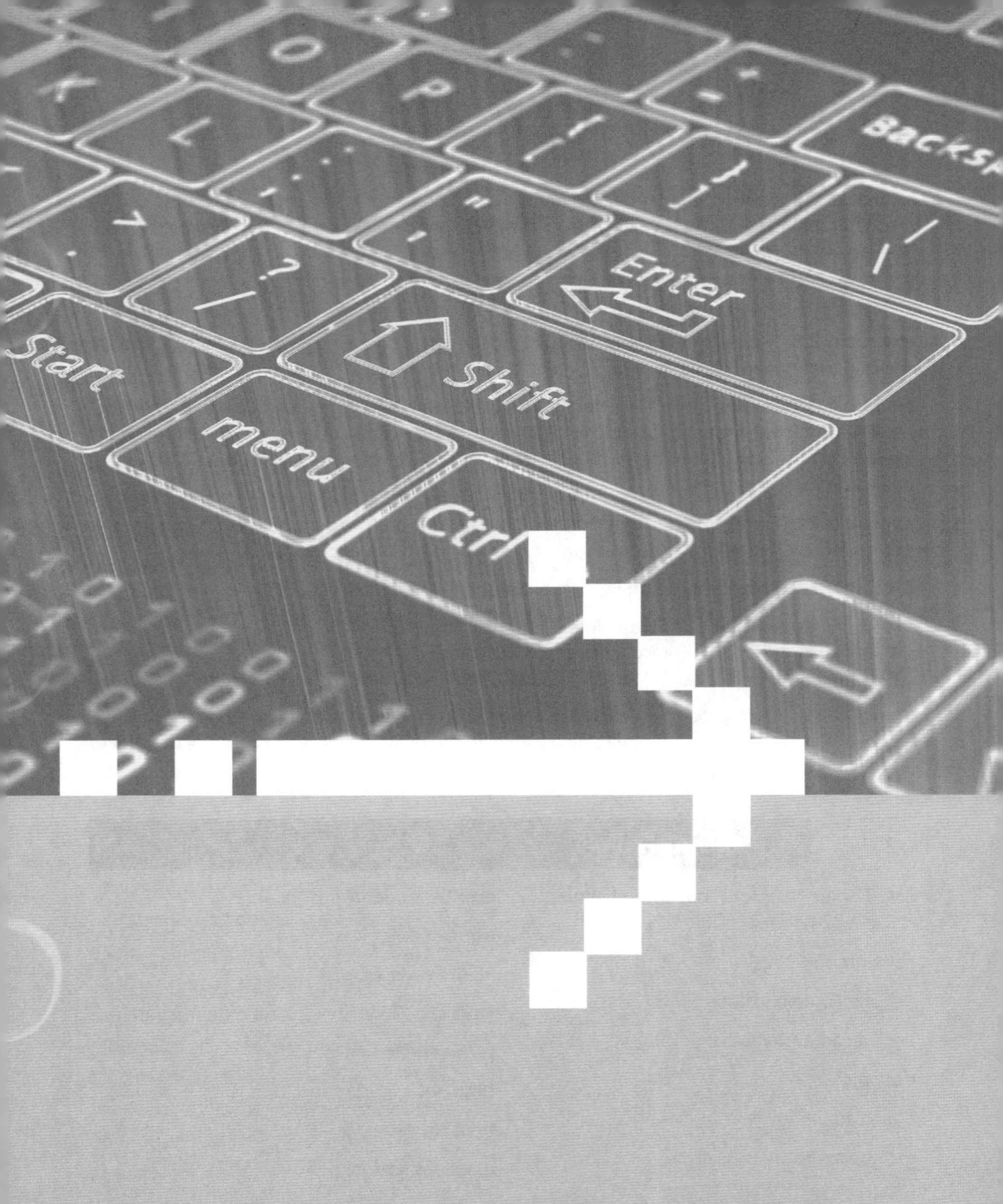
Enter
Start
Shift
menu
Ctrl

capítulo 3

algoritmos sequenciais

■ ■ Este capítulo trata da construção de algoritmos sequenciais. São analisados os comandos de entrada de dados, de saída de dados e de atribuição. É apresentada a estrutura de um algoritmo completo, com cabeçalho, declarações, comandos e comentários, bem como sua tradução para as linguagens Pascal e C.

A partir deste capítulo, passarão a ser analisados problemas reais e serão mostrados algoritmos possíveis para solucioná-los via computador. A complexidade dos algoritmos aumentará gradativamente e, em cada capítulo, haverá a introdução de novos elementos, que ampliarão a gama de problemas passíveis de solução computacional.

No Capítulo 1 foi introduzido o conceito de algoritmo, tendo sido identificados alguns comandos básicos executados por um computador, como entrada e saída de dados e atribuição de um valor a uma variável. O Capítulo 2 tratou de variáveis e expressões, incluindo suas formas de representação.

Neste capítulo os elementos já introduzidos são utilizados na escrita dos primeiros programas completos gerados a partir de **algoritmos puramente sequenciais**. Os programas são desenvolvidos na pseudolinguagem e, logo após, convertidos para as linguagens de programação Pascal e C.

3.1 ⇢ esquema básico dos algoritmos sequenciais

Os problemas puramente sequenciais geralmente incluem três atividades, que ocorrem normalmente na ordem indicada a seguir: entrada de dados, processamento realizado sobre esses dados (cálculos, comparações) e saída de dados ou apresentação dos resultados. Mesmo em problemas mais complexos, essas atividades constituem o esquema básico subjacente. O processamento e a saída de dados são elementos sempre presentes; já a entrada pode eventualmente não ocorrer, como nos casos em que o processamento se baseia em valores predefinidos e constantes.

Entradas são os dados fornecidos pelo usuário durante a execução do programa, sem os quais não é possível solucionar o problema. Existem casos em que alguns dados de entrada, pela sua constância e regularidade, podem ser utilizados como constantes em uma solução. No Exercício de Fixação 3.3 (discutido na Seção 3.6), em que um valor em reais é convertido para dólares, em um período de estabilidade da moeda americana a taxa de conversão para o dólar poderia ser colocada como um valor constante na expressão de cálculo. Mas caso fosse preciso alterar essa taxa, seria necessário alterar o código. Nesse, e em casos semelhantes, sugere-se optar pela solução mais genérica, em que mesmo os dados relativamente estáveis são sempre fornecidos como entradas.

As saídas de um problema são geralmente os elementos mais facilmente determináveis, uma vez que correspondem aos resultados esperados.

No problema apresentado no Algoritmo 1.1 (no Capítulo 1, Seção 1.1.4), em que é calculada a soma de dois valores, os dois valores a serem somados são as entradas que devem ser informadas; o processamento é o cálculo da soma; e a saída é a soma calculada.

Na sequência veremos os comandos que permitirão a leitura dos dados de entrada, a produção de resultados e sua apresentação em um meio externo.

3.2 ⇢ comandos de entrada e de saída

Os comandos de entrada e de saída de dados fazem a ligação entre o programa e o usuário. Toda a comunicação entre o mundo virtual e o mundo real é feita através desses comandos, sem os quais o usuário não ficaria ciente do que ocorre durante e ao término do processamento.

3.2.1 comando de entrada de dados

Através de um **comando de entrada de dados**, o programador solicita que um ou mais dados sejam obtidos (lidos) pelo computador a partir de um dispositivo de entrada como, por exemplo, o teclado. Os valores lidos devem ser armazenados em variáveis na memória para que essas possam depois ser utilizadas pelo programa. Para isso, o comando de entrada de dados deve, além de solicitar a operação de leitura, informar os nomes das variáveis que irão armazenar os valores lidos.

Na pseudolinguagem, um comando de entrada de dados é identificado pela palavra reservada ler, seguida da lista de variáveis que irão armazenar os valores lidos, as quais aparecem separadas por vírgulas e entre parênteses:

```
ler ( <lista de variáveis separadas por vírgulas> )
```

Por exemplo, o comando:

```
ler (nota)
```

pede que seja lido um valor no dispositivo de entrada de dados, dizendo ainda que o valor lido deve ser armazenado na variável denominada nota. Outro exemplo é o comando:

```
ler (a, b, c)
```

onde a, b e c são nomes de variáveis. Através desse comando serão lidos três valores de entrada, sendo o primeiro colocado na variável a, o segundo na b e o terceiro na c.

3.2.2 comando de saída de dados

Comandos de saída de dados são usados para transferir para fora do computador os resultados que foram solicitados a fim de que esses sejam vistos pelo usuário ou utilizados em futuro processamento. Um comando de saída inicia sempre pela palavra reservada escrever, seguida da lista de valores que deverão ser informados, os quais aparecem separados por vírgulas e entre parênteses:

```
escrever ( <lista de valores de saída separados por vírgulas> )
```

A lista de valores de saída pode conter:

- nomes das variáveis cujos conteúdos devem ser informados;
- expressões que serão avaliadas, sendo seu resultado informado na saída;
- *strings* formadas por cadeias de caracteres entre apóstrofos simples. As *strings* não são analisadas pelo computador, sendo simplesmente copiadas para o dispositivo de saída. Servem para explicar ao usuário o significado dos valores que são listados.

Por exemplo, o comando:

```
escrever (a, b)
```

vai transferir para a saída o valor contido na variável a, seguido do valor da variável b. Já o comando:

```
escrever (a * b + 1 / sin (c))
```

vai avaliar a expressão fornecida (a * b + 1 / sin (c)), transferindo para a saída somente seu resultado. Como exemplo da utilização de *strings* na saída, considere o comando:

```
escrever ('Maior valor: ', maior, ' Resultado: ' , soma)
```

Neste comando, valor e soma são nomes de variáveis. Supondo que o valor contido na variável maior seja 15 e que o valor de soma seja 20, a saída produzida seria a seguinte:

```
Maior valor: 15 Resultado: 20
```

3.2.3 formatação de entrada e saída

As linguagens de programação possibilitam definir como os dados deverão ser apresentados, ou seja, como as informações deverão ser fornecidas na entrada de dados e como os resultados deverão ser dispostos na saída. Ao escrever um algoritmo, deve-se analisar somente quais as ações que devem integrá-lo para que represente uma solução adequada e correta para o problema que se pretende solucionar. Não é aconselhável definir formatos de entrada e saída neste momento, deixando para fazê-lo na tradução do algoritmo para uma linguagem de programação específica. Por isso, a pseudolinguagem utilizada ao longo deste livro não define a formatação de entrada e de saída de dados, deixando para mostrá-la nas seções específicas das linguagens Pascal e C.

3.3 comando de atribuição

No **comando de atribuição**, o resultado de uma expressão é atribuído a uma variável, ou seja, é colocado no espaço de memória reservado para essa variável. Se já existia algum valor armazenado na variável, ele é substituído pelo novo valor, e o valor anterior é perdido. Na pseudolinguagem, um comando de atribuição tem à esquerda o nome da variável que vai receber o valor, seguido de uma flecha direcionada para a esquerda, seguida à direita pela expressão cujo valor vai ser utilizado na atribuição. O sentido da flecha representa visualmente que o resultado da expressão é colocado na variável:

```
<variável> ← <expressão>
```

Somente um nome de variável pode ser colocado à esquerda em um comando de atribuição. A execução do comando inicia avaliando a expressão à direita, colocando depois seu resultado na variável à esquerda. Por exemplo, no comando:

    a ← b + 1

o resultado da expressão b + 1 é atribuído à variável a.

O tipo da variável que vai receber a atribuição deve ser compatível com o resultado da expressão à direita. Dependendo do tipo dessa variável, três tipos de atribuição são identificados, os quais são analisados a seguir.

3.3.1 atribuição numérica

Se a variável for numérica, o valor da expressão deve ser também um valor numérico. O valor a ser atribuído à variável pode ser (1) informado diretamente através de um número, (2) o valor armazenado em outra variável numérica ou (3) o resultado de uma expressão aritmética. Pode ser utilizada qualquer expressão aritmética, incluindo nomes de variáveis e chamadas a funções. O nome da variável à qual vai ser atribuído o valor pode também ser utilizado na expressão aritmética – nesse caso, a expressão é avaliada com o valor que a variável continha antes da execução do comando, sendo esse valor perdido ao ser feita a atribuição do novo valor.

O tipo do valor a ser atribuído à variável deve ser compatível com o tipo da variável que vai receber a atribuição. Assim, variáveis inteiras devem receber valores inteiros, e variáveis reais devem receber valores reais. Uma exceção a essa regra, entretanto, é a atribuição de valores inteiros a variáveis reais.

Vamos supor que foram declaradas as seguintes variáveis:

    i, k (inteiro)
    a, r (real)

Utilizando essas variáveis, os comandos de atribuição a seguir são válidos:

    i ← 10   { i RECEBE O VALOR 10 }
    i ← k   { i RECEBE O VALOR DA VARIÁVEL k }
    i ← k - 2   { i RECEBE VALOR DA EXPRESSÃO ARITMÉTICA k - 2}
    i ← i + k - 7   { VARIÁVEL PODE SER UTILIZADA NA EXPRESSÃO }
    a ← 10   { VARIÁVEL REAL PODE RECEBER VALOR INTEIRO }
    a ← 3,14 * sqr(r)   { EXPRESSÃO π.r² UTILIZANDO CHAMADA À FUNÇÃO }

Os comandos de atribuição a seguir são inválidos:

    i ← a   { VARIÁVEL INTEIRA NÃO PODE RECEBER VALOR REAL}
    i ← i + a   { EXPRESSÃO TEM RESULTADO REAL POIS a É REAL }
    i ← a > r   { EXPRESSÃO NÃO PODE SER LÓGICA }
    a + b ← a   { NO LADO ESQUERDO NÃO PODE TER EXPRESSÃO }
    a, b ← 0   { SOMENTE UMA VARIÁVEL NO LADO ESQUERDO }

Uma construção bastante comum é a variável que vai receber o valor da atribuição ser também utilizada na expressão à direita do sinal de atribuição. Nesses casos, a expressão é avaliada utilizando o valor contido na variável e, terminada a avaliação da expressão, seu resultado é colocado na variável, alterando então seu valor. Por exemplo, supondo que a variável a é inteira e contém o valor 5, o valor contido em a, após a execução do comando de atribuição a seguir, é 8:

```
a ← a + 3
```

3.3.2 atribuição lógica

Se a variável à esquerda do comando de atribuição for lógica, ela poderá receber somente um dos dois valores lógicos: verdadeiro ou falso. O valor lógico a ser atribuído pode (1) ser representado explicitamente através de uma dessas duas palavras reservadas, (2) ser o conteúdo de outra variável lógica ou (3) resultar da avaliação de uma expressão lógica.

Considerar as seguintes declarações:

```
i, k (inteiro)
x, y (lógico)
```

Os exemplos a seguir são comandos de atribuição lógica válidos:

```
x ← verdadeiro     { VALOR LÓGICO INFORMADO EXPLICITAMENTE }
x ← y              { x RECEBE VALOR LÓGICO DE y }
x ← i = k          { x verdadeiro SE i IGUAL A k }
x ← i > 7 ou y     { x RECEBE RESULTADO DA EXPRESSÃO LÓGICA }
```

Os comandos a seguir são inválidos:

```
x ← i              { i É INTEIRO, NÃO É VALOR LÓGICO }
x ← x > 7          { ERRO NA EXPRESSÃO LÓGICA }
x ← k + 1          { EXPRESSÃO TEM VALOR INTEIRO, NÃO LÓGICO }
```

3.3.3 atribuição de caracteres

Se a variável for do tipo caractere, a expressão à direita deve resultar em um caractere; se a variável for do tipo string, a expressão deve resultar em uma *string*.

Considerar que foram declaradas as seguintes variáveis:

```
nome (string)
letra, letra2 (caractere)
```

Utilizando essas variáveis, os exemplos a seguir mostram comandos de atribuição válidos:

```
nome ← 'Ana Terra'   { STRING ATRIBUÍDA À VARIÁVEL nome }
letra ← 'Z'          { letra RECEBE CARACTERE 'Z' }
letra ← letra2       { letra RECEBE CARACTERE DE letra2 }
```

Ainda utilizando as mesmas variáveis, os comandos a seguir são inválidos:

```
nome   ← 10           { STRING NÃO PODE RECEBER VALOR NUMÉRICO }
letra  ← i > 2        { CARACTERE NÃO PODE RECEBER VALOR LÓGICO }
letra  ← nome         { VARIÁVEL CARACTERE NÃO PODE RECEBER STRING }
letra  ← letra + 10   { EXPRESSÃO À DIREITA ESTÁ INCORRETA}
```

3.4 ⋯→ fluxograma de programas sequenciais

No Capítulo 1 foram mostrados alguns blocos utilizados em fluxogramas, incluindo os que representam comandos de entrada, de saída e de atribuição (Figura 1.4). Diversas formas para representar entradas e saídas podem ser encontradas na literatura. Nos blocos adotados nesse livro é utilizado o mesmo bloco para ambas, identificando claramente a ação a ser executada (entrada ou saída). A Figura 3.1 mostra um fluxograma em que é feita uma entrada de dados que preenche a variável valor, sendo, em seguida, informado qual o valor lido.

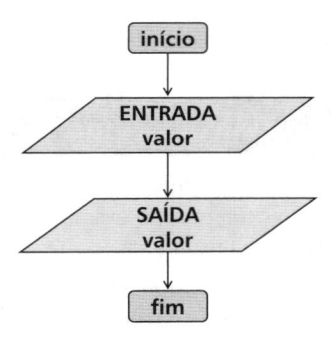

figura 3.1 Fluxograma com entrada e saída de dados.

Um programa pode ter vários comandos de entrada e de saída de dados em lugares diferentes. As formas dos blocos que representam esses comandos mostram visualmente, no fluxograma, os pontos de interação do programa com o usuário.

O comando de atribuição é representado através de um retângulo, dentro do qual é escrito o nome da variável, o símbolo que representa a atribuição (←) e a expressão, em sua forma matemática, ou seja, sem necessidade de representá-la em uma só linha. Como exemplo, a Figura 3.2 mostra o fluxograma que corresponde ao problema apresentado na Seção 1.2:

1. obter os dois valores
2. realizar a soma
3. informar o resultado

O primeiro passo corresponde a um comando de entrada de dados, em que são lidos dois valores. Para armazenar os valores lidos devem ser declaradas duas variáveis, valor1 e valor2, de tipos compatíveis com os valores que serão fornecidos na entrada. No segundo passo, é realizada a operação de soma dos valores contidos nas duas variáveis, sendo o resultado armazenado em outra variável chamada de soma. O terceiro passo corresponde a um comando de saída, através do qual o valor armazenado na variável soma é informado ao usuário. As setas indicam a sequência em que os comandos são executados.

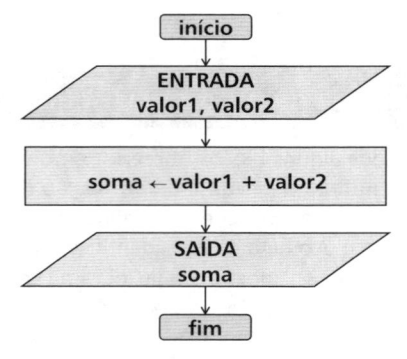

figura 3.2   Fluxograma da soma de dois valores.

3.5 ⋯→ estrutura de um algoritmo

Nesta seção será montado o primeiro algoritmo completo utilizando as declarações e os comandos vistos até aqui. Será utilizado o mesmo exemplo da seção anterior (soma de dois valores), para o qual já foi construído o fluxograma.

Um algoritmo deve sempre iniciar com um **cabeçalho**, no qual o objetivo do algoritmo deve ser claramente identificado. A primeira linha desse cabeçalho deve trazer o nome do algoritmo, o qual, por si só, deve dar uma indicação das ações a serem executadas pelo mesmo. No caso do exemplo, o algoritmo foi chamado de Soma2, pois vai efetuar a soma de dois valores. Na linha seguinte do cabeçalho, na forma de um comentário, deve ser explicado o objetivo do algoritmo. Essa explicação é útil principalmente nos casos em que o nome do algoritmo não é suficientemente autoexplicativo. Cabeçalho do exemplo utilizado:

```
Algoritmo Soma2
{INFORMA A SOMA DE 2 VALORES LIDOS}
```

Logo após o cabeçalho vem a seção das **declarações** de variáveis, de constantes e de tipos. Para facilitar o entendimento de um algoritmo, é importante identificar claramente as variáveis de entrada e de saída, pois elas fazem a interface do usuário com o programa. As demais variáveis utilizadas durante o processamento, denominadas variáveis auxiliares, são declaradas em uma linha especial. Essa separação desaparece ao se traduzir o algoritmo para uma linguagem de programação, mas é aconselhável que seja acrescentada ao programa na forma de um comentário.

A declaração de variáveis do Algoritmo Soma2 é a seguinte:

```
Entradas: valor1, valor2 (real)    {VALORES LIDOS}
Saídas: soma (real)
```

Os nomes escolhidos para as variáveis devem ser curtos e indicar qual a informação que elas irão armazenar. Caso isso não fique claro somente através do nome escolhido, é aconselhável escrever comentários explicando o significado de cada variável.

Após a seção de declarações, vem a área de **comandos**, delimitada pelas palavras reservadas início e fim. Cada comando deve ser escrito em uma linha separada. Ao contrário das linguagens de programação Pascal e C, a pseudolinguagem utilizada não emprega símbolo para separar comandos, sendo essa separação identificada somente pela posição de cada comando no algoritmo.

É importante utilizar **comentários** ao longo do algoritmo, indicando as ações que estão sendo executadas em cada passo. Isso auxilia muito os testes e a depuração do programa.

A estrutura básica de um algoritmo, com os elementos discutidos até o momento, é:

```
Algoritmo <nome do algoritmo>
{descrição do objetivo do algoritmo}
<declarações>
início
  <comandos>
fim
```

Em declarações aparecem com frequência alguns ou todos os seguintes elementos:

```
Entradas: <lista de nomes de variáveis com seus tipos>
Saídas: <lista de nomes de variáveis com seus tipos>
Variáveis auxiliares: <lista de nomes de variáveis com seus tipos>
```

O algoritmo completo do exemplo da soma de dois valores é:

```
Algoritmo 3.1 - Soma2
{INFORMA A SOMA DE DOIS VALORES LIDOS}
  Entradas: valor1, valor2 (real){VALORES LIDOS}
  Saídas:   soma (real)
início
  ler (valor1, valor2)          {OBTÉM OS 2 VALORES}
  soma ← valor1 + valor2        {CALCULA A SOMA}
  escrever (soma)               {INFORMA A SOMA}
fim
```

Nos exercícios de fixação a seguir, recomenda-se definir inicialmente o(s) resultado(s) a produzir, a(s) entrada(s) a obter e, só então, tentar determinar um modo de solução. Procurar identificar, nas soluções fornecidas, quais as linhas que correspondem, respectivamente, à entrada de dados, ao processamento e à apresentação dos resultados.

Observar que todos os problemas discutidos seguem o esquema básico destacado no início deste capítulo: entrada de dados, processamento e saída de dados.

3.6 exercícios de fixação

exercício 3.1 Fazer um programa que recebe três notas de alunos e fornece, como saídas, as três notas lidas, sua soma e a média aritmética entre elas.

A Figura 3.3 mostra o fluxograma deste programa. Inicialmente são lidas as três notas, que são também impressas para que o usuário possa verificar o que foi lido. Em seguida, é calculada e informada a soma. Finalmente, é efetuado o cálculo da média, que é também informado ao usuário. A utilização de diversos comandos de saída neste programa permite ao programador verificar quais os valores intermediários do processamento, auxiliando a depurar o programa.

O algoritmo desse programa acrescenta as declarações das variáveis utilizadas, que não aparecem no fluxograma. São incluídos também comentários para explicar os diferentes passos do algoritmo.

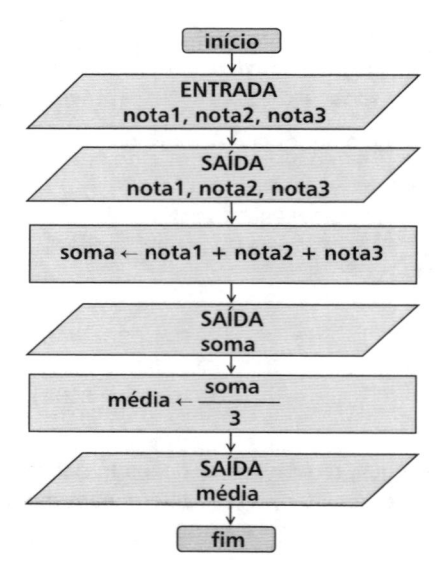

figura 3.3 Fluxograma do cálculo da média de três notas.

```
Algoritmo Média1
{INFORMA A SOMA E A MÉDIA DAS 3 NOTAS DE UM ALUNO}
  Entradas: nota1, nota2, nota3 (real)
  Saídas: soma, média (real)
início
  ler (nota1, nota2, nota3)          {ENTRADA DAS 3 NOTAS}
  escrever (nota1, nota2, nota3)     {INFORMA AS NOTAS LIDAS}
  soma ← nota1 + nota2 + nota3       {CALCULA A SOMA}
  escrever (soma)                    {INFORMA SOMA}
  média ← soma / 3                   {CALCULA A MÉDIA}
  escrever (média)                   {INFORMA MÉDIA CALCULADA}
fim
```

exercício 3.2 Dado o raio de um círculo, construir um algoritmo que calcule e informe seu perímetro e sua área.

Fórmulas: perímetro = 2 × π × raio
            área = π × raio^2

```
Algoritmo Círculo
{INFORMA O PERÍMETRO DE UM CÍRCULO E SUA ÁREA}
  Entrada: raio (real)
  Saídas: perímetro, área (real)
início
  ler (raio)                         {LÊ O RAIO DO CÍRCULO}
  perímetro ← 2 * 3,14 * raio        {CALCULA O PERÍMETRO}
  área ← 3,14 * sqr(raio)            {CALCULA A ÁREA}
  escrever (perímetro, área)         {INFORMA PERÍMETRO E ÁREA}
fim
```

exercício 3.3 Dado o preço de um produto em reais, converter este valor para o equivalente em dólares. O programa deverá ler do teclado o preço do produto e a taxa de conversão para o dólar.

```
Algoritmo ConversãoParaDólar
{CONVERTE UM VALOR EM REAIS PARA DÓLARES}
  Entradas: preço (real)    {PREÇO EM REAIS}
            taxa (real)     {TAXA DE CONVERSÃO PARA DÓLAR}
  Saída: emdolar (real)     {PREÇO EM DÓLARES}
início
  ler (preço)                        {LÊ O PREÇO EM REAIS}
  ler (taxa)                         {LÊ A TAXA DO DÓLAR}
  emdolar ← preço * taxa             {CALCULA O VALOR EM DÓLARES}
  escrever (emdolar)                 {INFORMA O VALOR EM DÓLARES}
fim
```

exercício 3.4 Escrever um algoritmo que calcula a comissão de um vendedor sobre uma venda efetuada. O algoritmo deve ler o número de um vendedor, o valor da venda efetuada e o percentual a receber sobre a venda.

```
Algoritmo ComissãoSobreVenda
{CALCULA A COMISSÃO DE UM VENDEDOR SOBRE UMA VENDA}
    Entradas: numVendedor (inteiro)     {NÚMERO DO VENDEDOR}
              valorVenda (real)         {VALOR DA VENDA}
              percentual (real)         {PERCENTUAL A RECEBER}
    Saídas: comissão (real)             {COMISSÃO A RECEBER}
início
    ler (numVendedor, valorVenda)              {LEITURA DADOS VENDA}
    ler (percentual)                           {LEITURA PERCENTUAL}
    comissão ← valorVenda * percentual * 0,01  {CÁLCULO DA COMISSÃO}
    escrever (numVendedor, comissão)           {SAÍDA DADOS}
fim
```

exercício 3.5 Permutar o conteúdo de duas variáveis na memória. O programa deverá iniciar preenchendo as duas variáveis por leitura e imprimindo os valores contidos nas variáveis. Em seguida, deve permutar o conteúdo das duas variáveis, ou seja, o conteúdo da primeira deve ficar na segunda e vice-versa. Imprimir novamente as duas variáveis para conferir se seus conteúdos foram realmente trocados.

Esta aplicação é muito comum e deve ser efetuada com cuidado. Ao solicitar a troca dos valores de duas variáveis na memória (a e b), pode-se pensar em fazer o seguinte:

a ← b
b ← a

Entretanto, ao colocar em a o valor contido em b, o valor que estava em a é perdido, conforme mostra a Figura 3.4. Para que isso não aconteça, o valor em a deve ser previamente guardado em uma variável auxiliar, para depois ser buscado para preencher a variável b, conforme ilustra a Figura 3.5. No algoritmo apresentado a seguir, as duas variáveis são preenchidas por leitura. Os valores nelas contidos são informados antes e depois da troca, para que se possa verificar se a operação foi realizada com sucesso.

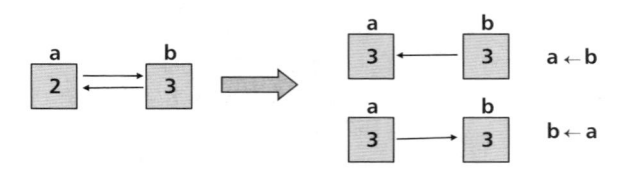

figura 3.4 Troca errada dos conteúdos de duas variáveis.

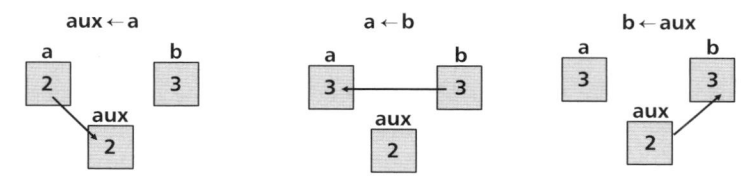

figura 3.5 Troca correta dos conteúdos de duas variáveis.

```
Algoritmo Permuta2Variáveis
{PERMUTA O CONTEÚDO DE DUAS VARIÁVEIS}
  Entradas: a, b (real)       {VARIÁVEIS A SEREM PERMUTADAS}
  Saídas: a, b                {AS MESMAS VARIÁVEIS}
  Variável auxiliar: aux (real)
início
  ler (a, b)                  {LÊ OS DOS DOIS VALORES}
  escrever (a, b)             {INFORMA OS VALORES LIDOS}
  aux ← a                     {PERMUTA O CONTEÚDO DAS DUAS VARIÁVEIS}
  a ← b
  b ← aux
  escrever (a, b)             {INFORMA VALORES TROCADOS}
fim
```

3.7 ┈▶ em Pascal

3.7.1 entrada de dados

Pascal possui dois comandos diferentes para a entrada de dados:

```
read ( <lista de variáveis, separadas por vírgulas> )
readln [( <lista de variáveis, separadas por vírgulas> )]
```

A lista de variáveis será preenchida com os dados na ordem em que forem submetidos. A principal diferença entre os comandos de leitura read e readln se dá quando são fornecidos mais dados do que os necessários para preencher a lista. No caso do read, os dados não usados são guardados em um *buffer* e utilizados no próximo comando de leitura. Se o comando utilizado for readln, os dados em excesso são descartados e novos dados serão lidos em uma próxima leitura.

Observe que, no caso do comando readln, a lista de variáveis é opcional. Um comando readln sem a lista de variáveis faz o programa ficar parado esperando um enter do teclado. Ele pode ser utilizado para manter os dados exibidos na tela, permitindo ver os resultados durante o tempo que se quiser. Ao receber o enter, a execução do programa continua e, caso ela termine, não se verá mais o que foi exibido. Ao longo deste livro, além da formatação dos valores de variáveis, será utilizado o comando readln no final do programa, para manter na tela os resultados produzidos durante a execução até que seja pressionada a tecla enter.

Quando os dados são lidos de algum dispositivo que não seja o teclado como, por exemplo, quando a leitura for feita a partir de um arquivo em disco, deve ser utilizado o comando read, como será visto no Capítulo 13.

Os dados fornecidos devem ser adequados aos tipos de variáveis que serão preenchidas pela leitura, ou seja, seus tipos devem ser compatíveis.

Alguns exemplos de comandos de entrada de dados:

```
readln (valor1)
readln (valor2)
readln (valor1, valor2)
```

Quando se deseja fornecer mais de um valor para um mesmo comando de entrada, eles devem estar separados por espaços em branco (quando forem valores numéricos) ou por tab (para valores alfanuméricos e numéricos). Contudo, por segurança, recomenda-se que valores alfanuméricos sejam obtidos individualmente, cada um através de um comando de leitura específico.

Variáveis lógicas não podem ser preenchidas através de comandos de leitura.

3.7.2 saída de dados

Os comandos de saída em Pascal têm a seguinte sintaxe:

```
write ( <lista de valores, separados por vírgulas> )
writeln [( <lista de valores, separados por vírgulas> )]
```

Os valores listados entre parênteses são exibidos no vídeo, na ordem em que aparecem na lista. A lista de valores pode conter nomes de variáveis, constantes, nomes de constantes, expressões (que serão avaliadas, sendo seu resultado mostrado na saída) e mensagens entre apóstrofos simples. A diferença entre os dois comandos é que, no primeiro, após serem mostrados os valores solicitados, o controle da saída permanece na mesma linha em que se encontra, fazendo um novo comando de saída mostrar seus valores encostados nos primeiros, na mesma linha. O comando writeln, ao contrário, muda a linha após o término da lista, fazendo um próximo comando de saída aparecer a partir do início da linha seguinte.

Observar que a lista de valores do comando writeln também é opcional. Um comando writeln sem a lista de valores serve tão somente para encerrar a linha que estava sendo impressa, posicionando o controle de saída no início da próxima linha.

Exemplos de saídas são mostrados na Tabela 3.1. Supondo que os valores armazenados nas variáveis a e b sejam, respectivamente, 10 e 20, a sequência de comandos na coluna da esquerda da tabela apresenta os valores que estão representados na coluna da direita, que representa a tela do computador. Os comentários no início de cada linha numeram os comandos para serem referenciados no texto que segue.

tabela 3.1 Exemplos de saída de dados sem formatação

COMANDOS DE SAÍDA	TELA
{1} write (a, b)	1020Juntos e na mesma linha!
{2} writeln ('Juntos e na mesma linha!')	10 20 Agora separados !
{3} write (a, ' ', b)	a = 10 b = 20
{4} writeln (' Agora separados ! ')	Soma: 30
{5} writeln ('a = ', a, ' b =', b)	
{6} writeln ('Soma: ', a + b)	

Por meio dos exemplos da Tabela 3.1, vê-se que é possível utilizar os comandos write e writeln, incluindo algumas mensagens para definir como os dados são apresentados na saída, facilitando o seu entendimento por parte do usuário. O primeiro comando, além de não avançar o controle para a próxima linha, depois de concluído, mostra os dois valores juntos, sem espaço entre eles. A mensagem especificada no segundo comando aparece logo após o último valor apresentado. No terceiro comando, os valores das variáveis a e b são separados por dois espaços em branco, definidos através da *string* ' ' que separa os nomes das variáveis na lista. Foi utilizado novamente um comando write, que faz a mensagem enviada pelo quarto comando aparecer na mesma linha. Ela não fica colada no último valor, pois inicia com espaços em branco. O controle de linha é enviado para o início da próxima linha, ao final do quarto comando, por ter sido utilizado um comando writeln. A forma mais clara de informar os valores das duas variáveis é utilizada no quinto comando, em que cada valor é antecedido por uma mensagem informando qual a variável que está sendo mostrada. O sexto comando mostra como uma expressão pode ser utilizada diretamente na lista de valores a serem apresentados.

É importante lembrar que as mensagens inseridas na lista de valores dos comandos de saída não têm um significado para o computador, que simplesmente as copia para a saída. Todo cuidado deve ser tomado pelo programador para utilizar mensagens corretas.

Pascal permite ainda formatar a saída adequadamente de uma maneira bastante fácil, definindo qual o espaço total que deve ser utilizado para mostrar cada valor e, no caso de variáveis reais, com quantas casas decimais deve ser apresentado. Isso é feito diretamente na lista de valores a serem impressos. A formatação é feita colocando o símbolo ":" após o nome da variável ou da expressão, seguido do número de espaços (igual ao tamanho total) a serem utilizados para mostrar o valor. Caso seja um valor real, esse valor deve ser seguido de outro símbolo ":" e do número de casas decimais que se quer na resposta. O valor real é arredondado para o número de casas decimais especificado. Havendo um eventual sinal negativo, o ponto decimal e as casas decimais devem ser contabilizados no tamanho total do campo antes definido.

O dimensionamento do espaço total a ser utilizado deve ser feito com muito cuidado. Caso o espaço total especificado seja menor do que o necessário, ele será ignorado e o valor será apresentado ocupando mais espaço, sendo respeitado apenas o número de casas decimais definido. Quando o espaço total é superior ao necessário, o valor é mostrado posicionado à direita. Isso pode ser utilizado para garantir a separação das informações – com o valor sendo colocado à direita dentro do campo, os espaços restantes à esquerda ficam livres.

Na Tabela 3.2 é mostrada uma sequência de comandos e a tela que corresponde à sua execução, supondo que a variável k (inteira) contenha o valor 257 e as variáveis x e y, ambas reais, contenham, respectivamente, 1,23456 e −98,76573. Os comentários no início de cada linha servem novamente para numerar os comandos, para referências nos comentários que seguem.

tabela 3.2 Exemplos de saída de dados com formatação

COMANDOS DE SAÍDA	TELA
{1} writeln ('k=', k:3)	k=257
{2} writeln ('k=', k:6)	k= 257
{3} writeln ('k=', k:1)	k=257
{4} writeln ('x =', x:10:2)	x= 1.23
{5} writeln ('y =', y:8:3)	y= −98.766
{6} writeln ('x=', x:2:1, ' y=', y:2:1)	x=1.2 y=−98.8

Os três primeiros comandos mostram formatações diferentes para a variável inteira k: no primeiro, o campo é dimensionado com o espaço exato necessário, uma vez que o valor na variável é representado por três dígitos; no segundo, o dimensionamento é feito com folga, sobrando três espaços em branco antes do valor; e no terceiro, o espaço foi mal dimensionado, sendo usado um espaço maior do que o solicitado para mostrar o valor correto da variável.

O quarto e o quinto comandos mostram formatações para as variáveis reais x e y, sendo dimensionados espaços totais maiores do que o necessário. Em ambos, pode ser observado o arredondamento da parte decimal. O último comando mostra dois exemplos de dimensionamento mal feito para variáveis reais, com definição de um tamanho total do campo insuficiente. Pascal informa o valor correto nos dois casos, com o número especificado de casas decimais, mas a formatação pretendida é perdida.

Variáveis dos tipos char e string podem ser incluídas na lista de saída, com a especificação do tamanho total do campo em que seus valores devem ser mostrados. Variáveis lógicas também podem ser informadas, sendo mostrado seu valor lógico (TRUE ou FALSE).

Pascal oferece ainda outros meios para melhorar a apresentação dos resultados. Aqui serão mostrados apenas alguns, com os quais já é possível montar melhor as telas de apresentação. Pascal possui algumas bibliotecas contidas em unidades separadas (*units*), as quais permitem que um programa utilize recursos adicionais não disponíveis no Pascal padrão. De forma geral, todos os recursos de vídeo estão contidos na unidade chamada CRT. Para poder utilizar esses recursos deve-se informar que essa unidade será utilizada, e isso é feito através da declaração uses CRT. Isto fará a unidade CRT ser compilada junto com o programa, fazendo todas as suas rotinas estarem disponíveis para o programador. Por exemplo, no início do programa a seguir se indica que será utilizada a unidade CRT:

```
Program TelaSaida;
uses CRT;
...
```

Dos diversos recursos incluídos na unidade CRT foram selecionados dois, apresentados a seguir, com os quais é possível melhorar o aspecto das saídas:

- clrscr limpa a tela em que estavam sendo apresentados resultados, posicionando o cursor no canto superior esquerdo da mesma. Seu nome é uma contração das palavras *clear screen*;
- gotoXY é um procedimento que permite posicionar o cursor em um determinado ponto da tela, sendo as coordenadas desse ponto definidas pelos dois valores fornecidos entre parênteses. O primeiro valor indica a coluna e o segundo, a linha. A numeração das colunas começa com 1 para a coluna mais à esquerda e cresce para a direita da tela. A numeração das linhas começa com 1 para a linha superior da tela e cresce em direção à parte inferior da tela. Tanto o valor da coluna como o valor da linha devem ser válidos, ou seja, estar compreendidos dentro da tela, caso contrário o procedimento não será executado.

Exemplo de utilização desses recursos:

```
Program TelaSaida;
uses CRT;
begin
  clrscr;              {LIMPA A TELA}
  gotoXY (10,6);       {CURSOR POSICIONADO NA COLUNA 10 DA LINHA 6}
...
```

3.7.3 comando de atribuição

O símbolo de atribuição em Pascal é representado pelos caracteres ":=".

Considerando o seguinte conjunto de declarações:

```
var i: integer;
    area, raio: real;
    nome: string[20];
    letra: char;
    achou: boolean;
```

os comandos a seguir são comandos de atribuição válidos em Pascal:

```
i := 10;
area := pi * sqr(raio);
nome := 'Ana Terra';
letra := 'Z';
achou := ( nome = 'Ana Terra' ) or ( i > 50 );
```

Duas operações muito frequentes são incrementar e decrementar o valor de uma variável inteira de uma ou mais unidades. Para facilitar a programação, Pascal oferece dois procedimentos que realizam essa operação, denominados inc e dec. A sintaxe desses procedimentos é:

```
inc( <nome de variável do tipo inteiro> [, <número de unidades>] )
dec( <nome de variável do tipo inteiro> [, <número de unidades>] )
```

O <número de unidades> deve ser um valor inteiro. Quando ele não é definido, é assumido o valor 1. Exemplos de utilização, supondo a existência de uma variável inteira a cujo valor é 5, são mostrados na Tabela 3.3.

tabela 3.3 Funções de incremento e decremento em Pascal

FUNÇÃO	COMANDO EQUIVALENTE	VALOR INICIAL DE a	VALOR FINAL DE a
inc(a)	a := a + 1	5	6
inc(a,3)	a := a + 3	5	8
dec(a)	a := a - 1	5	4
dec (a,2)	a := a - 2	5	3

3.7.4 estrutura de um programa em Pascal

Um programa em Pascal é dividido em três áreas, que correspondem a diferentes etapas do processamento:

- o cabeçalho, que inicia pela palavra Program e deve conter obrigatoriamente o nome do programa, sendo que esse nome deve ser único neste programa (é aconselhável complementar o cabeçalho com um comentário dizendo qual o objetivo do programa – esse cabeçalho é opcional);
- área de declarações, na qual devem ser declarados todos os identificadores definidos pelo programador para serem utilizados no programa, entre os quais aqueles que identificam variáveis (acrescentando seu tipo), tipos (incluindo sua definição), constantes (definindo seu valor) e subprogramas. Nessa área são também declaradas quais as unidades externas ao programa que serão utilizadas, como no caso da unidade CRT;
- o corpo do programa, que em Pascal corresponde a um único comando ou a um conjunto de comandos delimitados pelas palavras reservadas begin e end. O corpo do programa termina pelo caractere ponto.

Para o compilador Pascal não existe a separação do código por linhas. O compilador lê o programa desprezando todos os espaços em branco e as trocas de linha; tudo se passa como se todas as declarações e os comandos fossem escritos um após o outro, na mesma linha. Para que o compilador possa entender onde acaba um e inicia o outro, é utilizado um símbolo especial, o ";". Assim, em Pascal o caractere ";" é utilizado para separar:

- o cabeçalho do programa do restante do programa;
- uma declaração de outra declaração;

- a área de declarações do corpo do programa;
- um comando de outro comando.

Resumindo, a estrutura de um programa Pascal é a seguinte:

```
[Program NomePrograma;]      { CABECALHO }
uses CRT;                    { DECLARACOES }
const
  <declaração da constante1>;
  <declaração da constante2>;
  ...
  <declaração da constanteN>;
type
  <declaração do tipo1>;
  <declaração do tipo2>;
  ...
  <declaração do tipoN>;
var
  <declaração de variáveis1>;
  <declaração de variáveis2>;
  ...
  <declaração de variáveisN>;
begin                        {COMANDOS}
  comando1;
  comando2;
  ...
  comandoN
end.
```

Observe que, antes do end final do programa, não existe o símbolo separador ";". Caso ele seja utilizado, não ocorrerá erro, pois o compilador vai interpretar que após o ";" existe um comando vazio. A seguir, é mostrado o programa Soma2 que é a tradução do Algoritmo 3.1 para a linguagem Pascal.

```
Program Soma2;
{INFORMA A SOMA DE DOIS VALORES LIDOS}
  uses CRT;                       {ADICIONA UNIDADE CRT}
  var valor1, valor2: real;       {VALORES LIDOS}
    soma: real;                   {SOMA CALCULADA}
begin
  clrscr;                         {LIMPA A TELA}
  writeln ('Forneca os dois valores a serem somados: ');
  readln (valor1, valor2);        {ENTRADA DOS 2 VALORES}
  gotoXY (10,6);                  {CURSOR NA COLUNA 10 DA LINHA 6}
  soma := valor1 + valor2;        {CALCULA A SOMA}
  writeln ('Soma dos dois valores: ', soma:10:2)  {INFORMA A SOMA}
end.
```

3.8 em C

3.8.1 entrada e saída de dados

A linguagem C não possui comandos de entrada e saída de dados. Essas operações são realizadas através de funções específicas, desenvolvidas utilizando os comandos da linguagem. Cada função apresenta características próprias que devem ser bem conhecidas para evitar surpresas desagradáveis.

A entrada e saída de dados inicialmente será realizada utilizando-se as funções `scanf` e `printf`, que são funções de entrada e saída formatadas, respectivamente. Os aspectos básicos dessas duas funções são apresentados a seguir.

■ função de entrada: `scanf`

Esta função possibilita a leitura de dados via teclado. Converte os valores lidos em caracteres ASCII, para representação interna, armazenando-os em variáveis.

A forma geral desta função é a seguinte:

```
scanf ("<string de controle>" , <lista de argumentos> );
```

A `<string de controle>` vai conter as especificações de formato que indicam o tipo de valor a ser lido e que devem estar de acordo com o tipo com o qual a variável foi declarada. Por exemplo, em

```
scanf("%d", &valor);
```

o "%d" é uma especificação de formato que corresponde a um valor inteiro.

Para cada especificação de formato deverá existir na `<lista de argumentos>` a indicação de uma variável, que no exemplo anterior é `&valor`. Na função `scanf`, os nomes de variáveis devem, em geral, ser precedidos por um "e comercial" (&). Se o tipo da variável exigir que o "e comercial" (&) seja usado e isso não ocorrer, acontecerá um erro durante a execução.

Exemplos de leituras:

- leitura de um valor inteiro:
  ```
  scanf("%d", &valorInteiro);
  ```
- leitura de um valor real:
  ```
  scanf("%f", &valorReal);
  ```
- leitura de um caractere:
  ```
  scanf(" %c", &soumchar);
  ```

Para evitar problemas na leitura de um caractere com scanf, deve ser inserido um espaço em branco antes do %c.

Algumas especificações de formato são apresentadas na Tabela 3.4.

tabela 3.4 Especificação de formato em C

Código	Formato
%c	Um caractere (char)
%d	Um número inteiro decimal (int)
%i	O mesmo que %d
%f	Ponto flutuante decimal

■ função de saída: printf

Através dessa função é feita a apresentação de valores constantes ou de resultados de expressões na tela. A forma geral desta função é a seguinte:

printf ("<string de controle>" , <expressões>);

A <string de controle> conterá especificações de formato e literais. As especificações de formato indicam o tipo de valor a ser apresentado. Por exemplo, em

printf("Numero de parcelas %d", numparc);

o %d é uma especificação de formato que corresponde a um valor inteiro.

Para cada especificação de formato no interior da *string* de controle deverá existir uma expressão após a vírgula que separa a *string* de controle das expressões. Se não houver, na *string* de controle, qualquer especificação de formato, também não haverá a indicação de qualquer expressão logo a seguir.

Exemplos de saída de valores:

- printf com *string* de controle sem especificação de formato: printf("Mensagem só com literais, nenhuma expressão necessária!")
- printf com três especificações de formato na *string* de controle, exigindo três expressões após a vírgula:
printf("%f reais =   %f dolares , taxa = %f", reais, reais/taxa, taxa)

O conjunto de caracteres "\n" dentro da *string* de controle provoca uma mudança de linha na tela. O símbolo "\" (barra invertida) seguido de um caractere tem um efeito específico em algumas situações, conforme mostrado na Tabela 3.5.

tabela 3.5 Formatações de saída em C

\	FUNÇÃO
\b	Backspace
\n	New Line (mudança de linha)
\t	Tabulação horizontal
\\	Imprime o próprio caractere \
\'	Imprime o caractere '
\"	Imprime o caractere "
\?	Imprime o caractere ?

3.8.2 atribuição

Em C, a atribuição é realizada através do operador de atribuição, representado pelo símbolo "=". O operador de atribuição atribui o valor que está à sua direita à variável localizada à sua esquerda, conforme a sintaxe a seguir:

    <variável> = <expressão>;

O valor da expressão à direita pode ser uma constante, uma variável ou qualquer combinação válida de operandos e operadores. Exemplos de atribuições:

```
x = 4;          significa que a variável x recebe o valor 4
val = 2.5;      variável val recebe valor 2,5
y = x + 2;      a variável y recebe o conteúdo da variável x,
                incrementado do valor 2
y = y + 4;      a variável y recebe o valor que estava armazenado
                nela mesma, incrementado do valor 4
sexo = 'F';     atribuição de um único caractere para uma
                variável char – caractere entre apóstrofos
```

Na linguagem C, uma atribuição, além de atribuir valor a uma variável, constitui-se em uma expressão que tem um valor igual ao atribuído à variável. Dessa forma, é possível, por exemplo, atribuir um valor a várias variáveis através de um encadeamento de atribuições. Ex.:

    total_um = total_dois = somatorio = 0;

A avaliação dessa operação é feita da direita para a esquerda: inicialmente, o valor 0 é atribuído à variável somatorio; em seguida, o resultado dessa expressão (somatório = 0), que é 0, é atribuído à variável total_dois; e por último, o resultado da expressão total_dois = 0, que também é 0, é atribuído a total_um.

Um uso frequente da atribuição é para aumentar ou diminuir em uma unidade o valor contido em uma variável:

```
x = x + 1;      soma 1 ao valor contido em x
y = y - 1;      diminui 1 do valor contido em y
```

Em C, essas operações podem ser executadas através dos operadores especiais "++" e "--", usados como prefixo ou como sufixo do nome da variável. Assim, as duas operações de atribuição citadas anteriormente podem ser escritas como segue, com ou sem espaços entre operadores e variáveis:

```
x ++      ou      ++ x
y --      ou      -- y
```

Quando esse tipo de expressão aparece sozinha, a posição em que os operadores são utilizados não é relevante. Entretanto, caso essas expressões façam parte de outras expressões, a posição do "++" e do "--" tem um significado diferente dependendo de onde ocorram:

- prefixo – o valor da variável é alterado e o resultado é utilizado para calcular o restante da expressão, ou seja, a expressão é calculada após realizar o incremento ou decremento da variável;
- sufixo – o valor da variável é alterado somente após o cálculo da expressão, ou seja, a expressão é calculada com o valor contido na variável e, somente depois disso, é realizada a operação que incrementa ou decrementa a variável.

A Tabela 3.6 mostra os valores finais das variáveis x e y, supondo ambas inteiras e que o valor contido inicialmente em x seja 5.

tabela 3.6 Operadores de incremento e decremento em C

OPERAÇÃO DE ATRIBUIÇÃO	VALOR DE Y APÓS A OPERAÇÃO	VALOR DE X ANTES DA OPERAÇÃO	VALOR DE X APÓS DA OPERAÇÃO
y = 2 + x++	7	5	6
y = 2 + ++x	8	5	6
y = 2 + x--	7	5	4
y = 2 + --x	6	5	4

■ versão simplificada da atribuição

As atribuições que tiverem a forma básica:

```
<variável> = <variável> <operador binário> <expressão>;
```

com a mesma variável aparecendo antes e depois do sinal de atribuição '=', podem ser escritas de forma simplificada:

```
<variável> <operador binário> = <expressão>;
```

Por exemplo, as atribuições a seguir:

```
i = i + 1;
j = j * (k - 5);
resultado = resultado / nro_itens;
```

podem ser representadas na forma simplificada como:

```
i += 1;
j *= (k - 5);
resultado /= nro_itens;
```

3.8.3 estrutura de um programa em C

A estrutura básica de um programa em C é composta pela seguinte sequência de módulos:

- **definição do objetivo do programa.** O objetivo do programa é definido logo no início, por meio de um comentário. Essa definição não é obrigatória, mas constitui uma prática de boa programação iniciar sempre um programa informando qual seu objetivo;
- **inclusão de bibliotecas de funções predefinidas.** Um grande número de funções de entrada e saída, aritméticas, etc. já se encontram predefinidas e prontas para uso, reunidas em bibliotecas (repositórios de códigos prontos para uso). Para que essas funções possam ser utilizadas no programa, as respectivas bibliotecas devem ser incluídas no código do programa. Isso é feito através da diretiva #include, detalhada mais adiante;
- **declarações de constantes.** As constantes que serão utilizadas ao longo do programa são declaradas logo após a inclusão das bibliotecas;
- **função main.** Finalmente, é definida a função principal, presente em todos os programas, denominada função main. A execução do programa inicia por essa função. Essa função, em geral, é utilizada sem argumentos, apenas seguida pelos símbolos "( )".

Outros elementos que constituem um programa em C serão apresentados ao longo do livro.

Resumidamente, a estrutura de um programa C é a seguinte:

```
// comentario onde eh definido o objetivo do programa
#include ... // inclusao de bibliotecas de funcoes predefinidas
#include ...
#define... // declaracoes de constante
#define...
int main ( )   // funcao principal
{
  // declaracoes de variaveis
  <declaracao de variavel_1>
  <declaracao de variavel_2>
  ...
  <declaracao de variavel_n>
  // comandos
  Comando_1;
  Comando_2;
  ...
  Comando_n;
  return 0; // valor devolvido
}
```

■ inclusão de bibliotecas

As diretivas `#include` indicam ao compilador os arquivos que contêm as bibliotecas de funções predefinidas que serão utilizadas no programa e apontam onde eles devem ser localizados.

A inclusão das bibliotecas é feita durante a compilação do programa. Os arquivos em que estão as bibliotecas são denominados arquivos de cabeçalho e têm a extensão `.h` (de *header*, cabeçalho em inglês).

Algumas das funções predefinidas disponíveis em bibliotecas são as funções matemáticas, tais como seno, cosseno, exponencial e logaritmo, que estão na biblioteca `math.h`. As funções de entrada e saída, incluindo as funções `scanf` e `printf`, estão na biblioteca `stdio.h`. E as funções de controle de vídeo, que permitem personalizar a tela de saída, estão na biblioteca `stdlib.h`.

A forma geral de uma diretiva `#include` é:

```
#include <delimitador inicial> <nome do arquivo> <delimitador final>
```

onde o par `<delimitador inicial>` e `<delimitador final>` pode ser os símbolos "<" e ">" ou aspas duplas.

Quando, na diretiva `#include`, o nome do arquivo está entre os símbolos "<" e ">", o compilador procura o arquivo de cabeçalho em diretórios predefinidos no ambiente para armazenamento de arquivos.

Ex.:

```
#include <math.h>
```

Quando o nome do arquivo está entre aspas duplas, o compilador busca o arquivo de cabeçalho no diretório de trabalho se o nome do arquivo tiver sido escrito sem qualquer indicação de caminho até um diretório:

```
#include "outro_arq.h"
```

ou em outro diretório qualquer cujo caminho seja especificado antes do nome do arquivo:

```
#include "c:\bibliotecas\ainda_outro.h"
```

■ funções em um programa C

Um programa em C é composto por uma ou mais funções, entre as quais sempre se encontra a função principal, denominada `main`, que é uma função inteira.

Uma função sempre devolve um valor, e o tipo do valor devolvido é o tipo da função. Esse tipo é aquele que aparece antes do nome da função. Por exemplo, a declaração:

```
int main ( ) // os parenteses sao obrigatorios
```

define que a função `main` é inteira e que deve devolver um inteiro.

Uma função que não tenha o tipo declarado explicitamente é considerada pelo sistema como uma função inteira. Portanto, escrevendo apenas main ( ) também se está indicando, implicitamente, que a função main é inteira. Outra variação na forma de escrever a main será discutida no Capítulo 9, que trata de funções.

O valor final devolvido por uma função é definido por um comando return, que tem a seguinte sintaxe:

```
return <valor atribuído à função> ;
```

Esse valor deve ser do mesmo tipo definido para a função em seu cabeçalho. Por exemplo, o comando return 0 faz o valor zero ser devolvido. Na função inteira main, 0 é o valor que, se atribuído ao final da sua execução, indica que ela foi executada corretamente.

Tanto a função main como as demais funções de um programa em C são estruturadas neste livro da seguinte forma: inicialmente, são feitas todas as declarações e, em seguida, são definidos os comandos. Essa maneira particular de organização do código, menos flexível do que a linguagem permite, sobretudo no quesito declarações, é adotada para garantir um código mais claro e fácil de depurar.

■ escrita e execução de um programa em C

Para o compilador de C, os espaços em branco, as mudanças de linha e a distribuição das declarações e comandos nas linhas, de forma mais ou menos organizada, não fazem a menor diferença. O que interessa para o compilador são as marcas com significado que existem no código, como palavras características de comandos e declarações, e o símbolo ";" que separa declarações e comandos.

A seguir, é apresentado o programa somadois, tradução do Algoritmo 3.1 para a linguagem C.

```c
//Informa a soma de dois valores lidos
#include <stdio.h>
#include <stdlib.h>
#include <math.h>
int main ( )              // funcao principal
{
    float valor1, valor2;  // declaracao de variaveis
    float soma;
    printf ("\nForneca os dois valores a serem somados:");
    scanf ("%f %f", &valor1, &valor2); // leitura dos valores
    soma = valor1 + valor2;// calculo da soma
    printf ("\nSoma dos dois valores: %8.2f\n", soma); // saida
    system("pause");       //segura a tela de execucao
    return 0;              // atribui valor 0 a funcao main
}
```

Se esse programa for executado, não esqueça que os valores reais devem ser fornecidos com o ponto decimal e que, entre os dois valores solicitados, deve ser fornecido pelo menos um caractere espaço ou deve ser pressionada a tecla enter (ou equivalente).

Todo programa, ao ser executado, produz resultados. No ambiente em que se está trabalhando, a execução acontece em um espaço diferente da edição e, tão logo a execução do programa termina, automaticamente ocorre o retorno para o espaço de edição. Para poder visualizar os resultados mostrados na tela de execução é necessário de alguma forma "segurar" a mesma por alguns instantes. Para isso, em ambiente Windows, pode-se usar a linha system("pause"), que ativa o comando pause do MSDOS e faz a tela de execução só fechar quando alguma tecla for pressionada. Dessa forma, o retorno para o espaço de edição passa a ficar sob o controle do usuário.

O programa somadois é extremamente simples. As únicas funções que ele utiliza são main e funções predefinidas. A estrutura dos programas em C será retomada e apresentada de forma mais completa a seguir, com programas mais complexos, em que são declaradas outras funções além de main.

3.9 dicas

códigos claros e legíveis. Para os seres humanos é difícil e pouco produtivo trabalhar com códigos confusos, sendo muito mais fácil e efetivo trabalhar com códigos claros, com espaços em branco separando itens, com linhas de comandos e declarações bem distribuídas e bem organizadas, acompanhadas de comentários esclarecedores. Recomenda-se, então, sempre organizar bem os códigos e procurar torná-los tão claros e legíveis quanto possível, para facilitar o trabalho dos seres humanos.

um comando por linha. Escrever um só comando por linha para simplificar o entendimento do programa.

indentação. Usar indentação (recuo de margens) para indicar hierarquia de cada linha.

espaços e linhas em branco para tornar o código mais legível. Utilizar espaços e linhas em branco para maior legibilidade do algoritmo.

escolher nomes significativos para as variáveis. Utilizar variáveis diferentes para armazenar resultados obtidos no programa, com nomes significativos.

comentários: onde e como. Incluir comentários elucidativos sobre o que está sendo executado, para facilitar os testes e a manutenção do programa. Os comentários devem ser objetivos e curtos, porém sem deixar dúvidas sobre o que está sendo feito. Adicionar comentários nos seguintes pontos do algoritmo:

- no cabeçalho, descrevendo qual a finalidade do programa;
- junto às declarações das variáveis, explicando o que cada variável vai armazenar, a menos que os nomes sejam autoexplicativos;
- junto aos principais comandos.

incremento/decremento de variáveis em C. Evitar misturar, em um mesmo código e para uma mesma variável, as duas formas de incremento/decremento de variáveis apresentadas.

revisar os formatos utilizados. Nas funções de C que utilizam formatos, revisá-los com atenção. Formatos incorretos podem gerar erros difíceis de serem detectados.

3.10 testes

incluir comandos de saída para depurar programas. Uma forma de depurar um programa é usar diversos comandos de saída ao longo do programa para acompanhar os valores que são assumidos por algumas das variáveis durante o processamento. Uma vez feitos todos os testes necessários, esses comandos devem ser retirados do programa.

Por exemplo, no Algoritmo 3.1 poderia ser acrescentado um comando de saída logo após a leitura, para verificar se os valores lidos são mesmo aqueles que foram fornecidos. Para facilitar a remoção desses comandos auxiliares do programa, sugere-se que sejam alinhados de forma diferente dos demais comandos:

```
Algoritmo 3.1 - Soma2
  {INFORMA A SOMA DE DOIS VALORES LIDOS}
  Entradas: valor1, valor2 (real){VALORES LIDOS}
  Saídas:   soma (real)
início
  ler (valor1, valor2)              {ENTRADA DOS 2 VALORES}
    escrever (valor1, valor2)       {PARA TESTE}
  soma ← valor1 + valor2            {CALCULA A SOMA}
  escrever (soma)                   {INFORMA A SOMA}
fim
```

testar para todos os dados de entrada possíveis. Outro aspecto importante para garantir resultados corretos é realizar testes com todas as possíveis combinações de dados de entrada, incluindo valores positivos, negativos e nulos. Testar também o que acontece quando são fornecidos tipos de dados incorretos na entrada. Na Tabela 3.7, são mostrados alguns pares de valores de entrada que poderiam ser utilizados para testar o Algoritmo 3.1 (adaptando os números à sua representação na linguagem de programação utilizada):

tabela 3.7 Exemplos de valores de entrada a serem testados

valor1	valor2	
0	0	dois valores nulos
0	5	primeiro valor nulo
-2	0	segundo valor nulo
-3	0	um valor negativo e um nulo
0	2.3	um valor real e um nulo
5	5	dois valores iguais
2	5	dois valores inteiros diferentes
3.5	2.7	dois valores reais diferentes
100000	-3.7	um positivo e um negativo
-7	-4.67	dois valores negativos

3.11 ⋯→ exercícios sugeridos

exercício 3.1 Escreva uma expressão lógica que seja verdadeira no caso do valor contido em uma variável inteira `valor` estar compreendido entre os valores 10 e 50, incluindo os limites.

exercício 3.2 Leia as coordenadas de dois pontos no plano cartesiano e imprima a distância entre esses dois pontos. Fórmula da distância entre dois pontos (x1, y1) e (x2, y2):

$$\sqrt{(x2-x1)^2 + (y2-y1)^2}$$

exercício 3.3 Dados três valores armazenados nas variáveis a, b e c, calcule e imprima as médias aritmética, geométrica e harmônica desses valores. Calcule também a média ponderada, considerando peso 1 para o primeiro valor, peso 2 para o segundo e peso 3 para o terceiro.

Fórmulas: média aritmética: $\dfrac{a+b+c}{3}$

média geométrica: $\sqrt[3]{a \times b \times c}$

média harmônica: $\dfrac{3}{\dfrac{1}{a}+\dfrac{1}{b}+\dfrac{1}{c}}$

média ponderada: $\dfrac{1a+2b+3c}{1+2+3}$

exercício 3.4 Escreva um programa que calcule a resistência equivalente (*Re*) de um circuito elétrico composto de três resistores *R*1, *R*2 e *R*3, ligados em paralelo. Os valores dos resistores deverão ser lidos pelo programa. Fórmula da resistência equivalente:

$$\frac{1}{Re} = \frac{1}{R1} + \frac{1}{R2} + \frac{1}{R3}$$

exercício 3.5 Escreva um programa que calcule o tempo que um objeto arremessado verticalmente para cima levará para atingir uma determinada altura. Considerar que a altura a ser atingida, bem como a velocidade inicial do objeto, serão lidas pelo programa. Fórmula:

$$\frac{1gt^2}{2} - vt + h = 0$$

exercício 3.6 Faça um programa que leia uma temperatura fornecida em graus Fahrenheit e a converta para o seu equivalente em graus Celsius. Fórmula de conversão:

$$c = \frac{5}{9}(F - 32)$$

exercício 3.7 Faça um programa que leia uma medida dada em polegadas e converta-a para o sistema métrico. Fórmula de conversão: 1 polegada = 25,4 mm.

exercício 3.8 Escreva um programa que transforme o valor correspondente a um intervalo temporal, expresso em horas, minutos e segundos, no valor correspondente em segundos.

exercício 3.9 Dado o preço de um produto em reais, converta esse valor para o equivalente em dólares e em euros. O programa deverá ler o preço em reais e as taxas de conversão para o dólar e para o euro.

exercício 3.10 Faça um programa para calcular e imprimir o salário bruto a ser recebido por um funcionário em um mês. O programa deverá utilizar os seguintes dados: número de horas que o funcionário trabalhou no mês, valor recebido por hora de trabalho e número de filhos com idade menor do que 14 anos (para adicionar o salário-família).

exercício 3.11 Escreva um programa que lê o código de um vendedor (valor inteiro), o seu salário básico, o total de vendas por ele efetuadas em um mês e o percentual adicional que deve ganhar relativo às comissões. Calcule o salário final desse vendedor. Apresente o código do vendedor e o seu salário final.

exercício 3.12 Um produto comprado por um consumidor tem um preço composto pelo seu preço de custo (preço que a loja paga para a fábrica) adicionado de um percentual de lucro para a loja, além de um percentual de impostos que a loja deve pagar. Supondo que a percentagem de lucro seja de 28% do preço de custo e que os impostos sejam de 25% sobre o preço de custo, escreva um algoritmo que calcule o preço que um consumidor deve pagar. O algoritmo deve receber somente o preço de custo do produto.

exercício 3.13 Construa um programa que receba os valores (em reais) que cinco clientes pagaram por suas compras. O programa deverá informar o valor da compra média efetuada.

exercício 3.14 Um hotel com 75 apartamentos deseja fazer uma promoção especial de final de semana, concedendo um desconto de 25% na diária. Com isso, espera aumentar sua taxa de ocupação de 50 para 80%. Sendo dado o valor normal da diária, calcule e imprima:

- **a** o valor da diária promocional;
- **b** o valor total arrecadado com 80% de ocupação e diária promocional;
- **c** o valor total arrecadado com 50% de ocupação e diária normal;
- **d** a diferença entre esses dois valores.

exercício 3.15 Faça um programa que calcula a quantidade de latas de tinta necessária para pintar um aposento. O programa deve receber como entradas as dimensões desse aposento (largura e comprimento). Considere que:

- o aposento tem paredes perpendiculares;
- o pé-direito do aposento mede 2,80 m;
- deverão ser pintadas apenas as paredes;
- o aposento tem apenas uma porta (cuja área deve ser descontada), medindo 0,80 m de largura por 2,10 m de altura;
- não é necessário descontar a área da janela;
- cada lata de tinta tem 5 litros;
- cada litro de tinta pinta aproximadamente 3 metros quadrados.

exercício 3.16 Construa um programa que calcule e informe o consumo médio de combustível de um automóvel. Considere que o tanque é totalmente cheio em cada abastecimento. O programa deve receber, como entradas, a capacidade do tanque, a quantidade de litros abastecidos e a quilometragem percorrida desde o último abastecimento.

3.12 ⟶ termos-chave

algoritmos puramente sequenciais, p. 58

cabeçalho, p.64

comando de atribuição, p. 60

comando de entrada de dados, p. 59

comando de saída de dados, p. 59

comandos, p. 65

comentários, p. 65

declarações, p. 64

estrutura de um algoritmo, p. 64

fluxograma de programas sequenciais, p. 63

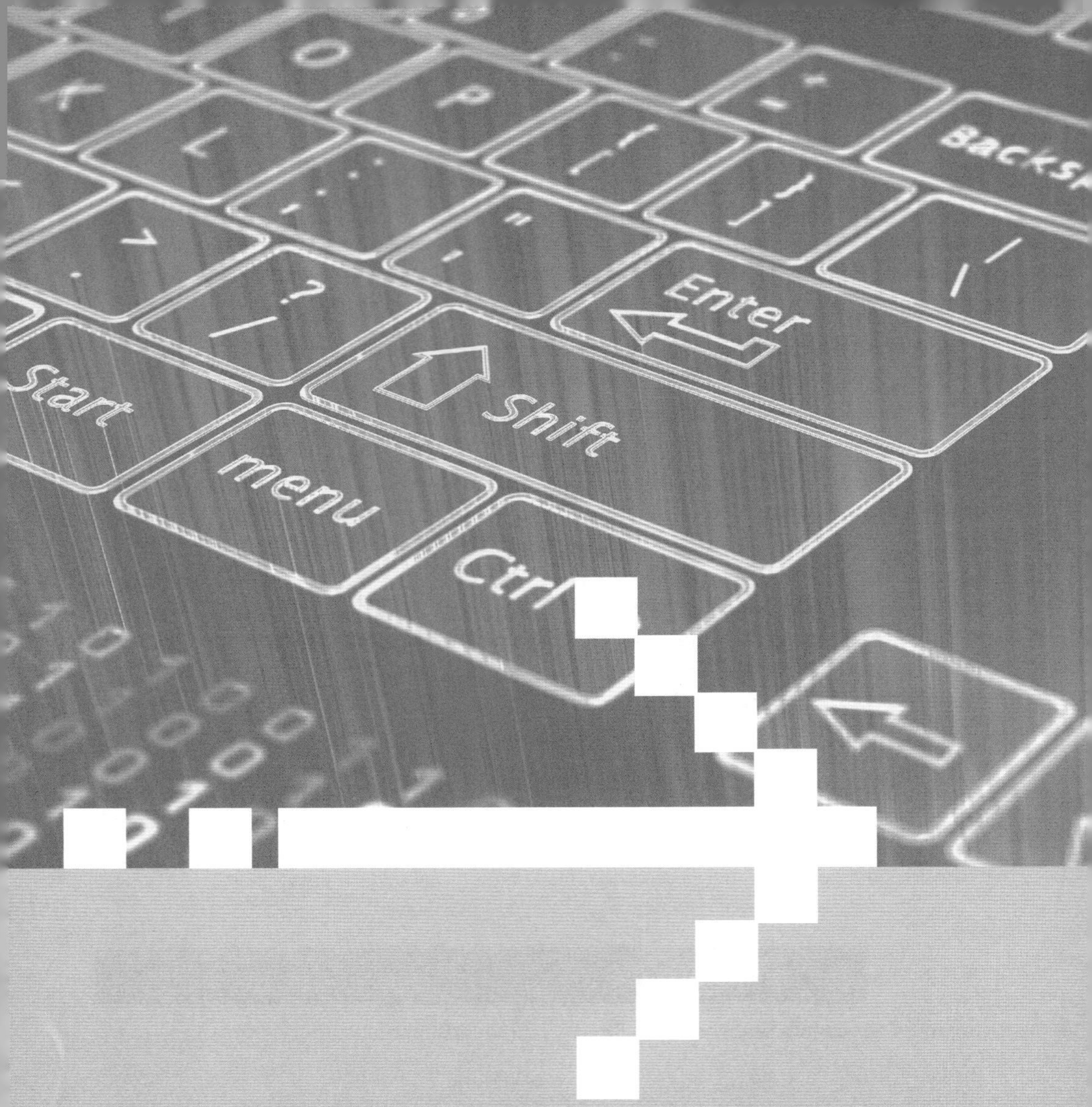
Enter
Start
Shift
menu
Ctrl

capítulo 4

estruturas condicionais e de seleção

■ ■ Neste capítulo, são apresentados os comandos de seleção simples, dupla e múltipla. São analisadas, ainda, as possibilidades de aninhamento de comandos e o conceito de comando composto.

Os algoritmos que solucionam os problemas apresentados até o momento são puramente sequenciais: todas as instruções são executadas na ordem em que foram definidas, uma após a outra, sem exceção. Este capítulo introduz uma nova classe de problemas, na qual uma ou mais ações podem ou não ser executadas, dependendo da avaliação prévia de condições. Para resolver esses problemas são apresentados três novos comandos que possibilitam a alteração do fluxo sequencial de execução de um programa.

No capítulo anterior, foi resolvido o problema do cálculo da média aritmética de três notas de um aluno em uma disciplina. Estendendo essa aplicação, o professor que utiliza esse programa quer que, além da média das notas obtidas na disciplina, seja informado se o aluno foi aprovado (no caso de sua média ser igual ou superior a 6). Essa informação não pode ser obtida somente com o conjunto de comandos do Capítulo 3, uma vez que requer a análise de uma condição e a execução de uma ação somente se a condição analisada for verdadeira.

Outra possibilidade é fornecer não apenas a informação de aprovação, mas também a de reprovação. Nesse caso, também condicionada ao conteúdo da média calculada, ocorre a execução de apenas uma de duas ações mutuamente exclusivas: se a média for maior ou igual a 6, o programa informa que o aluno foi aprovado; caso contrário, se a média for inferior a 6, informa que o aluno foi reprovado.

Seguindo adiante nesse raciocínio, pode-se escrever um trecho de programa em que, dependendo da média obtida, também é informado o conceito correspondente à média calculada. Aqui, diferentes faixas de valor de uma mesma informação desencadeiam ações diferentes, também mutuamente exclusivas, isto é, a execução de uma ou mais instruções específicas está associada ao valor da informação.

Os comandos que solucionam esses problemas são apresentados neste capítulo.

4.1 comando de seleção simples

Um **comando de seleção simples**, também chamado de comando condicional, permite que a execução de um trecho do programa dependa do fato de uma condição ser verdadeira, isto é, vincula a execução de um ou mais comandos ao resultado obtido na avaliação de uma expressão lógica (também denominada expressão condicional). O comando de seleção simples é sempre composto por uma condição e um comando. A condição é expressa por uma expressão lógica, cuja avaliação produz um resultado verdadeiro ou falso. A sintaxe de um comando de seleção simples é:

    se <expressão lógica>
    então <comando>

Observe que o comando somente é executado se o resultado da expressão lógica for verdadeiro; se o resultado for falso, nada é executado.

Por meio do comando de seleção simples pode-se, por exemplo, condicionar a exibição da informação de que um aluno foi aprovado somente para o caso de sua média ser igual ou superior a 6:

```
se média ≥ 6
  então escrever('Aprovado')
```

A execução do comando `escrever` ocorre apenas quando a condição for verdadeira, ou seja, quando o conteúdo da média for igual ou superior a 6. Nada é executado se a média for inferior a 6.

A Figura 4.1 representa o fluxograma de um comando de seleção simples. Um novo tipo de bloco, com formato de losango, é utilizado para representar a realização de um teste, escrevendo-se dentro desse bloco a expressão lógica a ser avaliada. Esse bloco tem duas saídas, uma para o caso da expressão ser avaliada como verdadeira, e outra para quando o resultado da avaliação da expressão for falso. As informações que correspondem a cada saída devem estar claramente identificadas. O fluxograma mostra com clareza que nada é executado no caso do resultado da avaliação da expressão ser falso.

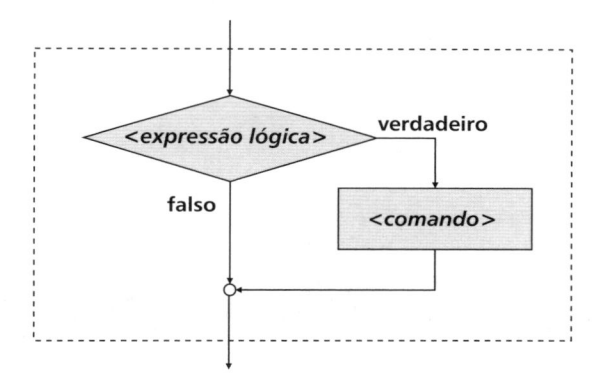

figura 4.1 Fluxograma de um comando de seleção simples.

O algoritmo a seguir informa, além da média de um aluno, se ele foi aprovado:

```
Algoritmo 4.1 - Média2
{INFORMA A MÉDIA DAS 3 NOTAS DE UM ALUNO E SE ELE FOI APROVADO}
  Entradas: nota1, nota2, nota3 (real)
  Saídas: média (real)
          {Informação de aprovado}
início
  ler (nota1, nota2, nota3)      {ENTRADA DAS 3 NOTAS}
  média ←(nota1 + nota2 + nota3)/3
  escrever (média)               {INFORMA MÉDIA CALCULADA}
  se média ≥ 6
    então escrever('Aprovado')   {INFORMA SE ALUNO FOI APROVADO}
fim
```

A Figura 4.2 apresenta o fluxograma relativo a esse algoritmo.

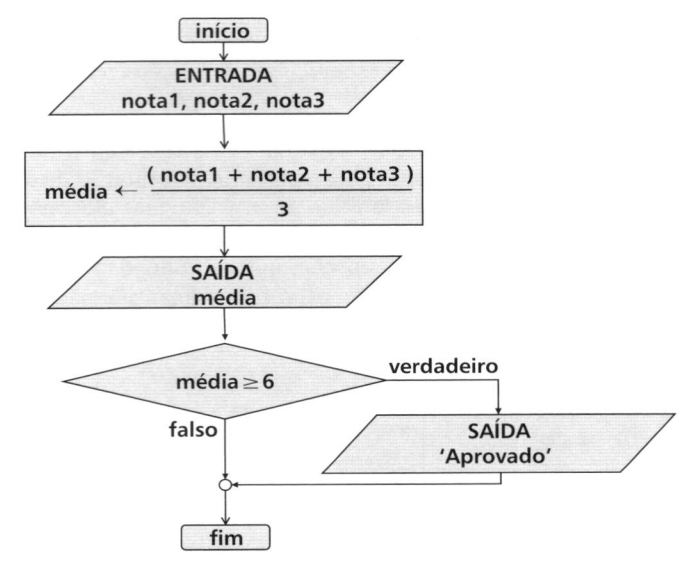

```
                    ┌─────────┐
                    │  início │
                    └─────────┘
                ╱─────────────────╲
               ╱      ENTRADA      ╲
              ╱   nota1, nota2, nota3╲
             ╱───────────────────────╲

          ┌──────────────────────────────┐
          │         (nota1 + nota2 + nota3) │
          │ média ←  ─────────────────── │
          │                  3           │
          └──────────────────────────────┘

                ╱─────────────╲
               ╱    SAÍDA      ╲
              ╱     média       ╲
             ╱───────────────────╲

                    ◇
                  ╱   ╲           verdadeiro
                 ╱média≥6╲──────────────┐
                  ╲     ╱               │
                   ╲ ╱                  ╱────────────╲
                  falso               ╱    SAÍDA     ╲
                    │                ╱   'Aprovado'   ╲
                    │               ╱──────────────────╲
                    │                       │
                    ◯───────────────────────┘
                    │
                ┌───────┐
                │  fim  │
                └───────┘
```

figura 4.2 Fluxograma de um exemplo com comando de seleção simples.

4.2 ⇢ comando composto

Na sintaxe do comando de seleção simples nota-se que somente <u>um comando</u> pode ser executado caso a condição seja verdadeira. Mas o que fazer quando se quer executar vários comandos condicionados à avaliação de uma mesma expressão lógica? Por exemplo, supondo que, na aplicação anterior, se queira saber a média somente no caso das três notas lidas serem iguais ou superiores a 6, então a média deve ser calculada e informada somente se a condição for verdadeira.

Para que isso seja possível, é necessário que dois comandos, o de cálculo da média e o de saída dessa média, sejam executados quando a condição for verdadeira. Como a sintaxe do comando de seleção simples exige a execução de um único comando, faz-se necessária a definição de um novo tipo de comando, denominado **comando composto**.

Na pseudolinguagem aqui utilizada, um comando composto é delimitado pelas palavras reservadas início e fim. Sintaticamente, trata-se de um único comando. Quaisquer comandos podem ser incluídos dentro de um comando composto. Algumas linguagens de programação permitem, inclusive, a definição de novas variáveis dentro de um comando composto, as quais são alocadas na memória apenas no momento em que inicia a execução desse comando e são liberadas no término da execução do comando. Contudo, essa possibilidade não será considerada neste livro.

O problema proposto no início desta seção pode ser resolvido com a utilização desse novo recurso, conforme mostrado no Algoritmo Média3:

```
Algoritmo 4.2 - Média3
{INFORMA MÉDIA DO ALUNO SOMENTE SE SUAS 3 NOTAS FOREM IGUAIS OU SUPE-
RIORES A 6}
   Entradas: nota1, nota2, nota3 (real)
   Saídas: média (real)
        {Informação de aprovado}
início
   ler (nota1, nota2, nota3)                     {ENTRADA DAS 3 NOTAS}
   se (nota1 ≥ 6) e (nota2 ≥ 6) e (nota3 ≥ 6)
   então início                                  {COMANDO COMPOSTO}
        média ← (nota1 + nota2 + nota3) / 3      {CALCULA MÉDIA}
        escrever (média)                         {INFORMA MÉDIA}
        fim
fim
```

O fluxograma desse algoritmo, apresentado na Figura 4.3, mostra com clareza que o conjunto de comandos pode não ser executado, dependendo do resultado da condição.

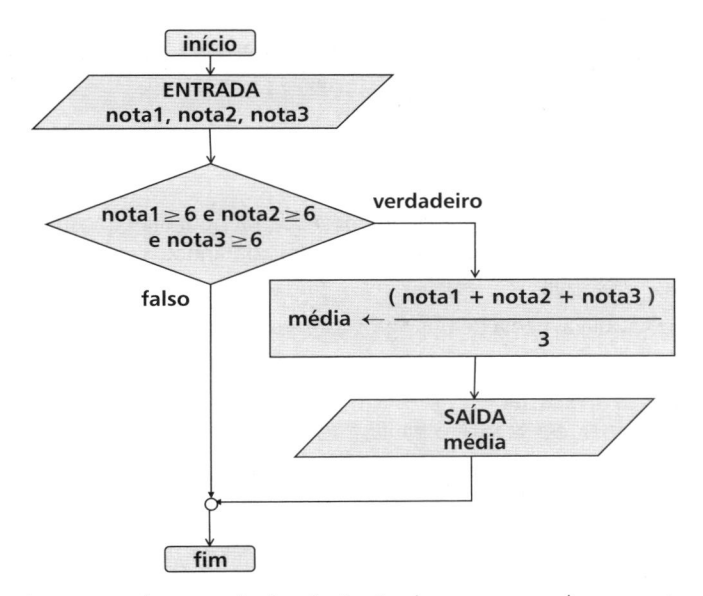

figura 4.3 Fluxograma de comando de seleção simples com comando composto.

4.3 → comando de seleção dupla

Supondo que, além de informar a média das três notas do aluno, também se queira que o programa informe se ele foi aprovado (quando a média for igual ou superior a 6) ou reprovado (média inferior a 6). Dois comandos, se-então, são necessários para imprimir essas mensagens:

```
se média ≥ 6
   então escrever('Aprovado')     {INFORMA SE O ALUNO FOI APROVADO}
se média < 6
   então escrever('Reprovado')    {INFORMA SE O ALUNO FOI REPROVADO}
```

Os dois comandos implementam ações mutuamente exclusivas e dependem da avaliação de uma mesma condição, sendo uma das ações associada ao resultado verdadeiro e outra ao resultado falso. Para evitar a repetição da comparação, pode ser utilizado um **comando de seleção dupla** que, a partir do resultado da avaliação de uma condição, seleciona um de dois comandos para ser executado. Sua sintaxe é:

```
se <expressão lógica>
   então <comando>
   senão <comando>
```

Somente um comando pode ser definido em cada uma das cláusulas então e senão. Esse comando pode ser simples ou composto, como no caso do comando de seleção simples. O exemplo anterior, resolvido através de dois comandos de seleção simples, equivale ao seguinte comando de seleção dupla:

```
se média ≥ 6
   então escrever('Aprovado')
   senão escrever('Reprovado')
```

O fluxograma que representa esse comando, mostrado na Figura 4.4, mostra claramente que o fluxo do programa passa por apenas um dos dois comandos, o qual é selecionado pelo resultado da expressão lógica.

O algoritmo que calcula a média de três notas e informa se o aluno foi aprovado ou reprovado é o seguinte:

```
Algoritmo 4.3 - Média4
{INFORMA A MÉDIA DO ALUNO E SE FOI APROVADO OU REPROVADO}
   Entradas: nota1, nota2, nota3 (real)
   Saídas: média (real)
           {Informação de aprovado ou reprovado}
início
   ler (nota1, nota2, nota3)       {ENTRADA DAS 3 NOTAS}
   média ← (nota1+nota2+nota3)/3
   escrever (média)                {INFORMA MÉDIA CALCULADA}
```

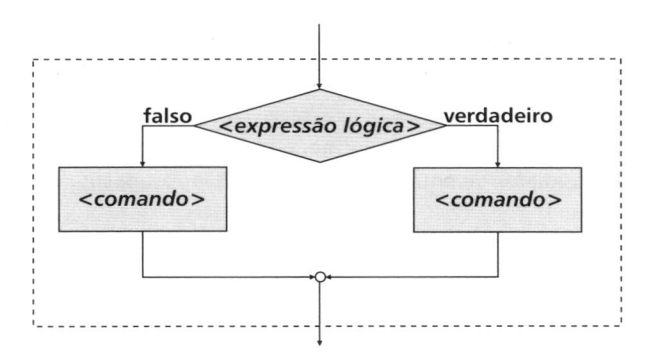

figura 4.4 Fluxograma do comando de seleção dupla.

```
se média ≥ 6
   então escrever('Aprovado')   {INFORMA SE O ALUNO FOI APROVADO}
   senão escrever('Reprovado')  {INFORMA SE O ALUNO FOI REPROVADO}
fim
```

4.4 comandos de seleção aninhados

Conforme visto, somente um comando pode ser utilizado nas cláusulas então e senão, mas não há restrição quanto ao tipo de comando. Pode, inclusive, ser usado um novo comando de seleção – simples ou dupla. Nesse caso, diz-se que os comandos de seleção estão aninhados ou encadeados.

Estendendo um pouco mais a aplicação de apoio a um professor, suponha que se queira obter o conceito do aluno com base na sua média, de acordo com a seguinte conversão:

Conceito A: Média ≥ 9,0
Conceito B: 9,0 > Média ≥ 7,5
Conceito C: 7,5 > Média ≥ 6,0
Conceito D: Média < 6,0

A solução pode ser implementada através de uma sequência de comandos condicionais (opção 1):

```
se média ≥ 9
   então conceito ← 'A'
se (média < 9) e (média ≥ 7,5)
   então conceito ← 'B'
se (média < 7,5) e (média ≥ 6,0)
   então conceito ← 'C'
se (média < 6)
   então conceito ← 'D'
```

Nessa sequência de comandos, somente uma das condições será verdadeira e, apesar disso, todas as condições serão sempre avaliadas, desnecessariamente. Para evitar isso, o algoritmo a seguir calcula a média e o conceito, utilizando comandos de seleção dupla aninhados (opção 2). Note que, uma vez encontrada uma condição verdadeira, as que estão após ela, na cláusula senão, não são mais avaliadas. Cabe ressaltar que, nessa solução, não foi feita a análise da validade dos dados de entrada, partindo-se do pressuposto que eles foram corretamente informados.

```
Algoritmo 4.4 - MédiaConceito1
{INFORMA A MÉDIA E O CONCEITO DE UM ALUNO}
   Entradas: nota1, nota2, nota3 (real)
   Saídas: média (real)
           conceito (caractere)
início
   ler (nota1, nota2, nota3)       {ENTRADA DAS 3 NOTAS}
   média ← (nota1+nota2+nota3)/3   {CÁLCULO DA MÉDIA}
   escrever (média)                {INFORMA MÉDIA CALCULADA}
   se média ≥ 9                    {CÁLCULO DO CONCEITO}
   então conceito ← 'A'
   senão se média ≥ 7,5
         então conceito ← 'B'
         senão se média ≥ 6,0
               então conceito ← 'C'
               senão conceito ← 'D'   {MÉDIA < 6}
   escrever (conceito)             {INFORMA CONCEITO}
fim
```

Nesse algoritmo, o trecho de programa que calcula o conceito corresponde a um único comando de seleção dupla. Se a média for igual ou superior a 9,0, o conceito "A" é atribuído ao aluno e a execução desse comando termina. No caso dessa condição não ser verdadeira, então é avaliada a segunda condição, que verifica se a média é igual ou superior a 7,5. Se essa condição for verdadeira, o aluno recebe o conceito "B" e o comando é concluído. Se não for verdadeira, então a média é novamente analisada, dessa vez verificando se é maior ou igual a 6,0. Finalmente, independentemente da condição ser verdadeira ou falsa, o comando é encerrado com a atribuição do conceito "C" (expressão verdadeira) ou "D" (expressão falsa).

A compreensão do funcionamento dos comandos de seleção aninhados é bem mais clara do que a da sequência de comandos condicionais (opção 1). Além disso, a segunda opção de representação realiza menos comparações do que a primeira, o que diminui o tempo de execução.

uso de indentação para delimitar comandos aninhados. A pseudolinguagem utilizada neste livro faz uso da indentação para mostrar visualmente o escopo de cada um dos comandos de seleção aninhados. Sem a indentação, é bem mais difícil visualizar o funcionamento dos comandos aninhados, como pode ser observado na reescrita do trecho do Algoritmo 4.4 que examina a média:

```
se média ≥ 9
então conceito ← 'A'
senão se média ≥ 7,5
então conceito ← 'B'
senão se média ≥ 6,0
então conceito ← 'C'
senão conceito ← 'D'    {MÉDIA < 6}
```

Contudo, a indentação por si só não garante a correção do código e pode até mesmo mascarar erros se não corresponder à sintaxe do código utilizado. No trecho a seguir, no comando de seleção dupla, o comando da cláusula então é um comando condicional. A indentação utilizada faz crer que a cláusula senão pertence ao comando mais externo, quando, pela sintaxe, ela pertence ao mais interno:

```
se nota1 = 10     {COMANDO DE SELEÇÃO DUPLA}
então se média > 9 {COMANDO CONDICIONAL}
      então escrever ('Parabéns pela boa média!')
senão escrever ('A primeira nota não é 10! ')
```

A indentação que reflete a sintaxe do que está escrito é:

```
se nota1 = 10     {COMANDO SELEÇÃO DUPLA TRATADO COMO CONDICIONAL}
então se média > 9 {COMANDO CONDICIONAL TRATADO COMO SELEÇÃO DUPLA}
      então escrever ('Parabéns pela boa média!')
      senão escrever ('A primeira nota não é 10!')
```

Da forma como está o trecho, independentemente da indentação utilizada, se a Nota1 fornecida for 10 e a média não for superior a 9, será produzida a mensagem 'A primeira nota não é 10!', que claramente está incorreta. Nesse caso, o problema pode ser corrigido através do uso dos delimitadores de um comando composto, para indicar que somente a cláusula então faz parte do comando que testa a condição "se média > 9":

```
se nota1 = 10     {COMANDO DE SELEÇÃO DUPLA}
então início      {COMANDO COMPOSTO}
      se média > 9 {COMANDO CONDICIONAL}
      então escrever ('Parabéns pela boa média! )
      fim
senão escrever ('A primeira nota não é 10!')
```

4.5 comando de seleção múltipla

O **comando de seleção múltipla** seleciona uma dentre diversas opções, com base na avaliação de uma expressão. Na pseudolinguagem aqui utilizada, a sintaxe deste comando é:

```
caso <expressão> seja
   <rótulo 1>: <comando 1>
   <rótulo 2>: <comando 2>
        ...
   <rótulo n>: <comando n>
   [ senão <comandos> ]
fim caso
```

onde os símbolos "[" e "]" significam que essa linha é opcional.

O comando inicia com um cabeçalho `caso <expressão> seja`, seguido de uma série de comandos rotulados, ou seja, comandos precedidos por um valor seguido do caractere ":". O resultado da avaliação da expressão utilizada no cabeçalho e os valores representados nos rótulos devem ser todos do mesmo tipo e corresponder a um valor ordinal como, por exemplo, inteiro ou caractere. Cada rótulo corresponde a somente um comando. Um comando composto pode ser utilizado caso se queira executar mais de uma ação para um determinado rótulo.

Depois de avaliada a expressão, seu resultado é comparado com cada um dos rótulos, na ordem em que são definidos. Somente o comando associado ao primeiro rótulo que for igual ao resultado da expressão é executado. Só a igualdade é verificada. Se o valor da expressão não for igual a qualquer dos rótulos, nada será executado pelo comando. Opcionalmente, poderá ser utilizada a cláusula senão, que indica o comando a ser executado caso nenhum dos rótulos corresponda ao valor da expressão do cabeçalho. O final do comando de seleção múltipla é indicado pelas palavras reservadas `fim caso`. Por exemplo, supondo que a variável a seja uma variável do tipo inteiro:

```
caso a seja
   1: a ← 0          {COMANDO SIMPLES PARA O CASO a = 1}
   2: início         {COMANDO COMPOSTO PARA O CASO a = 2}
      ler(a)
      escrever(a)
      fim
   3: a ← a + 1      {COMANDO SIMPLES PARA O CASO a = 3}
   senão escrever(a) {CLÁUSULA OPCIONAL PARA OUTROS VALORES DE a}
fim caso
```

Um comando de seleção múltipla equivale a um comando de seleção dupla com outros comandos de seleção dupla aninhados nele. O exemplo anterior equivale a:

```
    se a = 1
    então a ← 0                    {COMANDO SIMPLES PARA O CASO a = 1}
    senão se a = 2
         então início              {COMANDO COMPOSTO PARA O CASO a = 2}
             ler(a)
             escrever(a)
             fim
         senão se a = 3
             então a ← a + 1       {COMANDO SIMPLES PARA O CASO a = 3}
             senão escrever(a)     {CLÁUSULA OPCIONAL}
```

Uma vantagem de usar o comando de seleção múltipla em lugar desses comandos aninhados está na possibilidade de utilizar somente um nível de indentação, o que torna mais clara a visualização das alternativas existentes.

A Figura 4.5 representa o fluxograma correspondente ao exemplo anterior. Pode-se observar que o fluxo do programa somente passará por um dos comandos associados aos rótulos.

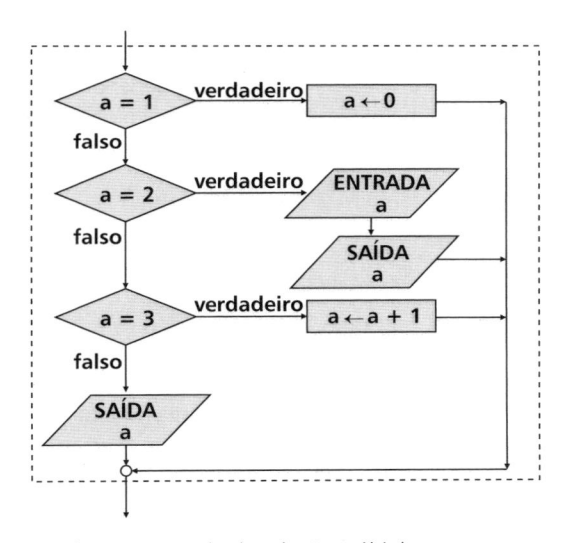

figura 4.5 Fluxograma de um comando de seleção múltipla.

O algoritmo a seguir, que calcula e informa a média e o conceito de um aluno, ilustra a utilização de rótulos do tipo caractere em um comando de seleção múltipla:

```
Algoritmo 4.5 - MédiaConceito2
{INFORMA MÉDIA E CONCEITO DE UM ALUNO}
  Entradas: nota1, nota2, nota3 (real)
  Saídas: média (real)
          Informação do conceito do aluno
  Variável auxiliar: conceito (char)
```

```
início
  ler (nota1, nota2, nota3)                    {ENTRADA DAS 3 NOTAS}
  média ← (nota1 + nota2 + nota3) / 3          {CALCULA MÉDIA}
  escrever (média)                             {INFORMA MÉDIA}
  se média ≥ 9                                 {CÁLCULO DO CONCEITO}
  então conceito ← 'A'
  senão se média ≥ 7,5
         então conceito ← 'B'
         senão se média ≥ 6,0
                então conceito ← 'C'
                senão conceito ← 'D' {MÉDIA < 6}
  caso conceito seja                           {INFORMA CONCEITO}
     'A': escrever('Conceito A - Parabéns!')
     'B': escrever('Conceito B')
     'C': escrever('Conceito C')
     'D': escrever('Conceito D - Você foi reprovado')
  fim caso
fim
```

A implementação do comando de seleção múltipla varia, dependendo da linguagem de programação utilizada. Algumas linguagens permitem que um comando seja rotulado com uma lista de valores, ou mesmo com um intervalo. No exemplo a seguir, nota somente pode conter um valor inteiro:

```
caso nota seja
           0..5: escrever('Reprovado'){RÓTULO DO TIPO INTERVALO}
   6, 7, 8, 9, 10: escrever('Aprovado') {LISTA DE RÓTULOS}
fim caso
```

O primeiro comando é rotulado com o intervalo 0..5, representando os valores inteiros 0, 1, 2, 3, 4 e 5. O comando associado ao intervalo será executado quando o valor da variável nota for um desses valores. O segundo comando apresenta uma lista de rótulos. Se o valor da variável nota for igual a um deles, o segundo comando será executado. Observar que a utilização desses dois tipos de rótulos gerou um comando conciso e muito fácil de compreender.

4.6 ⋯→ exercícios de fixação

exercício 4.1 Ler um número inteiro. Se o número lido for positivo, escrever uma mensagem indicando se ele é par ou ímpar.

Algoritmo ParOuÍmpar
```
{INFORMA SE UM VALOR LIDO DO TECLADO É PAR OU ÍMPAR}
   Entrada: valor (inteiro)          {VALOR A SER TESTADO}
   Saída: Mensagem de 'par' ou 'ímpar'
```

```
    Variável auxiliar: ehPar (lógica)
início
    ler(valor)                      {ENTRADA DO VALOR A SER TESTADO}
    se  valor ≥ 0                   {VALOR LIDO É POSITIVO}
    então início
        ehPar ← (valor mod 2) = 0   {VERIFICA SE VALOR É PAR}
        se ehPar                    {VERDADEIRO SE ehPar FOR VERDADEIRO}
        então escrever('Par ! ')
        senão escrever('Ímpar ! ')
    fim
fim
```

exercício 4.2 Dados os coeficientes de uma equação do 2º grau, calcular e informar os valores de suas raízes.

```
Algoritmo EquaçãoSegundoGrau
{INFORMA OS VALORES DAS RAÍZES DE UMA EQUAÇÃO DO SEGUNDO GRAU}
    Entradas: a, b, c (real)            {COEFICIENTES DA EQUAÇÃO}
    Saídas: r1, r2 (real)               {RAÍZES}
    Variável auxiliar: disc (real)      {DISCRIMINANTE}
início
    ler(a, b, c)  {ENTRADA DOS VALORES DOS COEFICIENTES DA EQUAÇÃO}
    se a = 0
    então início
        escrever('Não é equação do segundo grau! ')
        escrever('Raiz = ', (- c / b ))
    fim
    senão início
        disc ← sqr(b) - 4 * a * c       {CÁLCULO DO DISCRIMINANTE}
        se disc < 0
        então escrever('Raízes imaginárias !')
        senão início
            r1 ← ( - b + sqrt ( disc ) ) / ( 2 * a )
            r2 ← ( - b - sqrt ( disc ) ) / ( 2 * a )
            escrever('Raízes: ', r1, r2)
        fim
    fim
fim
```

exercício 4.3 Processar uma venda de livros em uma livraria. O cliente poderá comprar diversas unidades de um mesmo tipo de livro. O código que define o tipo do livro vendido (A, B, C) e o número de unidades desse livro são fornecidos como dados de entrada.

Preços: Tipo A – R$ 10,00
          Tipo B – R$ 20,00
          Tipo C – R$ 30,00

Calcular e informar o preço a pagar. Caso tenham sido vendidos mais de 10 livros, exibir uma mensagem informando isso.

A solução deste problema é mostrada em duas etapas. Inicialmente, é apresentado um algoritmo em passos gerais para dar uma visão global da solução. Depois, cada um dos passos é detalhado, dando origem ao algoritmo completo.

```
Algoritmo UmaVenda - PASSOS GERAIS
{PROCESSA UMA VENDA DE LIVROS}
   Entradas: tipo do livro ('A', 'B' ou 'C')
             número de livros
   Saídas: preço a pagar
           mensagem indicando que foram vendidas mais de 10 unidades
```
1. Obter dados
2. Calcular preço de venda
3. Emitir mensagem caso necessário
4. Terminar

Detalhamento do algoritmo:

```
Algoritmo UmaVenda
{PROCESSA UMA VENDA DE LIVROS}
   Entradas: código (caractere)          {CÓDIGO DO LIVRO}
             numeroUnidades (inteiro)    {NR. UNIDADES VENDIDAS}
   Saídas: aPagar (real)                 {PREÇO A PAGAR}
           {Mensagem indicando que foram vendidas mais de 10
            unidades}
início
   ler(código, numeroUnidades)           {ENTRADA DE DADOS}
   se código = 'A'                       {CÁLCULO DO PREÇO DA VENDA}
   então aPagar ← numeroUnidades * 10
   senão se código = 'B'
         então aPagar ← numeroUnidades * 20
         senão se código = 'C'
               então aPagar ← numeroUnidades * 30
               senão início              {CÓDIGO ESTÁ INCORRETO}
                  aPagar ← 0
                  escrever('Código errado')
               fim
   se aPagar > 0                         {CÓDIGO ERA VÁLIDO}
   então início
      escrever(aPagar)                   {INFORMA VALOR A PAGAR}
      se numeroUnidades > 10
      então escrever ('Foram vendidas mais de 10 unidades')
   fim
fim
```

exercício 4.4 Processar uma venda em um estabelecimento comercial. São fornecidos o código do produto vendido e seu preço. Deverá ser dado um desconto, de acordo com a seguinte tabela:

Código A – 20%
Código B – 10%

Produtos com código diferente de A ou B não terão desconto. Além disso, se o total a pagar for maior ou igual a R$ 80,00, deverá ser dado um desconto adicional de 10%. Calcular e informar o preço a pagar e o desconto dado na compra, se for o caso.

```
Algoritmo UmaVendaComércio
{PROCESSA UMA VENDA EM UM ESTABELECIMENTO COMERCIAL}
   Entradas: preço (real)
             código (caractere)
   Saídas: desconto (real)
           aPagar (real)
início
   ler(código, preço)            {ENTRADA DE DADOS}
   aPagar ← preço                {INICIALIZA aPagar}
   desconto ← 0                  {INICIALIZA desconto}
   se código = 'A'               {CALCULA desconto}
   então desconto ← preço / 5
   senão se código = 'B'
        então desconto ← preço / 10
   aPagar ← aPagar - desconto    {CALCULA aPagar}
   se aPagar ≥ 80,00             {VERIFICA SE COMPRA ≥ 80,00}
   então início
        desconto ← desconto + aPagar / 10
        aPagar ← aPagar * 0,9    {MAIS 10% DE DESCONTO}
        fim
   escrever(aPagar)              {INFORMA VALOR A PAGAR}
   se desconto ≠ 0
   então escrever(desconto)      {INFORMA DESCONTO RECEBIDO}
   fim
```

exercício 4.5 Escrever um programa que, dados um determinado mês (representado por um número inteiro) e um ano, informe quantos dias tem esse mês. Para determinar o número de dias de fevereiro, verificar primeiro se o ano é bissexto. Um ano será bissexto se terminar em 00 e for divisível por 400, ou se não terminar por 00, mas for divisível por 4.

```
Algoritmo DiasDoMês1
{INFORMA QUANTOS DIAS TEM UM DETERMINADO MÊS}
   Entrada: mês, ano (inteiro)     {DADOS DE ENTRADA - MÊS E ANO}
   Saída: dias (inteiro)           {NÚMERO DE DIAS DO MÊS NESTE ANO}
   Variável auxiliar: ehBissexto (lógica)
```

```
início
  ler(mês, ano)         {ENTRADA DE DADOS}
  se mês = 2            {SE FEVEREIRO, VERIFICA SE ANO EH BISSEXTO}
  início
      eh Bissexto ← falso
      se (ano mod 100) = 0
      então início
            se (ano mod 400) = 0
            então ehBissexto ←   verdadeiro
            fim
      senão se (ano mod 4) = 0
            então ehBissexto ←   verdadeiro
  fim
  se mês = 2            {FEVEREIRO}
  então se ehBissexto
        então dias ← 29
        senão dias ← 28
  senão se (mês=4) ou (mês=6) ou (mês=9) ou (mês=11)
        então dias ← 30   {ABRIL, JUNHO, SETEMBRO, NOVEMBRO}
        senão dias ← 31   {DEMAIS MESES}
  escrever(dias)            {INFORMA NÚMERO DE DIAS DO MÊS}
fim
```

Algoritmo DiasDoMês2
```
{INFORMA QUANTOS DIAS TEM UM DETERMINADO MÊS}
  Entrada: mês, ano (inteiro)   {DADOS DE ENTRADA - MÊS E ANO}
  Saída: dias (inteiro)         {NÚMERO DE DIAS DO MÊS NESTE ANO}
  Variável auxiliar: ehBissexto (lógica)
início
  ler(mês, ano)                 {ENTRADA DE DADOS}
  caso mês seja
    2 : {FEVEREIRO}
        eh_Bissexto ← falso
        se (ano mod 100) = 0
        então início
              se (ano mod 400) = 0
              então ehBissexto ←   verdadeiro
              fim
        senão se (ano mod 4) = 0
              então ehBissexto ←   verdadeiro
        se ehBissexto
        então dias ← 29        {ANO BISSEXTO}
        senão dias ← 28
    4, 6, 9, 11 : dias ← 30    {ABRIL, JUNHO, SETEMBRO, NOVEMBRO}
```

```
      senão dias ← 31          {DEMAIS MESES}
   fim caso                    {FIM COMANDO DE SELEÇÃO MÚLTIPLA}
      escrever(dias)           {INFORMA NÚMERO DE DIAS DO MÊS}
   fim
```

exercício 4.6 Fazer um programa que leia um caractere e exiba uma mensagem informando se ele é uma letra, um dígito numérico ou um caractere de operação aritmética. Se o caractere não for de qualquer desses três tipos, informar que se trata de um caractere desconhecido.

```
Algoritmo IdentificarCaractere
{INFORMA TIPO DE CARACTERE LIDO}
   Entradas: lido (caractere)      {CARACTERE A SER IDENTIFICADO}
   Saídas: Mensagem indicando o tipo de caractere lido
início
   ler(lido)                       {CARACTERE A SER IDENTIFICADO}
   caso lido seja
     'A'..'Z', 'a'..'z' : escrever('Letra')
     '0'..'9': escrever('Dígito')
     '+', '-', '*', '/' : escrever('Operador aritmético')
     senão escrever('Caractere desconhecido')
   fim caso
fim
```

Sugestão: resolva este exercício sem utilizar o comando de seleção múltipla.

4.7 em Pascal

4.7.1 comando composto

Em Pascal, um comando composto é formado por um conjunto de comandos separados pelo caractere ";", sendo o conjunto delimitado pelas palavras reservadas `begin` e `end`:

```
begin
   <lista de comandos separados por ";">
end
```

O Pascal não permite a declaração de variáveis dentro de um comando composto. Todas as variáveis necessárias devem ser declaradas no início do programa.

Como exemplo, o comando composto utilizado no Algoritmo 4.2 é representado em Pascal da seguinte forma:

```
begin
   media := (nota1 + nota2 + nota3) / 3;   {CALCULA media}
   writeln (media)                         {INFORMA media}
end
```

Como pode ser observado, o comando de atribuição que calcula a média é separado do comando seguinte (que imprime essa média) pelo caractere ";". Por outro lado, o comando que imprime a média não termina por ";", pois logo após vem a palavra reservada end, que não constitui um novo comando. Caso seja utilizado um ";" após o segundo comando, o compilador não acusará erro, pois vai considerar a existência de um comando vazio antes do end.

4.7.2 comando de seleção simples

A sintaxe de um comando de seleção simples em Pascal é:

```
if <expressão lógica>
then <comando>
```

Somente um comando, simples ou composto, pode ser utilizado após a palavra reservada then. O Algoritmo 4.2 é escrito em Pascal da seguinte maneira:

```
Program Media3;
{INFORMA MEDIA DO ALUNO SOMENTE SE SUAS 3 NOTAS FOREM IGUAIS OU SUPE-
RIORES A 6}
    var nota1, nota2, nota3: real;
        media: real;
begin
    writeln ('Forneca as 3 notas do aluno : ');
    readln (nota1, nota2, nota3);              {ENTRADA DAS 3 NOTAS}
    if ((nota1 >= 6.0) and (nota2 >= 6.0) and (nota3 >= 6.0))
    then begin
            media := (nota1 + nota2 + nota3) / 3;  {CALCULA MEDIA}
            writeln ('Media: ', media)             {INFORMA MEDIA}
         end;
    readln
end.
```

Em Pascal, o símbolo ";" separa comandos. Quando são utilizados comandos condicionais aninhados, deve ser tomado muito cuidado com sua separação: somente deve ser utilizado o símbolo ";" quando terminar o comando que estiver englobando os demais. Por exemplo, a seguir é mostrado o mesmo programa anterior, utilizando comandos de seleção simples aninhados:

```
Program Media4;
{INFORMA MEDIA DO ALUNO SOMENTE SE SUAS 3 NOTAS FOREM IGUAIS OU SUPE-
RIORES A 6}
    var nota1, nota2, nota3: real;
        media: real;
```

```
begin
  writeln ('Forneca as 3 notas do aluno : ');
  readln (nota1, nota2, nota3);    {ENTRADA DAS 3 NOTAS}
  if nota1 >= 6.0                  {COMANDOS ANINHADOS}
  then if nota2 >= 6.0
       then if nota3 >= 6.0
            then begin
                   media := (nota1 + nota2 + nota3) / 3;
                   writeln ('Media: ', media)
                 end;
  readln
end.
```

Pode-se observar que somente o comando que calcula a média é separado do seguinte (que imprime essa média) pelo símbolo ";", pois os dois fazem parte de um comando composto. As demais linhas dos comandos de seleção simples aninhados não terminam com ";".

4.7.3 comando de seleção dupla

Em Pascal, um comando de seleção dupla tem a seguinte sintaxe:

```
if <expressão lógica>
then <comando>
else <comando>
```

Como exemplo, um comando que imprime a mensagem informando se o aluno foi ou não aprovado é escrito em Pascal como segue:

```
if media >= 6.0
then writeln('Aprovado')
else writeln('Reprovado')
```

Deve ser tomado muito cuidado na utilização de comandos de seleção dupla encadeados, lembrando que a separação de comandos é feita através do símbolo ";". Por exemplo, o programa a seguir informa o conceito de um aluno com base na conversão da média para conceitos apresentada na Seção 4.4. Além de informar o conceito, o programa emite duas mensagens específicas: quando o conceito é o maior possível ("A") e quando o aluno é reprovado. O comando que inicia na linha assinalada com {1} somente termina na linha com {2}, sendo seguido pelo comando readln. Somente os comandos das linhas assinaladas com {3} terminam com ";", pois estão dentro de um comando composto e são seguidos por outro comando.

```
Program InformaConceito;
{INFORMA O CONCEITO DE UM ALUNO}
  var media: real;
begin
  writeln ('Forneca a media do aluno: ');
  readln (media);
```

```
        if media >= 9                              {1}
        then begin
            writeln('Conceito A');                 {3}
            writeln('Parabens!')
            end
        else if media >= 7.5
            then writeln ('Conceito B')
            else if media >= 6.0
                then writeln('Conceito C')
                else begin
                    writeln('Conceito D');         {3}
                    writeln('Reprovado!')
                    end;                           {2}
        readln
        end.
```

4.7.4 comando de seleção múltipla

A sintaxe de um comando de seleção múltipla em Pascal é:

```
case <expressão> of
  <rótulo 1>: <comando 1>;
  <rótulo 2>: <comando 2>;
        ...
  <rótulo n>: <comando n>;
  [ else <comandos separados por ";"> ]
end
```

onde os símbolos "[" e "]" indicam que a cláusula else é opcional.

Somente um comando, simples ou composto, pode ser especificado após cada rótulo. Entretanto, a cláusula opcional else pode ser seguida por mais de um comando, sendo esses separados por ";". O compilador detecta o final do comando case quando encontra a palavra reservada end.

A execução do comando inicia avaliando a expressão, cujo resultado é então comparado com cada um dos rótulos, na ordem em que foram definidos. Somente o comando associado ao primeiro rótulo que for igual à expressão é executado. Se a expressão não for igual a qualquer dos rótulos, nenhuma ação é executada pelo comando case, a menos que seja definida a cláusula else.

rótulos do comando case. A expressão e todos os rótulos de um comando case devem ser do mesmo tipo. Somente tipos escalares podem ser utilizados: integer, char, boolean e por enumeração. O último será visto no Capítulo 8.

O Pascal permite a especificação de listas e de intervalos de rótulos. Listas de rótulos são constituídas de diversos rótulos separados por ",". No exemplo a seguir, o valor da variável a é comparado inicialmente com 2, depois com 4 e finalmente com 7. Se um desses valores for igual ao da variável a, o comando é executado, caso contrário a cláusula else é executada:

```
case a of     {SUPONDO A VARIAVEL a DO TIPO INTEIRO}
  2, 4, 7: writeln('Achou');
  else writeln('Nao achou')
end
```

A definição de intervalos de rótulos é feita indicando os limites inferior e superior separados por "..". Equivale a uma lista contendo todos os valores do intervalo, incluindo seus limites. No exemplo a seguir, a mensagem é impressa se o valor de a for igual a qualquer valor no intervalo fechado de 1 a 10.

```
case a of     {SUPONDO A VARIAVEL a DO TIPO INTEIRO}
  1..10: writeln('Valor dentro do intervalo')
end
```

Os rótulos definidos em um comando case não precisam estar em ordem numérica. A comparação será feita sempre na ordem em que foram definidos. Podem, inclusive, ocorrer rótulos repetidos, como no exemplo a seguir, no qual o valor 7 está contido no intervalo definido no rótulo seguinte. Caso a expressão seja igual a 7, será executado o comando que imprime a mensagem 'Valor 7', terminando a execução do comando case sem testar o próximo rótulo.

```
case a of     {SUPONDO A VARIAVEL a DO TIPO INTEIRO}
     7: writeln('Valor 7');
  1..10: writeln('Valor dentro do intervalo')
end
```

4.8 em C

4.8.1 comando composto

Em C, um comando composto é formado por um conjunto de comandos terminados cada qual pelo caractere ";", sendo o conjunto delimitado por chaves "{" e "}":

```
{
  <lista de comandos separados por ";">
}
```

Como exemplo, o comando composto utilizado no Algoritmo 4.2 é escrito em C como segue:

```
{
  media = (nota1 + nota2 + nota3) / 3;   // calcula media
  printf("\nMedia: %6.2f\n", media);     // informa media
}
```

Como pode ser observado, ao final de cada comando aparece o caractere ";".

4.8.2 comando de seleção simples

A sintaxe de um comando de seleção simples em C é:

```
if (<expressão lógica>)
<comando>;
```

A expressão lógica deve estar entre parênteses e somente um comando, simples ou composto, pode ser utilizado após a expressão lógica, ou seja, somente um comando pode ser condicionado ao resultado da expressão lógica. O Algoritmo 4.2 é escrito em C da seguinte maneira:

```c
/*Informa media do aluno somente se suas 3 notas forem iguais ou superiores a 6*/
#include <stdio.h>
#include <stdlib.h>
int main( )
  {
    float nota1, nota2, nota3;
    float media;
    printf ("Forneca as 3 notas do aluno : ");
    //entrada das 3 notas
    scanf ("%d", &nota1);
    scanf ("%d", &nota2);
    scanf ("%d", &nota3);
    if ((nota1 >= 6.0) && (nota2 >= 6.0) && (nota3 >= 6.0))
    {
       media = (nota1 + nota2 + nota3) / 3; //calcula media
       printf("\nMedia: %6.2f\n", media);   //informa media
    }
system("pause");
return 0;
}
```

A seguir é mostrado um programa equivalente ao anterior, utilizando comandos de seleção simples aninhados:

```c
/*Informa media do aluno somente se suas 3 notas forem iguais ou superiores a 6*/
#include <stdio.h>
#include <stdlib.h>
int main( )
  {
    float nota1, nota2, nota3;
    float media;
    printf ("Forneca as 3 notas do aluno : ");
```

```
        //entrada das 3 notas
        scanf ("%d", &nota1);
        scanf ("%d", &nota2);
        scanf ("%d", &nota3);
        if (nota1 ≥ 6.0)              //comandos aninhados
           if (nota2 ≥ 6.0)
              if (nota3 ≥ 6.0)
                 {
                    media = (nota1 + nota2 + nota3) / 3;
                    printf("\nMedia: %6.2f\n", media);
                 }
        system("pause");
        return 0;
}
```

4.8.3 comando de seleção dupla

Em C, um comando de seleção dupla tem a seguinte sintaxe:

```
if (<expressão lógica>)
    <comando>;
else
    <comando>;
```

O comando do Algoritmo 4.4, que imprime a mensagem informando se o aluno foi ou não aprovado, é implementado em C como segue:

```
if (media >= 6.0)
    printf("\nAprovado\n");
else
    printf("\nReprovado\n");
```

■ comandos de seleção dupla encadeados

Quando comandos de seleção dupla são encadeados, cada `else` corresponde ao `if` imediatamente anterior que esteja dentro do mesmo bloco e que ainda não tenha sido associado a um `else` correspondente.

O trecho a seguir determina se um ano é ou não bissexto.

```
if (ano % 4 == 0)          // testa resto da divisao inteira de ano por 4
   if (ano % 100 == 0)
      if (ano % 400 == 0)
         printf("\n%d eh bissexto!\n", ano);
      else              // do terceiro if
         printf("\n%d nao eh bissexto!\n", ano);
```

```
        else                   // do segundo if
            printf("\n%d eh bissexto!\n", ano);
    else                       // do primeiro if
        printf("\n%d nao eh bissexto!\n", ano);
```

O trecho a seguir realiza contagens dependendo de valores que ocorram na variável codigo:

```
if (codigo != 'F')
   {
    if (codigo != '*')
        printf("Codigo incorreto: ", codigo);
    erro++;
   }
else
   {
    concluc++;
    printf("\nConcluiu de novo!\n");
   }
```

4.8.4 comando de seleção múltipla

A sintaxe de um comando de seleção múltipla em C é:

```
switch (<expressão>)
   {
    case <rótulo 1>:   [<comandos separados por ;>]
                       [break;]
    case <rótulo 2>:   [<comandos separados por ;>]
                       [break;]
          ...
    case <rótulo n>:   [<comandos separados por ;>]
                       [break;]
   [ default: <comandos separados por ;>
              [break;]]
   }
```

onde expressão pode ser de tipo inteiro ou caractere, os rótulos devem ser constantes do mesmo tipo da expressão e os símbolos "[" e "]" indicam que uma cláusula é opcional.

Ao ser ativado o switch/case, o valor da expressão é comparado com os valores dos rótulos. Quando nenhum rótulo for igual ao valor da expressão, se a opção default tiver sido definida, ela será ativada, caso contrário nada acontecerá, e o comando seguinte ao switch/case passará a ser executado.

Em um switch/case, quando o valor da expressão coincide com o valor de um dos rótulos, são executados os comandos associados àquele rótulo <u>e todos os demais comandos associados a todos os demais rótulos</u> que o seguem no switch/case até o seu término, inclusive aqueles da opção default. A Figura 4.6 representa o fluxo de execução desse comando, supondo que o valor da expressão considerada coincide com o valor do rótulo "i", sendo executados os comandos seguintes até o último (rótulo "n") e a opção default.

Essa forma básica de execução pode ser alterada com o uso de comandos break no final de cada trecho associado a um rótulo. Dessa forma, a execução do switch/case resultará igual àquela do comando de seleção múltipla da pseudolinguagem e de várias outras linguagens de programação. Um comando break interrompe a execução de um comando no ponto em que for definido e faz o fluxo de execução se deslocar para o comando imediatamente seguinte àquele que foi interrompido. Por impedir que comandos sejam executados até seu final previsto, o emprego de comandos break contraria os princípios da programação estruturada. Seu emprego no switch/case de C, entretanto, por possibilitar uma forma de execução do comando coerente com a programação estruturada, acaba constituindo-se no único uso autorizado do comando break neste livro.

Se o seguinte trecho em pseudolinguagem:

```
caso conceito seja
    'A': escrever('Conceito A - Parabéns!')
    'B': escrever('Conceito B')
    'C': escrever('Conceito C')
    'D': escrever('Conceito D - Você foi reprovado')
fim caso
```

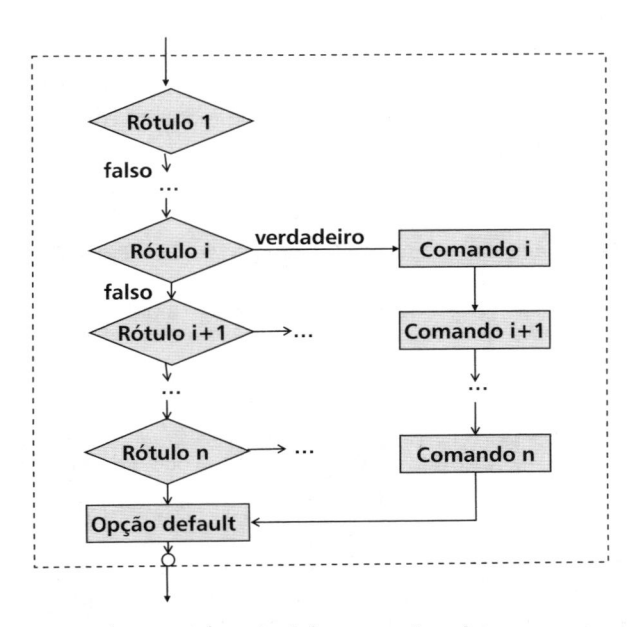

figura 4.6 Fluxograma do comando switch/case sem break.

vier a ser reescrito em C exatamente como está na pseudolinguagem:

```
switch (conceito)
    {
     case 'A': printf("\nConceito A - Parabéns!");
     case 'B': printf("\nConceito B");
     case 'C': printf("\nConceito C");
     case 'D': printf("\nConceito D - Você foi reprovado.");
    }
```

e o valor do conceito, em uma particular execução, for A, B ou C, além da mensagem específica para o conceito, todas as demais mensagens na sequência também serão apresentadas. Para que apenas a mensagem correta seja produzida para cada conceito, o `switch/case` deverá ser codificado como segue:

```
switch (conceito)
    {
     case 'A': printf("\nConceito A - Parabéns");
               break;
     case 'B': printf("\nConceito B");
               break;
     case 'C': printf("\nConceito C");
               break;
     case 'D': printf("\nConceito D - Você foi reprovado.");
               break;
    }
```

A ativação em sequência de múltiplos rótulos do `switch/case` nem sempre é um problema. No caso do conceito, para aceitar a especificação do mesmo tanto em letras maiúsculas quanto em minúsculas, o `switch/case` pode ser codificado como:

```
switch (conceito)
    {
     case 'A': case 'a': printf("\nConceito A - Parabéns!");
                         break;
     case 'B': case 'b': printf("\nConceito B");
                         break;
     case 'C': case 'c': printf("\nConceito C");
                         break;
     case 'D': case 'd':
                         printf("\nConceito D - Você foi reprovado.");
                         break;
    }
```

Em outro exemplo, consideremos uma variável `dia_semana`, que contém os valores de 1 a 7, correspondendo respectivamente a domingo, segunda, terça, etc. A partir do valor dessa variável, deseja-se atualizar a variável `eh_dia_util` com zero (falso) se for sábado ou domingo, e com 1 (verdadeiro) se for segunda, terça, quarta, quinta ou sexta. Os três códigos a seguir executam o desejado:

```
switch (dia_semana)
    {
       case 2:
       case 3:
       case 4:
       case 5:
       case 6:  eh_dia_util = 1;
                break;
       default: eh_dia_util = 0;
                break;
    }
switch (dia_semana)
    {
       case 1:
       case 7:  eh_dia_util = 0;
                break;
       default: eh_dia_util = 1;
                break;
    }
switch (dia_semana)
    {
       case 2:
       case 3:
       case 4:
       case 5:
       case 6: eh_dia_util = 1;
               break;
       case 7:
       case 1: eh_dia_util = 0;
               break;
    }
```

A ordem dos rótulos não é importante, mas rótulos repetidos resultam em erro.

Ex.:

```
(...)
       case 5:
       case 7: eh_dia_util = 1;
               break;
       case 7:                          // ERRO aqui
       case 1: eh_dia_util = 0;
(...)
```

■ aninhamento de `switch/cases`

Comandos `switch/case` também podem ser usados após cada rótulo. Nesse caso, a avaliação das expressões dos `switch/cases` acontece de forma totalmente independente em cada ocorrência do comando. No exemplo a seguir, pode-se observar valores de rótulos iguais em `switch/cases` aninhados.

```
switch (opcao)
   {
    case 1: printf("\nNota (0 a 10): ");
            scanf("%d", &nota);
            switch (nota)
            {
             case 0:
             case 1:
             (...)
            } // fim do switch/case da nota
            break;
    case 2: printf("Tipo de tarefa ");
            scanf("%d", &tipo_tarefa);
            switch (tipo_tarefa)
              {
                case 1: (...)
                        break;
                case 2: (...)
                        break;
                (...)
              } // fim do switch/case do tipo_tarefa
            break;
      case 3: (...)
              break;
   } // fim do switch/case opcao
```

4.8.5 bloco: declaração de variáveis locais

Em algumas linguagens de programação, inclusive em C, podem ser declaradas variáveis dentro de um comando composto, que nesse caso é denominado **bloco**. As variáveis declaradas dentro de um bloco são alocadas somente no momento em que ele começa a ser executado, sendo liberadas quando termina a execução do bloco. São, portanto, variáveis locais ao bloco.

Essa característica da linguagem C está sendo apresentada aqui apenas para conhecimento, uma vez que neste livro ela não será explorada, pois, para maior clareza de código e maior facilidade na detecção e correção de erros, adotou-se como regra geral concentrar as declarações sempre no início dos programas ou subprogramas.

A sintaxe de um bloco com declarações locais é a seguinte:

```
begin
  <lista de declarações de variáveis>;
  <lista de comandos>;
fim
```

Exemplo de utilização de um bloco com variável local:

```c
/*TROCA O CONTEUDO DE DUAS VARIAVEIS */
#include <stdio.h>
#include <stdlib.h>
int main( )
  {
    int a, b;
    printf ("\nTeste de bloco\nForneca a e depois b\n");
    scanf ("%d", &a);
    scanf ("%d", &b);
      {
        int temp;   // variavel local
        temp = a;
        a = b;
        b = temp;
      }
    printf("\na = %d b = %d\n", a, b);
    system("pause");
    return 0;
  }
```

No início da execução desse programa, são lidos dois valores inteiros que preenchem as variáveis a e b. Essas duas variáveis são alocadas no início do programa, sendo liberadas somente ao término de sua execução. Os dois valores lidos são informados na ordem em que foram fornecidos (conteúdos de a e b). Em seguida, é executado o bloco, que inicia alocando uma nova variável, também inteira, denominada `temp`. Essa é utilizada para fazer a troca dos valores contidos nas variáveis anteriores. Uma vez feita esta troca, a execução do bloco termina e a variável `temp` é liberada. É importante observar que a variável `temp` somente pode ser utilizada quando o programa estiver executando o bloco – nenhuma referência pode ser feita a ela fora do bloco, uma vez que fora dele ela não existe.

4.9 ⇢ dicas

usar indentação. A indentação, se bem utilizada, ajuda a tornar os códigos mais claros e legíveis. Entretanto, ela deve sempre corresponder à realidade de execução do código e às regras da linguagem em uso, pois por si só não determinará como o código será executado, como no exemplo mostrado na Seção 4.4.

usar comandos aninhados em sequências de testes. Quando vários testes relacionados tiverem que ser feitos, utilizar preferencialmente comandos de seleção dupla aninhados, em vez de sequências de comandos de seleção simples.

usar seleção múltipla em lugar de sequências de seleções simples. Para maior clareza, utilizar um comando de seleção múltipla em vez de sequências de comandos de seleção simples sempre que a linguagem oferecer essa construção.

não repetir desnecessariamente testes semelhantes. Para testes mutuamente exclusivos, utilizar comandos de seleção dupla, evitando assim a repetição desnecessária de testes.

planejar os testes cuidadosamente. Planejar bem os testes para verificar o maior número possível de casos diferentes. Quanto mais testes bem planejados forem realizados, maior a garantia de que o programa será executado corretamente.

4.10 ⟶ testes

testar o maior número possível de caminhos de execução. Diversos testes devem ser realizados para testar a corretude de um trecho de programa que contém um comando de seleção. Devem ser criados conjuntos de dados que façam a execução do programa passar pelo maior número de caminhos possíveis. Tanto comandos de seleção simples quanto de seleção dupla devem ser testados com pelo menos dois conjuntos de dados, um que faça a expressão lógica resultar verdadeira e outro que a torne falsa. Por exemplo, o comando:

```
se média ≥ 6
então escrever('Aprovado')
```

deve ser testado com dados que resultem em (1) média maior que 6, (2) média igual a 6 e (3) média menor que 6. Os mesmos conjuntos de dados podem ser utilizados para testar o comando:

```
se média ≥ 6
então escrever('Aprovado')
senão escrever('Reprovado')
```

verificando se as mensagens corretas são apresentadas para os vários conjuntos de dados utilizados.

Um cuidado especial deve ser tomado para criar os conjuntos de dados no caso de comandos aninhados a fim de que o maior número possível de caminhos seja testado. Por exemplo, no comando:

```
se média ≥ 9
então conceito ← 'A'
senão se média ≥ 7,5
      então conceito ← 'B'
      senão se média ≥ 6,0
```

```
              então conceito ← 'C'
              senão conceito ← 'D'    {MÉDIA < 6}
```
devem ser criados dados para testar cada um dos intervalos de média, incluindo os limites de cada um deles. Por exemplo, testar com valores que resultem nas seguintes médias: 10,0 – 9,5 – 9,0 – 8,0 – 7,5 – 7,0 – 6,0 – 4,0 – 0,0.

testar com dados incorretos. Outro cuidado a ser tomado é fazer testes com valores de dados incorretos para ver como o programa se comporta nesses casos. A execução do programa não deve parar quando forem fornecidos dados incorretos. Quando isso acontecer, o programa deve informar ao usuário a ocorrência de erro. Por exemplo, no código anteriormente citado, caso as notas fornecidas resultem em uma média maior do que 10, o programa atribuirá ao aluno o conceito "A", o que não estará correto. Caso a média resulte em valor menor do que zero, o conceito atribuído será "D", o que também estará incorreto. Se o programa, antes de entrar nesse comando, não fizer um teste da corretude dos dados fornecidos, esse trecho de programa estará sujeito a erro.

testar o pior e o melhor caso. Além dos casos médios, sempre testar o pior e o melhor caso, de acordo com os dados fornecidos.

4.11 exercícios sugeridos

exercício 4.1 Faça um programa que leia dois valores, o primeiro servindo de indicador de operação e o segundo correspondendo ao raio de um círculo. Caso o primeiro valor lido seja igual a 1, calcular e imprimir a área desse círculo. Se o valor lido for 2, calcular e imprimir o perímetro do círculo. Se o valor lido for diferente desses dois valores, imprimir uma mensagem dizendo que foi fornecido um indicador incorreto para a operação a ser realizada.

exercício 4.2 Leia três valores e informe se podem corresponder aos lados de um triângulo. Em caso afirmativo, verifique e informe se esse triângulo é:

- **a** equilátero;
- **b** isósceles;
- **c** escaleno;
- **d** retângulo.

exercício 4.3 Leia três valores e armazene-os nas variáveis A, B e C. Se todos forem positivos, calcule e imprima a área do trapézio que tem A e B por bases e C por altura.

exercício 4.4 Escreva um programa que calcule as seguintes conversões entre sistemas de medida:

- **a** dada uma temperatura na escala Celsius, fornecer a temperatura equivalente em graus Fahrenheit e vice-versa (Fórmula de conversão: $1°\,F = (9/5)°\,C + 32$);
- **b** dada uma medida em polegadas, fornecer a equivalente em milímetros e vice-versa (Fórmula de conversão: 1 pol = 24,5 mm).

O programa deve mostrar uma tela com as quatro conversões de sistema de medida possíveis, perguntando qual deverá ser realizada. Em seguida, deve ler um valor e informá-lo após a conversão como resposta.

exercício 4.5 Escreva um programa para fazer a conversão de um ângulo, fornecido em graus, minutos e segundos, para radianos.

exercício 4.6 Escreva um programa para ler os valores das coordenadas cartesianas de um ponto e imprimir os valores lidos, seguidos do número (1 a 4) do quadrante em que o ponto está situado. Se o ponto estiver situado sobre um dos eixos, fornecer o valor -1; se estiver sobre a origem, fornecer o valor 0.

exercício 4.7 Escreva um programa que leia os valores correspondentes a três resistores elétricos e um número que indica como estão associados esses resistores: "1" para associação em série e "2" para associação em paralelo. O programa deve calcular a resistência equivalente. O programa deve testar se os três valores lidos são positivos e, caso algum não seja, informar o erro.

exercício 4.8 Escreva um programa que informe se existe estoque para atender a um pedido feito a uma fábrica. O programa deve receber como entradas o número de itens em estoque e o número de itens a serem fornecidos, e deve informar o estoque atualizado ou fornecer uma mensagem indicando não haver itens suficientes em estoque para atender ao pedido.

exercício 4.9 Uma loja fornece 5% de desconto para funcionários e 10% de desconto para clientes especiais. Construa um programa que calcule o valor total a ser pago por uma pessoa em uma compra. O programa deve ler o valor total da compra efetuada e um código que identifique se o comprador é um cliente comum ou um dos dois tipos de clientes que recebem desconto. No final, o programa deve informar o valor a pagar e o desconto que foi dado, se for o caso.

exercício 4.10 Considere uma loja que, ao fazer o cálculo do valor a ser pago em uma compra, dá um desconto de acordo com o número de unidades compradas, conforme a seguinte tabela:

Número de unidades compradas	Desconto
até 10 unidades	—
de 11 a 20 unidades	10%
de 21 a 50 unidades	20%
acima de 50 unidades	30%

Construa um programa para calcular o preço a pagar, sendo fornecidos o número de unidades vendidas e o preço unitário do produto comprado. Após calcular o eventual desconto, o programa deve informar o preço a pagar e, se houve desconto, de quanto foi.

exercício 4.11 Construa um programa que receba os códigos (caracteres) e os preços unitários (em reais) de três produtos de uma loja. O programa deverá informar, com mensagens explicativas:

- **a** o código e o preço dos produtos com preço unitário superior a 20 reais;
- **b** o código e o preço dos produtos com preço unitário inferior a 10 reais;
- **c** o preço médio dos produtos;
- **d** o código e o preço dos produtos com preço inferior à média.

exercício 4.12 Construa um programa que receba o número do cadastro (inteiro) de três clientes de uma loja e o valor (em reais) que cada um desses clientes pagou por sua compra. O programa deverá informar:

- **a** o valor total pago pelos três clientes;
- **b** o valor da compra média efetuada;
- **c** o número de cadastro dos clientes que efetuaram compras superiores a 100 reais;
- **d** quantos clientes efetuaram compras inferiores a 50 reais.

exercício 4.13 A partir do preço à vista de um determinado produto, calcule o preço total a pagar e o valor da prestação mensal referente a um pagamento parcelado em três ou cinco vezes. Se o pagamento for parcelado em três vezes, deverá ser dado um acréscimo de 10% no total a ser pago. Se for parcelado em cinco vezes, o acréscimo será de 20%. O programa deverá informar os valores para as duas opções de parcelamento.

exercício 4.14 Escreva um programa que leia o salário fixo de um vendedor de uma loja e o total de vendas por ele efetuadas no mês. Acrescente ao salário um prêmio, conforme a seguinte tabela:

Total de vendas no mês (V)	Prêmio
$100 < V \leq 500$	50,00
$500 < V \leq 750$	70,00
$750 < V$	100,00

O programa deve calcular e informar o salário final do vendedor e qual foi o prêmio recebido.

exercício 4.15 Uma indústria de ovos de Páscoa fornece três tipos diferentes de ovos de chocolate (A, B e C). Faça um programa que leia os dados relativos a um pedido e informe o total a ser pago em reais e o equivalente em dólares. Suponha que, em cada pedido, somente poderá ser solicitado um tipo de ovo. Além disso, com a intenção de satisfazer a um maior número de clientes, foi limitado o número de ovos a serem fornecidos por pedido: o número máximo de unidades do ovo A é 50, do B é 30 e do C é 20. O programa deverá, inicialmente, ler os preços unitários dos produtos fornecidos e a taxa do dólar. Caso o valor informado supere o limite do tipo de ovo pedido, o programa deverá emitir uma mensagem indicando que o pedido não pode ser integralmente atendido e dizendo qual o número de unidades que serão fornecidas.

exercício 4.16 Uma sorveteria vende 10 produtos diferentes. Construa um programa que leia o código referente a um produto e o número de unidades compradas desse produto, imprimindo a seguir o preço a pagar. Suponha que somente um produto possa ser comprado a cada vez. Considere a seguinte tabela de preços:

Código	Produto	Preço (R$)
1	Refrigerante lata	2,20
2	Refrigerante garrafa	3,00
3	Suco	3,00
4	Sorvete 1 bola	2,00
5	Sorvete 1 bola com cobertura	2,50
6	Sorvete 2 bolas	3,00
7	Sorvete 2 bolas com cobertura	3,50
8	*Sundae*	5,00
9	*Banana split*	6,00
10	Especial da casa	8,50

exercício 4.17 Escreva um programa que calcule o menor número de notas e de moedas que deve ser dado de troco para um pagamento efetuado. O programa deve ler o valor a ser pago e o valor efetivamente pago. Suponha que o troco seja dado em notas de 2, 5, 10, 20 e 50 reais e em moedas de 1 real e de 1, 5, 10, 25 e 50 centavos.

exercício 4.18 Faça um programa que leia quatro valores, I, A, B e C, em que I é um número inteiro positivo e A, B e C são quaisquer valores reais. O programa deve escrever os valores lidos e:

- **a** se I = 1, escrever os três valores A, B e C em ordem crescente;
- **b** se I = 2, escrever os três valores A, B e C em ordem decrescente;
- **c** se I = 3, escrever os três valores A, B e C de forma que o maior valor fique entre os outros dois;
- **d** se I não for um dos três valores acima, exibir uma mensagem informando isso.

exercício 4.19 Escreva um programa que, dados os nomes dos 10 principais municípios de uma região e suas temperaturas médias, emita o seguinte relatório:

- **a** a temperatura média da região;
- **b** a quantidade de municípios com temperatura média inferior a 10°C;
- **c** a quantidade de municípios que apresentam temperatura média superior a 30°C.

exercício 4.20 Escreva um programa que leia o horário (horas e minutos) de início de um jogo de futebol e informe o horário (horas e minutos) previsto para seu final, lembrando que o jogo pode iniciar em um dia e terminar no dia seguinte.

exercício 4.21 Escreva um programa que receba como dado de entrada a data de nascimento de uma pessoa (dia, mês e ano) e que, em seguida, calcule e informe a idade dessa pessoa. O programa deve informar ainda se essa pessoa tem idade para votar (16 anos).

exercício 4.22 Recebendo como entrada a data de nascimento de uma pessoa (dia e mês), escreva um programa que informe qual o seu signo.

exercício 4.23 Escreva um programa que converta um número inteiro positivo para a notação de números romanos. Símbolos utilizados para representar números romanos: I, V, X, L, C, D, M.

exercício 4.24 Faça um programa que leia as idades e as alturas de cinco atletas de um clube esportivo, sendo cada um dos atletas identificado através de um código numérico inteiro. O programa deve:

- informar, através de seus códigos, quais os atletas que têm menos de 18 anos;
- informar a média das idades;
- informar a altura do atleta mais jovem e a do mais velho.

exercício 4.25 O peso ideal de uma pessoa pode ser calculado com base em sua altura e sexo por meio das fórmulas a seguir, nas quais "h" representa a altura:

- homens → (72,7 * h) – 58
- mulheres → (62,1 * h) – 44,7

Escreva um programa que receba como entrada a altura e o sexo de uma pessoa e que informe seu peso ideal.

exercício 4.26 Construa um programa que simule uma calculadora. Devem ser efetuadas somente as quatro operações aritméticas (soma, subtração, multiplicação e divisão). O programa deve ler os dois valores (operandos) e a operação a ser efetuada. Após o cálculo, o programa apresenta a resposta.

4.12 ···→ termos-chave

bloco, p. 116

comando composto, p. 92

comando de seleção dupla, p. 94

comando de seleção múltipla, p. 98

comando de seleção simples, p. 90

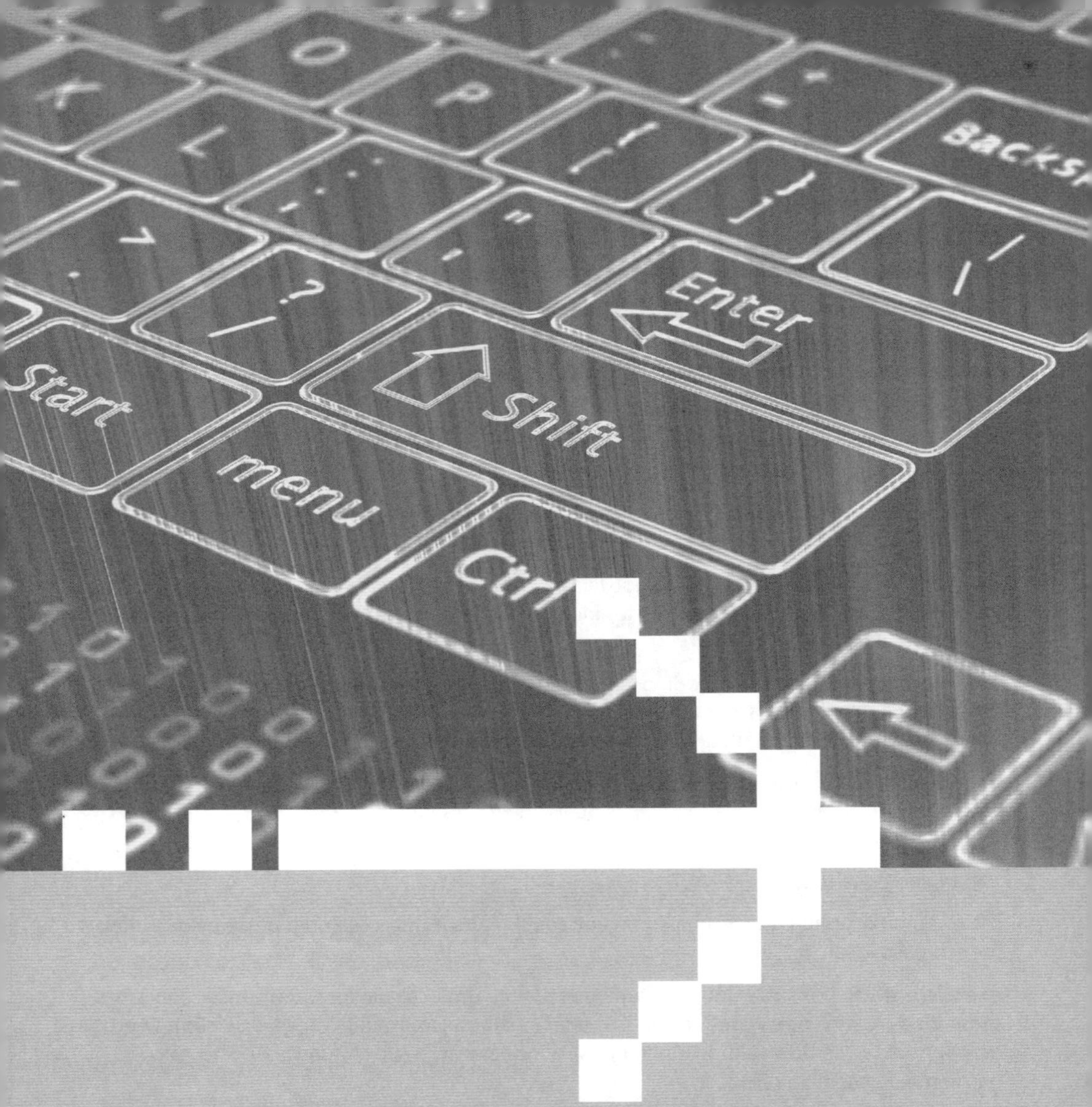

capítulo 5

estruturas de repetição

■ ■ Este capítulo apresenta comandos de repetição utilizados para implementar iterações de conjuntos de comandos. Após a introdução dos conceitos de laço de repetição e de contador, são apresentados e discutidos os comandos de repetição por contagem, de repetição condicional por avaliação prévia de uma condição e de repetição condicional por avaliação posterior de uma condição.

Nos algoritmos vistos nos capítulos anteriores, os comandos são executados em sequência, um após o outro, uma única vez ou até mesmo nenhuma vez, dependendo de uma condição especificada. Este capítulo introduz uma nova situação, bastante comum na programação: sequências de comandos que são executados repetidas vezes. O número de repetições pode ser conhecido *a priori* ou pode estar associado à ocorrência de uma condição que se verifique ao longo do processamento.

No capítulo anterior, foi resolvido o problema do cálculo da média aritmética de três notas de um aluno, com a determinação de sua aprovação ou reprovação, complementado ainda pelo cálculo do conceito correspondente à média obtida. Com frequência, esse processo é repetido para um número determinado de alunos de uma turma. Nesse caso, os dados de cada aluno são obtidos, processados e informados de forma semelhante, porém de forma independente, sendo esse processo repetido tantas vezes quantos forem os alunos da turma – um número conhecido, utilizado como limite no controle das repetições.

Existem também situações em que o número de repetições de um conjunto de comandos não pode ser estabelecido previamente. No exemplo de cálculo dos conceitos, mesmo conhecendo-se o número total de alunos da turma pode acontecer de não se ter as notas de todos eles, porque um ou mais deixou de fazer as provas ou desistiu do curso. Quando não se desejar processar os dados de todos os alunos, o final da entrada de dados pode ser limitado através, por exemplo, do fornecimento de um conjunto de notas com valores nulos, ou do código correspondente ao último aluno a ser analisado. Portanto, nos casos em que o número de repetições não é previamente conhecido, o encerramento das repetições é controlado por uma condição que é verificada ao longo do processamento.

As sequências de comandos que são repetidas duas ou mais vezes são também chamadas de **laços de repetição.** Para criar um laço de repetição, além da ação ou ações que nele devam ser executadas, devem ser definidos:

1. uma forma para indicar o retorno a um ponto determinado do código, para repetir o laço (o que, até este momento, não esteve disponível);
2. um recurso para registrar o número de vezes que o laço foi realizado, o que remete para o uso de um contador a ser alterado cada vez que o laço for executado;
3. uma condição que, testada ao final da execução do laço, permita determinar se ele deve ser repetido novamente ou não.

Os elementos acima são, em sua maioria, fornecidos nos comandos iterativos que permitem implementar repetições. São eles: comando de repetição por contagem, comando de repetição condicional por avaliação prévia de condição e comando de repetição condicional por avaliação posterior de condição.

5.1 ⋯⇢ conceito de contador

O conceito de uma variável que atua como um **contador** está relacionado a repetições por contagem. Esse é o caso, por exemplo, de uma roleta colocada na entrada de um centro de eventos com a finalidade de contar quantas pessoas entram no local. A roleta, inicialmente zerada, soma uma unidade a cada pessoa que por ela passa. Essa informação permite inclusive que a entrada de clientes seja encerrada quando o número registrado pela roleta atingir a lotação máxima.

Dessa forma, uma variável do tipo contador pode ser utilizada tanto para contabilizar o número de ocorrências de determinada ação como para determinar o seu encerramento. O contador deve ser sempre:

1. inicializado, normalmente com o valor zero, antes de iniciar a contagem:
   `contador ← 0`
2. incrementado, sempre que uma nova ocorrência do que está sendo contado for identificada ou processada. A forma de incrementar um contador é atribuindo a ele seu valor atual, incrementado de uma unidade:
   `contador ← contador + 1`

5.2 ⇢ comando de repetição por contagem para/faça

O **comando de repetição por contagem** `para/faça` faz que a execução de uma ação, ou grupo de ações, seja repetida um número predefinido de vezes. Isso é feito vinculando a execução de um ou mais comandos ao valor de uma variável de controle, com funcionamento análogo ao de um contador. O controle das repetições é definido através de um cabeçalho, no qual são definidos o nome da variável de controle, seus valores inicial e final, e o valor do incremento que a variável de controle deve receber após cada repetição.

A sintaxe do comando repetição por contagem para/faça é:

```
para <variável de controle> de <valor inicial> [ incr <valor do incremento> ] até <valor final> faça
    <comando>
```

Apenas variáveis ordinais simples podem ser utilizadas como variáveis de controle. Nesse tipo de variável, os valores válidos integram um conjunto ordenado de valores discretos, ou seja, se forem considerados três valores em sequência, entre o primeiro e o terceiro valor existirá tão somente um valor. Variáveis inteiras e tipo caractere são exemplos de variáveis ordinais simples.

Os valores inicial e final devem ser do mesmo tipo da variável de controle. Por exemplo, no cabeçalho:

```
para i de 1 incr 1 até 10 faça
```

a variável de controle `i` deve ser inteira. Já no cabeçalho:

```
para letra de 'a' incr 1 até 'm' faça
```

a variável de controle `letra` deve ser do tipo caractere.

Observar que somente um comando, simples ou composto, pode ser utilizado após o cabeçalho na pseudolinguagem. Assim, sempre que se quiser repetir um conjunto de comandos, deverá ser utilizado um comando composto. Exemplo de utilização de um comando composto:

```
para i de 1 incr 1 até 10 faça
    início
    ler(valor)
    escrever(valor)
    fim
```

execução do comando para/faça. A execução do comando para/faça inicia pela atribuição do valor inicial à variável de controle. A seguir, o conteúdo da variável de controle é comparado com o valor final: se o valor atual da variável de controle ultrapassou o valor estabelecido como final, o comando para/faça é encerrado; se não ultrapassou o valor final (é menor ou igual e ele), o comando a ser repetido é executado, lembrando que esse pode ser um comando composto. Uma vez terminada a execução do laço, a variável de controle tem seu valor atualizado de acordo com o incremento definido (que pode ser positivo ou negativo) e o fluxo de execução retorna à comparação dos conteúdos da variável de controle com o valor estabelecido como final. Esse processo é repetido até que a variável de controle ultrapasse o valor final. O número de vezes que o comando será repetido é determinado pela relação existente entre valor inicial, incremento e valor final. A Figura 5.1 representa o fluxograma referente à execução interna do comando de repetição para/faça.

Observar que, dependendo do valor inicial atribuído à variável de controle, o laço de repetição pode não ser executado nem uma única vez. No exemplo a seguir, o valor inicial da variável

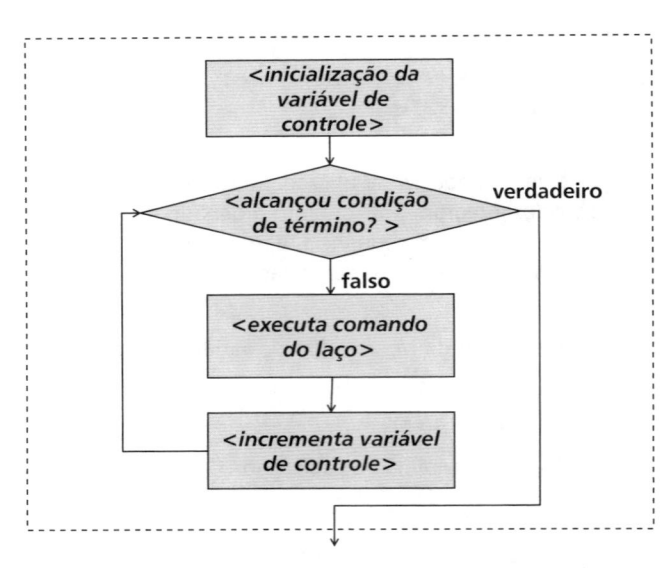

figura 5.1 Fluxograma de execução interna do comando de repetição para/faça.

de controle já é superior ao seu valor final. Isso faz que o comando seja terminado sem que o comando interno seja executado:

```
para i de 5 incr 1 até 3 faça
   escrever (i)
```

■ representação do comando para/faça em fluxogramas.

O comando para/faça é representado em fluxogramas por um bloco especial, compreendendo um losango com um retângulo acoplado, onde são mostrados a variável de controle, seu valor inicial, seu incremento ou decremento e o teste que determina o término de sua execução. A partir desse bloco, o fluxo do programa pode seguir dois caminhos: pela linha vertical, que leva ao(s) comando(s) a ser(em) repetido(s); ou pela horizontal, que leva para o comando seguinte quando terminarem as repetições, conforme mostrado na Figura 5.2. Lembrar que, se o laço de repetição contiver mais de um comando, eles deverão ser agrupados em um comando composto. A Figura 5.3 mostra o fluxograma do exemplo anterior, em que a leitura e a escrita de uma variável são repetidas 10 vezes.

valores inicial, final e incremento definidos por expressões. Os valores inicial, final e do incremento podem ser definidos explicitamente ou através do resultado de uma expressão. Caso seja utilizada uma expressão, seu resultado deve ser do mesmo tipo da variável de controle. As expressões contidas no cabeçalho de um comando para/faça são avaliadas somente uma vez, no início da sua execução. Por exemplo, considerando as variáveis inteiras i, var1 e var2, o cabeçalho:

```
para i de var1 incr 1 até (7 + var2) faça
```

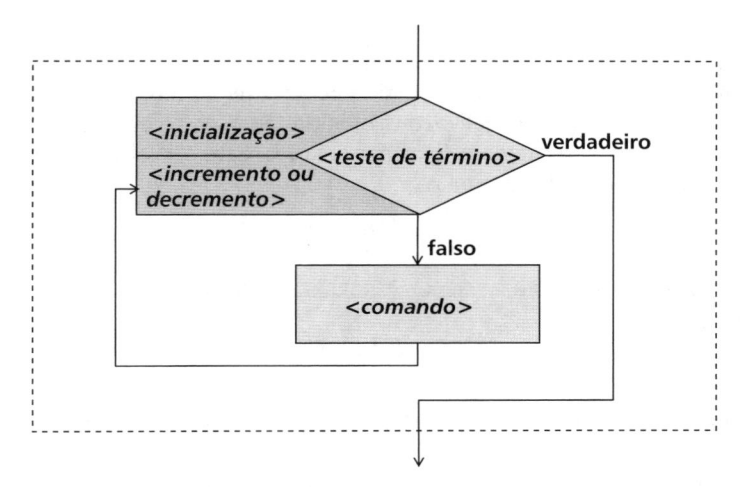

figura 5.2   Fluxograma do comando para/faça.

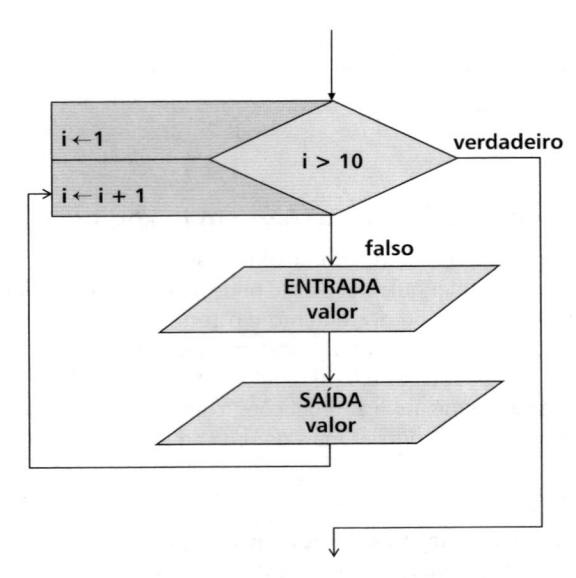

figura 5.3 Exemplo de fluxograma com comando para/faça.

indica que a variável de controle i é inicializada com o valor contido na variável var1 e que o valor final é o resultado da expressão (7 + var2), avaliada no início do comando. Mesmo que o valor de var2 seja alterado durante a execução do comando para/faça, o valor calculado para o limite final não será alterado. As expressões contidas no cabeçalho podem também apresentar variáveis iguais, como no exemplo a seguir:

```
para i de var1 até (var1 + 10) faça
```

O valor do incremento deve ser inteiro e diferente de zero, podendo ser positivo ou negativo. Quando o incremento for positivo, o valor inicial da variável de controle deve ser menor ou igual ao valor final; quando for negativo, o valor inicial deve ser maior ou igual ao valor final para que o comando seja executado pelo menos uma vez. Caso o valor do incremento seja 1, sua definição pode ser omitida. Exemplos:

```
para i de 1 incr 2 até 10 faça    {INCREMENTO POSITIVO}
    escrever (i)
para i de 7 incr -1 até 3 faça    {INCREMENTO NEGATIVO}
    escrever (i)
para i de 1 até 10 faça           {INCREMENTO +1 FICA IMPLÍCITO}
    escrever (i)
```

utilização da variável de controle dentro do laço. Como mostrado nos últimos exemplos, a variável de controle pode ser utilizada nos comandos dentro do laço de repetição. Embora seja permitido, não é aconselhável alterar o valor da variável de controle dentro do laço, pois isso poderia alterar a quantidade de repetições a serem realizadas. A alteração explícita do conteúdo da variável de controle, através de uma atribuição incluída dentro do laço, faz que, em cada repetição, a variável de controle seja alterada duas vezes: a primeira vez através do comando inserido no laço e a segunda controlada pelo comando para/faça. Por exemplo, o comando

```
para var_contr de 1 incr 1 até 10 faça
    início
    var_contr ← var_contr + 1
    escrever (var_contr)
    fim
```

exibe somente os valores pares: a variável de controle `var_contr` é inicializada em 1, valor com o qual é executado o comando composto. O primeiro comando contido no comando composto incrementa novamente `var_contr`, que passa a valer 2, valor que é então exibido. O controle volta ao comando para/faça, onde `var_contr` é novamente incrementada em uma unidade, passando a valer 3. Novamente é incrementada no corpo do comando, passando a valer 4, e o valor é apresentado. O último valor informado será 10. Observar que, mesmo se utilizado intencionalmente, esse recurso descaracteriza a estrutura do comando de repetição para/faça, não sendo, por isso, considerado adequado pela programação estruturada.

exemplo. O Algoritmo 4.4, visto no Capítulo 4, mostra o processo completo para a obtenção das notas de um aluno, bem como cálculo e informação da média e conceito obtidos. Observando as entradas e saídas especificadas nesse algoritmo, vê-se como entradas as variáveis `nota1`, `nota2`, `nota3` e, como saídas, as variáveis `média` e `conceito`. Esses dados se referem a um único aluno. Mas, e se a turma for composta de 30 alunos? Sem utilizar repetição, seriam necessárias cinco variáveis para cada aluno, num total de 150 variáveis. Contudo, os comandos a serem repetidos se referem ao processamento de um único aluno, isto é, a leitura de três notas, o cálculo da média, o cálculo do conceito e a informação da média e do conceito obtidos por esse aluno. No caso de 30 alunos, esse procedimento deverá ser repetido 30 vezes, cada repetição correspondendo ao processamento completo das informações de um aluno. As mesmas áreas de memória podem ser preenchidas em diferentes momentos com diferentes conteúdos, uma vez que os dados de cada aluno são processados isoladamente e de forma independente. Assim, a solução do problema é obtida através da repetição, por 30 vezes, dos mesmos comandos utilizados no Algoritmo 4.4. O Algoritmo 5.1 mostra esse processamento, identificando cada aluno pela sua ordem.

```
Algoritmo 5.1 - Média30
{INFORMA MÉDIA E CONCEITO DOS 30 ALUNOS DE UMA TURMA}
  Entradas: nota1, nota2, nota3 (real)
  Saídas: aluno (inteiro)
          média (real)
          conceito (caractere)
  Variável auxiliar: aluno (inteiro)        {VARIÁVEL DE CONTROLE}
início
  para aluno de 1 incr 1 até 30 faça        {INICIAL, INCREM E FINAL}
```

```
        início
        ler (nota1, nota2, nota3)              {ENTRADA DAS 3 NOTAS}
        média ← (nota1 + nota2 + nota3) / 3    {CALCULA MÉDIA}
        escrever (aluno, média)    {INFORMA ORDEM DO ALUNO E SUA MÉDIA}
        se média ≥ 9                           {CÁLCULO DO CONCEITO}
            então conceito ← 'A'
            senão se média ≥ 7,5
                  então conceito ← 'B'
                  senão se média ≥ 6,0
                        então conceito ← 'C'
                        senão conceito ← 'D'            {MÉDIA < 6}
        escrever (conceito)                    {INFORMA CONCEITO}
        fim {PARA/FAÇA}
    fim
```

utilização de constantes no cabeçalho. O valor final utilizado em comandos de repetição por contagem costuma corresponder ao número de elementos envolvidos no problema em questão. No exemplo anterior, o valor final 30 corresponde ao número de alunos a processar. Se o desejado fosse, no mesmo exemplo, calcular a média da turma, seria utilizado esse mesmo valor como divisor da expressão aritmética, onde a soma das médias individuais obtidas por cada aluno seria dividida pelo número de alunos considerados. E esse mesmo valor seria utilizado em outras sequências de instruções envolvendo o processamento de informações referentes a essa turma. Consequentemente, a alteração do número de alunos processados implicaria na alteração do valor 30 em diferentes pontos do programa. Essas alterações, além de trabalhosas, podem gerar erros de execução resultantes da utilização equivocada desse valor em algum ponto do programa. Para evitar esse problema, aconselha-se a declaração e a utilização de uma constante (Seção 2.2.3) contendo esse valor, evitando assim a necessidade de especificações e alterações repetidas em diferentes pontos do programa. Também o valor inicial da variável de controle pode ser definido através de uma constante, facilitando sua alteração.

O Algoritmo 5.2 mostra a utilização de constantes em comandos para/faça. Aqui, a constante NALUNOS é utilizada como limite do laço de repetições e como divisor no cálculo da média das notas da turma. Notar que o conteúdo atual da variável de controle é usado dentro do laço de repetições para informar o número sequencial do aluno cuja média está sendo mostrada.

```
    Algoritmo 5.2 - MédiaAlunoETurma
    {INFORMA MÉDIA DOS ALUNOS DE UMA TURMA E A MÉDIA GERAL DESTA TURMA}
        Entradas: nota1, nota2, nota3 (real)
        Saídas:
            média (real)
            média_turma (real)
        Variáveis auxiliares:
            contador (inteiro)     {VARIÁVEL DE CONTROLE}
```

```
    soma_médias (real)
    Constante: NALUNOS = 30  {NÚMERO DE ALUNOS DA TURMA}
início
    soma_médias ← 0   {SOMA MÉDIAS INDIVIDUAIS: VALOR INICIAL ZERO}
    para contador de 1 incr 1 até NALUNOS faça
        início
        ler (nota1, nota2, nota3)                {ENTRADA DAS 3 NOTAS}
        média ← (nota1 + nota2 + nota3) / 3      {CALCULA MÉDIA}
        escrever (contador, média)   {INFORMA NÚMERO DO ALUNO E MÉDIA}
        soma_médias ← soma_médias + média        {SOMA DAS MÉDIAS}
        fim
    média_turma ← soma_médias / NALUNOS          {MÉDIA DA TURMA}
    escrever (média_turma)
fim
```

5.2.1 aninhamento de comandos para/faça

Qualquer comando pode ser incluído no laço de repetição, inclusive outro comando para/faça. Quando ocorre o aninhamento de comandos para/faça, a cada iteração do laço externo, o laço interno é executado de forma completa.

No trecho de algoritmo a seguir, a tabuada dos números 1 a 10 é gerada a partir do aninhamento de comandos para/faça. Observar a inclusão dos comentários sinalizando o final dos laços. Os comentários, embora não obrigatórios, aumentam a legibilidade dos algoritmos e programas que incluem aninhamentos, funcionando de forma complementar à indentação.

```
para multiplicando de 1 incr 1 até 10 faça      {LAÇO EXTERNO}
    início
    escrever ('Tabuada de', multiplicando)
    para multiplicador de 1 incr 1 até 10 faça
        início     {LAÇO DA GERAÇÃO DA TABUADA DE MULTIPLICANDO}
        produto ← multiplicando * multiplicador
        escrever (multiplicando, ' X ', multiplicador, ' = ', produto)
        fim {DO LAÇO DO MULTIPLICADOR}
    fim {DO LAÇO DO MULTIPLICANDO}
```

Nesse outro exemplo de aninhamento de comandos para/faça, a variável de controle do laço externo é incrementada até um valor constante e a variável de controle do laço interno é decrementada até o valor corrente da variável de controle do laço externo:

```
para n1 de 1 incr +1 até 2 faça        {LAÇO EXTERNO}
    para n2 de 3 incr -1 até n1 faça   {LAÇO INTERNO}
        escrever(n1, n2)
```

Os valores de n1 e n2 mostrados pelo comando escrever seriam:

```
1    3
1    2
1    1
2    3
2    2
```

O aninhamento de repetições também ocorre quando é utilizado um comando composto que contenha outro comando para/faça. Nesse caso, a cada repetição são executados os comandos que compõem o comando composto, na ordem definida, e todas as repetições do comando para/faça interno. Por exemplo, no comando:

```
para k de 1 incr 1 até 10 faça        {LAÇO EXTERNO}
    início                             {COMANDO COMPOSTO}
    ler (número)
    para valor de 1 incr 1 até número faça
        {PARA/FAÇA INTERNO AO COMANDO COMPOSTO}
        escrever(valor)
    fim
```

para cada valor do laço externo, a cada uma das 10 execuções do laço externo, é lido um novo valor para a variável número, que serve de limite para a repetição do laço interno.

5.3 ⟶ comando de repetição condicional enquanto/faça por avaliação prévia de condição

Existem situações em que as repetições não estão condicionadas a um número definido de vezes. Por exemplo, em uma loja, não é possível saber quantas vendas ocorrerão ao longo de um dia, mas se sabe que essas serão encerradas no horário definido para que a loja feche suas portas. O processamento de cada venda (registro do valor da venda, do vendedor que efetuou a venda, etc.) é semelhante, compondo um conjunto de comandos a serem repetidos. A repetição nesse caso está condicionada à ocorrência de duas condições: venda efetuada e horário adequado.

O **comando de repetição condicional enquanto/faça** faz que um comando, simples ou composto, tenha sua execução condicionada ao resultado de uma expressão lógica, isto é, a execução desse comando é repetida enquanto o valor lógico resultante da avaliação da expressão de controle for verdadeiro. A sintaxe de um comando de repetição condicional enquanto/faça é:

```
enquanto <expressão lógica> faça
    <comando>
```

A Figura 5.4 representa o fluxograma referente ao comando de repetição condicional enquanto/faça.

O laço nunca será executado caso o valor inicial da expressão lógica seja falso logo de início, já que a avaliação da condição de controle ocorre antes da execução do comando a ser repe-

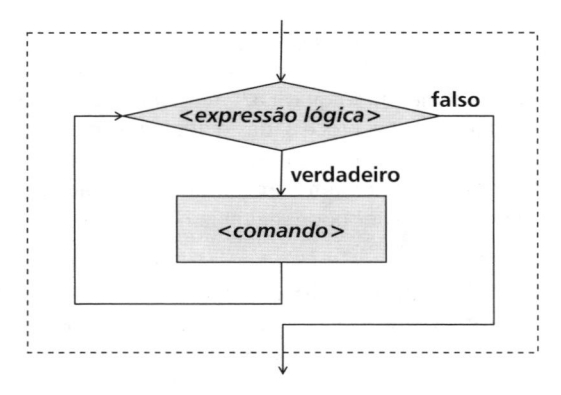

figura 5.4 Fluxograma do comando de repetição enquanto/faça.

tido. Se o valor inicial da expressão lógica de controle for verdadeiro, é necessário que algum componente dessa expressão seja alterado dentro do laço para que ela, em algum momento, seja avaliada como falsa, fazendo que a repetição encerre, evitando assim a ocorrência de um laço – *loop* – infinito. Portanto, esse comando somente é indicado para situações em que a expressão de controle inclui algum dado a ser modificado pelo programa dentro do próprio laço, determinando assim o encerramento das repetições.

No trecho de programa a seguir, a variável a é inicializada com 1 e, com esse valor, é iniciada a execução do comando enquanto/faça. A cada repetição do laço, a é incrementada em uma unidade e isso se repete enquanto a for inferior a 5. Quando a atingir o valor 5, o comando enquanto/faça será encerrado, sendo executado o próximo comando, que imprime o valor final de a, que é 5.

```
a ← 1
enquanto a < 5 faça
   a ← a + 1
escrever (a)
```

Variáveis lógicas são muito utilizadas na expressão lógica de comandos enquanto/faça. Por exemplo, no trecho de programa a seguir, a leitura e a escrita de um valor são repetidas até que seja lido o valor zero. A variável lógica segue é inicializada com verdadeiro antes do comando enquanto/faça e é testada a cada repetição, tornando-se falsa no momento em que é lido o valor zero:

```
segue ← verdadeiro
enquanto segue faça
   início
   ler(valor)
   se valor ≠ 0
   então escrever(valor)
   senão segue ← falso
   fim
```

5.3.1 sinalização de final de dados

Para exemplificar o uso do comando enquanto/faça, considere uma situação em que o número de alunos que terão as notas processadas é desconhecido. Neste caso, como saber quando encerrar o processo de leitura de notas, cálculo de média e informação da média obtida pelo aluno? O encerramento de um comando de repetição condicional que inclui a entrada dos dados a serem processados pode ser implementado de três formas, apresentadas a seguir.

marca de parada no último dado válido. Define-se, dentre os valores a serem lidos, qual o último valor que deve ser processado, valor esse que funciona como marca de parada. Como essa marca de parada é um dado válido, só depois de processá-la e de processar os demais dados a ela associados é que o processamento deve ser encerrado. No exemplo das notas de alunos, esse controle poderia ser o código do último aluno a ser processado, como mostrado no Algoritmo 5.3, que lê as notas e o código de um conjunto de alunos e informa as suas médias:

```
Algoritmo 5.3 - MédiaAlunos_1
{INFORMA MÉDIA DOS ALUNOS DE UMA TURMA}
{CONDIÇÃO DE PARADA: CÓDIGO DO ÚLTIMO ALUNO}
    Entradas: nota1, nota2, nota3 (real)
              código, cod_último (inteiro)
    Saídas: média (real)
início
    ler(cod_último)              {ENTRADA DO CÓDIGO DO ÚLTIMO ALUNO}
    código ← 0 {INICIALIZA CÓDIGO SÓ PARA COMPARAR A PRIMEIRA VEZ}
    enquanto código ≠ cod_último faça
       início
       ler(código)                              {LÊ CÓDIGO DO ALUNO}
       ler(nota1, nota2, nota3)              {ENTRADA DAS 3 NOTAS}
       média ← (nota1 + nota2 + nota3) / 3         {CALCULA MÉDIA}
       escrever(código, média) {INFORMA CÓDIGO DO ALUNO E SUA MÉDIA}
       fim
fim
```

marca de parada após os dados válidos. É definido um valor de parada que não constitui um dado válido. Esse valor não deve ser processado, funcionando somente como indicação de parada das repetições. Por exemplo, no caso dos alunos pode ser uma primeira nota negativa:

```
Algoritmo 5.4 - MédiaAlunos_2
{INFORMA MÉDIA DOS ALUNOS DE UMA TURMA}
{CONDIÇÃO DE PARADA: PRIMEIRA NOTA LIDA É NEGATIVA}
    Entradas: nota1, nota2, nota3 (real)
```

```
            código (inteiro)
  Saídas: média (real)
início
  ler (nota1, nota2, nota3)              {ENTRADA DE 3 NOTAS}
  enquanto nota1 ≥ 0 faça
    início
    ler(código)                          {LÊ CÓDIGO DO ALUNO}
    média ← (nota1 + nota2 + nota3) / 3      {CALCULA MÉDIA}
    escrever(código, média)   {INFORMA CÓDIGO DO ALUNO E SUA MÉDIA}
    ler(nota1, nota2, nota3)       {ENTRADA DAS PRÓXIMAS 3 NOTAS}
    fim
fim
```

Observar que foi necessário ler as notas do primeiro aluno antes de entrar no comando de repetição para que o teste do comando enquanto/faça pudesse ser realizado adequadamente já na sua primeira execução. Ao final do processamento das notas de um aluno, são lidas as do próximo, devolvendo o controle ao comando enquanto/faça para que seja realizado novamente o teste da primeira nota, definindo se vai ser realizada nova repetição ou se o comando deve ser terminado. Assim tem-se a garantia de que não são processadas, como se fossem dados válidos, as notas que contêm a marca de parada.

parada solicitada pelo usuário. Ao final de cada iteração, o usuário decide se deseja continuar ou parar, respondendo a uma pergunta explícita, conforme mostrado no Algoritmo 5.5:

```
Algoritmo 5.5 - MédiaAlunos_3
{INFORMA MÉDIA DOS ALUNOS DE UMA TURMA}
{CONDIÇÃO DE PARADA: INFORMADA PELO USUÁRIO}
  Entradas: nota1, nota2, nota3 (real)
            código (inteiro)
            continuar (caractere)
  Saídas: média (real)
início
  continuar ← 'S'{INICIALIZA CÓDIGO PARA COMPARAR A PRIMEIRA VEZ}
  enquanto continuar = 'S' faça
    início
    ler(código)                          {LÊ CÓDIGO DO ALUNO}
    ler(nota1, nota2, nota3)             {ENTRADA DAS 3 NOTAS}
    média ← (nota1 + nota2 + nota3) / 3       {CALCULA MÉDIA}
    escrever(código, média)   {INFORMA CÓDIGO DO ALUNO E SUA MÉDIA}
    escrever('Mais alunos? Responda S ou N ')
    ler(continuar)           {USUÁRIO INFORMA SE TEM MAIS ALUNOS}
    fim
fim
```

5.3.2 contagem de repetições

Caso se necessite saber quantas repetições foram realizadas, uma vez que esse número é desconhecido, é preciso fazer uso de uma variável do tipo contador, incrementada dentro do laço a cada iteração. O algoritmo a seguir estende o Algoritmo 5.4, informando também a média da turma. Para o cálculo dessa média é necessário conhecer o número de alunos, informado através do contador cont_al:

```
Algoritmo 5.6 - MédiaAlunoETurma_2
{INFORMA MÉDIA DOS ALUNOS DE UMA TURMA E A MÉDIA GERAL DESSA TURMA.
PARA INDICAR FIM DE PROCESSAMENTO, O CONTEÚDO INFORMADO EM NOTA1 SERÁ
NEGATIVO}
    Entradas: nota1, nota2, nota3 (real)
    Saídas: média (real)
           soma_médias (real)
           média_turma (real)
    Variável auxiliar:
        cont_al (inteiro) {CONTADOR DE ALUNOS PROCESSADOS}
início
    soma_médias ← 0        {SOMA MÉDIAS INDIVIDUAIS: VALOR INICIAL ZERO}
    cont_al ← 0            {CONTADOR DE ALUNOS: VALOR INICIAL ZERO}
    ler(nota1, nota2, nota3)       {ENTRADA DAS 3 PRIMEIRAS NOTAS}
    enquanto nota1 ≥ 0 faça
      início
      cont_al ← cont_al + 1              {CONTA ALUNO LIDO}
      média ← (nota1 + nota2 + nota3) / 3   {CALCULA MÉDIA}
      escrever(cont_al, média)             {INFORMA MÉDIA}
      soma_médias ← soma_médias + média    {SOMA DAS MÉDIAS}
      ler(nota1, nota2, nota3)    {ENTRADA DAS PRÓXIMAS 3 NOTAS}
      fim {DO ENQUANTO}
    média_turma ← soma_médias / cont_al      {MÉDIA DA TURMA}
    escrever(média_turma)
fim
```

5.3.3 comandos de repetição aninhados

Assim como para o comando para/faça, o comando incluído dentro de um laço de repetições do comando enquanto/faça pode ser um comando qualquer, inclusive outro comando de repetição para/faça ou enquanto/faça. O exemplo a seguir mostra o aninhamento de um comando para/faça dentro de um enquanto/faça. A variável mais_um é do tipo caractere. Os comandos do laço do enquanto/faça serão repetidos enquanto não for lido um caractere "N". A cada repetição, todo o comando para/faça é executado:

```
ler(mais_um)
enquanto mais_um ≠ 'N' faça
  início
  ler(lim_sup)
  para i de 1 incr 1 até lim_sup faça
    escrever(i)
  ler(mais_um)
  fim
```

5.4 ⇢ comando de repetição condicional `repita/até` por avaliação posterior de condição

O **comando de repetição condicional** por avaliação posterior `repita/até` também vincula a execução de um conjunto de comandos ao resultado da avaliação de uma expressão lógica. O comando inicia pela execução do laço e, quando essa execução é concluída, a expressão é avaliada: se o valor lógico obtido for falso, o laço é executado novamente; se for verdadeiro, o comando é encerrado. Isso significa que o laço é sempre executado pelo menos uma vez, independentemente do valor lógico inicial resultante da avaliação da expressão de controle. Observar que, normalmente, o valor inicial da expressão lógica será falso, pois se deseja repetir o laço mais de uma vez. Portanto, é necessário que, em algum momento, o conteúdo de alguma variável utilizada nesta expressão lógica tenha o valor alterado dentro do laço, de forma a modificar o valor resultante de sua avaliação para verdadeiro, evitando assim a ocorrência de um laço – *loop* – infinito.

A sintaxe de um comando de repetição condicional `repita/até` é a seguinte:

```
repita
   <comandos>
até <expressão lógica>
```

Observar que, diferentemente dos comandos anteriores, aqui não é necessário um comando composto, pois a sintaxe aceita múltiplos comandos, delimitados pela cláusula `até`.

O fluxograma representado na Figura 5.5 mostra o funcionamento desse comando, em que o laço de repetição é sempre executado pelo menos uma vez.

O aninhamento de comandos de repetição também se aplica ao comando `repita/até`, incluindo os outros comandos de repetição já vistos.

O Algoritmo 5.7, a seguir, adapta o Algoritmo 5.6, utilizando no laço de repetição um comando `repita/até` em lugar do `enquanto/faça`. Observar que, como o laço desse comando é sempre executado pelo menos uma vez, se tornou necessária a inclusão de um comando condicional logo no início para condicionar a execução do laço ao valor inicial de `nota1`.

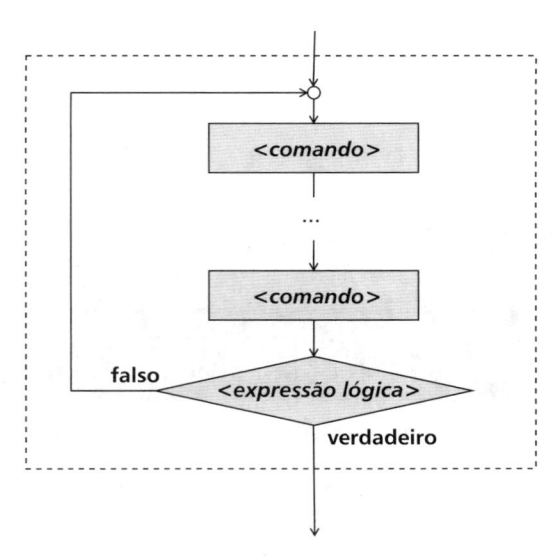

figura 5.5 Fluxograma do comando de repetição repita/até.

```
Algoritmo 5.7 - MédiaAlunoETurma_3
{INFORMA MÉDIA DOS ALUNOS DE UMA TURMA E A MÉDIA GERAL DESSA TURMA.
PARA INDICAR FIM DE PROCESSAMENTO, O CONTEÚDO INFORMADO EM NOTA1 SERÁ
NEGATIVO}
   Entradas: nota1, nota2, nota3 (real)
   Saídas: média (real)
           soma_médias (real)
           média_turma (real)
   Variável auxiliar:
           cont_al   (inteiro) {CONTADOR DE ALUNOS PROCESSADOS}
início
   soma_médias ← 0  {SOMA MÉDIAS INDIVIDUAIS: VALOR INICIAL ZERO}
   cont_al ← 0      {CONTADOR DE ALUNOS: VALOR INICIAL ZERO}
   ler(nota1)       {LEITURA DA PRIMEIRA NOTA}
   se nota1 ≥ 0
   então início
         repita
            ler(nota2, nota3)          {LEITURA DAS OUTRAS 2 NOTAS}
            cont_al ← cont_al + 1      {CONTA ALUNO LIDO}
            média  (nota1 + nota2 + nota3) / 3    {CALCULA MÉDIA}
            escrever (cont_al, média)             {INFORMA MÉDIA}
            soma_médias ← soma_médias + média  {SOMA DAS MÉDIAS}
            ler(nota1)   {LEITURA DA PRIMEIRA NOTA DO PRÓXIMO ALUNO}
```

```
        até nota1 < 0                    {FINAL DO COMANDO REPITA}
        fim  {DO COMANDO SE/ENTÃO}
    média_turma ← soma_médias / cont_al   {MÉDIA DA TURMA}
    escrever(média_turma)
fim
```

5.5 garantia da consistência de dados através de comandos de repetição

Sempre que possível, os valores lidos devem ser verificados quanto à validade antes de seu armazenamento em variáveis. Por exemplo, se o intervalo de valores de notas de provas é de 0 a 10, então qualquer valor de nota informado que não estiver dentro desse intervalo está incorreto e deve ser descartado e substituído por um novo valor válido. A consistência de dados de entrada pode ser implementada através do uso de comandos de repetição condicional. No caso dos algoritmos de processamento de notas incluídos neste capítulo, toda a leitura de nota deveria incluir a consistência do valor informado. Nos exemplos a seguir, a consistência das leituras é garantida através do uso de enquanto/faça e de repita/até, de acordo com o funcionamento de cada comando.

```
{CONSISTÊNCIA COM COMANDO ENQUANTO/FAÇA}
ler (nota1)
enquanto (nota1 < 0 ou nota1 > 10) e nota1 ≠ -1 faça
    início      {SÓ EXECUTA SE NOTA INVÁLIDA}
    escrever('Nota inválida! Informe novamente.')
    ler(nota1)
    fim {ENQUANTO}
{CONSISTÊNCIA DE DADOS COM COMANDO REPITA/ATÉ}
repita      {CONSISTÊNCIA DE NOTA2}
    ler(nota2)  {SEMPRE EXECUTA 1 VEZ, REPETE SE INVÁLIDA}
    se nota2 < 0 ou nota2 > 10
    então escrever('Nota inválida! Informe novamente.')
até (nota2 ≥ 0 e nota2 ≤ 10)
```

Apesar das diferenças no modo de funcionamento, os comandos enquanto/faça e repita/até podem ser utilizados indistintamente nas situações em que o uso de comandos desse tipo for adequado. Entretanto, o comando repita/até, por apresentar a característica de sempre executar o conteúdo do laço pelo menos uma vez, é o mais indicado para a consistência de dados de entrada. A leitura dos dados deverá ocorrer obrigatoriamente pelo menos uma vez, e a avaliação do resultado da leitura determinará o encerramento (dado lido válido) ou a repetição do comando (dado lido inválido).

O trecho a seguir apresenta a utilização do comando repita/até para a consistência da leitura de uma letra minúscula, garantindo que o caractere digitado esteja dentro do intervalo "a" a "z", mas sem emitir mensagem de erro de digitação.

```
repita
  escrever('Informe uma letra minúscula:')
  ler(letra)
até (letra ≥ 'a' e letra ≤ 'z')  {SE VALOR VÁLIDO, NÃO REPETE}
```

5.6 selecionando o comando de repetição mais adequado

As normas de bom estilo de programação recomendam que os comandos de repetição tenham seu início e fim e suas condições de repetição claramente explicitados.

Havendo mais de um comando de repetição possível para atender uma particular situação, a escolha deve recair sobre o comando com as características mais adequadas ao caso em análise.

Se a repetição implementada for por contagem ou pela variação de conteúdo de uma variável, através de incrementos constantes e definidos em um intervalo previamente conhecido, então o comando de repetição indicado é o `para/faça`. Nesse caso, a variável de controle, a condição de repetição e o incremento aplicado após cada execução do laço devem estar claramente definidos no cabeçalho do comando `para/faça` e devem ser evitadas alterações desses elementos no corpo do laço.

Os comandos de repetição condicional são indicados para a solução de problemas em que o encerramento das repetições está relacionado à detecção de uma condição cuja ocorrência não pode ser predeterminada.

Se existe a possibilidade do bloco de repetições não precisar ser executado nem uma vez, então o uso do comando `enquanto/faça` é indicado. Um exemplo dessa opção é o processamento de pedidos de uma empresa durante o período comercial: nesse caso, é recomendável que o usuário seja informado da eventual inexistência de processamento, caso nenhum pedido ocorra no período em questão.

Se o bloco de repetições for sempre executado pelo menos uma vez, então a opção deve recair no comando `repita/até`. Um exemplo do uso adequado do `repita/até` é o processamento que inclui *menus* de opções, uma delas sendo o encerramento da execução: nesse caso, sempre ocorrerá a leitura e processamento de pelo menos uma das opções do *menu*.

5.7 exercícios de fixação

exercício 5.1 A série de Fibonacci é uma sequência de números na qual o primeiro termo é 0, o segundo é 1 e os demais termos são sempre a soma dos dois anteriores:

0   1   1   2   3   5   8   13   21   34   55   89   144   233   377   ...

Representando o *n*-ésimo termo da série de Fibonacci por Fib(n), tem-se que:

```
Fib(1) = 0
Fib(2) = 1
Fib(i) = Fib(i - 1) + Fib(i - 2), para i > 2
```

Escrever um algoritmo que gere e apresente a série de Fibonacci até o termo indicado via teclado.

A seguir são apresentados dois algoritmos diferentes para solucionar esse problema.

```
Algoritmo Fibonacci - opção 1
{GERA UMA SEQUÊNCIA DE N TERMOS DA SÉRIE DE FIBONACCI, USANDO 3 TERMOS}
   Entradas: n (inteiro)
   Saídas: sequência dos n termos, exibidos um a um
   Variáveis auxiliares: i, termo, termo_1, termo_2 (inteiro)
início
   termo_2 ← 0              {INICIALIZA PRIM. TERMO DA SÉRIE}
   termo_1 ← 1              {INICIALIZA SEG. TERMO DA SÉRIE}
   repita                   {CONSISTE NRO DESEJADO DE TERMOS}
      ler (n)
   até n > 0
   para i de 1 incr 1 até n faça
      caso i seja
         1 :  escrever (termo_2)
         2 :  escrever (termo_1)
         senão termo ← termo_1 + termo_2
         escrever (termo)
         termo_2 ← termo_1
         termo_1 ← termo
      fim caso
   fim para
fim
```

```
Algoritmo Fibonacci - opção 2
{GERA UMA SEQUÊNCIA DE N TERMOS DA SÉRIE DE FIBONACCI, USANDO 2 TERMOS}
   Entradas: n (inteiro)
   Saídas: sequência dos n termos, impressos um a um
   Variáveis auxiliares: i, termo_atual, termo_anterior (inteiro)
início
   termo_atual ← 1          {INICIALIZA PRIMS. TERMOS DA SÉRIE}
   termo_anterior ← 0
   repita                   {CONSISTE NRO DESEJADO DE TERMOS}
      ler (n)
   até n > 0
```

```
      para i de 1 incr 1 até n faça
        início
        escrever(termo_anterior)
        termo_atual ← termo_atual + termo_anterior
        termo_anterior ← termo_atual - termo_anterior
        fim {PARA}
    fim
```

exercício 5.2 Número perfeito é um número natural que coincide com a soma de seus divisores próprios (excluído o próprio número), como os números 6, 28, 496, 8128 e 33550336. Construir um algoritmo que gere os números perfeitos menores que um dado valor digitado.

```
  Algoritmo NúmerosPerfeitos
  {IDENTIFICA OS NÚMEROS PERFEITOS INFERIORES A UM VALOR LIDO}
     Entradas: lim (inteiro)
     Saídas: sequência dos números perfeitos menores que lim (inteiro)
     Variáveis auxiliares: divisor, numero, somadiv (inteiro)
  início
     ler(lim)
     para numero de 2 incr 1 até lim faça    {INICIAL,INCREM E FINAL}
       início                                {VERIFICA CADA NÚMERO DO INTERVALO}
       somadiv ← 1                           {INICIALIZA COM DIVISOR 1}
       para divisor de 2 incr 1 até (numero / 2)       {ATÉ METADE}
         {VERIFICA CADA POSSÍVEL DIVISOR}
         se (numero mod divisor = 0)                   {SE É DIVISOR}
           então somadiv ← somadiv + divisor  {SOMA TODOS DIVISORES}
         se (numero = somadiv)   {COMPARA COM SOMA DE TODOS DIVISORES}
           então escrever (numero "é perfeito")
       fim {PARA}
     fim
```

exercício 5.3 Desenvolver um algoritmo que, a partir da tela com o *menu* abaixo, efetue conversões de temperaturas:

<u>Conversões Online</u>

1. Celsius para Fahrenheit
2. Fahrenheit para Celsius
3. Celsius para Kelvin
4. Kelvin para Celsius
5. Encerrar programa

    Informe a opção desejada:

As fórmulas de conversão entre temperaturas são:

$$C \leftarrow (F - 32) / 1,8$$
$$F \leftarrow C \times 1,8 + 32$$
$$C \leftarrow K - 273,15$$
$$K \leftarrow C + 273,15$$

```
Algoritmo ConverteTemperaturas
{CONVERTE TEMPERATURAS, DE ACORDO COM MENU}
  Entradas: opção (inteiro),
            temp_lida (real)
  Saída: temperatura calculada (real)
início
  repita   {LAÇO: EXECUTA PELO MENOS 1 VEZ, ATÉ LER OPÇÃO=5}
    {ESCREVER MENU - NÃO DETALHADO AQUI}
    repita    {LEITURA E CONSISTÊNCIA DA 1ª OPÇÃO INFORMADA}
        ler (opção)
    até (opção ≥ 1 e opção ≤ 5)
    se (opção ≠ 5)  {SE NÃO FOR OPÇÃO DE ENCERRAMENTO = 5}
    então início
           ler(temp_lida)   {OBTÉM TEMPERATURA A SER CONVERTIDA}
           caso opção seja
              1: escrever('equivale a',(temp_lida * 1,8 + 32),'°F')
              2: escrever('equivale a',(temp_lida - 32) / 1,8),'°C')
              3: escrever('equivale a',(temp_lida + 273,15),'°K')
              4: escrever('equivale a',(temp_lida - 273,15),'°C')
           fim caso
           fim {ENTÃO}
  até opção = 5    {OPÇÃO DE ENCERRAMENTO}
fim
```

5.8 em Pascal

5.8.1 comando de repetição por contagem for

O comando de repetição por contagem em Pascal é o comando for. Em Pascal, somente são implementados os incrementos +1 e -1. A sintaxe do comando de repetição for em Pascal é:

    for <variável de controle> := <valor inicial> to <valor final>
    do <comando>

ou

    for <variável de controle> := <valor inicial> downto <valor final> do
    <comando>

Na primeira forma (que usa `to`), o incremento é +1. Se o valor inicial ultrapassar o valor final, então o comando não será executado. Na segunda (que usa `downto`), o incremento é -1. Nesse caso, o laço encerra quando o conteúdo da variável de controle for menor (valor inicial menor do que o final pode impedir a execução do comando) ou igual ao valor final.

A variável de controle deve ser de um tipo ordinal, podendo ser `integer`, `char` ou enumeração (tipo que será visto no Capítulo 8). Embora Pascal permita, o conteúdo da variável de controle não deve ser modificado dentro do comando, uma vez que isso pode alterar o número de repetições definidas na sua estrutura.

O comando a ser repetido deve ser único. Sempre que for necessária a inclusão de mais de um comando, deve ser utilizado um comando composto.

O algoritmo que calcula e informa as médias de 30 alunos é escrito em Pascal como segue:

```
Program Media30;
{ INFORMA MEDIA DOS 30 ALUNOS DE UMA TURMA }
var
    nota1, nota2, nota3: real;   {NOTAS DE CADA ALUNO}
    media: real;                 {MEDIA DE UM ALUNO}
    aluno: integer;              {VARIAVEL DE CONTROLE DO FOR}
begin
    for aluno := 1 to 30 do   {REPETE 30 VEZES}
    begin
       write('Informe as 3 notas do aluno ', aluno, ':');
       readln(nota1, nota2, nota3);         {ENTRADA DE 3 NOTAS}
       media := (nota1 + nota2 + nota3) / 3; {CALCULO DA MEDIA}
       writeln ('Media do aluno ', aluno, ' = ', media:5:2)
    end; {FOR}
    readln
end.
```

Um erro bastante frequente em comandos de repetição `for` é a inclusão de um ponto e vírgula no final da linha de cabeçalho, onde é feita a especificação do controle da repetição. Observe o comando a seguir:

```
for contador := 1 to 15 do ;
  begin
  for num := 1 to contador do
      write(num,' ');
  writeln;
  end;
```

Nesse exemplo, como foi colocado um ";" no final do cabeçalho inicial, o comando associado ao `for` é um comando vazio. Assim, o comando composto não é controlado pelo `for` externo, ainda que a indentação indique essa intenção. O conteúdo final de contador é usado como limite do for seguinte, imprimindo uma única linha com a sequência de inteiros entre 1 e 15, separados por um espaço em branco.

Outro erro comum é esquecer os delimitadores begin-end quando o comando a ser repetido é composto. Nesses casos, ainda que a indentação possa sugerir algo diferente, apenas o primeiro comando será repetido, como no exemplo a seguir:

```
for i := 1 to 10 do
    writeln(i);      {1}
    writeln(i*2);    {2}
    writeln(i*3);    {3}
```

O resultado da execução desse trecho fica limitado à impressão dos 10 valores assumidos pela variável de controle i, pelo primeiro comando abaixo do cabeçalho {1}. Em seguida, são executados, uma só vez, os comandos assinalados com {2} e {3}, com o valor limite da variável de controle, 10. A indentação coerente com a sintaxe utilizada é:

```
for i := 1 to 10 do
    writeln(i);
writeln(i*2);
writeln(i*3);
```

5.8.2 comando de repetição condicional while/do

O comando de repetição condicional por avaliação prévia enquanto/faça corresponde ao comando while/do de Pascal, cuja sintaxe é:

```
while <expressão lógica> do
    <comando>
```

O comando será repetido enquanto o resultado da expressão lógica for verdadeiro. Se seu resultado for falso na primeira vez em que for avaliada, o comando não será executado. Qualquer comando, simples ou composto, pode ser utilizado no corpo do comando, inclusive comandos de repetição aninhados.

O Algoritmo 5.4 é escrito em Pascal da seguinte maneira:

```
Program MediaAlunos_2;
{INFORMA MEDIA DOS ALUNOS DE UMA TURMA}
{CONDICAO DE PARADA: PRIMEIRA NOTA LIDA EH NULA}
var
    nota1,nota2,nota3: real;      {NOTAS DE UM ALUNO}
    codigo: integer;              {CODIGO DE UM ALUNO}
    media: real;                  {MEDIA CALCULADA PARA UM ALUNO}
begin
    writeln('Informe as 3 notas do aluno: ');
    readln (nota1, nota2, nota3);   {ENTRADA DE 3 NOTAS}
    while nota1 > 0 do
```

```
begin
  write('Informe o codigo do aluno: ');
  readln (codigo);            {LE CODIGO DO ALUNO}
  media := (nota1 + nota2 + nota3) / 3;    {CALCULA MEDIA}
  {INFORMA CODIGO DO ALUNO E SUA MEDIA}
  writeln('Media do aluno ', codigo, ' = ', media);
  writeln('Informe as 3 notas do aluno: ');
  readln (nota1, nota2, nota3)   {ENTRADA DAS PROXIMAS 3 NOTAS}
  end; {WHILE}
  readln   {SEGURA A TELA}
end.
```

5.8.3 comando de repetição condicional `repeat/until`

O comando de repetição condicional por avaliação posterior da condição repita/até corresponde ao comando repeat/until de Pascal. Esse comando também vincula a execução de um comando ao resultado de uma expressão lógica. Como a expressão somente é avaliada após a execução do comando, esse é sempre executado pelo menos uma vez. A repetição ocorre apenas se o valor lógico resultante da expressão for falso.

A sintaxe Pascal do comando de repetição repeat/until é:

```
repeat
     <comandos separados por ";">
until <expressão condicional>
```

O Algoritmo `ConverteTemperaturas`, apresentado no Exercício de Fixação 5.3, é traduzido para Pascal como segue:

```
Program ConverteTemperaturas;
{CONVERTE TEMPERATURAS, DE ACORDO COM MENU}
var opcao: integer;         {OPCAO DO MENU}
    temp: real;             {TEMPERATURA INFORMADA}
begin
  repeat
    {MOSTRA O MENU}
    writeln('Conversoes Online');
    writeln;
    writeln('1. Celsius para Fahrenheit');
    writeln('2. Fahrenheit para Celsius');
    writeln('3. Celsius para Kelvin');
    writeln('4. Kelvin para Celsius');
    writeln('5. Encerrar programa');
    writeln;
    repeat   {LEITURA E CONSISTENCIA DA OPCAO DESEJADA}
```

```
      write('Indique a conversao desejada: ');
      readln(opcao);
      if (opcao<1) or (opcao>5)
      then writeln('*** Opcao invalida ***')
   until (opcao >=1) and (opcao <= 5);
   if opcao <> 5
   then begin
      write('Informe temperatura a ser convertida: ');
      readln(temp);
      case opcao of
         1:writeln(temp:0:2,'C equivale a ',temp * 1.8 + 32:0:2,'F');
         2:writeln(temp:0:2,'F equivale a ',(temp - 32)/1.8:0:2,'C');
         3:writeln(temp:0:2,'C equivale a ',temp - 273.15:0:2,'K');
         4:writeln(temp:0:2,'K equivale a ',temp + 273.15:0:2,'C');
      end {CASE}
   end {THEN}
 until opcao = 5;
 readln
end.
```

5.9 ⋯⟶ em C

A linguagem C apresenta peculiaridades significativas nos comandos de repetição. A seguir, será dada ênfase aos aspectos comuns e aos que diferenciam esses comandos dos que foram vistos na linguagem algorítmica e em Pascal.

5.9.1 comando de repetição `for`

A sintaxe do comando de repetição por contagem `for` em C é:

```
for (<expressão 1>; <expressão 2>; <expressão 3>)
   <comando>;
```

A expressão 1 contém a atribuição do conteúdo inicial a uma ou mais variáveis de controle, as quais são inicializadas antes da primeira execução do comando controlado pelo mecanismo de repetição. No caso de mais de uma inicialização, cada expressão é separada de outra por vírgula. As variáveis de controle devem ser do tipo `int` ou `char`.

A expressão 2 contém a expressão condicional que, enquanto verdadeira, determina a repetição do comando (simples ou composto) subordinado ao `for`. O uso de mais de uma expressão, separadas por vírgula, é permitido. Nesse caso, o comando do laço será executado apenas quando o resultado lógico de todas as expressões for verdadeiro (um E lógico de todas as expressões).

A expressão 3 contém a especificação do(s) incremento(s)/decremento(s) que deve(m) ser aplicado(s) à(s) variável(is) de controle após cada execução do comando a ser repetido. Esse(s) incremento(s)/decremento(s) pode(m) ser o resultado de uma expressão aritmética qualquer.

A avaliação da condição do comando for ocorre antes do início do trecho a ser repetido. Assim, se essa condição for inicialmente falsa, o comando do laço não será executado.

Em C, a contagem correspondente ao número de repetições não é implementada de forma explícita, uma vez que o encerramento é determinado a partir de uma expressão condicional. Contudo, o número de repetições pode ser determinado a partir da análise dos conteúdos iniciais, incrementos/decrementos aplicados e expressão condicional que determina a repetição. Por isso, é recomendado que as repetições controladas pelo for sejam estabelecidas através das expressões e variáveis de controle definidas no cabeçalho do comando.

Em C, é possível inicializar mais de uma variável no início da execução do for e alterar mais de uma variável a cada nova iteração. O trecho a seguir gera a tabuada de multiplicação de um valor informado pelo usuário. No for que produz a tabuada, a variável i é inicializada com 1 e a variável j com o valor para o qual deve ser produzida a tabuada. Enquanto i for menor ou igual a 10, o trecho é executado. A cada iteração, i é incrementado em 1 e j é acrescido do valor informado:

```
int i,j,multiplic; // i e' o multiplicando e j e' o produto
printf("\nInforme a tabuada desejada:");
scanf("%d",&multiplic); // entrada do multiplicador desejado
for (i=1, j=multiplic; i <= 10; i++, j=j+ multiplic)
    printf("%3d X %2d = %3d\n", i , multiplic, j);
```

Outra peculiaridade do comando for em C é a possibilidade de exclusão de qualquer – ou até todas – as expressões que fazem parte do cabeçalho do comando, mas mantendo sempre todos os separadores. Dessa forma, é sintaticamente correto escrever for (;;), embora essa construção não deva ser utilizada, já que gera um laço infinito.

Na prática, sem comprometer o bom estilo de programação e fazendo uso dessa peculiaridade da implementação do for na linguagem C, a inicialização da(s) variável(is) de controle antes do comando for é adotada para situações em que limites são obtidos de forma iterativa: neste caso, a expressão 1 não é definida, mas o ponto e vírgula separador é mantido antes da expressão lógica, como pode ser observado no trecho de programa a seguir:

```
char letra;
printf("Informe letra minuscula inicial: ");
scanf(" %c",&letra);      // inicializa letra por leitura
printf("\n\n");
for (;letra<='z'; letra++) //sem inicializacao, mas com separador;
    printf("%4c", letra);  //imprime letra ate z, usando 4 posicoes
```

A expressão 2 também permite que a quantidade de repetições seja determinada através de expressões mais complexas, mas que respeitam a recomendação de limitar o controle das repetições aos componentes do cabeçalho do comando. Suponha um trecho de programa contendo as instruções necessárias para gerar todos os termos correspondentes ao produto de três números naturais consecutivos que não ultrapasse (o produto gerado) um valor limite especificado. Observar que, nesse caso, a soma dos números corresponde ao termo e também ao limite das repetições, ou seja, termo recebe a soma e soma não deve ultrapassar o limite estabelecido. Em C, a solução desse problema pode ser implementada através do código a seguir:

```c
// termo inicial eh 1 X 2 X 3 = 6
for (nro=2; (nro - 1)* nro * (nro + 1) <= limite; nro++)
{
    termo = (nro - 1)* nro * (nro + 1);
    printf("%d ", termo);
}
```

O algoritmo que calcula e informa as médias de 30 alunos é escrito em C como segue:

```c
/* Programa Media30
   Informa media dos 30 alunos de uma turma */
#include <stdio.h>   // scanf e printf
#include <stdlib.h>  // system
int main()
{
    float nota1, nota2, nota3; // notas informadas
    float media;               // media do aluno - calculada
    int aluno;                 // controle do for
    for (aluno=1; aluno <= 30; aluno++) // repete 30 vezes
    {
        printf("\nInforme as 3 notas do aluno %d:", aluno);
        scanf("%f%f%f",&nota1, &nota2, &nota3); //entrada das 3 notas
        media = (nota1 + nota2 + nota3) / 3;   // calculo da media
        printf("\n   Media do aluno %d: %.2f",aluno,media);
    } // fim do for
    system("pause");
    return 0;
}
```

Observar que, como o controle das repetições é efetuado pela expressão condicional, o(s) valor(es) da(s) variável(is) controlada(s) pelo for, após o encerramento desse, estará(ão) fora do escopo considerado como válido. Assim, o valor da variável contador após a execução do for acima é 31.

5.9.2 comando de repetição condicional while por avaliação anterior de condição

A sintaxe do comando while em C é:

```
while (<condição>)
    <comando>;
```

O comando while, quanto à sintaxe, não apresenta diferenças em relação à linguagem algorítmica apresentada, ou seja, o comando, simples ou composto, é repetido enquanto a condição for verdadeira.

O Algoritmo 5.4 é escrito em C da seguinte maneira:

```c
/* Programa MediaAlunos_2
   Informa media dos alunos de uma turma. Para indicar fim de
 processamento, o conteúdo informado em nota1 sera' -1.
*/
#include <stdio.h>  // scanf e printf
#include <stdlib.h> // system
int main()
{
    float nota1, nota2, nota3;
    float media;
    int codigo;
    printf("\nInforme as notas do aluno ");
    printf(" (valor negativo na primeira nota para encerrar):");
    scanf("%f %f %f", &nota1, &nota2, &nota3); // as 3 notas
    while (nota1 >= 0) // enquanto nota1 maior ou igual a zero
    {
        printf("\nInforme o codigo do aluno: ");
        scanf("%d",&codigo);     // entrada do codigo do aluno
        media = (nota1 + nota2 + nota3) / 3;      // calculo da media
        printf("\nResultados do aluno %d:\n  Media = %.2f", codigo, media);
        printf("\nInforme as notas do aluno ");
        printf(" (valor negativo na primeira nota para encerrar):");
        scanf("%f %f %f", &nota1, &nota2, &nota3); // as 3 notas
    } // fim do while
    system("pause");
    return 0;
}
```

Usando o comando while é possível, em C, construir soluções mais compactas do que em outras linguagens porque, por características da atribuição em C, consegue-se incluir leituras na sua condição.

No trecho a seguir, que utiliza a variável caract (caractere), um conjunto de caracteres é lido na condição de um while e apresentado na tela. A execução do laço while termina quando é fornecido o caractere "#".

```
printf("\nForneca os caracteres desejados, com # ao final: ");
while ((caract=getchar()) != '#') // le caracteres ate encontrar #
    printf("%c", caract);
```

5.9.3 comando de repetição condicional do/while por avaliação posterior de condição

Em C, o comando do/while corresponde ao comando condicional por avaliação posterior de condição. Isso significa que o comando subordinado, simples ou composto, é executado pelo menos uma vez, independentemente do resultado lógico inicial da expressão de controle. Essa é a única diferença em relação ao comando while. Também aqui a repetição ocorre enquanto o valor lógico resultante da avaliação da expressão permanecer verdadeiro.

A sintaxe do comando de repetição do/while em C é:

```
do
    <comando>;
while (<expressão condicional >);  // enquanto condicao verdadeira
```

Observar que esse comando não corresponde exatamente ao comando repita/até da pseudolinguagem, uma vez que na linguagem C as repetições ocorrem enquanto a condição for verdadeira e, na pseudolinguagem, enquanto for falsa.

No programa a seguir, que efetua a soma de valores inteiros e positivos informados (e consistidos) via teclado, o processo é encerrado a partir da resposta fornecida pelo usuário. Como sempre ocorrerá pelo menos uma leitura de dados, a opção de controle de repetição foi o comando do/while. Observar que a digitação do caractere que determina o encerramento da entrada de dados ocorre dentro da própria expressão condicional do comando do/while externo.

```
//Soma de um numero indeterminado de valores inteiros positivos
#include <stdio.h>
#include <stdlib.h>
#include <ctype.h>
int main ( )
{
  int  soma = 0, valor;
  char resposta;
  do
  {
    do
     {
       printf("\nValor inteiro positivo: ");
```

```
            scanf("%d", &valor);
            if (valor<1)
               printf("\n*** Valor invalido! ***");
         } while (valor<1);
      soma = soma + valor;
      printf("\nDeseja informar outro valor? (S - sim; N - nao): ");
      fflush(stdin);
   } while (toupper(resposta=getchar()) == 'S'); // le em expressao
   printf ("\nSoma = %d\n" , soma);
   system("pause");
   return 0;
}
```

5.9.4 selecionando o comando de repetição mais adequado

O que foi observado na pseudolinguagem sobre como selecionar o comando de repetição mais adequado vale igualmente para a linguagem C. Entretanto, é importante salientar que, em um número elevado de problemas, ao menos dois, quando não os três comandos iterativos vistos, for, while e do/while, podem ser utilizados nas situações em que um laço seja necessário.

Os três trechos a seguir realizam o produto dos mesmos cinco valores. Considera-se que i e prod (variáveis inteiras) foram inicializados com 1 (um) antes da execução de cada um deles:

```
   while (i <= 5) //versao com while
   {
     prod = prod * i;
     i++;
   }
   for (; i <= 5; i++) // versao com for
     prod = prod * i;
   do // versao com do/while
    {
     prod = prod * i;
      i++;
    }
      while (i <= 5);
```

5.10 ⇢ dicas

quando usar comandos para/faça. Usar comandos de repetição por contagem (para/faça) somente quando o número de repetições for fixo. Quando as repetições dependerem de alguma condição que possa ser alterada ao longo do programa, utilizar um dos outros comandos de repetição, deixando essa condição explícita.

alteração de variável de controle em comandos `para/faça`. A alteração do valor de variáveis de controle fora do cabeçalho de um comando de repetição por contagem, mesmo quando permitida pela sintaxe do comando, não é considerada boa técnica de programação, uma vez que esse comando tem como objetivo básico a implementação de repetições controladas a partir das definições incluídas no seu cabeçalho. Quando a solução de um problema incluir repetições condicionais, então o mais indicado é fazer uso de um dos outros comandos iterativos.

constantes para definir limites em comandos `para/faça`. Em comandos `para/faça`, usar constantes para definir o limite superior da variável de controle, o que facilita a alteração do número de repetições sem a necessidade de alterar diferentes pontos do código do programa.

definição de limites e incremento em comandos `para/faça`. Tomar muito cuidado com a definição dos limites inferior e superior da variável de controle de comandos `para/faça` e com seu incremento. Lembrar que uma definição incorreta pode originar a repetição infinita dos comandos (se a variável de controle nunca puder alcançar o valor limite) ou fazer que o comando nunca seja executado.

garantir finalização de comandos `enquanto/faça` e `repita/até`. Não se esquecer de alterar o valor de alguma variável contida na expressão lógica dos comandos de repetição condicional `enquanto/faça` e `repita/até` no laço de repetição, garantindo a finalização das repetições.

inicialização de variáveis das condições de controle. Garantir que todas as variáveis usadas nas condições que controlam os comandos `enquanto/faça` e `repita/até` contenham um valor desde a primeira ativação dos mesmos.

critérios para escolha entre `enquanto/faça` e `repita/até`. Utilizar o comando `enquanto/faça` quando existir a possibilidade dos comandos do laço de repetição não serem executados nenhuma vez. Quando tiverem de ser executados pelo menos uma vez, utilizar o comando `repita/até`.

comando composto em comandos `para/faça` e `enquanto/faça`. Em comandos `para/faça` e `enquanto/faça`, caso mais de um comando deva ser repetido no laço, certificar-se de estar utilizando um comando composto.

comandos com valores que não são alterados no laço. Todos os comandos que envolvem valores que não são alterados dentro do laço devem ser colocados fora dele, antes ou depois, evitando sua repetição desnecessária.

cálculos efetuados dentro do laço. Cálculos que não são alterados dentro do laço de repetição devem ser efetuados fora dele, evitando que sejam repetidos desnecessariamente.

5.11 testes

testar valores iniciais da variável de controle. Em comandos `para/faça`, testar a execução com todos os valores possíveis da variável de controle, principalmente quando os valores inicial e final são passados através de variáveis.

rastrear valores das variáveis de controle em comandos `para/faça` aninhados. No caso de comandos `para/faça` aninhados, testar a execução dos laços mandando imprimir os valores das variáveis de controle dentro dos laços. Esses comandos de saída devem ser retirados do código assim que os testes forem completados.

testar valores iniciais das condições para `enquanto/faça`. Quando utilizar o comando `enquanto/faça`, testar o valor das variáveis da expressão de controle na primeira vez em que o comando for executado.

testar todos os valores limites das condições. Testar todos os valores limites para as condições dos comandos `enquanto/faça` e `repita/até`.

5.12 exercícios sugeridos

exercício 5.1 Deseja-se repetir 10 vezes a leitura e escrita de um valor inteiro. Execute esse exercício utilizando:

- **a** um comando `para/faça`;
- **b** um comando `enquanto/faça`;
- **c** um comando `repita/até`.

exercício 5.2 Para cada uma das situações a seguir, escolha a melhor forma para repetir as operações de leitura e escrita de um valor inteiro:

- **a** repetir 5 vezes;
- **b** repetir enquanto o valor lido for superior a 7;
- **c** repetir até que o valor lido seja superior a 20.

exercício 5.3 Deseja-se ler e somar diversos valores, lendo um valor a cada vez. Codifique e teste as seguintes formas de controle de entrada de valores:

- **a** ler um valor e inicializar a soma;
- **b** repetir a leitura de valores, um a um, somando cada valor lido, considerando somente os valores lidos que forem superiores a 7;
- **c** repetir até que seja lido o valor 31, último valor válido.

exercício 5.4 Elabore um programa que calcule e informe o valor da série a seguir com precisão menor que 0,01. O programa deve ainda indicar quantos termos da série foram usados.

$$S = \frac{70}{7} + \frac{69}{14} + \frac{68}{21} + \frac{67}{28} + ...$$

exercício 5.5 Repita o exercício anterior, considerando agora a série a seguir:

$$S = 33 + \frac{31}{2^2} + \frac{29}{3^2} + \frac{27}{4^2} + ...$$

exercício 5.6 Faça um programa que calcule e escreva a soma dos n primeiros termos da série a seguir, sendo n fornecido pelo usuário:

$$\frac{100}{0!} + \frac{99}{1!} + \frac{28}{2!} + \frac{97}{3!} + ...$$

exercício 5.7 Um número perfeito é aquele cuja soma de seus divisores, exceto ele próprio, é igual a esse número. Escreva um programa que leia n valores inteiros positivos e informe quais dos valores lidos são números perfeitos. Ex.: 6 = 1 + 2 + 3.

exercício 5.8 Um número primo é um inteiro positivo que é divisível só por si mesmo e por 1. Escreva um programa que calcule e imprima os primeiros n números primos.

exercício 5.9 Escreva um programa que leia vários valores de X. Para cada valor lido, calcule o valor de Y dado pela fórmula:

$$Y = 2,5 * \cos |X/2|$$

Informe todos os pares de valores X e Y.

exercício 5.10 Uma fábrica tem 10 representantes. Cada um recebe uma comissão calculada a partir do número de itens de um pedido, segundo os seguintes critérios:

- **a** para menos de 20 itens vendidos, a comissão é de 10% do valor total do pedido;
- **b** para pedidos de 20 a 49 itens, a comissão é de 15% do valor total do pedido;
- **c** para pedidos de 50 a 74 itens, a comissão é de 20% do valor total do pedido; e
- **d** para pedidos iguais ou superiores a 75 itens, a comissão é de 25%.

Faça um programa que processe alguns pedidos. Para cada pedido o programa deve ler o código do representante (1 a 10), o total de itens do pedido e o valor total da venda. O programa deve informar:

- o valor da comissão de cada pedido;
- o total de vendas dos pedidos processados;
- o total de comissões para cada representante;
- o total de comissões que a companhia pagou aos seus representantes.

exercício 5.11 Uma sorveteria vende cinco produtos diferentes, com preços de acordo com a tabela a seguir:

Código	Produto	Preço (R$)
A	Refrigerante	3,50
B	Casquinha simples	4,00
C	Casquinha dupla	5,00
D	*Sundae*	6,00
E	*Banana split*	8,50

Faça um programa que processe diversas vendas. O programa deverá apresentar um *menu* indicando os preços dos produtos. Cada venda efetuada pode ser composta por diversas unidades de diversos produtos. Os produtos são identificados através de seus códigos. A cada venda efetuada informe o preço a pagar. No final do dia, o programa deverá emitir um relatório com as seguintes informações:

- número total de itens vendidos de cada produto;
- total pago para cada produto;
- total arrecadado (somando todos os produtos);
- média de valor pago por pedido.

exercício 5.12 Uma confecção fabrica os produtos da tabela a seguir, identificados pelo seu código e com o preço correspondente:

Código	Produto	Preço unitário (R$)
1	Camiseta branca	7,00
2	Camiseta colorida	9,00
3	Moleton	17,00
4	Calça comprida	20,00
5	Abrigo	25,00
6	Boné	5,00

Faça um programa que processe diversos pedidos feitos a essa confecção. Em cada pedido, deve ser solicitado somente um produto, identificado por seu código, e especificada a quantidade de unidades desejada. Informe o valor a pagar ao final de cada pedido. Repita o processamento de pedidos até que seja fornecido um código de produto = 9 (marca de parada). Ao final do processamento, emita um relatório de vendas com as seguintes informações:

- número de unidades vendidas de cada produto;
- total de unidades vendidas no período;
- total vendido em reais;
- número de pedidos processados.

exercício 5.13 Modifique o exercício anterior considerando que, em cada pedido feito à confecção, possam ser especificados tantos produtos e quantidades quantos o cliente queira (ex: um pedido = 2 camisetas coloridas, 3 moletons, 1 camiseta colorida, 1 camiseta branca). Continue calculando e informando o valor de cada pedido, e acrescente ao relatório de totais, emitido ao final do processamento, o valor médio dos pedidos (em reais). Observe que neste exercício deverão ser definidas duas marcas de fim: uma para sinalizar que um pedido acabou e outra para sinalizar que todo o processamento está encerrado.

exercício 5.14 Um distribuidor de brinquedos fez um acordo de compra de um lote de brinquedos pequenos embalados em caixas de formato retangular de tamanhos variados em função do brinquedo. Ele pretende reembalar esses brinquedos em esferas de plástico e revendê-las como pacotes-surpresa. As esferas são fornecidas com quatro diâmetros diferentes: 10, 15, 20 e 25 cm. Para encomendar as esferas, ele precisa saber quantas esferas de cada diâmetro necessita. Sabendo que a diagonal maior (D) de uma caixa retangular com dimensões A, B e C é dada por:

$$D^2 = A^2 + B^2 + C^2$$

determine o número de esferas, de cada tamanho e total, necessárias para embalar o lote de brinquedos. Determine também a quantidade de caixas que possuem diagonal maior que o diâmetro da maior esfera. As dimensões das caixas retangulares são lidas através do teclado. Um valor negativo ou nulo para a primeira dimensão lida servirá como marca de final de introdução de dados.

exercício 5.15 Faça um programa que calcule o número de dias decorridos entre duas datas, para vários pares de datas, considerando a possibilidade de ocorrência de anos bissextos, sendo que:

[a] a primeira data fornecida é sempre a mais antiga;
[b] o ano é fornecido com quatro dígitos;
[c] a data fornecida com zero dias é o sinal para encerrar a entrada de dados.

exercício 5.16 Em pesquisa feita no Restaurante Universitário, perguntou-se a cada aluno quantas refeições ele fez no mês anterior. Faça um programa que forneça:

- o número de alunos entrevistados;
- o número de alunos que fez menos de 10 refeições no mês;
- o número de alunos que fez entre 10 e 20 refeições;
- o número de alunos que fez mais de 20 refeições.

exercício 5.17 Foram entrevistados 500 alunos de uma universidade. De cada um deles foram colhidas as seguintes informações: o código do curso que frequenta (1-engenharia; 2-computação; 3-administração) e sua idade. Faça um programa que processe esses dados e que forneça as seguintes informações:

- número de alunos por curso;
- número de alunos com idade entre 20 e 25 anos, por curso;
- qual o curso com a menor média de idade.

exercício 5.18 Faça um programa que calcule o resultado final das eleições para a presidência de um clube, sabendo-se que:

- três chapas estão concorrendo;
- os eleitores votaram fornecendo o número da chapa escolhida: 1 – chapa 1; 2 – chapa 2; 3 – chapa 3; 0 – voto em branco; e qualquer número diferente de 0, 1, 2 e 3 – voto inválido;
- votaram ao todo 200 membros do clube.

O programa deverá processar os votos recebidos e fornecer o total de votos de cada uma das chapas, o total de votos em branco e o total de votos nulos (número de chapa inválido). Além disso, o programa deverá apresentar uma mensagem informando se a chapa mais votada é vencedora no primeiro turno da eleição (mais de 50% dos votos válidos, ou seja, dos votos em chapas mais os brancos) ou se deverá ocorrer um segundo turno.

exercício 5.19 Foi realizada uma pesquisa em Porto Alegre, com um número desconhecido de pessoas. De cada entrevistado foram colhidos os seguintes dados:

- qual seu clube de futebol de preferência (1-Grêmio; 2-Internacional; 3-Outros);
- qual seu salário;
- qual a sua cidade natal (0-Porto Alegre; 1-Outras).

Escreva um programa que informe:

1. número de torcedores por clube;
2. média salarial dos torcedores do Grêmio e do Internacional;
3. número de pessoas nascidas em Porto Alegre que não torcem por qualquer dos dois primeiros clubes;
4. número de pessoas entrevistadas.

exercício 5.20 Uma pesquisa coletou os seguintes dados relativos a algumas características físicas dos habitantes de uma determinada região:

- sexo (masculino, feminino);
- cor dos olhos (azuis, verdes, castanhos);
- cor dos cabelos (louros, castanhos, pretos);
- peso e altura;
- idade em anos;
- escolaridade (nenhuma, básica, superior).

Faça um programa que leia os dados obtidos nessa pesquisa e informe:

- **a** o número de habitantes entrevistados e sua média de idade;
- **b** quantos habitantes do sexo feminino têm idade entre 18 e 35 anos;
- **c** a percentagem de habitantes de olhos azuis e cabelos louros;
- **d** a média de altura e de peso dos habitantes entrevistados;
- **e** o número de homens e o de mulheres que têm peso acima da média;
- **f** o percentual de homens e de mulheres em cada faixa de escolaridade.

exercício 5.21 Com o objetivo de analisar o consumo mensal de energia elétrica em uma determinada cidade, foram levantados os valores do consumo, em kWh, dos últimos 12 meses, para todos os consumidores, registrando somente se são do tipo residencial, comercial ou industrial. Faça um programa que, após obter esses dados, informe:

- [a] o número de consumidores de cada tipo;
- [b] o total de consumo para cada tipo de consumidor no último mês;
- [c] o maior consumo dos consumidores comerciais e o dos industriais, e o mês em que ocorreu;
- [d] a média geral de consumo comercial e industrial no ano.

exercício 5.22 Foi feita uma pesquisa de audiência de canais de TV aberta em várias casas de uma cidade num determinado dia. Para cada casa visitada, foi anotado o número do canal (10, 12, etc.) e o número de pessoas que o estavam assistindo na casa. Quando a televisão estava desligada, nada era anotado, ou seja, esta casa não entrava na pesquisa.

Faça um programa que:

- leia um número indeterminado de dados, sendo o valor final o canal igual a zero;
- calcule a percentagem de audiência para cada emissora.

O programa deve informar o número de cada canal e sua respectiva percentagem.

5.13 termos-chave

comando de repetição condicional
enquanto/faça, p. 134

comando de repetição condicional
repita/até, p. 139

comando de repetição por contagem
para/faça, p. 127

contador, p. 126

laços de repetição, p. 126

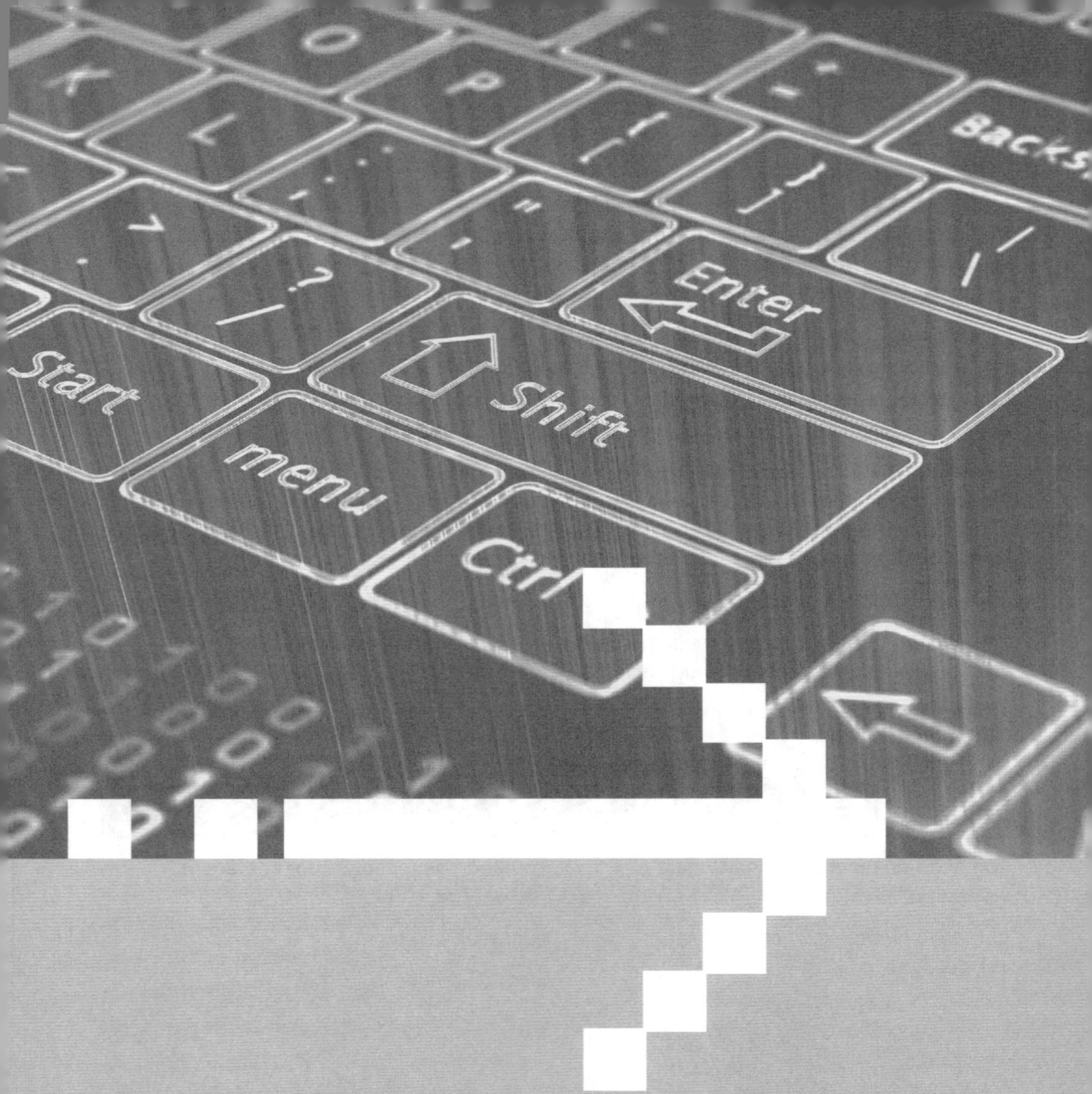
Enter
Shift
Start
menu
Ctrl

capítulo

6

variáveis estruturadas:
arranjos unidimensionais

■ ■ ■ Este capítulo introduz um tipo de variável estruturada denominado arranjo, que agrupa dados do mesmo tipo. Analisa os arranjos de uma dimensão, ou seja, unidimensionais, também denominados vetores. Também discute como vetores devem ser declarados e manipulados, e apresenta alguns exemplos de algoritmos de classificação e de pesquisa de dados armazenados em vetores.

Com as estruturas básicas de controle de fluxo já vistas, sequência, seleção e iteração, é possível resolver praticamente qualquer problema de forma algorítmica. Entretanto, os recursos de armazenamento até agora utilizados não são adequados para soluções que envolvam grandes volumes de dados.

Por exemplo, se um professor tem 30 alunos em uma turma e deseja calcular a média aritmética dessa turma, quantas variáveis ele necessita para ler as médias dos 30 alunos? Pode usar 30, mas uma só é suficiente. Isso porque, nesse problema, as médias dos alunos, após serem lidas e acumuladas em uma variável, não precisam mais ser guardadas. Uma única variável pode ser reaproveitada para ler todas as 30 médias. A cada nova média, ao ser utilizada a mesma variável para nova leitura, a média anterior é perdida, ou seja, "jogada no lixo", sem que isso afete o resultado pretendido, pois o valor anterior já foi acumulado para calcular a média.

Mas, se o nosso professor desejar, além de calcular e apresentar a média da turma, também listar as médias dos alunos que forem iguais ou superiores à média da turma, quantas variáveis ele precisará para armazenar os 30 valores? Nesse caso não há escolha, ele precisará de 30 variáveis. Se o professor quiser fazer o mesmo para sua turma em EAD (ensino a distância), com 150 alunos, precisará de 150 variáveis. Detalhe importante: cada variável deverá ter um nome diferente! Surge aí um grande problema: quanto maior o número de variáveis que um problema exige, maior é o número de nomes diferentes necessários. É claro que sempre dá para usar nomes de variáveis como val01, val02, val03, etc. Mas, além de trabalhosas, as soluções que seguem por esse caminho têm grande chance de serem indutoras de erros/enganos devido ao número elevado de nomes semelhantes. Se pensarmos que há problemas em que o número de valores diferentes que devem permanecer armazenados por períodos relativamente longos são na ordem de centenas e até mesmo de milhares, o uso de variáveis simples para armazenar grandes volumes de dados claramente não parece ser a melhor opção de armazenamento.

Este capítulo discute um tipo de variável estruturada denominado arranjo, que agrupa dados do mesmo tipo e possibilita trabalhar com grande volume de dados de forma eficiente. Arranjos de uma dimensão (ou seja, unidimensionais) são apresentados e analisados aqui. São vistos também alguns exemplos de algoritmos de classificação e de pesquisa para arranjos unidimensionais. Arranjos de mais dimensões serão vistos no Capítulo 7.

6.1 ⇢ arranjos

Um **arranjo** é uma variável estruturada, formada pelo agrupamento de variáveis de mesmo tipo (inteiro, real, etc.). As variáveis que integram um arranjo compartilham um único nome e são identificadas individualmente por um **índice**, que é o valor que indica sua posição no agrupamento. Os índices dos arranjos geralmente são de tipos ordinais, como inteiro e caractere, e podem ser tanto variáveis como constantes. Não existe uma vinculação obrigatória entre um arranjo e as variáveis ou constantes usadas para indexá-lo. Dessa forma, considerando um certo código, um arranjo pode ser indexado em momentos diferentes por diferentes variáveis ou constantes, que podem igualmente ser usadas em outros momentos para a indexação de outros arranjos.

A qualquer momento pode-se acessar um determinado elemento de um arranjo, sem necessidade de acessar antes os elementos que o precedem. O índice utilizado define o elemento sendo acessado. Um elemento de um arranjo é equivalente a uma variável simples. Assim, sobre qualquer elemento de um arranjo podem ser efetuadas todas as operações até aqui vistas para variáveis simples – preencher o elemento por leitura ou por atribuição, utilizar seu valor em expressões aritméticas, assim como consultar seu valor para operações, testes ou saídas.

A ideia base dos arranjos é por vezes utilizada em situações do mundo real como, por exemplo, no caso do professor que não sabe o nome de seus alunos no início do ano letivo e então entrega a eles, ordenadamente, cartões numerados de 1 a 30, do aluno sentado na primeira fileira até o aluno sentado na última fileira. Concluída a entrega dos cartões, passa a referir-se aos alunos usando o nome genérico aluno, seguido do número que consta no cartão que o aluno recebeu, que corresponde à sua posição no conjunto dos alunos da sala: aluno 10, aluno 29, etc. O conjunto de alunos da sala constitui "o arranjo" `aluno`, em que cada aluno é indexado por sua posição (índice) na sala.

Arranjos podem ser unidimensionais (de uma só dimensão, quando precisam de um só índice para identificar seus elementos) ou multidimensionais (de duas ou mais dimensões). Os arranjos de uma só dimensão também são chamados de `vetores`, e os de duas ou mais dimensões, de `matrizes`. Este capítulo discutirá os arranjos unidimensionais, e o capítulo seguinte, os arranjos multidimensionais.

6.2 ···→ vetores

Um **vetor** é um arranjo de uma só dimensão que, portanto, necessita um só índice para acessar seus elementos.

Características de um vetor:

- nome, comum a todos os seus elementos;
- índices que identificam, de modo único, a posição dos elementos dentro do vetor;
- tipo dos elementos (inteiros, reais, etc.), comum a todos os elementos do vetor;
- conteúdo de cada elemento do vetor.

Na Figura 6.1 está representado graficamente um vetor de 10 elementos chamado de `nota`, com índices variando de 1 a 10, sendo o conteúdo do sétimo elemento igual a 8,5.

6.2.1 declaração de um vetor

Em pseudolinguagem, um arranjo é declarado com o seguinte tipo:

```
arranjo [<índice menor>..<índice maior>] de <tipo do vetor>
```

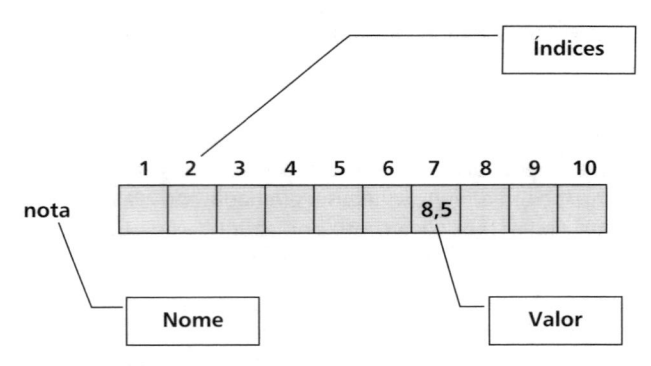

figura 6.1 Características de um vetor.

onde índice menor e índice maior definem os valores limites do intervalo de índices válidos para acessar o vetor, bem como o tipo de índice que deve ser usado, e tipo do vetor é o tipo dos dados que podem ser armazenados no vetor. Observar que o nome da variável vetor definida com esse tipo será comum a todos os seus elementos.

A declaração a seguir corresponde ao vetor da Figura 6.1, de nome nota, com 10 elementos reais acessados através dos índices de 1 a 10:

    Variável: nota (arranjo [1..10] de real)

6.2.2 acesso a um elemento de um vetor

O **acesso a um elemento de um vetor** é feito indicando o nome do vetor seguido do índice do elemento considerado, colocado entre colchetes. Na pseudolinguagem utilizada, os índices válidos para acessar um vetor devem estar compreendidos entre os valores dos índices definidos na sua declaração, incluindo os extremos. Assim, a referência ao sétimo elemento do vetor nota é nota[7].

Somente valores de índice válidos devem ser utilizados para acessar um vetor. Índices fora de intervalo provocam tentativas de acesso a áreas não previstas da memória, com resultados imprevisíveis e muitas vezes com reflexos aleatórios sobre o comportamento do algoritmo, gerando erros difíceis de localizar e corrigir. No caso do vetor nota, os índices válidos são os valores de 1 a 10.

Para identificar o índice de um elemento de um vetor podem ser utilizadas:

- uma constante, indicando diretamente o valor do índice. Assim, nota[7] referencia o sétimo elemento do vetor nota;
- uma variável, sendo que o valor contido nessa variável corresponde ao índice. Por exemplo, se, no momento do acesso, o valor da variável inteira ind for 3, então nota[ind] vai acessar o terceiro elemento do vetor nota;

Capítulo 6 → Variáveis Estruturadas: Arranjos Unidimensionais

- uma expressão que será avaliada, sendo seu resultado utilizado como índice. Por exemplo, se o valor da variável inteira i for 4, então nota[i+1] se refere ao quinto elemento do vetor nota.

Variáveis diferentes podem ser utilizadas como índice para acessar o mesmo vetor. No exemplo a seguir, o vetor valor é preenchido por leitura com o auxílio da variável i (primeiro comando para/faça) e, em seguida, seu conteúdo é exibido com o auxílio da variável k (segundo comando para/faça). Observar o uso da constante MAX, tanto para declarar o vetor quanto para acessá-lo.

```
Constante: MAX = 100
Variáveis:
    valor (arranjo [1..MAX] de inteiro)
    i, k (inteiro)
...
para i de 1 incr 1 até MAX faça
    ler (valor[i])
para k de 1 incr 1 até MAX faça
    escrever('Valor: ', valor[k])
```

A mesma variável pode ser utilizada, no mesmo momento ou em momentos diferentes, para acessar vetores diferentes. Por exemplo, supondo a declaração de dois vetores utilizados em um programa para corrigir uma prova, um contendo o gabarito das questões e o outro, as respostas de um aluno (Figura 6.2):

```
Constante: NUMQUEST = 30
Variáveis:
    gabarito, respostas (arranjo [1..NUMQUEST] de caractere)
```

gabarito

1	2	3	4	5	6	7	...	30
a	e	b	d	c	a	a		c

↓ resposta incorreta (3) ↓ resposta incorreta (4) ↓ resposta incorreta (6)

respostas

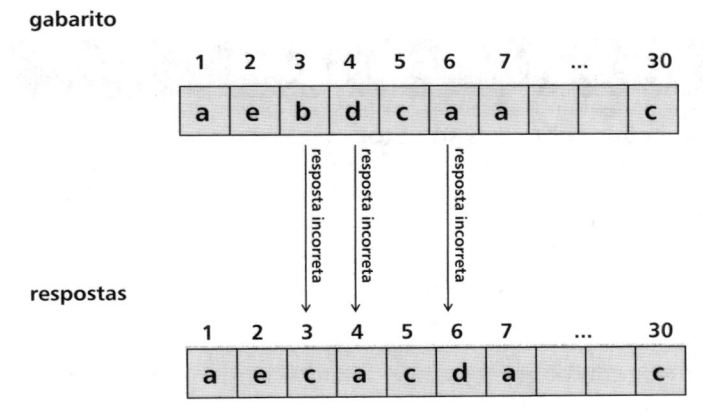

1	2	3	4	5	6	7	...	30
a	e	c	a	c	d	a		c

figura 6.2 Vetores gabarito e respostas (com respostas de um aluno).

O vetor respostas é reaproveitado a cada novo aluno processado. A correção da prova é feita comparando cada uma das respostas de um aluno com o elemento correspondente no vetor gabarito. O comando a seguir mostra a exibição dos valores desses dois vetores, o do gabarito e aquele com os resultados de um aluno, da primeira questão até a última, o que é feito utilizando o mesmo índice para acessar os dois vetores:

```
para k de 1 incr 1 até NUMQUEST faça
    escrever(gabarito[k], respostas[k])
```

6.2.3 inicialização de vetores

Não é necessário inicializar um vetor quando ele for totalmente preenchido por leitura, uma vez que todos os valores anteriormente armazenados nas posições de memória do vetor são descartados quando novos valores são colocados nelas.

Se um vetor for criado apenas parcialmente, restando posições não ocupadas no seu início, meio ou fim, ou se for utilizado em totalizações, devem ser tomados cuidados para garantir que os valores iniciais de todas as suas posições sejam os desejados. Isso pode ser feito ou inicializando o vetor na sua totalidade antes de sua utilização, ou inicializando cada posição do arranjo imediatamente antes de seu uso.

O trecho a seguir inicializa todos os elementos do vetor nota, de 10 elementos reais, com zeros:

```
para i de 1 incr 1 até 10 faça
    nota[i] ← 0
```

No caso de vetores preenchidos progressivamente, de forma contínua, visto que o número de posições ocupadas é sempre conhecido, é desnecessário inicializá-los antes do uso, desde que sempre sejam acessadas apenas as posições efetivamente ocupadas (ver Exercícios 6.2 e 6.3, a seguir).

6.3 exemplos de uso de vetores

6.3.1 operações sobre um só vetor

Os trechos de código a seguir executam algumas operações sobre um vetor inteiro de 5 elementos chamado de valor:

```
Constante: MAX = 5
Variável: valor (arranjo [1..MAX] de inteiro)
```

a preenchimento do vetor valor por leitura:
```
para i de 1 incr 1 até MAX faça
   início
      escrever('Valor ' , i, ' = ')
      ler(valor[i])
   fim
```
b escrita do vetor:
```
para i de 1 incr 1 até MAX faça
   escrever('Valor [' , i, '] = ',valor[i])
```
c cálculo do somatório dos valores do vetor:
```
somatório ← 0;
para i de 1 incr 1 até MAX faça
   somatório ← somatório + valor[i]
escrever ('Somatório = ', somatório)
```

Nos três trechos recém-apresentados, todos os valores do vetor valor devem ser acessados. Por isso, foi utilizada a estrutura para/faça a fim de fazer a variação de forma ordenada dos índices, garantindo, assim, o acesso de forma organizada a todos os elementos do vetor. Essa não precisa ser sempre a solução adotada nesses casos, mas com certeza é a mais frequentemente utilizada.

A seguir são apresentadas as versões usando enquanto/faça e repita/até para o primeiro caso, que é o preenchimento do vetor valor por leitura. Fica claro que a versão com para/faça deixa mais evidentes todos os elementos do laço: inicialização, alteração da variável de controle e controle da execução do laço:

```
i ← 0
enquanto i < MAX
faça início
   i ← i + 1
   escrever('Valor ' , i, ' = ')
   ler(valor[i])
   fim

i ← 0
repita
   i ← i + 1
   escrever('Valor ' , i, ' = ')
   ler(valor[i])
até i > (MAX - 1)
```

Os trechos a seguir realizam mais duas operações sobre o vetor valor:

a soma a cada valor do vetor o valor de seu índice. Observar que valor[i] se refere ao conteúdo de uma posição do vetor, enquanto i se refere ao valor da posição do elemento no vetor:

```
para i de 1 incr 1 até MAX faça
   valor[i] ← valor[i] + i
```

b deslocamento de todos os valores contidos no vetor para o elemento seguinte, perdendo o valor contido no último elemento e zerando o do primeiro. A solução apresentada percorre o vetor do fim para o início, com decremento da variável de controle, copiando o valor contido em cada elemento para o seguinte (Figura 6.3):

```
para i de MAX incr -1 até 2 faça
      valor[i] ← valor[i - 1]
valor[1] ← 0
```

6.3.2 operações sobre mais de um vetor

Os trechos de código a seguir utilizam três vetores inteiros de 10 elementos chamados respectivamente de original, pares e ímpares.

```
Constante: MAXI = 50
Variáveis: original, pares, ímpares (arranjo [1..MAXI] de inteiro)
```

O vetor original é preenchido por leitura e, a partir dele, devem ser gerados os vetores pares e ímpares, com os valores pares e ímpares do vetor original. Os valores fornecidos no vetor original poderão ser pares e ímpares, só pares ou só ímpares. Então, os vetores pares e ímpares poderão terminar preenchidos com 0 a 10 elementos.

	1	2	3	4	5	
valor	5	8	-2	1	10	Vetor original

	1	2	3	4	5	
	5	8	-2	1	1	Passo 1

	1	2	3	4	5	
	5	8	-2	-2	1	Passo 2

etc.
...

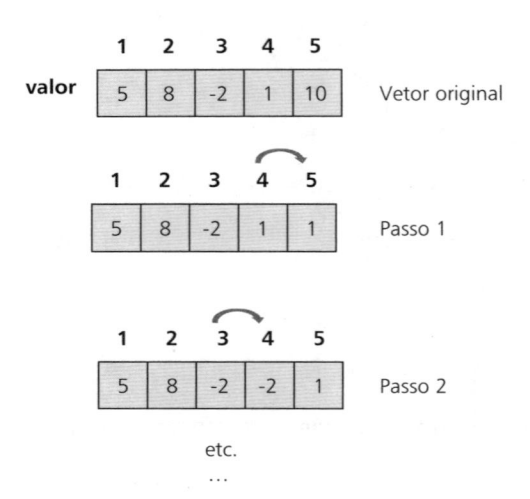

figura 6.3 Deslocamento de valores do vetor.

Capítulo 6 ⇢ Variáveis Estruturadas: Arranjos Unidimensionais

A seguir, temos os trechos que executam essas operações, finalizando com a escrita do vetor de pares, que é semelhante à escrita do vetor de ímpares.

a preenchimento do vetor original por leitura:
```
para i de 1 incr 1 até MAXI faça
   início
      escrever('Valor inteiro: ', i, ' = ')
      ler(original[i])
   fim
```

b preenchimento dos vetores pares e ímpares. Para acesso aos elementos desses vetores, são utilizadas como índices duas variáveis inteiras: i_par e i_ímpar, para os vetores pares e ímpares respectivamente. Essas variáveis indicam, sempre, a última posição ocupada no vetor correspondente e são inicializadas com zero, pois inicialmente esses dois vetores estão vazios:
```
i_par ← 0
i_ímpar ← 0
para i de 1 incr 1 até MAXI faça
   se original[i] mod 2 = 0
   então início
      i_par ← i_par + 1
      pares[i_par] ← original[i]
   fim
   senão início
      i_ímpar ← i_ímpar + 1
      ímpares[i_ímpar] ← original[i]
   fim
```

c apresentação dos valores contidos no vetor pares, lembrando que a última posição ocupada é indicada pelo índice i_par:
```
se i_par > 0
   então para i de 1 incr 1 até i_par faça
            escrever(pares[i])
   senão escrever ('Nenhum valor par encontrado')
```

Conforme pode ser observado, nesse problema os vetores pares e ímpares são preenchidos a partir do início, mas não obrigatoriamente de forma total, e não são inicializados. Para percorrê-los, os valores finais dos índices usados para gerá-los são utilizados como limite, o que garante que somente as posições efetivamente ocupadas são acessadas.

observações complementares. Em alguns problemas, ao serem preenchidos os vetores, a posição do dado no vetor também é informação. Isso acontece, por exemplo, no exercício que contabiliza a frequência absoluta de número de pontos obtidos por 500 candidatos a um concurso (Exercício 6.4 dos exercícios de fixação), em que o $i^{ésimo}$ elemento do vetor freq indica quantos candidatos obtiveram i pontos no concurso. Nesse caso, alterar a posição do dado no vetor, sem maiores cuidados, provocará perda de informação.

Uma solução para evitar a perda dessa informação, no caso de ocorrerem trocas de posição dos elementos, é criar um vetor adicional que contenha, inicialmente, em cada posição, o valor do índice correspondente. Assim, ao realizar, por exemplo, uma reordenação dos dados no vetor freq, sempre que um par de dados tiver que trocar de posição, as posições correspondentes do vetor adicional com os índices serão trocadas da mesma forma.

6.3.3 pesquisa e classificação de vetores

Duas operações sobre dados são frequentemente utilizadas na solução de problemas: **pesquisa e classificação de vetores**. A pesquisa envolve examinar um conjunto de dados procurando determinar a presença (ou ausência) de um ou mais valores no mesmo e, se presentes, sua localização. A classificação ou ordenação envolve rearranjar um conjunto de dados segundo alguma ordem predeterminada.

Boas soluções para essas duas operações se tornam importantes à medida que aumenta o volume dos dados a processar. Inúmeras estratégias para pesquisa e classificação de dados foram desenvolvidas (Knuth, 1997; Saraiva; Azeredo, 2008). Conforme o número de dados envolvidos, algumas estratégias podem ser extremamente interessantes ou totalmente catastróficas, seja sob o ponto de vista de exigência de recursos de armazenamento seja de tempo de execução.

Nos exercícios de fixação a seguir, são apresentados, a título de ilustração, dois métodos de pesquisa e dois de classificação. Outros métodos para essas tarefas são apresentados em outras seções deste livro.

6.4 ⇢ exercícios de fixação

exercício 6.1 Preencher por leitura um vetor com valores reais que representam temperaturas. Determinar qual a menor temperatura. Escrever todo o conteúdo do vetor e a menor temperatura encontrada.

```
Algoritmo MenorTempComVet
{DETERMINA MENOR TEMPERATURA. USA UM VETOR}
   Constante: MAXTEMP = 200
   Entradas: vetor (arranjo [1..MAXTEMP] de real){TEMPERATURAS}
   Saídas: {VETOR DE TEMPERATURAS}
         menor (real)     {MENOR TEMPERATURA}
   Variável auxiliar: j (inteiro)
início
   para j de 1 incr 1 até MAXTEMP faça
      ler (vetor[j])                        {PREENCHE VETOR POR LEITURA}
   menor ← vetor[1] {INICIALIZA MENOR COM PRIMEIRO ELEM. DO VETOR}
   para j de 2 incr 1 até MAXTEMP faça
      se vetor[j] < menor         {PERCORRE VETOR COMPARANDO COM MENOR}
         então menor ← vetor[j] {TROCA CONTEÚDO DE MENOR SE NECESSÁRIO}
```

```
        escrever('Vetor lido')
        para j de 1 incr 1 até MAXTEMP faça
            escrever(vetor[j])              {ESCREVE CONTEÚDO DO VETOR}
            escrever('Menor temperatura = ',menor)   {ESCREVE MENOR TEMPERATURA}
    fim
```

exercício 6.2 Preencher um vetor com valores inteiros por leitura. Gerar, a partir dele, um novo vetor apenas com os valores múltiplos de cinco contidos no vetor original. O novo vetor gerado deve ser preenchido de modo contínuo, ou seja, a partir do início, posição após posição. Apresentar o novo vetor gerado ou, se for o caso, uma mensagem informando que não existem valores com essa característica no vetor original.

```
Algoritmo GeraVetMult5
{LE UM VETOR - GERA E APRESENTA OUTRO, SÓ COM OS VALORES MÚLTIPLOS DE 5}
    Constante: MAX = 50
    Entradas: orig (arranjo [1..MAX] de inteiro)    {VALORES ORIGINAIS}
    Saídas: mult5 (arranjo [1..MAX] de inteiro)     {MÚLTIPLOS DE 5}
    Variáveis auxiliares:
        k (inteiro)                     {ÍNDICE PARA PERCORRER VETOR ORIG}
        contmult5 (inteiro)             {ÍNDICE E CONTADOR DOS MÚLTIPLOS DE 5}
início
    para k de 1 incr 1 até MAX faça
        ler (orig[k])                           {PREENCHE ORIG POR LEITURA}
    contmult5 ← 0      {INICIALIZA CONTADOR DE MÚLTIPLOS DE 5 EM ZERO}
    para k de 1 incr 1 até MAX faça    {PERCORRE ORIG DO INÍCIO AO FINAL}
        se orig[k] mod 5 = 0            {TESTA SE VALOR CONTIDO EM ORIG É
                                                        MÚLTIPLO DE 5}
        então início
            contmult5 ← contmult5 + 1
                                {INCREMENTA CONTADOR DE MÚLTIPLOS DE 5}
            mult5[contmult5] ← orig[k]   {COPIA VALOR PARA VETOR MULT5}
        fim
    se contmult5 = 0    {TESTA SE ENCONTROU ALGUM VALOR MÚLTIPLO DE 5}
    então escrever('Não há valores múltiplos de 5!')
    senão início                       {ESCREVE VALORES MÚLTIPLOS DE 5}
        escrever('Valores múltiplos de 5:')
        para k de 1 incr 1 até contmult5 faça
            escrever(mult5[k])
        fim
fim
```

exercício 6.3 Operações sobre conjuntos podem ser implementadas com o uso de vetores. A seguir é apresentada a criação do vetor intersecção vet_inters a partir dos valores de dois vetores inteiros de entrada, vet1 e vet2. Somente os valores que existam tanto em vet1 quanto em vet2 devem ser transferidos para vet_inters.

Supõe-se que vet1 não tenha valores duplicados, o mesmo acontecendo com vet2, mas que entre eles possa haver valores iguais.

A estratégia de criação do vetor intersecção é selecionar, um após outro, os valores de vet1 e, para cada valor, compará-lo com todos os valores de vet2, até que um valor igual seja encontrado ou que vet2 não tenha mais valores a serem examinados. O índice utilizado no vetor intersecção só é incrementado quando um novo valor é acrescentado a esse vetor. Dessa forma, ao concluir-se a tentativa de geração do vetor intersecção, pode-se saber se o vetor intersecção está vazio e, se ele não estiver, quantos elementos ele contém. Na apresentação dos valores do vetor intersecção, só as posições efetivamente ocupadas são acessadas.

```
Algoritmo GeraVetIntersc
{LÊ DOIS VETORES E GERA O VETOR INTERSECÇÃO. APRESENTA O VETOR GERADO
OU UMA MENSAGEM CASO O VETOR INTERSECÇÃO SEJA VAZIO}
   Constante: MAX = 50
   Entradas:
       vet1, vet2 (arranjo [1..MAX] de inteiro)    {VETORES DE ENTRADA}
   Saídas:
       vet_inters (arranjo [1..MAX] de inteiro)    {VETOR INTERSECÇÃO}
   Variáveis auxiliares:
       i, j (inteiro)                {ÍNDICES DOS VETORES VET1 E VET2}
       k (inteiro)                        {ÍNDICE DO VETOR VET_INTERS}
       igual (lógica)
início
  {LEITURA DOS DOIS VETORES DE ENTRADA}
  para i de 1 incr 1 até MAX faça
    ler (vet1[i])
  para i de 1 incr 1 até MAX faça
    ler (vet2[i])
  {GERAÇÃO DO VETOR INTERSECÇÃO}
  k ← 0                         {INICIALIZA - ÍNDICE PARA VETOR VAZIO}
  para i de 1 incr 1 até MAX faça               {I PERCORRE VET1}
    início
     j ← 1                                 {J VAI PERCORRER VET2}
     igual ← falso                    {INICIALIZA VARIÁVEL LÓGICA}
     repita
       se vet1[i] = vet2[j]
         então igual ← verdadeiro   {ACHOU ELEM. IGUAL EM VET1 E VET2}
         j ← j + 1        {AVANÇA PARA PRÓXIMO ELEMENTO EM VET2}
     até (igual = verdadeiro) ou (j > MAX)
     se igual = verdadeiro
       então início
              k ← k + 1           {INCREMENTA ÍNDICE DE VET_INTERS}
              vet_inters[k] ← vet1[i]  {COPIA ELEMENTO PARA VET_INTERS}
              fim
```

```
      fim {PARA-FAÇA}
      {APRESENTAÇÃO DO RESULTADO: VETOR INTERSECÇÃO OU MENSAGEM}
      se k >0
      então início
            escrever('Conjunto intersecção')
            para i de 1 incr 1 até k faça
                escrever(vet_inters[i])
            fim
      senão escrever('Não há conjunto intersecção')
      fim
```

exercício 6.4 Contabilizar a frequência absoluta de número de pontos obtidos na prova por 500 candidatos a um concurso. A quantidade de pontos varia de 0 a 120.

Na solução apresentada, o número de pontos é usado como índice para acesso ao vetor freq onde são realizadas as contagens. Dessa forma, o índice da posição onde o dado está armazenado faz parte da informação. Notar que, como os índices de arranjos na pseudolinguagem iniciam em 1, o vetor de frequências terá tamanho igual ao valor máximo de pontos mais um, e o número de pontos dos candidatos será acrescido de um após a leitura, para servir de índice ao vetor freq.

```
Algoritmo FreqCandConcurs
{CONTABILIZA A FREQUÊNCIA ABSOLUTA DOS PONTOS DOS CANDIDATOS A UM CONCURSO}
   Constantes:
      MAXCAND = 500                   {NÚMERO MÁXIMO DE CANDIDATOS}
      MAXPONTOS = 120                 {LIMITE SUPERIOR DE PONTOS}
   Entradas:
      pontos (inteiro)   {QUANTIDADE DE PONTOS OBTIDOS POR UM CANDIDATO}
   Saídas:
      freq (arranjo [1..MAXPONTOS + 1] de inteiro)      {FREQUÊNCIA
                                                      ABSOLUTA DOS PONTOS}
   Variáveis auxiliares:
      i (inteiro)                     {CONTADOR DE CANDIDATOS}
      k (inteiro)                     {ÍNDICE DO VETOR FREQ}
início
   para i de 1 incr 1 até (MAXPONTOS + 1) faça
      freq(i) = 0;                    {INICIALIZA COM ZEROS VETOR FREQ}
   para i de 1 incr 1 até MAXCAND faça      {PARA CADA CANDIDATO}
      início
         repita
            ler (pontos)                    {LÊ PONTOS DO CANDIDATO}
            se pontos<0 ou pontos>MAXPONTOS  {TESTA VALIDADE DE PONTOS}
               então escrever ('pontos inválidos')   {IGNORA OS INVÁLIDOS}
         até pontos≥0 e pontos≤MAXPONTOS   {ATÉ VALOR DE PONTOS VÁLIDO}
         freq[pontos + 1] ← freq[pontos + 1] + 1   {INCREMENTA FREQ}
      fim
```

```
    escrever ('Frequência absoluta de pontos')
    para k de 1 incr 1 até MAXPONTOS + 1
       escrever (k - 1, freq[k])
fim
```

exercício 6.5 Ler o número de identificação e o escore de 30 atletas (com verificação de correção dos dados) e apresentar os dados dos atletas com escore igual ou superior à média. Neste problema, os vetores usados para armazenar os números de identificação e os escores dos atletas têm correspondência de posição, conforme mostrado na Figura 6.4. Os dados do primeiro atleta serão armazenados na posição 1 de cada um dos dois vetores, os dados do segundo atleta na posição 2 de cada um dos dois vetores, etc.

```
Algoritmo AtletasEscore
{APRESENTA DADOS DE ATLETAS COM ESCORE IGUAL OU SUPERIOR À MÉDIA}
   Constantes:
      MAXATLETAS = 30                         {NÚMERO MÁXIMO DE ATLETAS}
      MAXESCORE = 100                         {NÚMERO MÁXIMO DE ESCORES}
   Entradas:
      número, escore (arranjo [1..MAXATLETAS] de inteiro)
   Saídas: {número, escore}                   {DADOS DE ALGUNS ATLETAS}
   Variáveis auxiliares:
      i (inteiro)                             {VALORES DOS ÍNDICES DOS VETORES}
      somatório (inteiro)                     {FAZ SOMATÓRIO DOS ESCORES}
      média (real)                            {MÉDIA DOS ESCORES}
início
   somatório ← 0                   {INICIALIZA SOMATÓRIO DE ESCORES EM ZERO}
   para i de 1 incr 1 até MAXATLETAS faça           {PARA CADA ATLETA}
      início
         repita
            ler (número[i])                   {LEITURA DO NÚMERO DO ATLETA}
            se número[i] < 1 ou número[i] > MAXATLETAS
                                              {TESTA VALIDADE LEITURA}
            então escrever ('número inválido')
         até número[i] > 0 e número[i] ≤ MAXATLETAS
         repita
            ler (escore[i])                   {LEITURA DO ESCORE DO ATLETA}
            se escore[i] < 0 ou escore[i] > MAXESCORE
                                              {TESTA VALIDADE ESCORE}
            então escrever ('escore inválido')
         até escore[i] ≥ 0 e escore[i] ≤ MAXESCORE
         somatório ← somatório + escore[i]    {ACUMULA ESCORE LIDO}
      fim
   média ← somatório / MAXATLETAS             {FAZ A MÉDIA DOS ESCORES}
   escrever ('Atletas com escore ≥ média')
   para i de 1 incr 1 até MAXATLETAS faça            {PARA CADA ATLETA}
```

número	1	2	3	4	5	6	7	...	30
	1	2	3	4	5	6	7		30

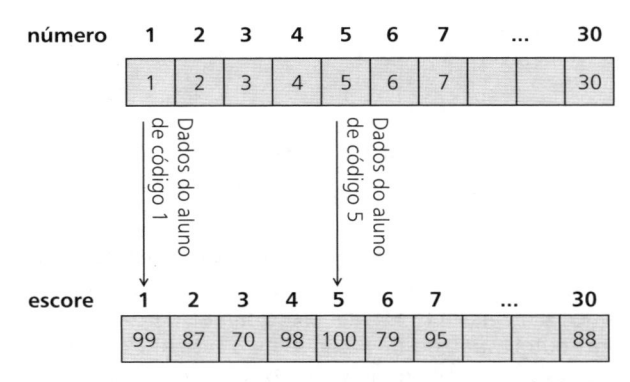

↓ Dados do aluno de código 1
↓ Dados do aluno de código 5

escore	1	2	3	4	5	6	7	...	30
	99	87	70	98	100	79	95		88

figura 6.4 Vetores com dados de atletas: número de identificação e escore.

```
    se escore[i] ≥ média            {TESTA SE ESCORE É ≥ QUE MÉDIA}
       então escrever (número[i], escore[i])   {INFORMA DADOS ATLETA}
fim
```

exercício 6.6 Pesquisa sequencial. Trata-se do método de pesquisa mais simples e intuitivo. Consiste em examinar o conjunto de dados, valor a valor, do primeiro ao último, verificando se o valor procurado está presente. O processo termina no momento em que o valor for encontrado ou, caso não seja encontrado, ao ser atingido o fim do vetor. Ao final, informa se o valor buscado foi ou não encontrado no vetor.

```
Algoritmo PesqSequencial
{REALIZA PESQUISA SEQUENCIAL SOBRE UM VETOR}
   Constantes: MIN = 1
               MAX = 10                        {LIMITES DO VETOR}
   Entradas:
      vet (arranjo [MIN..MAX] de inteiro)      {VETOR ORDENADO}
      procurado (inteiro)    {VALOR A SER PROCURADO NO VETOR VALORES}
   Saída: {MENSAGEM INFORMANDO SE O VALOR FOI ENCONTRADO}
   Variáveis auxiliares:
      achou (lógico)       {SINALIZA SE VALOR BUSCADO FOI ENCONTRADO}
      i (inteiro)                             {ÍNDICE DO ARRANJO}
início
   para i de MIN incr 1 até MAX faça
      ler (vet[i])                   {PREENCHE VET POR LEITURA}
   ler (procurado)             {LÊ VALOR A SER BUSCADO EM VET}
   achou ← falso                       {INICIALIZA ACHOU}
   i ← MIN
   enquanto não achou e i ≤ MAX faça
      início
         se vet[i] = procurado
```

```
            então achou ← verdadeiro
            i ← i + 1
        fim
        se achou
            então escrever('Encontrou o valor buscado')
            senão escrever('Não encontrou o valor buscado')
    fim
```

Essa estratégia de pesquisa não exige que os dados estejam ordenados. É interessante apenas para conjuntos relativamente pequenos de dados ou em situações em que o número de pesquisas é muito pequeno, não justificando um processamento extra sobre os dados para permitir o uso de alguma outra estratégia de pesquisa mais eficiente. O pior caso dessa estratégia é quando o valor não existe no conjunto, pois todos os elementos têm que ser examinados. Na média, a metade dos valores deve ser examinada.

exercício 6.7 Pesquisa binária. Trata-se de um método de pesquisa bem mais eficiente do que o método de pesquisa sequencial. Mas, diferentemente daquele, esse método exige que o conjunto de dados esteja ordenado. O método consiste na divisão sucessiva do conjunto de dados pela metade. A cada divisão, a partir da primeira, compara-se o valor procurado com o valor que se encontra no ponto médio determinado pela divisão. Se esse valor é o procurado, a pesquisa é encerrada, se não, verifica-se se o valor que se está buscando é maior ou menor do que o valor do termo médio e determina-se qual a metade dos dados que ainda tem potencial para conter o valor, eliminando assim metade dos dados a serem pesquisados. Os valores limite para a nova pesquisa são ajustados, o conjunto de dados é novamente dividido e a comparação com o termo médio é refeita. Esse processo vai sendo repetido até que o valor procurado seja encontrado ou que o conjunto pesquisado esgote. A Figura 6.5 ilustra o processamento durante a busca binária, mostrando que são necessárias apenas três comparações para encontrar o valor buscado (32).

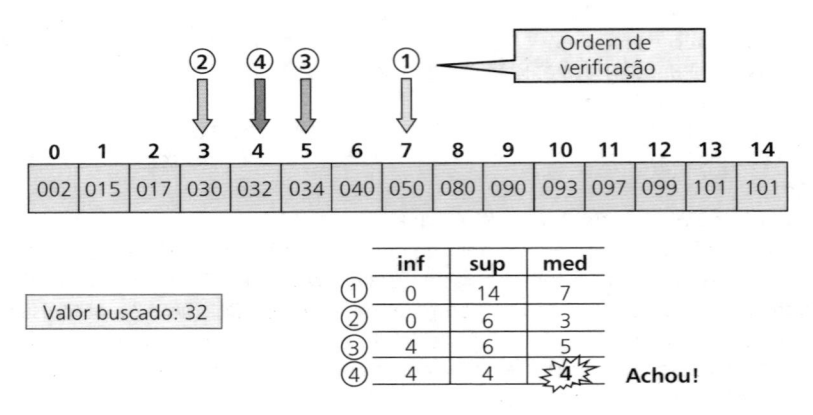

figura 6.5 Pesquisa binária.

No pior caso e no caso médio, a pesquisa binária implica na execução de $\log_2 (n)$ tentativas, sendo n o número de elementos do conjunto de dados.

O algoritmo a seguir implementa a pesquisa binária no vetor vet, de 10 elementos inteiros, buscando por um valor lido.

```
Algoritmo PesqBin
{REALIZA PESQUISA BINÁRIA EM UM VETOR}
   Constantes: MAX = 10          {NÚMERO DE ELEMENTOS DO VETOR}
   Entradas:
     vet (arranjo [1..MAX] de inteiro)        {VETOR ORDENADO}
     procurado (inteiro)   {VALOR A SER PROCURADO NO VETOR VALORES}
   Saídas: {MENSAGEM INFORMANDO SE O VALOR FOI ENCONTRADO}
   Variáveis auxiliares:
     achado (lógico)     {SINALIZA SE VALOR BUSCADO FOI ENCONTRADO}
     i (inteiro)                         {ÍNDICE DO ARRANJO}
     inf, sup, med (inteiro)    {ÍNDICES INFERIOR/SUPERIOR/MÉDIO
                                                     NA PESQUISA}
início
   para i de 1 incr 1 até MAX faça
     ler (vet[i])                  {PREENCHE VET POR LEITURA}
   ler (procurado)            {LÊ VALOR A SER BUSCADO EM VET}
   inf ← 1           {POSICIONA INF E SUP NOS LIMITES DE VET}
   sup ← MAX
   achado ← falso                  {INICIALIZA ACHADO EM FALSO}
   enquanto (inf ≤ sup) e (achado = falso)
     início
     med ← (inf + sup) div 2   {CALCULA O ÍNDICE DO TERMO MÉDIO}
     se vet[med] = procurado    {VERIFICA SE É O VALOR PROCURADO}
        então achado ← verdadeiro       {O VALOR FOI ENCONTRADO}
        senão se procurado > vet[med]
                então inf ← med + 1   {VALOR ESTÁ NA METADE SUPERIOR}
                senão sup ← med - 1   {VALOR ESTÁ NA METADE INFERIOR}
     fim
   se achado = verdadeiro
     então escrever ('Valor achado')
     senão escrever ('Valor não achado')
fim
```

Como a pesquisa binária exige que o conjunto de dados esteja ordenado, ela só é interessante se os dados já estiverem dessa forma ou se o número de pesquisas a fazer justificar o processamento extra para ordenar os dados. Comparando esse método com o de pesquisa sequencial, supondo-se um conjunto de dados de 1.000 elementos, pela pesquisa sequencial, no pior caso serão necessárias 1.000 tentativas para encontrar um elemento e, no caso médio, 500; pela pesquisa binária, no pior caso e no caso médio serão 10 tentativas. Mas a ordenação do vetor é uma tarefa que consome tempo, como pode ser visto nos exercícios a seguir.

exercício 6.8 Classificação por seleção. Esse é um método de classificação bastante simples, embora não muito eficiente. Para colocar os dados em ordem crescente, percorre-se o vetor buscando o elemento com o menor valor. Esse é trocado com aquele que está na primeira posição do vetor. O método é, então, repetido para o segmento do vetor que inicia na segunda posição, e assim sucessivamente. A Figura 6.6 mostra esquematicamente como é feita a classificação por seleção.

```
Algoritmo ClassSeleção
{CLASSIFICA UM VETOR PELO MÉTODO DE SELEÇÃO, EM ORDEM CRESCENTE}
  Constantes: MIN = 1
              MAX = 10                            {LIMITES DO VETOR}
  Entradas:
    vet (arranjo [MIN..MAX] de inteiro)    {VETOR A SER ORDENADO}
  Saídas: {VETOR CLASSIFICADO EM ORDEM CRESCENTE}
  Variáveis auxiliares:
    i, j (inteiro)                         {ÍNDICES DE UMA PASSADA}
    menor (inteiro)                        {MENOR VALOR DA PASSADA}
    aux (inteiro)                          {AUXILIAR PARA FAZER A TROCA}
início
  para i de MIN incr 1 até MAX faça
    ler (vet[i])                           {PREENCHE VET POR LEITURA}
  para i de MIN incr 1 até MAX-1 faça
    início
    menor ← i
    para j de i+1 incr 1 até MAX faça
      se vet[j] < vet[menor]
        então menor ← j
    se menor ≠ i
      então início {VAI FAZER A TROCA}
            aux ← vet[i]
            vet[i] ← vet[menor]
            vet[menor] ← aux
            fim
    fim
  para i de MIN incr 1 até MAX faça
    escrever (vet[i])                      {MOSTRA VET ORDENADO}
fim
```

exercício 6.9 Método da Bolha. Trata-se de um método de classificação de vetores bem mais eficiente do que o método de classificação por seleção antes apresentado. Consiste em percorrer o vetor comparando cada dois elementos adjacentes e trocando-os de posição caso estejam em ordem contrária à desejada. É feito um controle, a cada varredura do vetor, para saber se houve alguma troca de valores e, se houve, nova varredura é executada. O ponto onde a última troca aconteceu é fixado como o limite da próxima varredura, reduzindo progressivamente o número de elementos do conjunto considerado na varredura. Se nenhuma

1ª iteração
i=1
j=2 a 5

1	2	3	4	5
28	26	30	24	25

⇩

1	2	3	4	5
24	26	30	28	25

2ª iteração
i=2
j=3 a 5

1	2	3	4	5
24	26	30	28	25

⇩

1	2	3	4	5
24	25	30	28	26

3ª iteração
i=3
j=4 a 5

1	2	3	4	5
24	25	30	28	26

⇩

1	2	3	4	5
24	25	26	28	30

4ª iteração
i=4
j=5 a 5

1	2	3	4	5
24	25	26	28	30

⇩

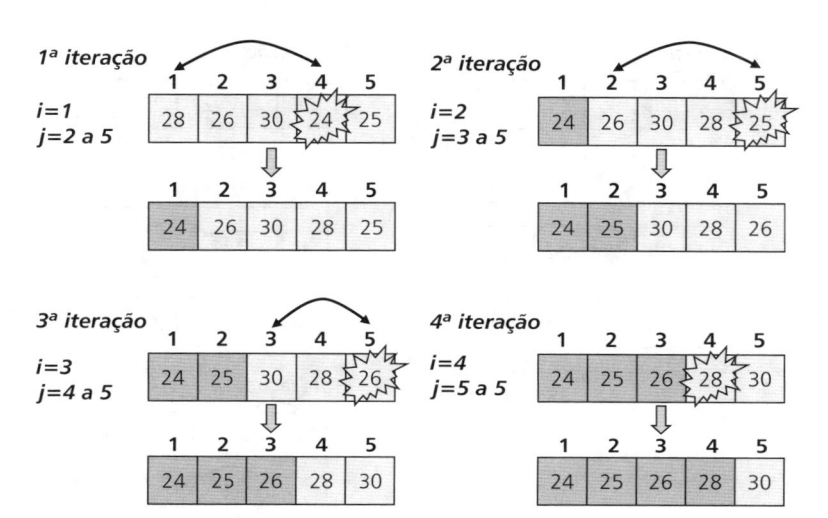

1	2	3	4	5
24	25	26	28	30

figura 6.6 Classificação por seleção.

troca acontece durante uma varredura, então o conjunto já está ordenado e o processo é interrompido. Essa estratégia recebe o nome de "Método da Bolha" *(bubble sort)* ou "ordenação por flutuação", pois os valores maiores (no caso de ordenação em ordem crescente) vão "subindo" para o final do vetor a cada varredura, até atingirem sua posição definitiva no conjunto de dados.

A Figura 6.7 simula o funcionamento desse método para um vetor de cinco elementos inteiros. São representados os valores contidos no vetor nas três primeiras varreduras. Na quarta varredura, não será necessário troca – isso indica que o vetor está ordenado. Observar que, ao final da primeira varredura, o maior valor (30) estará na posição final e que os valores menores terão descido uma posição, aproximando-se de sua posição correta. Na segunda varredura não é feita a comparação com o último valor, pois ele já está correto. Assim, a cada varredura diminui o tamanho do segmento de vetor a ser analisado.

O algoritmo apresentado a seguir classifica o vetor em ordem crescente. Se a ordenação desejada for a decrescente, basta alterar a comparação de vet[i] > vet[i+1] para vet[i] < vet[i+1].

```
Algoritmo ClassBolha
{CLASSIFICA UM VETOR PELO MÉTODO DA BOLHA}
   Constante MAX = 5              {NÚMERO DE ELEMENTOS DO VETOR}
   Entradas:
      vet (arranjo [1..MAX] de inteiro)   {VETOR A SER CLASSIFICADO}
   Saídas: {vet CLASSIFICADO}
   Variáveis auxiliares:
      i (inteiro)                  {ÍNDICE QUE PERCORRE O VETOR}
```

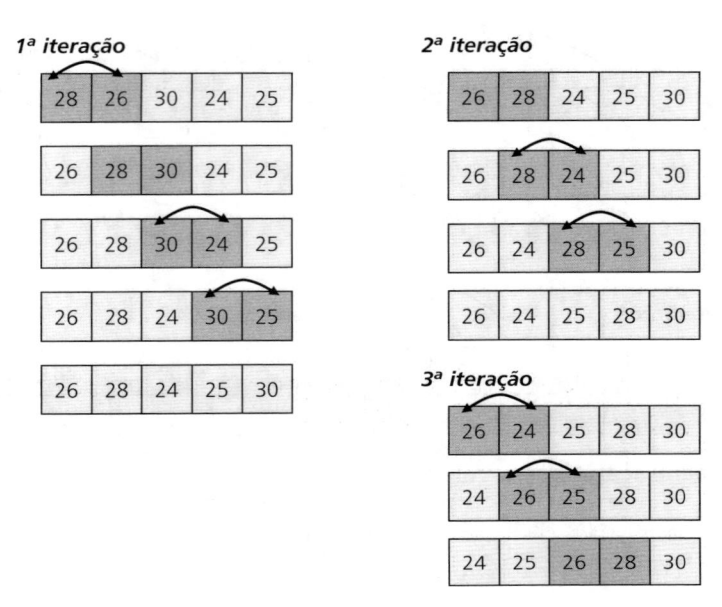

figura 6.7 Classificação por meio do Método da Bolha.

```
    k (inteiro)              {AO TERMINAR A VARREDURA, ARMAZENA A POSIÇÃO
                              ONDE OCORREU A ÚLTIMA TROCA}
    m (inteiro)                        {LIMITE SUPERIOR DA VARREDURA -
                              RECUA UMA OU MAIS POSIÇÕES A CADA ITERAÇÃO}
    aux (inteiro)        {VARIÁVEL AUXILIAR UTILIZADA PARA A TROCA}
    trocou (lógico)           {VERDADEIRA SE OCORREU ALGUMA TROCA}
início
  para i de 1 incr 1 até MAX faça
    ler (vet[i])              {PREENCHIMENTO DO VETOR POR LEITURA}
  trocou ← verdadeiro              {INICIALIZA trocou EM VERDADEIRO}
  m ← (MAX - 1)           {INICIALIZA m NA PENÚLTIMA POSIÇÃO DO VETOR}
  k ← 1                   {INICIALIZA k NO PRIMEIRO ELEMENTO DO VETOR}
  enquanto trocou              {REPETE ENQUANTO HOUVER ALGUMA TROCA}
    início
    trocou ← falso {INDICA QUE NESTA VARREDURA AINDA NÃO HOUVE TROCA}
    para i de 1 incr 1 até m faça
      se  vet[i] > vet [i + 1]          {COMPARA VALORES ADJACENTES}
        então início
              aux ← vet[i]        {TROCA DOIS ELEMENTOS DE POSIÇÃO}
              vet[i] ← vet [i + 1]
              vet[i + 1] ← aux
```

```
            k ← i                {k POSIÇÃO EM QUE OCORREU A TROCA}
            trocou ← verdadeiro; {INDICA QUE NESTA VARREDURA HOUVE
                                                              TROCA}
         fim
   m ← k              {m INDICA ATÉ ONDE SERÁ FEITA A PRÓXIMA VARREDURA}
   fim {ENQUANTO}
   escrever ('Vetor classificado');
   para i de 1 incr 1 até MAX faça
      escrever (vet[i])                      {MOSTRA VETOR CLASSIFICADO}
fim
```

6.5 em Pascal

6.5.1 declaração de um vetor

Um tipo de dado vetor (arranjo de uma dimensão) é declarado em Pascal da seguinte forma:

    array [<limite inferior>..<limite superior>] of <tipo>

Os limites superior e inferior, índices do primeiro e do último elemento do vetor, devem ser do tipo inteiro, caractere ou do tipo enumeração (que será apresentado no Capítulo 8). O tipo declarado no final será o tipo de todos os elementos do vetor.

Exemplo de declarações de vetores:

    var
        nota: array [1..10] of real;
        nr_letras: array ['a'..'j'] of integer;
        caract: array [-4..7] of char;

Nesses exemplos, o vetor nota tem 10 elementos reais, com índices iniciando em 1 e crescendo até 10; o vetor nr_letras tem elementos inteiros, com índices do tipo caractere, tendo o primeiro elemento o índice "a" e o último o índice "j"; e o vetor caract, de elementos do tipo caractere, tem 12 elementos, tendo o primeiro o índice -4 e o último, 7. A Figura 6.8 ilustra estes três vetores, simulando alguns valores contidos em seus elementos.

Quando os índices forem do tipo inteiro, recomenda-se que a declaração dos limites do vetor seja feita usando constantes previamente definidas. As duas declarações a seguir são equivalentes à declaração do vetor nota:

    const LIMSUP = 10;
          LIMINF = 1;
    var nota: array [LIMINF..LIMSUP] of real;

Nesse caso, todas as referências ao primeiro e último elemento do vetor ao longo do programa serão feitas utilizando as constantes declaradas. Dessa forma, o tamanho do vetor poderá

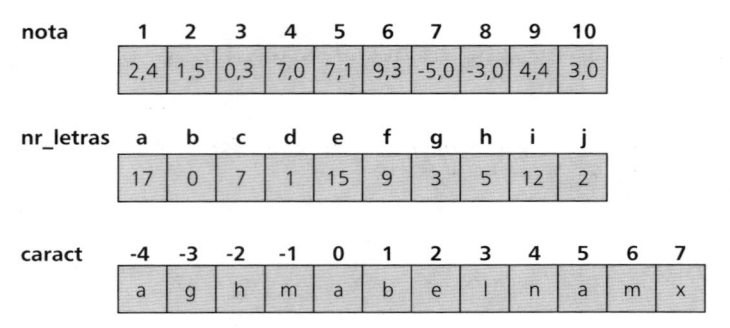

```
nota      1    2    3    4    5    6    7    8    9   10
         2,4  1,5  0,3  7,0  7,1  9,3 -5,0 -3,0  4,4  3,0

nr_letras  a    b    c    d    e    f    g    h    i    j
          17   0    7    1   15    9    3    5   12    2

caract   -4   -3   -2   -1    0    1    2    3    4    5    6    7
          a    g    h    m    a    b    e    l    n    a    m    x
```

figura 6.8 Exemplos de vetores em Pascal.

ser alterado, por exemplo durante a fase de testes, apenas com a alteração dos valores das constantes.

Outra prática recomendada é declarar um tipo nomeado (porque é identificado por um nome) para o vetor, tipo esse que pode depois ser utilizado para mais de uma declaração. Em algumas situações específicas de Pascal, apenas as variáveis que possuam o mesmo tipo nomeado, estejam ou não declaradas em uma mesma linha, são reconhecidas como de mesmo tipo. O vetor nota poderia ser declarado como segue:

```
const LIMSUP = 10;
      LIMINF = 1;
type tipovetor = array [LIMINF .. LIMSUP] of real;
var nota: tipovetor;
```

6.5.2 acesso aos elementos de um vetor

O acesso a um elemento de um vetor em Pascal é feito especificando o nome do vetor seguido do índice do elemento considerado entre colchetes. Esse índice pode ser dado por um valor constante, pelo conteúdo de uma variável ou pelo resultado de uma expressão, devendo ser do mesmo tipo definido para os índices (inteiro ou caractere).

Supondo a existência de uma variável inteira i, os comandos a seguir exemplificam referências a elementos do vetor nota:

```
readln (nota [5]);          {PREENCHE QUINTO ELEMENTO POR LEITURA}
nota [i] := 7.3;            {ATRIBUI O VALOR 7,3 AO ELEMENTO i}
writeln (nota [i+1]);       {IMPRIME O VALOR DO ELEMENTO i+1}
```

Exemplos de utilização dos vetores nr_letras e caract antes definidos:

```
nr_letras ['a'] := 1;    {PREENCHE COM 1 O ELEMENTO DE INDICE 'a'}
caract[-2] := 'x';       {PREENCHE COM O 'x' O ELEMENTO DE INDICE -2}
```

6.5.3 inicialização de vetor na declaração

É possível inicializar vetores na declaração por meio de constantes tipadas. Esse tipo de constante pode sofrer alteração nos seus valores em momento posterior à sua declaração. A sintaxe da declaração de uma constante tipada é:

```
const
  <nome da constante> : <tipo da constante> = (valor0, valor1, ... , valorn};
```

onde os valores `valor0`, `valor1`, etc. deverão ser do mesmo tipo da constante. Exemplo:

```
const
  MaxMerc = 5;
type
  vet = array [1..MaxMerc] of integer;
const
  vetor : vet = (10, 100, 15, 20, 20);
```

6.5.4 atribuição em bloco

Em Pascal é possível fazer uma atribuição em bloco de um vetor a outro, desde que tenham exatamente a mesma estrutura. Isso pode ser feito por meio da seguinte sintaxe:

```
<nome do vetor1> := <nome do vetor2>
```

Supondo que `vet_novo` e `vet_velho` tenham o mesmo número de elementos, tipos e índices iguais, a atribuição a seguir copia para `vet_novo` todos os valores contidos em `vet_velho`:

```
vet_novo := vet_velho;
```

6.5.5 *string* tratada como vetor

Uma variável do tipo `string` pode ser manipulada em Pascal como um vetor de caracteres. Podem assim ser feitas referências a caracteres isolados de *strings*, como mostrado no trecho de programa a seguir:

```
var nome : string[20];
    i : integer;
begin
  readln(nome);                    {PREEENCHE A STRING POR LEITURA}
  for i := 1 to 5 do   {IMPRIME 5 PRIMEIROS CARACTERES, UM POR LINHA}
    writeln (nome[i]);
{...}
```

6.6 ⋯→ em C

6.6.1 declaração de um vetor

A sintaxe de declaração de uma variável do tipo vetor em C é:

    <tipo da variável> <nome da variável> [<número de elementos do vetor>];

O tipo da variável define o tipo de todos os seus elementos; o nome da variável segue as regras dos nomes de identificadores em C; o número de elementos do vetor pode ser uma variável, uma constante ou uma expressão. Se uma constante for usada para definir o número de elementos do vetor, ela deve ser declarada antes do vetor. Exemplo de declarações de vetores:

```
#define MAX 100
int valores_inteiros[MAX];      // vetor inteiro com 100 elementos
int totais[MAX + 1];            // vetor inteiro com 101 elementos
double medidas[47];             // vetor double com 47 elementos
```

Recomenda-se fortemente declarar vetores com o uso de constantes, conforme os exemplos dos vetores valores_inteiros e totais.

6.6.2 acesso aos elementos de um vetor

O acesso a um elemento de um vetor é feito através do nome do vetor seguido do índice do elemento considerado, expresso por uma expressão, uma variável ou uma constante, entre colchetes:

```
vetor[i + 1] = vetor[i];
vetor[i] = i;
vetor[MAX] = 0;
```

O valor usado como índice de um vetor deve ser preferencialmente dos tipos int ou char.

Observar que, em C, os índices válidos para acessar um vetor variam sempre de 0 ao número de elementos do vetor menos 1. Em consequência, se em C um vetor deve ser acessado com valores de índice de 0 a 10, ele deve ser declarado com tamanho 11, para que o valor de índice 10 também possa ser usado. Caso se deseje utilizar índices em intervalos iniciando acima de 0 ou 1, a declaração do vetor poderá ser feita de acordo com uma das seguintes duas formas:

a Com um tamanho que permita o acesso à última posição do vetor com o índice máximo desejado. Por exemplo, se as posições a serem usadas forem do 20 ao 40, o vetor deverá ser declarado com tamanho 41, e os índices de 0 a 40 poderão ser usados, mesmo que as posições correspondentes a boa parte deles jamais venham a receber valor.

b Com um tamanho que corresponda apenas ao número de posições desejadas. No caso dos índices que variam de 20 a 40, o vetor teria 21 elementos, e o índice para as posições a partir da primeira deveriam sempre ser convertidos antes de qualquer acesso ao vetor, para caírem no intervalo de 0 a 20.

No caso de se desejar utilizar índices negativos, a segunda opção deve ser utilizada, sendo os índices convertidos para o intervalo a partir de zero.

6.6.3 inicialização na declaração

A inicialização de um vetor na declaração tem a seguinte forma:

```
<tipo da variável> <nome da variável>
      [<tamanho>]={valor0,valor1,...,valorn-1};
```

onde n é o número de elementos do vetor. Exemplo:

```
int v[3] = {10, 20, 30};
```

o que equivale a:

```
int v[3];
v[0] = 10;
v[1] = 20;
v[2] = 30;
```

Se, na inicialização durante a declaração, os valores indicados forem em número inferior às posições do vetor, as posições não inicializadas são preenchidas com zeros.

Assim, se o vetor x for declarado e inicializado como segue:

```
int x[5] = {10, 20, 30};
```

como, de suas cinco posições, só três têm os valores especificados, as posições restantes são preenchidas com zeros. Valendo-se dessa característica, pode-se inicializar um vetor totalmente com zeros da seguinte forma:

```
int contadores[200] = {0};
```

ou

```
#define MAXI 200
int contadores[MAXI] = {0};
```

6.6.4 cadeias de caracteres ou *strings*

Em C, cadeias de caracteres ou *strings* não são um tipo básico de dado. *Strings* são vetores de caracteres que contêm, como último caractere válido, o caractere '\0' (um byte contendo o valor binário 0), caractere de posição 0 na tabela ASCII, que serve para sinalizar o fim de uma *string*. Para mais detalhes sobre o uso de *strings* em C, ver Capítulo 10.

6.7 ···→ dicas

acesso a elementos. O erro mais frequente no uso de arranjos é a tentativa de uso de índices fora do intervalo válido, ou seja, por meio de um índice menor do que o limite inferior ou maior do que seu limite superior. Esse tipo de erro, por resultar no acesso a áreas indevidas de memória, pode provocar resultados inesperados.

valor de índice máximo. Em C são comuns enganos quanto ao valor de índice máximo para acessar um vetor. Lembrar que, em virtude dos índices em C iniciarem em 0, o índice máximo de um vetor é sempre igual ao número de seus elementos menos 1.

posições não ocupadas. Outro erro bastante comum é tentar apresentar o conteúdo de posições do arranjo não ocupadas efetivamente, que contenham "lixo". Isso pode ser evitado inicializando sempre todos os arranjos.

uso de constantes. É altamente recomendável utilizar constantes como limites das dimensões dos arranjos e no código que acessa o arranjo, sempre que pertinente. Isso facilita os trabalhos de teste e torna o código mais genérico, permitindo alterar seus limites sem precisar alterar o código do programa.

inicialização de variáveis. Em C, no acesso a vetores, zero é um valor de índice válido. Assim, por vezes, variáveis que vão assumir valores de índices recebem um valor negativo como, por exemplo, −1 para sinalizar um índice não válido.

inicialização de vetores usados em totalizações. É especialmente importante a inicialização das posições de vetores quando forem usadas em totalizações. Como quaisquer outras variáveis, posições de vetores que não sejam inicializadas previamente a seu uso podem conter valores quaisquer.

6.8 ···→ testes

testar com versões reduzidas do arranjo. Sempre que possível, fazer os testes usando um arranjo menor, reduzido a um pequeno conjunto de valores.

testar com o volume mais próximo possível do real. Fazer pelo menos um teste com o volume aproximado de dados que deve ser o realmente utilizado. Há questões que só surgem com um volume maior de dados.

testar valores limite. Nos testes, verificar os valores limite dos índices, sobretudo quando variáveis são usadas como índices. Por exemplo, se devem ser processados valores de 0 a 10, testar o código obrigatoriamente com os valores limites 0 e 10, além de outros.

encontrar e solucionar erros. Verificar inicialmente a declaração do arranjo. A maior parte dos problemas surge de declarações incorretas ou inconsistentes com o uso do arranjo. Verificar os valores que estão sendo utilizados nos índices. Índices fora de intervalo podem provocar erros em áreas de memória sem uma relação com os arranjos.

6.9 exercícios sugeridos

exercício 6.1 Seja um vetor `inteiro` de nove elementos. Escreva um programa que realize a seguinte sequência de ações, na ordem indicada:

- **a** preenchimento do vetor por leitura, sendo aceitos para armazenamento apenas valores positivos, maiores do que zero;
- **b** impressão dos elementos do vetor em uma linha, usando dois espaços em branco para separar os valores de cada elemento;
- **c** rotação dos elementos do vetor, com o deslocamento de todos os valores dos elementos para a posição seguinte, exceto o último valor, que deve ser colocado na posição do primeiro elemento;
- **d** repetição do item b;
- **e** soma do índice de cada elemento ao conteúdo da posição correspondente;
- **f** repetição do item b;
- **g** leitura de um valor inteiro. Determinação e apresentação do número de ocorrências desse valor no vetor.

exercício 6.2 Faça um programa que preencha, por leitura, um vetor inteiro de 50 elementos e determine quantos elementos diferentes existem nesse vetor. Se, por exemplo, o vetor contiver 25 vezes o valor 1 e 25 vezes o valor −1, a resposta será 2.

exercício 6.3 Faça um programa que preencha, por leitura, com valores reais, dois arranjos unidimensionais a e b, ambos de oito elementos, e realize a troca dos elementos desses vetores. Após a execução do programa, o vetor b deverá conter os valores fornecidos para o vetor a e vice-versa.

exercício 6.4 Faça um programa que leia os conteúdos de dois vetores inteiros x(10) e y(10) e os imprima. O programa deverá, a seguir:

- preencher outro vetor u, de forma que esse seja a união de x com y;
- preencher outro vetor i, de forma que ele seja a intersecção de x e y;
- imprimir os dois vetores u e i.

exercício 6.5 Escreva um programa que preencha um vetor inteiro vet(20) por leitura e, em seguida, imprima os valores lidos. O programa deverá gerar, a partir do vetor vet, um vetor pos apenas com os valores positivos maiores que zero. A partir do vetor pos, deverá ser gerado ainda outro vetor, semdup, em que haja apenas uma ocorrência de cada valor existente no vetor pos. Tanto o vetor pos, quanto o vetor semdup, devem ser gerados de modo contínuo, da primeira posição em diante, ou seja, eventuais posições não ocupadas poderão existir apenas no final dos vetores. Ao final do processamento, apresentar os três vetores. No caso dos vetores pos e semdup, apresentar apenas suas posições efetivamente utilizadas.

exercício 6.6 Resolva o problema anterior trabalhando apenas sobre o vetor vet (20) original, sem usar vetores auxiliares, como pos e semdup. Nesse caso, o resultado de cada tarefa deverá ser apresentado tão logo seja produzido.

exercício 6.7 Escreva um algoritmo de pesquisa sequencial que informe a posição em que se encontra o valor buscado. Caso esse valor não seja encontrado, informe a posição −1.

exercício 6.8 Usando como base o Exercício de Fixação 6.5 (Seção 6.4), escreva um algoritmo que classifique os atletas em ordem crescente de escore. Tomar cuidado para não perder a informação sobre a posição ocupada pelos valores no arranjo.

exercício 6.9 Faça um programa que calcule uma média móvel. O programa deverá executar um laço de leitura de valores inteiros e positivos. A introdução de valores negativos servirá como indicador de término do programa. Para cada valor fornecido, deverá ser impressa a média calculada. A média móvel é calculada sobre um número especificado de pontos. Quando se introduz um novo dado, o valor mais antigo é descartado, e o novo valor introduzido é incorporado ao cálculo da média. Esse esquema de substituição faz da média móvel um instrumento valioso na análise de tendências. Considerar para a solução deste problema 5 pontos (valores) e iniciar o cálculo das médias ao completar a quinta leitura.

exercício 6.10 Faça um programa para o controle do estoque de uma loja. A loja vende 15 produtos diferentes. O programa deve iniciar lendo os códigos de cada um desses produtos e a quantidade de itens dos mesmos existente no estoque da loja, armazenando esses valores em dois arranjos, um para os códigos e outro para as quantidades de itens (mesmos índices nos dois arranjos devem corresponder ao mesmo produto). O programa deve processar um conjunto de atualizações de estoque, com inserção e retirada de itens. No final do processo, o programa deve fazer uma análise do estoque que restou na loja, informando:

- **a** códigos dos produtos que estão com estoque inferior a 10 unidades;
- **b** número de produtos que apresentam estoque entre 10 e 20 unidades (inclusive); e
- **c** número total de itens em estoque para cada produto.

exercício 6.11 Uma lanchonete vende cinco sanduíches diferentes, com os preços indicados na tabela a seguir:

Código	Produto	Preço(R$)
1	Sanduíche aberto	12,00
2	Sanduíche universitário	3,00
3	Misto quente	4,00
4	Queijo quente	3,50
5	Baurú	6,00

Faça um programa que processe diversos pedidos. Em cada pedido, poderão ser solicitadas quantidades variadas dos vários tipos de sanduíches. Leia os preços dos sanduíches no início do programa e armazene-os em um arranjo unidimensional, cujos índices correspondam aos códigos dos sanduíches. Armazene o total de itens solicitados de cada tipo de sanduíche em outro arranjo. No final de cada pedido, deve ser calculado e informado o valor total a pagar, além do número total de cada um dos itens solicitados. No final do dia, o programa deverá informar:

- número de sanduíches de cada tipo vendidos;
- valor total (em reais) vendido no dia;
- número de clientes atendidos;
- valor do pedido médio.

exercício 6.12 Uma empresa vende 30 artigos diferentes. Os artigos possuem preços variados, sendo cada um identificado por um código único. Usando arranjos unidimensionais para armazenar essas informações, escreva um programa que:

- [a] obtenha os códigos e os preços dos 30 artigos e imprima essas informações;
- [b] identifique e informe o código e o preço dos três artigos mais caros;
- [c] calcule e informe a média dos preços de todos os artigos;
- [d] informe quais os códigos dos artigos com preço superior à média.

exercício 6.13 Um dado é lançado 50 vezes, sendo anotado o valor correspondente a cada jogada. Faça um programa para:

- [a] transferir todos os valores anotados para a memória;
- [b] determinar e imprimir o número de lançamentos nos quais o resultado obtido é maior do que a média aritmética dos 50 lançamentos;
- [c] determinar a porcentagem de ocorrências da face seis do dado.

exercício 6.14 Num determinado campeonato de futebol, foram anotados o nome de cada atleta e o número de gols que marcou. Faça um programa que, a partir dessas informações, forneça o nome do goleador do campeonato e o número de gols feitos por ele. Considere que o campeonato tem, no máximo, 10 times participantes.

exercício 6.15 Determinada empresa de turismo fez uma pesquisa na última temporada de verão junto a turistas em Florianópolis (SC). Foram solicitados os seguintes dados a cada turista entrevistado: praia de preferência e renda mensal. Faça um programa que leia esses dados e forneça as seguintes informações:

- **a** a praia preferida pelo maior número de turistas;
- **b** a renda mensal média dos turistas;
- **c** o número de turistas e a renda média por praia de preferência.

Observação: a ilha de Florianópolis possui 34 praias.

exercício 6.16 Foram levantados dados relativos a 300 alunos de uma universidade. Para cada aluno foram obtidos número de matrícula (inteiro), altura (real) e idade (inteiro). Faça um programa que leia esses dados do teclado e forneça:

- **a** número de matrícula dos alunos que têm altura superior à média;
- **b** quantos alunos têm mais de 25 anos;
- **c** quantos alunos têm idade inferior à média de idades;
- **d** número de matrícula dos alunos com idade inferior a 18 anos que têm altura inferior à média de alturas.

exercício 6.17 Um exame realizado para um conjunto de 70 alunos constou de 50 testes de múltipla escolha. Cada teste admitia como resposta um número de 1 a 5. Sendo conhecido o gabarito da prova, faça um programa que leia as respostas de cada aluno e seu número de matrícula (valor inteiro de 1 a 100), e que forneça um relatório com as seguintes informações:

- **a** número de matrícula e número de acertos de cada aluno;
- **b** mesmas informações do item anterior, porém fornecendo os números dos alunos em ordem decrescente de acertos.

exercício 6.18 Em um torneio de tênis foram anotados, para cada um dos jogadores participantes, o número de inscrição, o número de *aces* (saques indefensáveis) e o número de duplas faltas cometidas. Escreva um programa que leia esses dados do teclado e que forneça, no final:

- **a** (i) o número de inscrição do jogador que cometeu menos duplas faltas; e
- **b** (ii) o número do jogador que fez mais *aces*, informando esse número (de *aces*).

Considere que 20 jogadores participaram do torneio.

6.10 termos-chave

acesso a um elemento de um vetor, p. 166
arranjo, p. 164
declaração de um vetor, p. 165

índice, p. 164
pesquisa e classificação de vetores, p. 172
vetor, p. 165

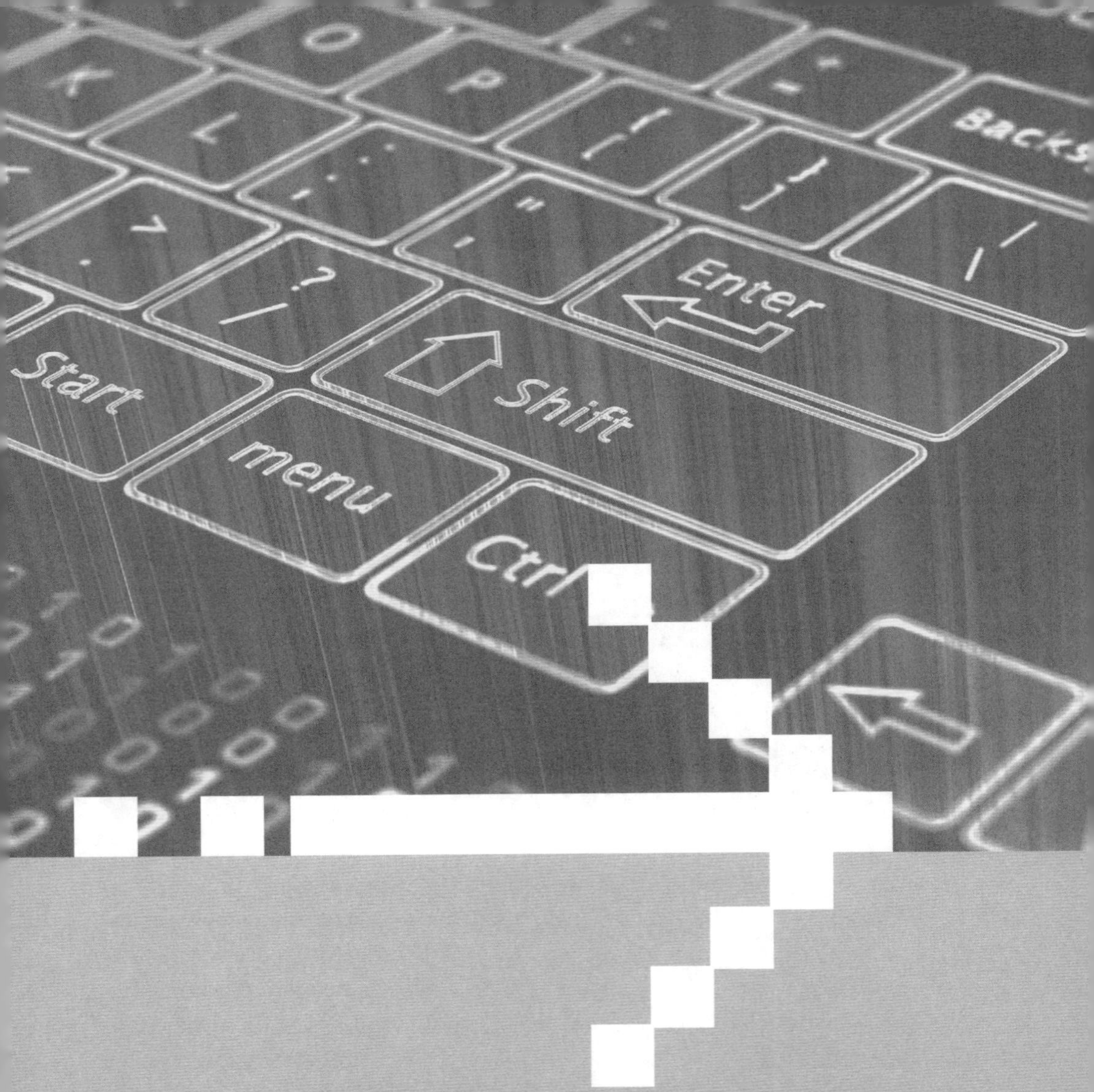
Enter
Shift
Start
menu
Ctrl

capítulo

9

variáveis estruturadas:
arranjos multidimensionais

■ ■ Este capítulo apresenta e analisa arranjos de duas ou mais dimensões, também denominados matrizes. Inicialmente, são vistos os conceitos relacionados a matrizes de duas dimensões, e em seguida os conceitos são estendidos para matrizes com um número qualquer de dimensões.

Seja o seguinte problema: ler as 5 notas de 7 alunos, identificados por um número entre 1 e 7, calcular a média de cada aluno e, após, imprimir as notas e médias dos alunos, ordenadas pela média, da maior para a menor. Quantas variáveis são necessárias para armazenar as notas e as médias nesse problema? São necessárias 35 variáveis simples ou 7 vetores (um por aluno), cada um com 6 elementos, sendo 5 para armazenar as notas e o último para a média (Figura 7.1). Outra opção é reunir em uma só estrutura os 7 vetores, ou seja, usar uma estrutura com 7 linhas e 6 colunas. Nesse caso, para acessar uma determinada nota ou média será preciso utilizar dois índices: um para linha, para especificar o aluno desejado, e outro para coluna, para especificar a nota ou média desejada (Figura 7.2). Uma estrutura assim, um arranjo de 2 dimensões, é chamada de matriz.

7.1 matrizes

Matrizes são arranjos de duas ou mais dimensões. Assim como nos vetores, todos os elementos de uma matriz são do mesmo tipo, armazenando informações semanticamente semelhantes. No exemplo da Figura 7.2, todos os elementos da matriz `Notas` são do tipo `real` e guardam valores correspondentes a notas de alunos.

Matrizes bidimensionais são arranjos de duas dimensões. São necessários dois índices para acessar cada um de seus elementos, um para cada uma das dimensões. Matrizes de mais de duas dimensões, de forma similar, necessitam de um índice para cada dimensão para definir um elemento de forma única.

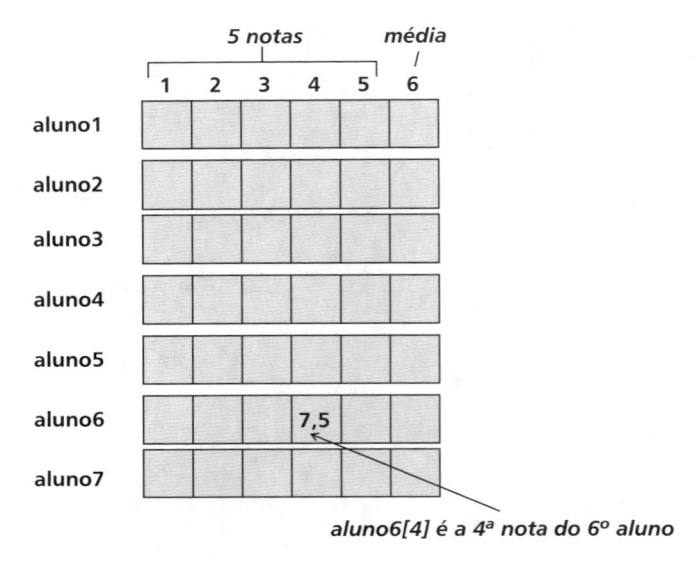

figura 7.1 Um vetor para cada aluno.

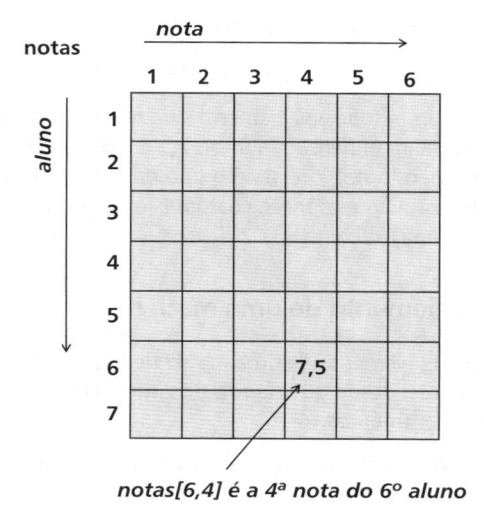

figura 7.2 Uma matriz para todos os alunos.

7.2 matrizes bidimensionais

Em uma **matriz de duas dimensões**, ou **bidimensional**, todos os elementos são do mesmo tipo, identificados por um índice para cada dimensão. No mundo real, os teatros são exemplos práticos de matrizes bidimensionais. Uma poltrona, em um teatro, tem a si associada a especificação da fila na qual se situa (fila A, B, C, etc.), bem como a especificação que define a posição da poltrona dentro da fila (1, 2, 3, 4...). Se uma entrada de teatro é rasgada e nela só resta uma dessas duas identificações, ou de fila ou de poltrona, não é possível mais determinar com precisão a poltrona referenciada. Só as duas referências juntas, de fila e poltrona, permitem especificar de forma única uma poltrona no teatro.

7.2.1 declaração de uma matriz bidimensional

Em pseudolinguagem, uma matriz bidimensional é declarada com o seguinte tipo:

```
arranjo [<índice menor da dimensão 1>..<índice maior da dimensão 1>,
         <índice menor da dimensão 2>..<índice maior da dimensão 2> ]
    de <tipo da matriz>)
```

onde `<índice menor da dimensão n>` e `<índice maior da dimensão n>` são os valores limites que definem o intervalo de índices válidos para cada uma das dimensões, e `<tipo da matriz>` é o tipo dos dados passíveis de serem armazenados nessa matriz.

A declaração a seguir corresponde à matriz da Figura 7.2:

```
Variável: notas (arranjo [1..7, 1..6] de real)
```

onde notas é o nome comum a todos os elementos da matriz, 1..7 é o intervalo de valores válidos para o índice da primeira dimensão (aluno), 1..6 é o intervalo de valores válidos para o índice da segunda dimensão (nota), e real é o tipo da matriz, ou seja, o tipo de todos os seus elementos. Em matrizes bidimensionais, costuma-se dizer que a primeira dimensão corresponde às linhas e a segunda, às colunas.

7.2.2 acesso a um elemento de uma matriz

Para acessar um determinado elemento de uma matriz deve-se usar um índice para cada uma de suas dimensões. Os índices, desde que dentro dos intervalos válidos, podem ser constantes, variáveis ou expressões aritméticas.

A seguir, alguns exemplos de **acesso a um elemento de uma matriz**, considerando a matriz bidimensional notas antes declarada:

- primeira nota do primeiro aluno:
  notas[1,1]
- primeira nota do aluno 3, considerando i = 3 e j = 1 (sendo i e j variáveis inteiras):
  notas[i, j]
- quinta nota do segundo aluno, considerando i = 4:
  notas[2, i+1]

Um elemento de uma matriz é utilizado em comandos da mesma forma que uma variável simples, já que corresponde a um único valor. Por exemplo, o trecho abaixo preenche um elemento por leitura, copia esse valor para outro elemento da matriz, verifica se o valor lido é igual a 10 e, em caso positivo, imprime o valor:

```
ler (notas[1,1])
notas[1,2] ← notas[1,1]
se notas [1,1] = 10
então escrever (notas[1,1])
```

7.2.3 inicialização de matrizes

No que se refere à inicialização, o que foi colocado para vetores vale também para matrizes. Se a matriz é totalmente preenchida por leitura, não é necessário inicializá-la, uma vez que todos os valores anteriores das posições de memória da matriz são descartados quando novos valores nelas são colocados. Mas se a matriz for preenchida apenas parcialmente, restando posições não ocupadas no seu início, meio ou fim, ou se for utilizada em totalizações, cuidados devem ser tomados para garantir que os valores iniciais de todas as suas posições sejam os desejados.

O trecho a seguir inicializa de forma completa, com zeros, uma matriz de 10 elementos em cada dimensão, com índices no intervalo de 1 a 10:

```
para i de 1 incr 1 até 10 faça
   para j de 1 incr 1 até 10 faça
      valor[i,j] ← 0
```

Dependendo do tipo do problema, por vezes também é possível inicializar, imediatamente antes do uso, apenas as posições da matriz que serão utilizadas.

7.2.4 exemplos de uso de matrizes

Nos exemplos a seguir, sempre que todos os elementos da matriz são acessados, a variação dos índices de linha e coluna é realizada usando comandos para/faça encadeados. Embora essa não seja a única solução possível em tais casos, certamente é a mais amplamente utilizada, pois esse encadeamento garante que, para cada valor do índice alterado pelo laço externo, tenha-se toda a variação do índice alterado pelo laço interno, permitindo o acesso ordenado aos elementos das matrizes, linha após linha e, em cada linha, coluna após coluna.

Dada a constante MAX e uma matriz quadrada, definida por tabela(MAX, MAX), a seguir são apresentadas algumas operações sobre essa matriz.

a Preenchimento da matriz por leitura, percorrendo linha por linha:
```
para i de 1 incr 1 até MAX faça
   para j de 1 incr 1 até MAX faça
      ler(tabela[i,j])
```

b Escrita da matriz completa, percorrendo linha por linha:
```
para i de 1 incr 1 até MAX faça
   para j de 1 incr 1 até MAX faça
      escrever(tabela[i,j])
```

c Somatório dos elementos da última coluna:
```
soma ← 0
para i de 1 incr 1 até MAX faça
   soma ← soma + tabela[i,MAX]
escrever('Somatório dos elementos da última coluna = ', soma)
```

d Somatório dos elementos da diagonal principal. Observe que neste caso, teoricamente, dois índices deveriam ser usados para acesso à matriz tabela, já que ela é bidimensional. No entanto, como os elementos da diagonal principal têm índices com valores iguais para linha e coluna (0,0 – 1,1 – 2,2 – etc.), uma única variável pode ser usada como índice para as duas dimensões.
```
soma ← 0
para i de 1 incr 1 até MAX faça
   soma ← soma + tabela[i,i]
escrever('Somatório dos elementos da diagonal principal = ', soma)
```

e Somatório dos elementos da diagonal secundária. Observar que, a partir do índice da linha, é possível calcular o índice da coluna, o que, mais uma vez, permite resolver o problema usando apenas uma variável como índice:

```
soma ← 0
para i de 1 incr 1 até MAX faça
   soma ← soma + tabela[i,((MAX - i) + 1)]
escrever('Somatório elementos da diagonal secundária = ', soma)
```

f Somatório de todos os elementos à esquerda da diagonal secundária:

```
soma ← 0
para i de 1 incr 1 até MAX faça
   para j de 1 incr 1 até MAX faça
      se j < (MAX - i)
         então soma ← soma + tabela[i,j]
escrever
   ('Somatório dos elementos à esquerda da diagonal secundária = ',
   soma)
```

g Geração de dois vetores, um com o somatório das linhas (som_lin[MAX]) e o outro com o das colunas (som_col[MAX]):

```
para i de 1 incr 1 até MAX faça    {INICIALIZA VETORES EM ZERO}
   início
   som_lin[i] ← 0
   som_col[i] ← 0
   fim
para i de 1 incr 1 até MAX faça
   para j de 1 incr 1 até MAX faça
      início
      som_lin[i] ← som_lin[i] + tabela[i,j]
      som_col[j] ← som_col[j] + tabela[i,j]
      fim
```

7.3 matrizes com mais de duas dimensões

Estendendo um pouco mais o exemplo apresentado no início deste capítulo, o que se faria para armazenar as notas de todos os alunos de mais de uma turma em uma única matriz? Supondo que há 2 turmas, cada turma com 7 alunos, com 6 notas por aluno, a declaração da matriz para armazenar os dados correspondentes seria a seguinte:

```
notas_turma (arranjo [1..2, 1..7, 1..6] de real)
```

As três dimensões são, na ordem em que foi feita a declaração: as turmas, os alunos e, finalmente, as notas. A Figura 7.3 mostra a representação espacial da matriz tridimensional notas.

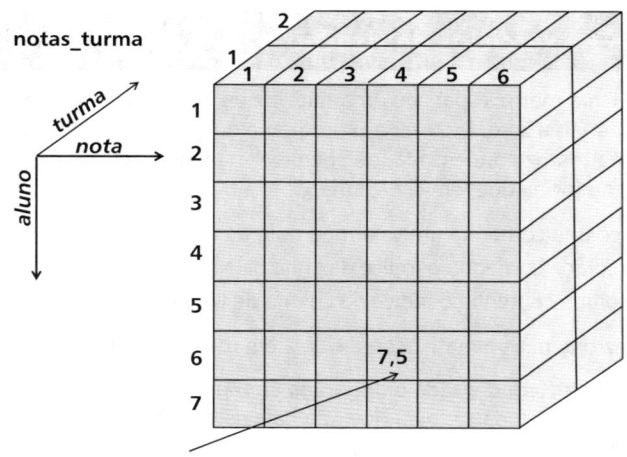

notas_turma

notas_turma[1,6,4] é a 4ª nota do 6º aluno da 1ª turma

figura 7.3 Matriz tridimensional para notas.

Observa-se, nesse exemplo, que para acessar uma determinada nota é necessário, além do nome da matriz, três informações adicionais que permitam identificar o elemento em cada uma das dimensões, ou seja, um índice para cada uma das três dimensões. Por exemplo, o elemento assinalado na Figura 7.3 requer, para sua identificação, os índices 1, 6 e 4.

Outro problema exige que se armazene, ao longo de 12 meses, a quantidade de itens de um total de 30 produtos que estão dispostos em 10 lojas, cada qual com 5 setores. A matriz para resolver esse problema possuirá quatro dimensões e armazenará a quantidade de itens de cada produto vendido em cada mês, por setor e por loja.

A declaração dessa matriz de quatro dimensões é a seguinte:

```
numitens (arranjo [1..10, 1..5, 1..30, 1..12] de inteiro)
```

As quatro dimensões são, nesta ordem: a loja, o setor, o produto e, finalmente, o mês.

Matrizes multidimensionais podem ter duas ou mais dimensões, embora a grande maioria dos problemas não envolva mais do que três ou quatro. O número de dimensões de uma matriz deverá ser definido em função das necessidades do problema que está sendo analisado e das limitações eventuais da linguagem em uso. Isso porque, embora teoricamente não exista limitação para o número de dimensões de uma matriz, uma implementação particular de uma linguagem pode definir um limite para esse número.

7.4 exercícios de fixação

exercício 7.1 Uma matriz esparsa é uma matriz que tem aproximadamente dois terços de seus elementos iguais a zero. Escrever um programa que leia uma matriz esparsa M de 10x10 e que forme uma matriz condensada, de apenas 3 colunas, com os elementos não nulos da matriz original, de forma que, em cada linha:

- **a** a primeira coluna contenha um valor não nulo de M;
- **b** a segunda coluna contenha o índice da linha de M onde foi encontrado esse valor;
- **c** a terceira coluna contenha o índice da coluna de M onde foi encontrado esse valor.

Escrever a matriz original e a matriz condensada em formato matricial.

Observar que a matriz condensada é declarada com um número de linhas igual ao número de elementos da matriz esparsa, para que não haja risco de faltar espaço de armazenamento durante o processamento.

```
Algoritmo MatrizEsparsa
{GERAÇÃO DE UMA MATRIZ CONDENSADA A PARTIR DE UMA MATRIZ ESPARSA}
   Constante: MAX = 3
   Entradas: esparsa (arranjo [1..MAX, 1..MAX] de inteiro)
             {MATRIZ ESPARSA}
   Saída: condens (arranjo [1..(MAX*MAX), 1..3] de inteiro)
             {MATRIZ CONDENSADA}
   Variáveis auxiliares:
      i, j (inteiro)           {ÍNDICES}
      cont (inteiro)           {CONTADOR}
início
   {PREENCHIMENTO DA MATRIZ ESPARSA POR LEITURA}
   para i de 1 incr 1 até MAX faça
      para j de 1 incr 1 até MAX faça
         ler (esparsa[i,j])
   {IMPRIME MATRIZ ESPARSA}
   para i de 1 incr 1 até MAX faça
      início
      para j de 1 incr 1 até MAX faça
         escrever (esparsa[i,j])
      {POSICIONAR EM NOVA LINHA}
      fim
   {CRIAÇÃO DA MATRIZ CONDENSADA}
   cont ← 0
   para i de 1 incr 1 até MAX faça
      para j de 1 incr 1 até MAX faça
         se esparsa[i,j] ≠ 0 {SE VALOR NÃO FOR NULO}
```

```
            então início
                cont ← cont + 1
                condens[cont,1] ← esparsa[i,j] {VALOR NÃO NULO}
                condens[cont,2] ← i    {LINHA DO VALOR NÃO NULO}
                condens[cont,3] ← j    {COLUNA DO VALOR NÃO NULO}
            fim
    {IMPRESSÃO DA MATRIZ CONDENSADA, CASO EXISTA}
    se cont < 1
    então escrever('Matriz não possui elemento não nulo')
    senão para i de 1 incr 1 até cont faça
            escrever(condens[i,1],condens[i,2],condens[i,3])
fim
```

exercício 7.2 Processar a população da capital e dos 10 outros municípios mais populosos dos 26 estados brasileiros, armazenando esses dados em uma matriz bidimensional. Determinar:

- a média da população das capitais;
- o município mais populoso (excetuando capitais) e em que estado se encontra;
- os municípios que têm população maior que a média da população das capitais.

Passos básicos para solução:

1. leitura dos dados de população das capitais e municípios mais populosos;
2. cálculo e apresentação da média da população das capitais;
3. determinação e apresentação do município mais populoso e em que estado se encontra;
4. determinação e apresentação dos municípios que têm população maior que a média da população das capitais.

Observar que nesse problema, assim como em vários outros, a ordem de um ou mais passos pode ser alterada sem afetar a correção dos resultados. Por exemplo, o passo 3, poderia ser realizado como passo 2, ou 4. Igualmente, o passo 4 poderia ser realizado como passo 3. No entanto, o passo 1 deverá preceder todos os demais passos, e o passo 4 só poderá ser realizado após o passo 2. Então, ao projetar uma solução para um problema, é importante verificar se ela respeita as dependências existentes entre as várias atividades a serem realizadas, de forma a atingir com correção os resultados desejados.

```
Algoritmo ProcPopulEst
{PROCESSA DADOS DE POPULAÇÃO DAS CAPITAIS E MUNICÍPIOS MAIS POPULOSOS
DOS 26 ESTADOS BRASILEIROS}
    Constantes:
       MAX_EST = 26
       MAX_MUNIC = 11
    Entradas: tabpop (arranjo [1.. MAX_EST, 1.. MAX_MUNIC] de inteiro)
    Saídas: mediapopcap (real)
            estadomaior, municipiomaior (inteiro)
```

```
Variáveis auxiliares:
  i, j (inteiro)                                    {ÍNDICES}
  somapopcap (inteiro)              {SOMATÓRIO POPULAÇÃO CAPITAIS}
  primeiravez (inteiro)      {CONTROLA APRESENTAÇÃO DE CABEÇALHO}
  maior (inteiro)   {AUXILIA DETERMINAÇÃO MUNICÍPIO MAIS POPULOSO}
início
  {LEITURA DOS DADOS DE POPULAÇÃO}
  para i de 1 incr 1 até MAX_EST faça
    início
    escrever('Estado', i)
    para j  de 1 incr 1 até MAX_MUNIC faça
      se j = 1                      {DADOS DE CAPITAIS NA COLUNA 1}
      então repita
             início
             escrever('População da capital')
             ler (tabpop[i,j])
             fim
           até tabpop[i,j] > 0
      senão repita
             início
             escrever('População do município', j)
             ler (tabpop[i,j])
             fim
           até tabpop[i,j] > 0
    fim
  {CÁLCULO DA MÉDIA DA POPULAÇÃO DAS CAPITAIS}
  somapopcap ← 0
  para i de 1 incr 1 até MAX_EST faça
      somapopcap ← somapopcap + tabpop[i, 1]
  mediapopcap ← somapopcap / MAX_EST
  escrever ('Média de população das capitais: ', mediapopcap)
  {DETERMINAÇÃO DO MUNICÍPIO MAIS POPULOSO E EM QUE ESTADO
   SE ENCONTRA}
  maior ← tabpop[1,2]   {COLUNA 2 EM DIANTE: MUNICÍPIOS NÃO CAPITAIS}
  estadomaior ← 1
  municipiomaior ← 2
  para i de 1 incr 1 até MAX_EST faça
    para j de 2 incr 1 até MAX_MUNIC faça
      se tabpop[i, j] > maior
        então início
             maior ← tabpop[i, j]
             estadomaior ← i
             municipiomaior ← j
```

```
               fim
     escrever ('O município mais populoso é o ' , municipiomaior - 1,
              'do estado , estadomaior , 'com  ', maior, 'habitantes');
     {DETERMINAÇÃO E APRESENTAÇÃO DOS MUNICÍPIOS QUE TÊM POPULAÇÃO
      MAIOR QUE A MÉDIA  DA POPULAÇÃO DAS CAPITAIS}
     primeiravez ← 1
     para i de 1 incr 1 até MAX_EST faça
       para j  de 2 incr 1 até MAX_MUNIC faça
         se tabpop[i, j] > mediapopcap
         então início
             se primeiravez = 1      {CABEÇALHO SÓ QUANDO FOR ESCREVER}
             então início
                 escrever ('Municípios com população > do que ',
                           'população média das capitais')
                 primeiravez ← 0
             fim
             escrever('Município : ',  j - 1, ' do Estado: ',
                       i, 'População: ', tabpop[i,j])
         fim
     se primeiravez = 1
     então início
           escrever ('Nenhum dos municípios mais populosos tem ',
             'população superior à media da população das capitais. ')
           fim
fim
```

exercício 7.3 Fazer um programa para registrar os acidentes de trânsito que acontecem na ilha de Manhattan, na cidade de Nova York, e emitir um relatório com as 8 intersecções mais perigosas. As ruas e avenidas da região devem ser representadas por uma matriz. As linhas na matriz correspondem às avenidas, da Primeira à Décima (1 a 10, e as colunas correspondem às ruas, da 30 à 58 (30 a 58). Em cada posição da matriz, deve ser registrado o número de acidentes ocorridos, no período em processamento, nas proximidades do cruzamento correspondente.

Considerar que um número desconhecido de dados de acidentes será lido. Definir uma marca de parada para sinalizar o final da entrada de dados. O número de acidentes de um cruzamento deverá ser fornecido seguido de um par de números que descrevem sua localização. Por exemplo, os valores 7, 5 e 54 significam 7 acidentes ocorridos nas vizinhanças da Quinta Avenida com a Rua 54. Os valores lidos devem ser verificados quanto à sua correção e apenas valores válidos devem ser aceitos.

estratégia de solução adotada: classificar os dados da matriz de acidentes e, depois, apresentar os dados das intersecções desejadas. Para classificar os dados da matriz de acidentes, gerar, a partir dessa matriz, a sua correspondente matriz condensada (Exercício de Fixação

7.1) que contenha apenas as intersecções com pelo menos um acidente. A classificação dos dados acontecerá na matriz condensada. Essa solução exige um processamento elaborado (geração da matriz condensada e classificação), mas é extremamente interessante, já que pode atender inclusive outras solicitações, como, por exemplo, apresentação das intersecções com menor número de acidentes, etc.).

```
Algoritmo AcidentesNovaYork
{PROCESSA ACIDENTES OCORRIDOS NA ILHA DE MANHATTAN}
  Constantes:
    MAXAVENIDAS = 10
    MINRUAS = 30
    MAXRUAS = 58
    INTERSECPERIGO = 8
    IND_AJUST = 29            {VALOR DE AJUSTE DO ÍNDICE DE RUAS}
  Tipos:
    mat = arranjo [1..MAXAVENIDAS, 1..((MAXRUAS - MINRUAS)+1)]
                de inteiro
    mat_condens = arranjo[1..MAXAVENIDAS *((MAXRUAS - MINRUAS) + 1),
                  1..3] de inteiro
  Entradas: matriz (mat)
  Saída: dados das intersecções mais perigosas ou mensagem
  Variáveis auxiliares:
    avenida, rua (inteiro)
{ÍNDICES}
    linha, m, k (inteiro)    {VARIÁVEIS GERAÇÃO DA MATRIZ CONDENSADA}
    cont_com_acidentes (inteiro) {CONTADOR CRUZAMENTO COM ACIDENTES}
    trocou (lógica)
    aux1, aux2, aux3 (inteiro)       {AUXILIARES DE CLASSIFICAÇÃO}
    matriz_condensada (mat_condens)
início
  {INICIALIZAÇÃO DA MATRIZ COM ZEROS}
  para avenida de 1 incr 1 até MAXAVENIDAS faça
      para rua  de 1 incr 1 até MAXRUAS faça
          matriz[avenida, rua]  = 0
  {PREENCHIMENTO DA MATRIZ COM OS ACIDENTES}
  repita
    início
    escrever('Avenida de 1 a ', MAXAVENIDAS, 'ou -1 para parar: ')
    ler (avenida)
    se (avenida ≤ 0 ou avenida > MAXAVENIDAS) e avenida ≠ -1
    então escrever('Avenida inválida')
    fim
  até (avenida > 0 e avenida ≤ MAXAVENIDAS) ou (avenida = −1)
```

```
enquanto avenida ≠ −1 faça {MARCA DE PARADA: AVENIDA = -1}
  início
  repita
    início
    escrever('Rua de ', MINRUAS, ' a ', MAXRUAS)
    ler (rua)
    se rua < MINRUAS ou rua > MAXRUAS
    então escrever('Rua inválida')
    fim
  até rua ≥ MINRUAS e rua ≤ MAXRUAS
  repita
    início
    escrever ('Acidentes do cruzamento da avenida ',
            avenida, ' com a rua ', rua, ':')
    ler (matriz[avenida, rua - IND_AJUST])
    se matriz[avenida, rua - IND_AJUST] ≤ 0
    então escrever('Número de acidentes inválido')
    fim
  até matriz[avenida, rua - IND_AJUST]  > 0
  repita
    início
    escrever('Avenida de 1 a ', MAXAVENIDAS, ' ou -1 para parar')
    ler (avenida)
    se (avenida ≤ 0 ou avenida > MAXAVENIDAS) e avenida ≠ -1
    então escrever('Avenida inválida')
    fim
  até (avenida > 0 e avenida ≤ MAXAVENIDAS) e (avenida ≠ −1)
  fim
{GERAÇÃO DA MATRIZ CONDENSADA}
linha ← 0
para i de 1 incr 1 até MAXAVENIDAS faça
   para j de 1 até MAXRUAS - IND_AJUST faça
      se matriz[i , j] > 0
      então início
           linha ← linha + 1
           cont_com_acidentes ← cont_com_acidentes + 1
           matriz_condensada[linha, 1] ← matriz[i , j]
           matriz_condensada[linha, 2] ← i
           matriz_condensada[linha, 3] ← j + IND_AJUST
           fim
escrever('Cruzamentos com acidentes: ')
escrever('Avenida Rua Acidentes')
para i de 1 incr 1 até linha faça
```

```
            escrever(matriz_condensada[i , 1], matriz_condensada[i , 2],
                            matriz_condensada[i , 3])
      {CLASSIFICAÇÃO DA MATRIZ CONDENSADA}
      trocou ← verdadeiro
      m ← linha - 1
      k ← 1
      enquanto trocou faça
        início
        trocou ← falso
        para i de 1 incr 1 até m faça
           se matriz_condensada[i, 1] < matriz_condensada[i+1, 1]
              então início
                   aux1 ← matriz_condensada[i, 1]
                   aux2 ← matriz_condensada[i, 2]
                   aux3 ← matriz_condensada[i, 3]
                   matriz_condensada[i, 1] ← matriz_condensada[i+1, 1]
                   matriz_condensada[i, 2] ← matriz_condensada[i+1, 2]
                   matriz_condensada[i, 3] ← matriz_condensada[i+1, 3]
                   matriz_condensada[i+1, 1] ← aux1
                   matriz_condensada[i+1, 2] ← aux2
                   matriz_condensada[i+1, 3] ← aux3
                   k ← i
                   trocou ← verdadeiro
                   fim
        m ← k
        fim
      {APRESENTAÇÃO DOS RESULTADOS}
      se cont_com_acidentes > 0
      então início
             i ← 1
             repita
               início
               escrever('Intersecção perigosa: ', i)
               escrever (' avenida ', matriz_condensada[i, 2] )
               escrever (' rua ',  matriz_condensada[i, 3])
               escrever (' acidentes ',  matriz_condensada[i, 1])
               i ← i + 1
               fim
             até i > linha ou  i > INTERSECPERIGO
             se linha < INTERSECPERIGO
             então escrever('Não há mais intersecções com acidentes!')
             fim
```

```
        senão escrever('Nenhum acidente informado!')
    fim
```

outra estratégia possível de solução: percorrer sucessivas vezes a matriz original. A cada varredura da matriz, fazer a determinação de uma intersecção mais perigosa. Apresentar este valor e, em seguida, substituí-lo na matriz por um valor inválido (-1, por exemplo), para que não seja mais considerado nas varreduras subsequentes. O processo encerra-se ou pela apresentação de todas as intersecções mais perigosas solicitadas ou pelo término das intersecções com acidentes. Se nenhuma intersecção com acidentes for informada, uma mensagem é apresentada. Essa solução só é possível nos casos em que os dados estejam dentro de um intervalo determinado de valores, de modo que um valor extra possa ser definido para inutilizar posições. Igualmente, ela exige a alteração da matriz original. Se a alteração não é possível, pode-se ainda considerar a geração de uma cópia da matriz que possa então sofrer alterações, mas, dependendo do tamanho da matriz original, essa opção pode ser pouco interessante.

7.5 ⋯→ em Pascal

7.5.1 declaração de uma matriz

Um tipo de dado matriz (arranjo de mais de uma dimensão) é declarado em Pascal de forma semelhante ao tipo vetor, incluindo os limites para cada uma das dimensões:

```
    array [<limite inferior>..<limite superior>,
           <limite inferior>..<limite superior>, ...] of <tipo>
```

Os limites superior e inferior, índices do primeiro e do último elemento de cada dimensão, devem ser do tipo `inteiro`, `caractere` ou `enumeração` (tipo que será visto no Capítulo 8). Não existem restrições quanto aos valores que podem ser utilizados como índices. O tipo declarado no final é o tipo de todos os elementos da matriz.

Exemplo de declarações de matrizes:

```
    var
        nota: array [1..7, 1..6] of real;
        contagem_letras: array ['a'..'j', 1..20] of integer;
```

Em algumas situações, duas variáveis que tenham sido declaradas de forma independente, com tipos não definidos explicitamente e aparentemente iguais, podem não ser reconhecidas como variáveis de mesmo tipo pelo sistema. Por essa razão, recomenda-se que a declaração de uma matriz em Pascal seja feita sempre como está a seguir, definindo primeiro a(s) constante(s) usada(s) na declaração da matriz, em seguida o tipo definido para a matriz e, finalmente, a variável do tipo matriz:

```
const
  MAX1 = 6;
  MAX2 = 8;
type
  matriz = array [1..MAX1, 1..MAX2] of integer;
var
  mat: matriz;
```

7.5.2 acesso aos elementos de uma matriz

O acesso aos elementos de uma matriz em Pascal é feito definindo-se um índice para cada uma das dimensões. Esse índice pode ser dado por um valor constante, pelo conteúdo de uma variável ou pelo resultado de uma expressão, devendo ser do mesmo tipo definido para cada um dos índices, na ordem em que foram definidos. Os comandos a seguir acessam elementos das matrizes definidas na seção anterior:

```
{PREENCHER POR LEITURA O ELEMENTO DA LINHA 3, COLUNA 5 DA MATRIZ nota:}
readln(nota [3, 5]);

{SUPONDO A VARIAVEL INTEIRA i = 2, INFORMAR VALOR CONTIDO NA LINHA 1,
COLUNA 4 DA MATRIZ contagem_letras}
writeln(contagem_letras['a', i+2]);

{COPIAR VALOR DA LINHA 2, COLUNA 1 PARA LINHA 1, COLUNA 2 DE mat}
mat[1,2] := mat[2,1];
```

O trecho a seguir imprime a matriz mat, linha por linha, separando seus valores adequadamente. São utilizadas as variáveis inteiras lin e col para percorrer respectivamente as linhas e as colunas da matriz:

```
for lin := 1 to MAX1 do              {PARA CADA LINHA DA MATRIZ}
    begin
    writeln;             {INICIA NOVA LINHA PARA CADA LINHA DA MATRIZ}
    for col := 1 to MAX2 do          {PARA CADA COLUNA DESTA LINHA}
        write(mat[lin, col]:5, ' ')       {ESCREVE UM ELEMENTO}
    end;
```

7.5.3 inicialização de matriz na declaração

É possível inicializar matrizes na declaração, declarando-as como constantes tipadas. Constantes tipadas, apesar do nome, funcionam na realidade como variáveis, uma vez que seus valores iniciais podem ser alterados durante o processamento.

Declaração de uma matriz como constante tipada:

```
const
   <nome da constante> : <tipo da constante> =
((valor1 da 1ª linha, valor2 da 1ª linha , ... , valorn da 1ª linha),
 (valor1 da 2ª linha, valor2 da 2ª linha , ... , valorn da 2ª linha),
 (valor1 da 3ª linha, ...), (...));
```

O número de valores informados não pode ser nem menor nem maior que o número de valores previstos para cada linha da matriz, caso contrário o código não será compilado sem erros.

Exemplo de inicialização de uma matriz por meio de sua declaração como constante tipada:

```
const
   MAXMERC = 5;
   MAXMES = 12;
type
   mt = array [1..MAXMERC , 1..MAXMES] of integer;
const
   matriz : mt = ((0, 0, 0, 0, 0, 0, 0, 0, 1, 1, 1, 1),
                  (50, 51, 5, 5, 5, 5, 5, 5, 5, 5, 5, 5),
                  (5, 5, 5, 5, 5, 5, 5, 5, 5, 5, 5),
                  (100, 10, 10, 10, 10, 10, 10, 10, 10, 10, 10, 10),
                  (0, 0, 0, 0, 10, 5, 10, 5, 5, 5, 5, 5));
```

7.5.4 atribuição em bloco

Em Pascal é possível fazer uma atribuição em bloco de um arranjo a outro, desde que tenham exatamente a mesma estrutura.

Supondo que matriz_original e matriz_copia tenham o mesmo número de dimensões e, em cada uma das dimensões correspondentes (na ordem em que foram definidas), o mesmo número de elementos, a atribuição a seguir copia todos os valores de uma para a outra:

```
matriz_copia := matriz_original;
```

7.6 em C

7.6.1 declaração de uma matriz

A declaração de uma matriz multidimensional em C é feita definindo-se, após o nome da matriz, o número de elementos em cada uma das suas dimensões, cada um entre colchetes:

```
<tipo_da_variável> <nome_da_variável>
    [<número de elementos da 1ª dimensão>]
    [número de elementos da 2ª dimensão] ...;
```

onde `<tipo_da_variável>` é o tipo de todos os elementos da matriz e `<nome_da_variável>` é o nome da matriz.

Como os índices em C iniciam obrigatoriamente em 0, os índices válidos de uma dimensão de um arranjo variam de 0 ao número de elementos dessa dimensão menos 1. A declaração em C da matriz `notas_turma` da Figura 7.3 é:

```
real notas_turma [2] [7] [6];
```

Os índices de cada uma das dimensões da matriz `notas_turma`, iniciando sempre em zero, são respectivamente: 0 a 1, 0 a 6 e 0 a 5.

7.6.2 acesso aos elementos de uma matriz

O acesso aos elementos de uma matriz em C é feito por índices, um para cada dimensão, que podem ser valores constantes, variáveis ou expressões, preferencialmente de tipo `integer` ou `char`.

No trecho a seguir, a matriz `mat_val` é apresentada linha por linha, com as variáveis `linha` e `coluna` sendo usadas respectivamente como índices de linha e coluna e as constantes `MAX1` e `MAX2` como valores máximos de índices:

```
for (linha = 0; linha < MAX1; linha++)
  {
    for (coluna = 0; coluna < MAX2; coluna++)
        printf ("%6.2f   ", mat_val[linha][coluna]);
    printf("\n");
  }
```

7.7 ⋯▶ dicas

usar índices fora de intervalo válido. O erro mais frequente no uso de matrizes é a tentativa de empregar índices com valores que gerem acessos fora dos limites das matrizes. Esse tipo de erro, por implicar no acesso a áreas indevidas de memória, produz por vezes resultados muito estranhos.

verificar correção de dados de entrada usados como índices. Todo dado de entrada que deva estar dentro de um intervalo válido de valores só deve ser aceito se estiver correto. Esse cuidado é particularmente importante quando o dado de entrada vier a ser usado como índice de matrizes.

escrever índices de matrizes multidimensionais em C. Na escrita dos índices de uma matriz em C, devem ser colocados pares de colchetes cercando os índices de cada dimensão. Escrever todos os índices dentro de um único par de colchetes, apenas separados por vírgulas, mesmo que não resulte em erro de sintaxe, resulta em erro lógico.

escrever índices obedecendo à ordem das dimensões das matrizes. Cuidar para referenciar corretamente cada uma das dimensões das matrizes, na ordem em que foram definidas. Por exemplo, se no exemplo da Figura 7.3 as dimensões foram definidas na ordem turmas/alunos/notas, uma referência ao elemento 1,3,2 está se referindo à 2ª nota do 3º aluno da 1ª turma. Errar a ordem dos índices resulta no acesso e utilização de elementos diferentes dos que se quer.

usar constantes. É altamente recomendável utilizar constantes nos limites das dimensões das matrizes e no código que as acessa, sempre que pertinente. Isso facilita os trabalhos de teste e torna o código mais genérico.

evitar processamento desnecessário. Um exemplo típico de processamento desnecessário é o acesso aos elementos da diagonal principal de uma matriz bidimensional. Os valores de índice desses elementos são iguais: 1 1, 2 2, 3 3, etc. Embora soluções com a variação de dois índices sejam por vezes adotadas, um só índice é suficiente para acessar seus elementos.

não expor desnecessariamente o usuário a particularidades da linguagem de programação utilizada. Por exemplo, na linguagem C os índices partem de zero. Mas, no mundo real, o usuário conhece valores que iniciam em 1 e vão até um valor limite. Nesses e em outros casos semelhantes, ao interagir com o usuário, é necessário fazer os ajustes necessários de modo a garantir que ele opere com a informação da forma como está habituado.

7.8 testes

testar com versões reduzidas da matriz. Sempre que possível, testar os programas com a matriz reduzida a um pequeno conjunto de valores. Se funcionar para um número reduzido de elementos por dimensão, também funcionará quando esse número for aumentado.

testar com o volume mais próximo possível do real. Fazer pelo menos um teste com o volume aproximado de dados que deve ser o realmente utilizado. Há questões que só surgem com um volume maior de dados.

testar valores limite. Nos testes, verificar, sobretudo, os itens que vão até o limite dos intervalos de valores dos índices.

encontrar e solucionar erros. Verificar inicialmente a declaração da matriz. A maior parte dos problemas surge de declarações incorretas ou inconsistentes com o uso da matriz. Verificar os valores que estão sendo utilizados nos índices. Índices fora de intervalo podem provocar erros em áreas sem relação com as matrizes. Verificar se os valores de índices usados nas dimensões coincidem com o previsto na declaração da matriz.

7.9 exercícios sugeridos

exercício 7.1 Dada uma matriz M(10, 20), escreva um programa que realize a seguinte sequência de operações:

- **a** preencha a matriz por leitura;
- **b** imprima seus valores na forma de uma matriz;
- **c** procure e imprima o maior elemento de cada linha da matriz;
- **d** calcule e imprima a média dos elementos de cada coluna;
- **e** calcule e imprima o produto de todos os elementos diferentes de zero;
- **f** conte e imprima quantos elementos são negativos;
- **g** informe qual a posição ocupada (linha-coluna) por um determinado elemento cujo valor será lido pelo programa.

exercício 7.2 Declare uma matriz M(4, 4), de tipo `inteiro`. Sobre essa matriz efetue as seguintes operações:

- **a** preencha por leitura;
- **b** imprima o conteúdo na forma de uma matriz;
- **c** troque a primeira linha da matriz com a primeira coluna e imprima novamente;
- **d** imprima os elementos da diagonal principal em uma linha e depois os da diagonal secundária em outra linha;
- **e** zere a segunda coluna da matriz e imprima novamente;
- **f** preencha um vetor com o produto dos elementos de cada coluna e imprima esse vetor;
- **g** multiplique a matriz por um valor inteiro lido e imprima novamente.

exercício 7.3 Preencha por leitura uma matriz M(10,10). Em seguida, forme um vetor com os elementos das linhas pares da matriz. Depois forme outro vetor com os elementos da diagonal principal, somados com os elementos da mesma linha, contidos na diagonal secundária. Imprima a matriz e os dois vetores.

exercício 7.4 Na Teoria de Sistemas, define-se como elemento minimax de uma matriz o menor elemento da linha em que se encontra o maior elemento da matriz. Escreva um programa que preencha uma matriz M(15,15) por leitura e determine o seu elemento minimax.

exercício 7.5 Preencha por leitura uma matriz M(5,5). Em seguida, calcule e imprima a média dos elementos das áreas assinaladas:

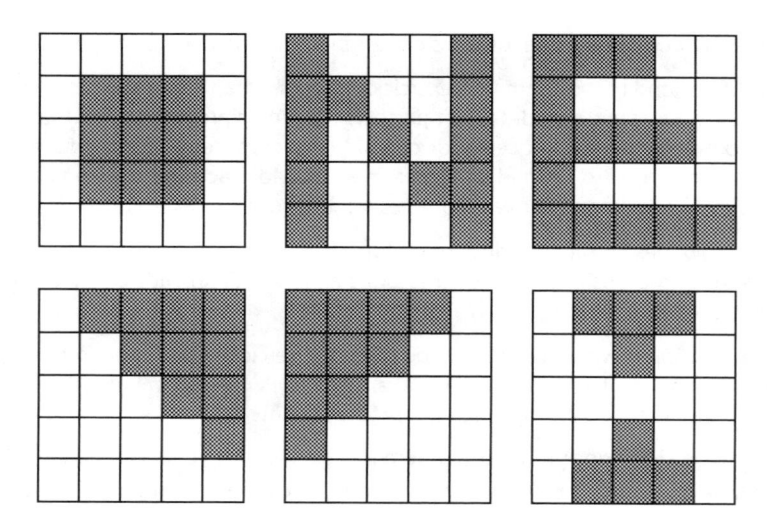

exercício 7.6 A transposta de uma matriz é definida trocando-se, ordenadamente, suas linhas por suas colunas, conforme mostrado no exemplo abaixo:

Matriz A

1	4
2	5
3	6

Matriz T

1	2	3
4	5	6

Faça um programa que:

- preencha por leitura uma matriz A(10, 20);
- obtenha a matriz transposta de A, chamando a transposta de matriz T;
- imprima o conteúdo de T na forma de uma matriz.

exercício 7.7 Implemente o Exercício de Fixação 7.3 (Seção 7.4), utilizando a segunda estratégia apresentada.

exercício 7.8 Faça um programa para o controle do estoque de uma rede de 5 lojas. Cada loja vende 15 produtos diferentes, com códigos de 1 a 15. O programa deve iniciar lendo o total de itens de cada um dos produtos disponível para venda em cada loja, armazenando esses estoques em uma matriz (1ª dimensão – loja; 2ª dimensão – código do produto). O programa deve processar um conjunto de atualizações de estoque decorrentes de vendas realizadas. No final do processo, o programa deve fazer uma análise do estoque que restou em cada loja, informando, por loja:

a) código dos produtos que estão com estoque inferior a 10 unidades;
b) número de produtos que apresentam estoque de 10 a 20 unidades (inclusive).

No final, informar o número total de itens em estoque na rede para cada produto.

exercício 7.9 Estenda o programa do exercício anterior para fazer atualização de estoques decorrentes de aquisição de produtos por parte da loja. Após preencher a matriz de estoques por leitura, o programa deve processar diversas atualizações, sendo fornecidos a cada vez a loja, o produto e o número de unidades a serem adicionadas ao estoque. Ao final das atualizações, imprima um relatório com as seguintes informações:

- total de unidades de cada produto em estoque em cada loja;
- códigos dos produtos que estão com estoque abaixo de 5 unidades, com as lojas correspondentes.

exercício 7.10 Considere a mesma rede de lojas do Exercício 7.8. Supondo que o preço de um produto possa ser diferente em cada loja, armazene os preços em uma matriz (1ª dimensão – loja; 2ª dimensão – produto). Faça um programa que:

| a | informe os códigos dos produtos que têm preços diferentes em pelo menos duas lojas;
| b | identifique e informe o código, o preço e a loja dos três produtos (diferentes entre si) mais caros;
| c | calcule e informe a média geral de preço de cada produto;
| d | para cada produto, informe as lojas em que o preço é superior à média de preço do produto.

exercício 7.11 Desenvolva um programa que, com base nas matrizes definidas nos três exercícios anteriores e já preenchidas, processe uma série de vendas. Em cada pedido feito por um cliente, ler a loja em que está sendo efetuada a compra, os códigos e as quantidades dos produtos a serem comprados. Verificar se existe estoque para atender todo o pedido na loja em questão e, caso não haja estoque de algum produto, cancelar a venda. Caso a venda possa ser realizada, fazer a atualização do estoque e informar o preço final a ser pago pelo cliente.

exercício 7.12 Uma locadora de DVDs armazena os dados referentes à quantidade de locações em um arranjo, no qual a primeira dimensão corresponde ao tipo de filme contido no DVD (comédia, drama, desenho animado, suspense, aventura, musical) e a segunda dimensão corresponde ao código do DVD (para cada tipo de filme, os códigos são sequenciais, iniciando em 1). Faça um programa que:

| a | processe um conjunto de locações, sendo que para cada locação são fornecidos o tipo e o código do filme, e que armazene o número de locações em uma matriz, onde a primeira dimensão é o tipo do filme e a segunda, seu código;
| b | processe um conjunto de pagamentos de locações, armazenando os valores arrecadados em um arranjo tridimensional no qual a primeira dimensão corresponde ao tipo do filme, a segunda ao seu código e a terceira ao código do cliente. O valor armazenado nesse arranjo será o total (em reais) arrecadado em locações, acumulado;
| c | forneça um relatório com os seguintes dados:

- número de locações de cada um dos tipos de filme;
- códigos dos DVDs da categoria de drama que apresentaram mais de três locações;
- códigos dos DVDs que não apresentaram locação;
- total arrecadado para cada DVD, indicando seu tipo;
- total pago por cada cliente;
- valor médio pago por cliente.

exercício 7.13 Suponha que a locadora disponha, além de DVDs, também de BDs (*Blu-Ray disk*). Adapte o programa anterior para esse caso, criando mais uma dimensão de armazenamento na qual é identificado o tipo do disco, se DVD ou BD.

exercício 7.14 Escreva um programa para gerenciar algumas ações em um restaurante. O programa deve processar as opções que estão a seguir, escolhidas de um *menu*. Após atender a uma solicitação, o *menu* deve ser reapresentado, a menos que a opção seja de terminar o programa. As opções são as seguintes:

- controle de ocupação de mesas – o restaurante tem 20 mesas. As mesas podem estar reservadas, ocupadas ou livres. Essa opção deve i) reservar uma mesa quando solicitado (qualquer mesa – o cliente não pode escolher mesa), ii) colocar o *status* de uma mesa reservada ou livre em ocupada, e iii) liberar uma mesa quando for desocupada. Nesse último caso, as despesas dessa mesa devem ser zeradas a fim de que comece o registro para a nova ocupação.
- registrar despesas de uma mesa – cada produto consumido no restaurante tem um código (inteiro, de 1 a 20). O garçom fornece esse código e a quantidade correspondente a esse código. O programa calcula a despesa (o valor unitário de cada produto deve ser lido no início do programa, uma vez só) e vai acumulando nas despesas da mesa.
- calcular valor total a ser pago por uma mesa e emitir nota fiscal – quando essa opção for solicitada, o programa deve "fechar" as despesas da mesa para a qual foi pedida a conta e imprimir o valor a ser pago. Esse valor deve ser acrescentado no total arrecadado pelo restaurante no dia em processamento.

No final do dia, o programa deve informar o total arrecadado.

exercício 7.15 Uma empresa possui duas lojas, cada uma com quatro departamentos. Cada departamento tem três funcionários. Escreva um programa que forneça à gerência algumas informações relativas aos salários dos funcionários dessa empresa. Os salários devem ser armazenados em uma matriz tridimensional (loja – departamento – identificador do funcionário). O programa deve:

[a] preencher a matriz por leitura;
[b] informar os salários de todos os funcionários, identificando qual a loja e qual o departamento em que trabalha;
[c] informar o total pago em salários por loja;

| d | informar quantos funcionários recebem salário superior a R$ 1.000,00 na primeira loja;
| e | informar a média salarial de cada departamento da segunda loja.

exercício 7.16 As notas de uma turma de 50 alunos são armazenadas em uma matriz NOTA (50, 12). Para cada aluno são armazenadas três notas para cada disciplina: colunas 1, 2 e 3 para a disciplina 1; colunas 4, 5 e 6 para a disciplina 2; colunas 7, 8 e 9 para a disciplina 3; e colunas 10, 11 e 12 para a disciplina 4. Em um vetor são armazenados os números de matrícula dos alunos, sendo que o índice de linha da matriz corresponde ao índice do vetor em que está a matrícula do aluno. Faça um programa que realize as seguintes tarefas:

| a | preencha por leitura a matriz e o vetor. Os dados são fornecidos da seguinte maneira: para cada aluno, seu número de matrícula, seguido de suas notas;
| b | calcule e informe as médias de cada aluno em cada disciplina; e
| c | calcule e informe as médias da turma em cada disciplina.

exercício 7.17 O controle de reservas de poltronas de um ônibus é feito através de uma matriz com 20 filas com 4 poltronas em cada fila. As poltronas ocupadas serão assinaladas na matriz por meio do valor 1 e as desocupadas, por meio de 0. Faça um programa que:

| a | assinale uma poltrona como ocupada, sendo fornecida sua fila e sua posição. O programa deve processar diversas reservas de lugares até que seja fornecido um sinal de final de reservas. Caso seja solicitada a reserva de um lugar que já está ocupado, informar ao usuário;
| b | apresente, ao final das reservas, os totais de poltronas livres e de poltronas ocupadas.

exercício 7.18 Uma loja comercializa 50 produtos diferentes, identificados por códigos de 1 a 50. Na loja atendem 5 funcionários, identificados por códigos de 1 a 5, os quais recebem 5% de comissão sobre o total vendido. Faça um programa que, tendo como base os códigos e preços dos produtos, processe um número indeterminado de vendas efetuadas ao longo de um dia. Os preços dos produtos devem ser fornecidos como dados no início do programa. Cada venda poderá ser composta de vários itens e de produtos diversos. A cada venda realizada, o número de unidades vendidas de cada produto deve ser acumulado em uma matriz, onde a 1ª dimensão corresponde aos funcionários e a 2ª aos produtos. Essa matriz deve ser inicializada com zeros no início do processamento. Além dessa matriz, outras estruturas poderão ser definidas para apoiar o processamento. O programa deverá informar o valor total a pagar em cada venda e, no final do dia, fornecer:

- total de vendas (em reais);
- total de vendas efetuadas (em reais) por cada vendedor;
- total de comissões (em reais) recebidas por cada vendedor;
- código do vendedor que efetuou a maior venda;
- código do produto que vendeu o menor número de unidades;
- total de unidades vendidas de cada produto.

exercício 7.19 Uma biblioteca possui duas salas. Cada sala tem três estantes capazes de conter, cada uma, 50 livros. Para controle dos empréstimos foram armazenados os estados de cada livro (1 – emprestado ou 0 – disponível) em uma matriz tridimensional. Faça um programa que:

- [a] preencha a matriz por leitura (livros / estantes / salas);
- [b] escreva os códigos referentes ao estado dos livros de cada sala em forma de matriz (uma matriz por sala);
- [c] conte e apresente quantos livros da primeira sala estão disponíveis;
- [d] conte e apresente quantos livros da segunda estante da segunda sala estão emprestados.

7.10 ⋯▶ termos-chave

acesso a um elemento de uma matriz, p. 198

declaração de uma matriz bidimensional, p. 197

matrizes, p. 196

matriz de duas dimensões ou bidimensional, p. 197

matrizes com mais de duas dimensões, p. 200

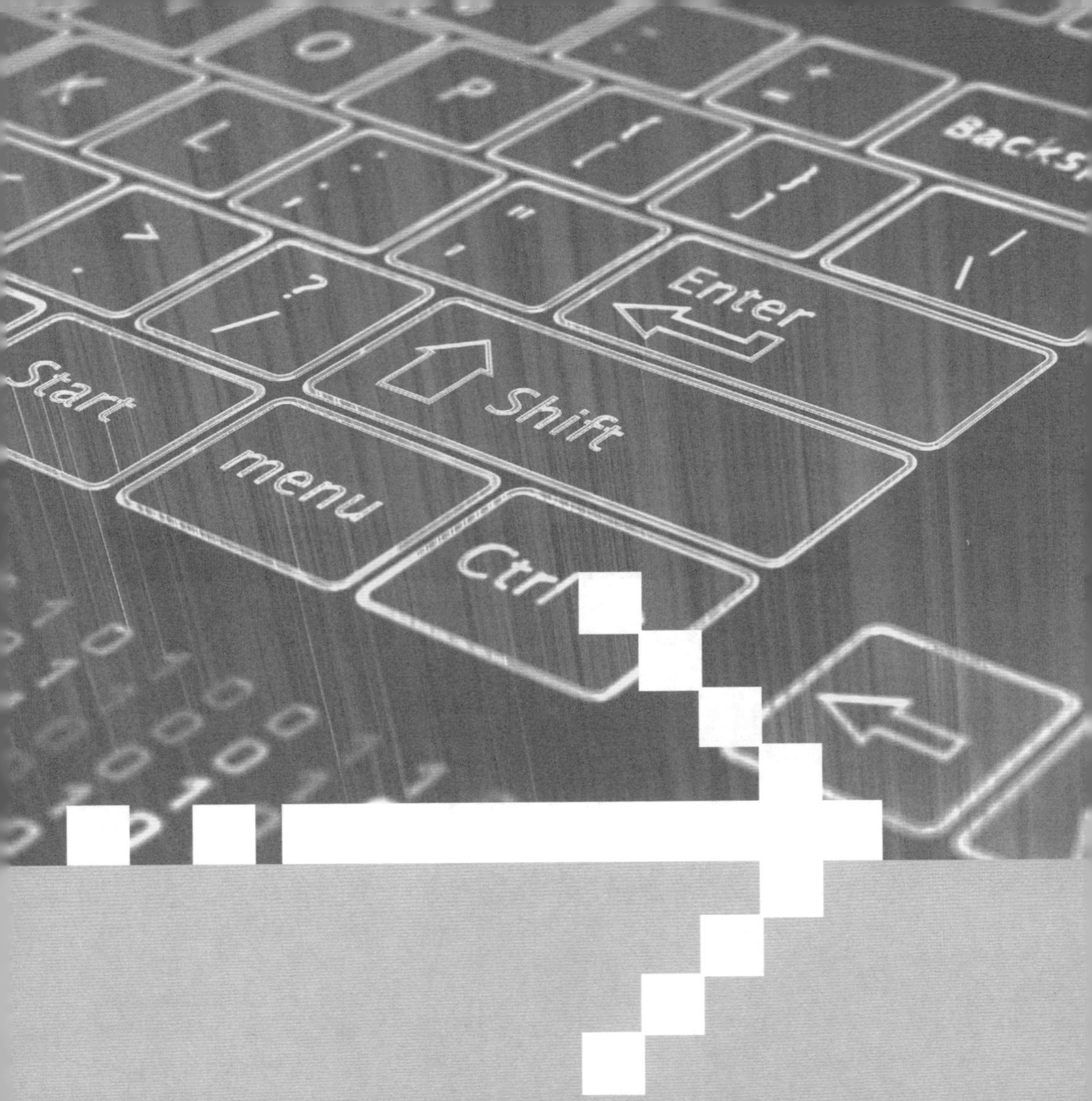
Enter
Shift
Start
menu
Ctrl

capítulo

tipo definido por enumeração

■ ■ Este capítulo apresenta um tipo de dado escalar chamado de enumeração, no qual os valores possíveis são definidos pelo programador. Além disso, discute as formas de declarar esse tipo de dado, bem como as formas de manipular variáveis definidas com esse tipo.

Ao trabalhar com vetores e matrizes deve-se tomar muito cuidado ao referenciar um elemento a fim de não especificar as dimensões na ordem incorreta. O problema se torna mais crítico em matrizes de três ou mais dimensões. Por exemplo, na matriz da Figura 7.3, que armazena as 6 notas de 7 alunos que integram 2 turmas, as três dimensões correspondem, respectivamente, à turma, ao aluno e à nota, nessa ordem, conforme a declaração:

```
notas (arranjo [1..2, 1..7, 1..6] de real)
```

O acesso a uma nota deve ser feito especificando primeiro qual a turma, depois qual o aluno e, finalmente, qual a nota. A referência a `notas(1,2,3)` corresponde à turma 1, ao segundo aluno e à terceira nota. Deve-se ter em mente a ordem das dimensões cada vez que um elemento for referenciado. É muito fácil (e comum) escrever, por exemplo, `notas (3,2,1)` pensando em terceira nota do segundo aluno da turma 1, o que daria acesso a outro elemento (além do fato de não existir turma número 3). Uma maneira de evitar esses erros é definindo, para indicar os índices em cada dimensão, uma sequência de palavras, em vez números inteiros, como, por exemplo, `turma1` e `turma2` como índices para a primeira dimensão.

Em alguns casos, é interessante também que os valores de um determinado tipo de dado não sejam predefinidos, mas representados por nomes que tenham alguma semântica associada. Isso é possível utilizando o novo tipo de dado apresentado neste capítulo.

Os tipos de dados simples predefinidos, tais como `inteiro`, `caractere` e `lógico`, são também chamados de tipos escalares de dados. Variáveis desses tipos podem armazenar valores distintos, existindo entre esses valores uma determinada ordem. Este capítulo apresenta um tipo de dado escalar chamado enumeração, no qual os valores possíveis são definidos pelo programador.

8.1 ⟶ enumerações

Os elementos que constituem este tipo de dado são definidos pelo programador por meio de nomes (identificadores), formando uma sequência ordenada de acordo com a definição feita. É importante entender que os valores dos elementos são os nomes dados pelo programador.

Quaisquer nomes podem ser utilizados como valores de um tipo definido por enumeração. Seu objetivo é simplesmente facilitar o entendimento do programa.

8.1.1 declaração de tipo enumeração

Os valores do **tipo enumeração** constituem uma sequência ordenada, ou seja, têm a si associados números que correspondem à sua posição na sequência. A ordem em que aparecem na definição é importante e pode ser utilizada nos algoritmos que deles se valem.

A sintaxe da definição de um tipo por enumeração é:

```
<nome do tipo> = ( <valor1> , <valor2> , ... , <valorN> )
```

Exemplos da definição de tipos enumeração:

```
Tipos:
   estação = ( outono, inverno, primavera, verão )
   naipe = ( copas, ouros, espadas, paus )
   região = ( sul, norte, leste, oeste )
   dia_útil = ( seg, ter, qua, qui, sex )
```

Os nomes (identificadores) utilizados para definir os valores de um tipo enumeração devem ser únicos em um programa, não podendo ser utilizados para outro fim.

Um tipo enumeração também pode ser utilizado como tipo-base na definição de um novo tipo, por meio de um intervalo de valores válidos. Por exemplo:

```
Tipos:
   mês = (JAN, FEV, MAR, ABR, MAI, JUN, JUL, AGO, SET, OUT, NOV, DEZ)
   primeiro_semestre = JAN .. JUN
   segundo_semestre = JUL .. DEZ
```

8.1.2 variáveis do tipo enumeração

Uma variável simples declarada com um tipo definido por enumeração só poderá conter os valores declarados nesse tipo. A manipulação de uma variável desse tipo, entretanto, é diferente daquela dos tipos predefinidos vistos antes.

No exemplo a seguir, após a declaração do tipo, que possui como elementos os nomes de quatro regiões (sul, norte, leste e oeste), é declarada uma variável com esse tipo, denominada região.

```
Tipo:
   tipo_região = (sul, norte, leste, oeste)
Variável:
   região (tipo_região)
```

entrada e saída de valores para variáveis definidas com tipo definido por enumeração. Na maioria das linguagens de programação, variáveis definidas com esse tipo não podem ser preenchidas por leitura, nem seu conteúdo pode ser informado por meio de um comando de saída simples. A seguir, é apresentada a estratégia adotada na pseudolinguagem utilizada nesse livro.

Quando se quer preencher uma variável por leitura, deve ser utilizado um artifício: fazer a leitura para uma variável auxiliar e, após testar o valor lido, preencher a variável enumeração por atribuição. Por exemplo, supondo a existência de uma variável inteira lido:

```
ler (lido)
se lido = 1
   então região ← sul {ATRIBUI VALOR À VARIÁVEL DO TIPO ENUMERAÇÃO}
```

Observar que o valor de um elemento do tipo enumeração não é uma *string*, mas sim um valor escalar – por isso, nunca deve ser representado entre apóstrofos.

Para informar qual o valor contido em uma variável de tipo enumeração durante a execução de um programa, deve ser utilizado um artifício semelhante: testar o valor contido na variável e, de acordo com o resultado do teste, emitir uma mensagem específica. Por exemplo:

```
se região = sul  {TESTA O VALOR CONTIDO NA VARIÁVEL REGIÃO}
   então escrever ('A região é sul')
```

utilização de variáveis do tipo enumeração em comandos. Variáveis do tipo enumeração podem ser utilizadas como variáveis de controle de comandos de iteração para/faça, ficando implícita a utilização da ordem em que os valores foram definidos no tipo. A seguir, um exemplo do cabeçalho desse comando usando o mesmo tipo de antes, supondo a existência de uma variável varcontr do tipo tipo_região:

```
para varcontr de sul até oeste faça
```

Os valores assumidos pela variável de controle varcontr a cada iteração são, sucessivamente, sul, norte, leste e oeste, pois é essa a ordem de definição dos valores no tipo.

Outra utilização de variáveis desse tipo é como rótulos de comandos de seleção múltipla. Por exemplo:

```
caso região seja
    sul:   escreva ('Região sul')
    norte: escreva ('Região norte')
    leste: escreva ('Região leste')
    oeste: escreva ('Região oeste')
fim caso
```

8.1.3 tipo enumeração utilizado como índice de vetores ou matrizes

O tipo enumeração pode ser usado para indexar vetores ou matrizes. Na definição da dimensão que esse tipo irá indexar é definido o intervalo de valores, ou seja, o valor do primeiro e do último índice. Os demais índices obedecem à ordenação utilizada na definição do tipo. Como exemplo, vamos supor que uma loja registre seu total de vendas em uma semana por meio de um vetor. Como a loja não está aberta ao público nos domingos, esse vetor deve ter 6 elementos. Para representar esse caso pode ser declarado um tipo enumeração com os dias da semana, sendo esse tipo utilizado para indexar o vetor vendas (Figura 8.1):

```
Tipo: indDiasSem = (seg, ter, qua, qui, sex, sab)
Variável: vendas (arranjo[seg..sab] de real)
```

	seg	ter	qua	qui	sex	sab
vendas	30,56	10,00	23,45	0	222,50	123,45

figura 8.1 Vetor indexado por enumeração.

O acesso aos elementos de um vetor cujos índices são do tipo enumeração é feito da mesma forma que o acesso aos elementos dos demais vetores: utilizando o valor correspondente do tipo. Exemplos:

```
ler(vendas[seg])
vendas[qua] ← 23,45
escrever(vendas[qua])
```

8.2 ⇢ exercícios de fixação

exercício 8.1 O algoritmo a seguir exemplifica todas as formas de utilização de variáveis simples do tipo enumeração mostradas na seção anterior.

```
Algoritmo Regiões
{MANIPULAÇÃO DE VARIÁVEL DO TIPO ENUMERAÇÃO}
  Tipo: tipo_região = (sul, norte, leste, oeste)
  Variáveis:
    região, varcontr (tipo_região)
    lido (inteiro)
início
  escrever ('Forneça o código correspondente à região')
  {EXEMPLO DE USO COMO VARIÁVEL DE CONTROLE}
  para varcontr de sul até oeste faça
    caso varcontr seja
              sul: escrever ('1 - Região sul')
            norte: escrever ('2 - Região norte')
            leste: escrever ('3 - Região leste')
            oeste: escrever ('4 - Região oeste')
    fim caso
  repita
    ler (lido)
    se lido < 1 ou lido > 4    {VERIFICA CONSISTÊNCIA DO VALOR LIDO}
    então escrever ('Código inválido! ')
  até lido ≥ 1 e lido ≤ 4
  {ATRIBUIÇÃO DE VALOR À VARIÁVEL TIPO ENUMERAÇÃO}
  caso lido seja
    1: região ← sul
    2: região ← norte
    3: região ← leste
    4: região ← oeste
  fim caso
  {INFORMAR VALOR CONTIDO EM VARIÁVEL DO TIPO ENUMERAÇÃO}
  se região = sul
  então escrever ('A região é sul')
```

```
            senão se região = norte
                então escrever ('A região é norte')
                senão se região = leste
                    então escrever ('A região é leste')
                    senão escrever ('A região é oeste')
fim
```

exercício 8.2 Processar as vendas efetuadas nos diferentes dias de uma semana em uma loja. Identificar qual o dia da semana que teve o maior volume de vendas, informando ainda o valor total de vendas ocorrido nesse dia.

```
    Algoritmo DiaMaioresVendas
    {INFORMA O DIA DA SEMANA COM MAIORES VENDAS E VALOR DE VENDAS NESSE DIA}
        Tipo:
            dias_semana (seg, ter, qua, qui, sex, sab)
        Variável entrada:
            vendas (arranjo[seg..sab] de real){VENDAS EM CADA DIA DA SEMANA}
        Variável saída:
            dia_maior_venda (dias_semana)     {DIA QUE TEVE MAIORES VENDAS}
        Variável auxiliar:
            índice (dias_semana)
    início
        {PREENCHE POR LEITURA VETOR VENDAS}
        para índice de seg até sab faça
            ler(vendas[índice])
        {IDENTIFICA DIA DE MAIOR VENDA}
        dia_maior_venda ← seg    {INICIALIZA EM SEG}
        para índice de ter até sab faça
            se vendas[índice] > vendas[dia_maior_venda]
                então dia_maior_venda ← índice     {TROCA PELO MAIOR ENCONTRADO}
        {INFORMA DIA DE MAIOR VENDA}
        caso dia_maior_venda seja
            seg: escrever('Dia de maior volume de vendas: segunda-feira')
            ter: escrever('Dia de maior volume de vendas: terça-feira')
            qua: escrever('Dia de maior volume de vendas: quarta-feira')
            qui: escrever('Dia de maior volume de vendas: quinta-feira')
            sex: escrever('Dia de maior volume de vendas: sexta-feira')
            sab: escrever('Dia de maior volume de vendas: sábado')
        fim caso
        {INFORMA VALOR DE MAIOR VENDA}
        escrever(vendas[dia_maior_venda])
    fim
```

exercício 8.3 Este algoritmo gerencia os estoques de uma loja de material escolar. Para limitar o tamanho do exercício, somente são considerados como à venda os seguintes produtos:

cadernos, lápis, esferográficas e borrachas. O algoritmo inicia lendo os estoques de cada um desses produtos e, em seguida, processa algumas vendas, abatendo as unidades vendidas do estoque correspondente. A cada venda é informado o código do produto vendido (um caractere) e o número de unidades vendidas (limitado a, no máximo, 100 unidades). No final, são informados os valores finais em estoque.

```
Algoritmo LojaMaterialEscolar
{GERÊNCIA DE ESTOQUES DE LOJA DE MATERIAL ESCOLAR}
  Constante: MAX_ESTOQ = 100
  Tipo:
    produto = (caderno, lápis, esferográfica, borracha)
  Variável de entrada e de saída:
    estoque (arranjo[1..MAX_ESTOQ] de inteiros)
  Variáveis auxiliares:
    i (produto)              {ÍNDICE DO ARRANJO}
    p (caractere)            {CÓDIGO DO PRODUTO}
    nr (inteiro)        {NÚMERO DE UNIDADES VENDIDAS}
início
  {ENTRADA DOS ESTOQUES}
  escrever('Entre com os valores de estoque: ')
  para i de caderno até borracha faça
      início
      caso i seja
          caderno: escrever('Cadernos: ')
          lápis: escrever('Lápis: ')
          esferográfica: escrever('Esferográficas: ')
          borracha: escrever('Borrachas: ')
      fim caso
      repita
        ler(estoque[i]);
        se (estoque[i] < 0 ) ou (estoque[i] > MAX_ESTOQ)
        então escreva('Estoque inválido! Entre com valor correto:');
      até (estoque[i] ≥ 0 ) e (estoque[i] ≤ MAX_ESTOQ);
  fim
    {LAÇO PARA PROCESSAMENTO DE VÁRIAS VENDAS}
    repita
      ler(p, nr);
      caso p seja
        'c': {CADERNO}
            se estoque[caderno] ≥ nr
            então estoque[caderno] ← estoque[caderno]-nr
            senão escrever ('Sem estoque')
        'l': {LÁPIS}
            se estoque[lápis] ≥ nr
            então estoque[lápis] ← estoque[lápis]-nr
```

```
              senão escrever ('Sem estoque')
        'e': {ESFEROGRÁFICA}
              se estoque[esferográfica] ≥ nr
                então estoque[esferográfica] ← estoque[esferográfica]-nr
                senão escrever ('Sem estoque')
        'b': {BORRACHA}
              se estoque[borracha] ≥ nr
                então estoque[borracha] ← estoque[borracha]-nr
                senão escrever ('Sem estoque')
        'f': {FIM DO LAÇO DE VENDAS}
              escrever('fim')
      fim caso
    até p = 'f'
    {INFORMA ESTOQUES FINAIS}
    para i de caderno até borracha faça
      início
      caso i seja
        caderno             : escrever('CADERNOS      : ')
        lápis               : escrever('LÁPIS         : ')
        esferográfica       : escrever('ESFEROGRÁFICAS: ')
        borracha            : escrever('BORRACHAS     : ')
      fim caso
      escrever(estoque[i])
      fim
  fim
```

8.3 ⟶ em Pascal

O tipo enumeração em Pascal é um tipo simples e ordenado. As posições dos elementos no tipo são numeradas a partir de zero, ou seja, o primeiro elemento definido no tipo enumeração ocupa a posição zero.

A sintaxe da declaração de um tipo enumeração em Pascal é:

        <nome do tipo> = (<valor1>, <valor2>, ... , <valorN>)

onde tanto o <nome do tipo> como os nomes dados aos seus valores seguem as regras de formação de identificadores, devendo todos ser únicos no programa.

Os valores enumerados na declaração não são *strings*, são palavras escolhidas para representar algum significado.

Exemplos:

```
type
  estacao = ( outono, inverno, primavera, verao );
```

```
naipe = ( copas, ouros, espadas, paus );
regiao = ( sul, norte, leste, oeste );
dia_semana = ( dom, seg, ter, qua, qui, sex, sab );
dia_util ( seg .. sex ); {INTERVALO LIMITA ELEMENTOS DO TIPO-BASE}
```

Variáveis definidas com o tipo enumeração podem receber somente os valores definidos para o tipo. Em Pascal, esses valores devem ser definidos internamente no programa, não sendo permitido preencher esse tipo de variáveis por leitura. Da mesma forma, conteúdos de variáveis do tipo enumeração não podem ser impressos, devendo ser utilizado o artifício antes mencionado para informar seu valor: testar o valor e escrever uma mensagem específica para cada valor do tipo. Exemplo:

```
type t_estacao = ( outono, inverno, primavera, verao );
var
   estacao: t_estacao;
   lido: char;
begin
   {PREENCHER VARIAVEL ESTACAO DE ACORDO COM CARACTERE LIDO}
   readln(lido);
   case lido of
      'o' : estacao := outono;
      'i' : estacao := inverno;
      'p' : estacao := primavera;
      'v' : estacao := verao;
   end;
   ...
   {INFORMAR O CONTEUDO DA VARIAVEL ESTACAO}
   case estacao of
      outono    : writeln('outono');
      inverno   : writeln('inverno');
      primavera : writeln('primavera');
      verao     : writeln('verao');
   end;
```

Funções ordinais definidas para tipos escalares podem ser utilizadas também para um tipo enumeração, uma vez que esse é um tipo escalar. A seguir, são apresentados os resultados da execução de algumas dessas funções, utilizando a seguinte declaração como base:

```
type tipo = (Q, W, E, R, T, Y);
```

ord(x) – função que informa a posição relativa do elemento x na definição do tipo. Exemplo:

```
ord(Q) = 0
ord(E) = 2
```

succ(x) – função que informa qual o elemento que sucede o elemento x no tipo. Exemplo:

```
succ(W) = E
succ(T) = Y
```

pred(x) – função que informa o antecessor do elemento x na definição do tipo. Exemplo:

```
pred(W) = Q
pred(T) = R
```

As funções succ e pred só devem ser ativadas para elementos existentes. A tentativa de ativá-las para elementos inexistentes, como succ(Y) ou pred(Q), gera erro de compilação.

Em Pascal, como os valores de uma variável do tipo enumeração assumem um valor posicional, esse valor pode ser utilizado em comparações. Supondo as definições de um tipo t_mes e de uma variável mes com esse tipo:

```
type t_mes = (janeiro, fevereiro, marco, abril, maio, junho,
              julho, agosto, setembro, outubro, novembro, dezembro);
var mes: t_mes;
```

os seguintes comandos podem ser tutilizados:

```
if mes = janeiro                         {COMPARA VALOR DA VARIAVEL}
   then writeln('Conteudo de MES eh janeiro');
if mes < julho                           {COMPARA A POSICAO}
   then writeln('Conteudo de MES eh anterior a julho');
```

8.4 em C

Originalmente, a linguagem C não possuía o tipo enumeração. Essa opção foi adicionada em versões mais recentes.

Sintaxe da definição de um tipo enumeração em C:

enum <nome do tipo> { <valor>[= <índice inteiro>], <elemento2>[= <índice inteiro>], ... , <elementoN>[= <índice inteiro>] };

Os nomes dos valores definidos em um tipo enumeração devem ser únicos no programa. Os valores são ordenados de acordo com a sua posição na definição feita, em ordem crescente. É possível fazer uma atribuição de um índice inteiro específico para cada elemento do tipo. Se isso não for feito, para cada elemento sem atribuição de valor o compilador associará, se for o primeiro, o valor zero, se for um dos outros elementos, o valor do elemento anterior mais um.

Visto que, nos exemplos de declaração de tipos enumeração a seguir, estacao, naipe e regiao, não está sendo utilizada a possibilidade de associar um índice aos valores desses tipos, seus valores terão associados a si, respectivamente, os índices de posição 0, 1, 2 e 3:

```
enum
    estacao { outono, inverno, primavera, verao };
    naipe { copas, ouros, espadas, paus };
    regiao { sul, norte, leste, oeste };
```

Já no exemplo a seguir, visto que há atribuição explícita de índices para alguns valores, os índices de cada dia, a partir de segunda, serão 2, 3, 4, 5, 6, 7 e 1:

```
enum
    dias_semana {segunda = 2, terca, quarta, quinta, sexta,
                 sabado, domingo = 1};
```

A conversão de um valor do tipo enumeração para um inteiro acontece de maneira automática em C, conforme pode ser visto no exemplo a seguir, que envolve o tipo enumeração dias_semana, já declarado, e as variáveis inteiras dias e dias_aux1:

```
dias_aux1 = domingo;
dias_aux1++;  if (dias_aux1 == segunda)
    printf("\nEh segunda!");
dias = quarta + 1;
printf("\n%d", dias);
```

Esse trecho de programa produzirá na tela:

```
Eh segunda!
5
```

8.5 ⇢ dicas

escolha nomes adequados para a enumeração. Ao definir tipos enumeração, escolha para seus elementos nomes que realmente tenham alguma informação associada, para que seu uso efetivamente ajude no entendimento do programa.

use enumeração somente quando for muito apropriado. Lembre-se de que a utilização desse tipo é mais complexa do que a dos tipos simples ususais, que permitem entrada e saída direta de dados. Avalie bem o benefício efetivo do uso de variáveis do tipo enumeração.

8.6 ⇢ testes

acompanhe os valores assumidos pelas variáveis do tipo enumeração durante a execução dos programas. Faça testes dos conteúdos das variáveis de tipo enumeração em diferentes pontos do programa, testando seu valor e imprimindo mensagens informando os resultados dos testes. Percorra o maior número possível de caminhos de execução dentro do programa e verifique, em todos eles, os valores contidos nessas variáveis.

8.7 exercícios sugeridos

exercício 8.1 Defina o tipo enumeração Nrs, cujos valores são (UM, DOIS, TRES, QUATRO, CINCO). Defina uma variável simples com esse tipo. Construa um programa que preencha essa variável com um dos valores permitidos, a partir de informação fornecida por leitura. Em seguida, o programa deve imprimir o conteúdo da variável, testando seu valor interno. Teste esse programa fornecendo todas as possíveis opções de preenchimento da variável com tipo Nrs.

exercício 8.2 Defina dois vetores v1 e v2, cada um com 5 elementos inteiros, sendo os elementos de ambos indexados pelo tipo Nrs do exercício anterior. Construa um programa que:

- **a** preencha o vetor v1 por leitura;
- **b** copie os elementos de v1 para v2;
- **c** imprima os conteúdos de v1 e de v2;
- **d** leia um valor e percorra v2, procurando o valor lido – se encontrar, informe em que posição de v2 o valor foi encontrado.

exercício 8.3 Ainda utilizando o tipo Nrs definido no Exercício 8.1, defina uma matriz mat com elementos do tipo caractere. A matriz deve ter 4 linhas indexadas pelos valores inteiros de 1 a 4, e 5 colunas indexadas pelos valores do tipo Nrs. Construa um programa que:

- **a** preencha a matriz mat por leitura a partir do teclado;
- **b** imprima os valores contidos na matriz, na forma linhas × colunas;
- **c** percorra a matriz mat, contando o número de vogais nela contidos;
- **d** informe qual a vogal de maior ocorrência dentro da matriz.

exercício 8.4 Faça um programa que armazene diversos pedidos feitos a uma empresa que produz doces. Ao definir um pedido, o cliente deve fornecer, para cada tipo de produto desejado, o número de unidades e o sabor desejado. Um cliente pode solicitar mais de um tipo de produto. Por exemplo, um pedido pode ser composto de 50 doces sabor chocolate, 50 sonhos sabor baunilha e 20 tortas sabor morango.

O programa deve executar os seguintes passos:

- **a** armazenar os dados relativos a diversos pedidos em uma matriz, onde cada linha corresponde a um pedido, a primeira coluna corresponde ao número de doces, a segunda ao número de sonhos e a terceira ao número de tortas do pedido – essas colunas devem ser indexadas por meio dos nomes (doce, sonho, torta) e deve ser definida uma marca de parada para sinalizar o término dos pedidos;
- **b** listar todos os pedidos realizados;
- **c** informar quantas unidades de cada um dos tipos (doces, sonhos e tortas) foram pedidas;
- **d** informar qual foi o maior número de unidades solicitado em um pedido, e de que produto.

exercício 8.5 Uma revenda de automóveis armazena os dados relativos aos carros disponíveis para venda em uma matriz multidimensional. As dimensões dessa matriz e os índices utilizados em cada dimensão são:

1. código de identificação do carro, com índice inteiro, de 1 a 50;
2. modelo do carro, com índice tipo enumeração (modA, modB, modC, modD, modE);
3. cor, índice tipo enumeração (branco, prata, vermelho, azul, verde, preto);
4. ano de fabricação, índice tipo inteiro (2009, 2010, 2011);
5. combustível, índice tipo enumeração (gasolina, álcool, flex).

O conteúdo da matriz é o preço de cada um dos automóveis identificado pelos itens que constituem as dimensões. Escreva um programa que inicie preenchendo, a partir de leituras do teclado, todos os dados dessa matriz. Em seguida, o programa deve responder a uma série de consultas, lendo os dados que identificam cada automóvel e informando o seu preço. Crie um controle para identificar quando o programa deve terminar de responder a consultas.

exercício 8.6 Considere a mesma matriz do exercício anterior, em que são armazenados os preços dos automóveis disponíveis para venda em uma revenda. Após preencher a matriz por leitura, como feito no exercício anterior, faça a atualização dos preços de alguns automóveis, a partir de dados lidos do teclado – para cada atualização ler código, modelo, cor, ano de fabricação, combustível e novo preço. Ao final, listar os dados do carro mais caro da revenda.

exercício 8.7 Construa um programa para gerenciar os empréstimos de uma biblioteca. O programa deve armazenar as informações relativas a todos os livros disponíveis na biblioteca. As informações de cada livro são: código do livro (inteiro), título (*string*), primeiro autor (*string*), tipo (romance, ciências, cultura), idioma (caractere: 'P' – português / 'I' – inglês / 'F' – francês / 'E' – espanhol / 'T' – italiano / 'A' – alemão), se está ou não disponível (0 – emprestado / 1 – disponível), código do cliente (inteiro).

Armazenar as informações que identificam um livro (código, título e autor) em uma matriz. Em outra matriz, armazenar a quantidade de unidades de cada livro (identificado por seu código e pelas informações de tipo e de idioma) que está disponível para empréstimo. A primeira dimensão dessa segunda matriz deve ser o código do livro, a segunda, seu tipo (indexada por enumeração) e a terceira, o idioma (também indexada por enumeração). Após preencher por leitura os dados relativos a todos os livros da biblioteca, o programa deve executar as seguintes tarefas:

[a] dado o código de um livro, informar o nome de seu autor e o idioma;
[b] informar quantos livros do tipo romance estão disponíveis para empréstimo;
[c] informar o número de unidades de um determinado livro, identificado por seu código, que estão disponíveis para empréstimo;
[d] informar quantos romances no idioma espanhol estão disponíveis para empréstimo;
[e] informar os títulos de todos os livros em francês que estão disponíveis para empréstimo.

| 8.8 | ···→ termos-chave |

tipo enumeração, p. 222

variáveis do tipo enumeração, p. 223

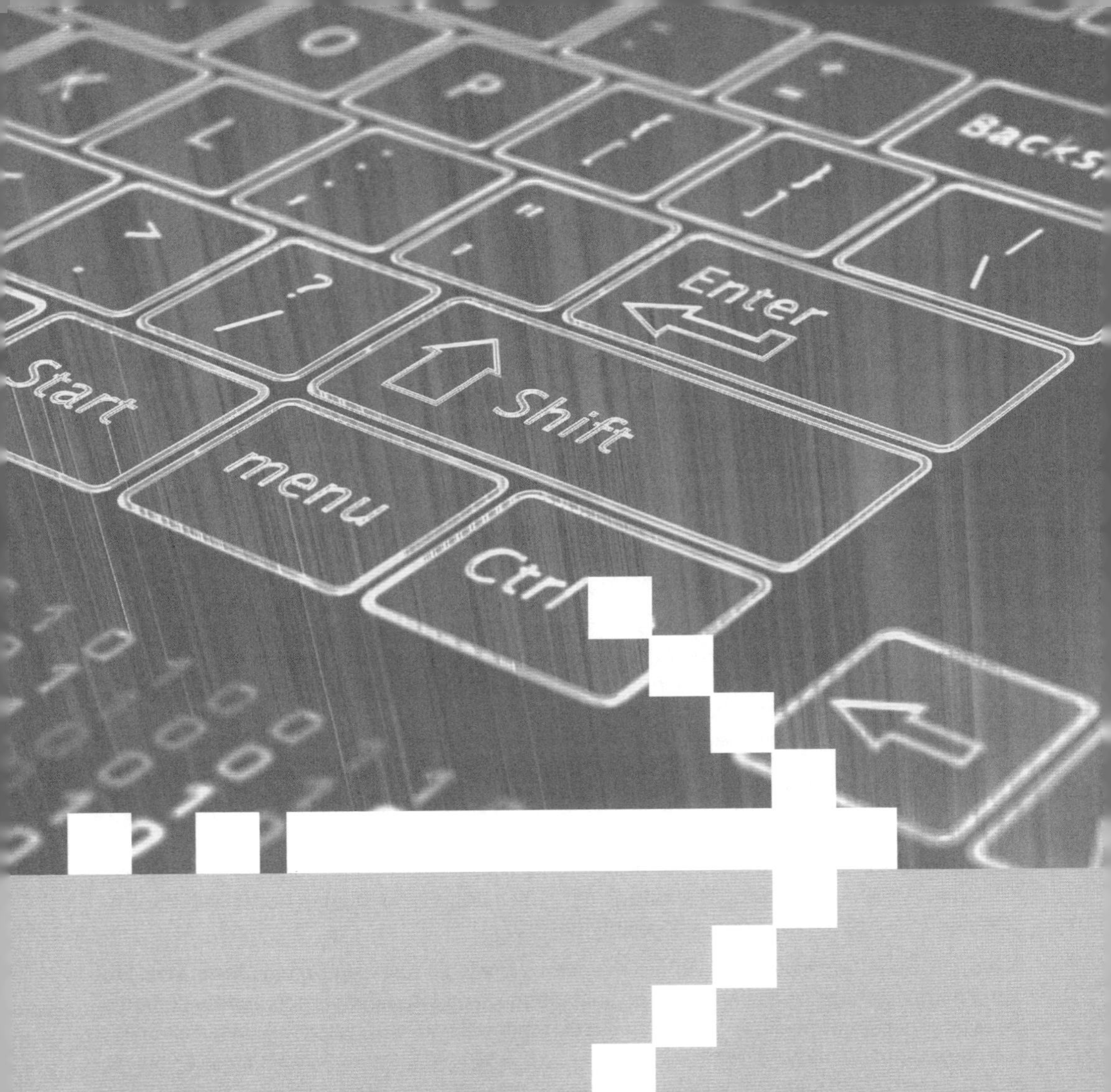
Backsp
Enter
Shift
Start
menu
Ctrl

capítulo 9

subprogramas

■ ■ Este capítulo discute o
conceito de subprogramação,
analisando dois tipos de subprogramas:
procedimentos e funções.
São detalhadas a declaração e
a chamada de um subprograma.
Diferentes tipos de parâmetros são
analisados: formais e reais,
de entrada e de saída,
passados por valor ou por referência.
São apresentadas as diferenças
entre variáveis locais e globais, o
conceito de escopo de identificadores
e o conceito de desenvolvimento
de algoritmos por meio de refinamentos
sucessivos.

A arte de programar consiste na arte de organizar e dominar a complexidade dos sistemas.
— *Dijkstra, 1972.*

Um aspecto fundamental na programação estruturada é a decomposição de um algoritmo em módulos, usando a técnica denominada **programação modular** (Staa, 2000). O objetivo da programação modular é diminuir a complexidade dos programas, usando a estratégia de "dividir para conquistar": dividir problemas complexos em problemas menores.

Usando essa estratégia, um algoritmo é dividido em partes menores, chamadas de **módulos**. Cada módulo tem um único ponto de entrada, e sua execução termina em um único ponto de saída, contendo no seu fluxo de execução: sequências de ações (cap. 3), seleções (cap. 4) e iterações (cap. 5). Cada módulo é implementado por um subalgoritmo (subprograma) específico, passível de ser construído e testado de forma independente. Os diferentes subprogramas são posteriormente integrados em um só programa. A modularização tem o objetivo de facilitar a compreensão, o desenvolvimento, o teste e a manutenção dos sistemas. Programas que utilizam subprogramação resultam mais confiáveis e flexíveis.

Considere que o problema a ser resolvido através do computador é a solução da fórmula que calcula as combinações de "n" elementos tomados "p" a "p":

$$\binom{n}{p} = \frac{n!}{(n-p)!\, p!}$$

Para obter o resultado dessa fórmula, por meio de um algoritmo, é necessário fazer três vezes o cálculo de um fatorial. O cálculo desses três fatoriais é muito semelhante, só mudando o valor limite de cada um. Considerando que tanto o fatorial de 0 quanto o de 1 são iguais a 1 e utilizando uma variável inteira contador, esses cálculos podem ser realizados pelos seguintes trechos de programa:

```
{CÁLCULO DO FATORIAL DE N}
fatorial  ← 1
para contador de 2 incr 1 até n faça
fatorial  ← fatorial * contador
...
{CÁLCULO DO FATORIAL DE (N-P)}
fatorial  ← 1
para contador de 2 incr 1 até (n-p) faça
fatorial  ← fatorial * contador
...
{CÁLCULO DO FATORIAL DE P}
fatorial  ← 1
para contador de 2 incr 1 até p faça
    fatorial  ← fatorial * contador
```

O que muda nos três casos é somente o limite superior do comando para/faça. A repetição quase igual desses códigos pode ser evitada se for definido um trecho de código independente, denominado subprograma, em que o fatorial é calculado. Esse subprograma será acionado (chamado) pelo programa em execução cada vez que se quiser calcular um fatorial,

Programa principal

```
Algoritmo Combinações
início
...
execute Fatorial (n)
...
execute Fatorial (n-p)
...
execute Fatorial (p)
...
fim
```

Subprograma

```
Fatorial (valor)
Subprograma que faz o
cálculo do fatorial de
"valor"
```

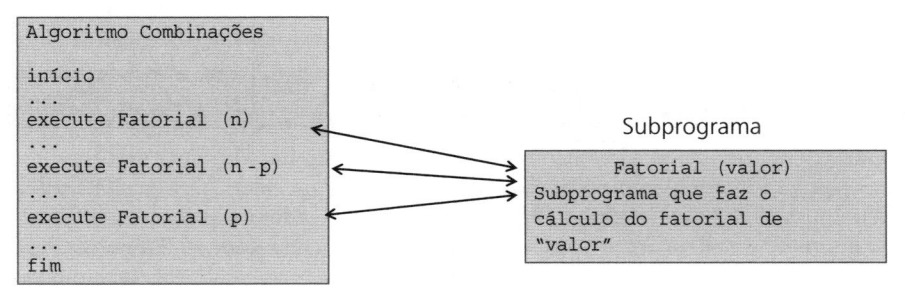

figura 9.1 Chamadas ao subprograma que calcula o fatorial.

informando somente para qual valor se quer que o fatorial seja calculado, conforme mostra a Figura 9.1.

Este capítulo discute o conceito de subprogramação, analisando dois tipos de subprogramas: procedimentos e funções.

9.1 ⇢ conceito de subprogramação

Um **subprograma** (às vezes chamado de sub-rotina) consiste de um trecho de código com estrutura semelhante à de um programa, que é executado somente quando acionado por outro trecho de código. Esse acionamento costuma-se denominar chamada ao subprograma.

Um subprograma deve executar uma única tarefa, claramente definida. Um programa, ao utilizar um subprograma para executar uma tarefa, não deve se preocupar em como essa tarefa será executada. A execução correta de um subprograma deve ser assegurada sempre que esse seja adequadamente chamado.

A utilização de subprogramas é uma técnica de programação que visa:

- a definição de trechos de código menores, mais fáceis de serem construídos e testados;
- a diminuição do tamanho dos programas, pela eliminação de redundâncias, ao evitar que códigos semelhantes sejam repetidos dentro de um programa;
- a construção mais segura de programas complexos, pela utilização de unidades menores (os subprogramas) já construídas e testadas;
- a reutilização de código em um programa ou em programas diferentes.

Todo subprograma é identificado através de um nome. Esse nome deve representar claramente a tarefa a ser executada pelo subprograma. Por exemplo, o nome adequado para o subprograma da Figura 9.1 é Fatorial.

A chamada a um subprograma é feita pelo seu nome, por um comando específico ou utilizando diretamente seu resultado, conforme será visto mais adiante. Um mesmo subprograma pode ser chamado e executado diversas vezes, em diferentes pontos de um programa. Adicionalmente, um subprograma também pode conter chamadas a outros subprogramas.

9.2 implementação de chamadas a subprogramas

Quando um subprograma é chamado, o fluxo de execução do programa ou subprograma que o chamou é interrompido e o subprograma passa a ser executado. Terminada a execução do subprograma, o fluxo de execução interrompido é retomado, e o processamento segue a partir do ponto imediatamente após a chamada concluída. Na Figura 9.2, é mostrado, por meio de setas, o fluxo de execução de um programa que chama o subprograma, o qual calcula o fatorial.

Como já mencionado, um subprograma pode chamar outro subprograma. A forma de execução é sempre a mesma: o que chamou fica suspenso, esperando o término da execução do subprograma chamado, continuando depois sua execução a partir da instrução seguinte à instrução de chamada do subprograma.

Na Figura 9.3 é mostrado o fluxo de controle, representado simbolicamente por meio de setas, entre um programa e diversos subprogramas. O programa principal, durante sua execução, chama o subprograma A, ficando suspenso à espera do final da execução de A. O subprograma A, por sua vez, chama o subprograma B, ficando também suspenso enquanto B não terminar. Em seguida, o subprograma B chama o subprograma C. Durante a execução de C (Figura 9.3a), o programa principal e os subprogramas A e B estão suspensos. Quando a execução de C termina (Figura 9.3b), o fluxo de controle retorna ao subprograma B, que é executado até o fim, devolvendo, então, o controle ao subprograma A. Quando esse último termina, devolve o controle ao programa principal, que então continua sendo executado. Observar que somente um dos módulos (programa principal ou subprograma) estará sendo executado a cada momento.

Cada vez que a execução de um código é interrompida, é necessário que os recursos locais (ponto em que o programa fez a chamada, valores de variáveis locais, etc.) de quem fez a

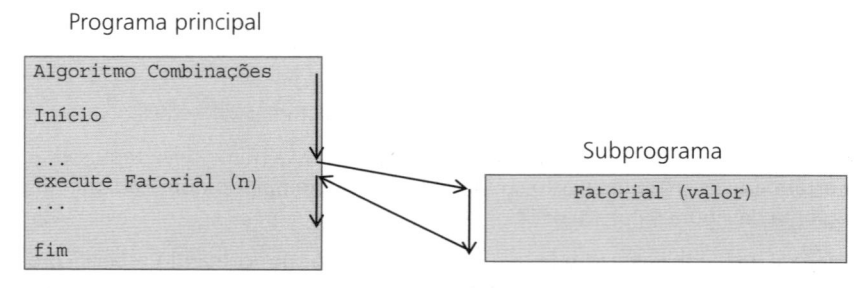

figura 9.2 Fluxo de execução entre programa e subprograma.

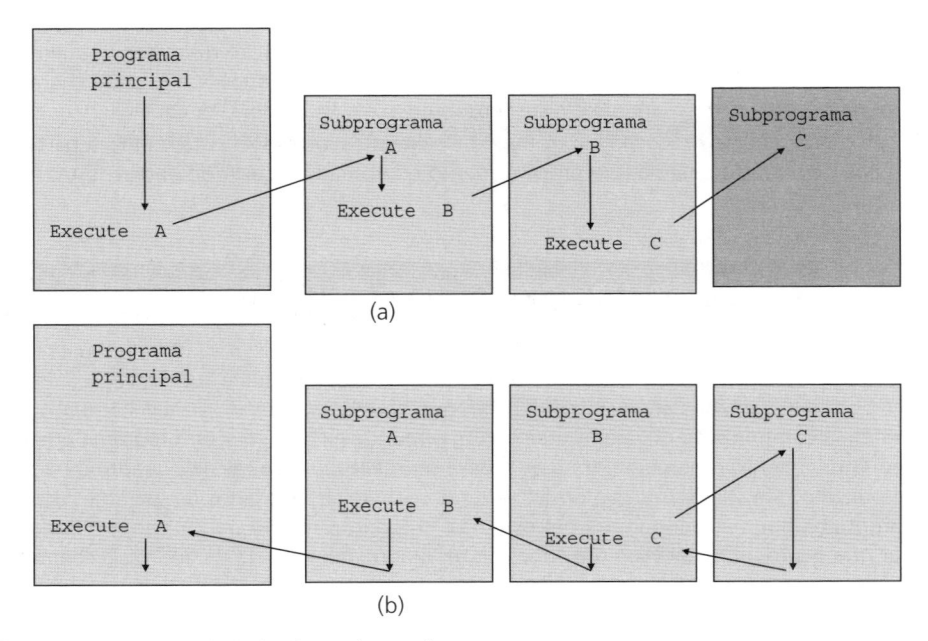

figura 9.3 Vários níveis de chamadas a subprogramas.

chamada sejam preservados e permaneçam disponíveis até o momento em que seja possível retomar essa execução.

Em consequência, a implementação das sucessivas chamadas a subprogramas nas linguagens em discussão neste livro implica na criação, pelo sistema, de uma estrutura de pilha, para armazenamento dos elementos locais das chamadas interrompidas, assim como dos endereços dos pontos a partir de onde as execuções devem ser retomadas. À medida que chamadas vão sendo feitas e interrompidas, a pilha vai recebendo valores. Quando a condição de término das chamadas é atingida, progressivamente as chamadas suspensas vão sendo concluídas e seus elementos locais restaurados, a partir da pilha. Embora não seja usual haver limitação para o número de níveis de chamadas a subprogramas nas linguagens, o espaço de armazenamento reservado para a pilha de elementos locais é finito e, se ultrapassado, pode determinar a ocorrência de erros de processamento.

A execução de um subprograma, considerando a estrutura da pilha associada, compreende os seguintes passos:

- **a** início da execução – criação de elementos locais, declarados no subprograma;
- **b** processamento – tentativa de execução do código do subprograma até o seu final. Se a execução for interrompida por uma chamada a um subprograma, empilhamento dos elementos locais e do endereço de retorno, antes de ativação de nova chamada;

c final da execução de uma chamada do subprograma – liberação das áreas de memória locais e retorno ao ponto de onde o subprograma foi chamado. O ponto da chamada pode integrar outra chamada em suspenso, que só então poderá ser concluída;

d retomada de uma execução interrompida – elementos locais são restaurados, a partir da pilha gerida pelo sistema, e o processamento é retomado a partir do endereço também retirado da pilha.

9.3 parâmetros

Os valores que um subprograma necessita receber para poder realizar sua tarefa, ou os valores que produz e que devem ser visíveis externamente após concluída sua execução, devem ser sempre armazenados em parâmetros. Parâmetros são espaços de armazenamento que permitem a comunicação do subprograma com o mundo externo. No subprograma que calcula o fatorial, tanto o número para o qual deve ser realizado esse cálculo, quanto o resultado produzido, são valores que potencialmente devem ser armazenados em parâmetros. Um subprograma que não utiliza parâmetros e não utiliza informação do mundo exterior para seu acionamento, produzirá sempre o mesmo resultado, não importa de onde seja chamado.

9.3.1 parâmetros formais e reais

Todos os elementos utilizados em um subprograma devem ser nele declarados. As declarações de parâmetros, além de nomeá-los para uso interno no subprograma, definem seu tipo. Os parâmetros que aparecem na declaração dos subprogramas são chamados de **parâmetros formais** porque, durante a execução, na chamada dos subprogramas, são substituídos por variáveis ou valores do mesmo tipo, muitas vezes com nomes totalmente diferentes.

Como exemplo, vamos considerar um subprograma que calcula o fatorial de um número:

```
Subprograma Fatorial
   Parâmetro: número (inteiro)
```

O parâmetro formal `número` não provoca a reserva de espaço na memória. Ele simplesmente indica que, ao ser chamado o subprograma `Fatorial`, deve ser fornecido um número inteiro para sua execução.

Os parâmetros utilizados na chamada de um subprograma, chamados de **parâmetros reais**, substituem os formais durante sua execução. Os parâmetros reais devem sempre concordar em quantidade e tipo com os respectivos parâmetros formais, na ordem em que esses foram definidos. Podem ser fornecidos como parâmetros reais nomes de variáveis, valores literais ou resultados de expressões. As variáveis utilizadas como parâmetros reais devem ter sido declaradas no programa que chama o subprograma.

No exemplo anterior do subprograma `Fatorial`, o parâmetro real que vai substituir `número` pode ser fornecido por meio de um valor literal inteiro, do conteúdo de uma variável inteira ou de uma expressão que resulte em um valor inteiro. Se, no programa principal, estiverem declaradas as variáveis inteiras int1 e int2, os seguintes comandos podem ser utilizados para chamar o subprograma Fatorial:

```
execute Fatorial (5)
execute Fatorial (int1)
execute Fatorial (int1 + int2)
```

Na primeira chamada, o parâmetro formal número é substituído pelo valor 5; na segunda chamada, número é substituído pela variável int1; e, na última chamada, número é substituído pelo resultado da expressão int1 + int2.

9.3.2 parâmetros de entrada e de saída

A utilização de um subprograma só é efetiva se for claramente definida a tarefa que será executada e qual sua interação com o programa que o acionou. Para que isso seja possível, é importante que toda a interação seja feita somente através dos parâmetros, identificando quais os **parâmetros de entrada** (que recebem variáveis ou valores para executar a tarefa) e quais os **parâmetros de saída** (que devolvem os valores calculados ao programa que acionou o subprograma).

No exemplo anterior, do subprograma que calcula o fatorial, não foi definido como o resultado deveria ser devolvido ao programa. Um segundo parâmetro deve ser definido, por meio do qual será informado o valor calculado para o fatorial. No cabeçalho da declaração do subprograma devem ser identificados os parâmetros de entrada (que recebem variáveis ou valores para a execução) e os de saída (que devolvem valores):

```
Subprograma Fatorial
    Parâmetro de entrada: número (inteiro)
    Parâmetro de saída: fat (inteiro)
```

As chamadas a Fatorial devem fornecer agora dois parâmetros reais, sendo o primeiro parâmetro o número para o qual se quer calcular o fatorial, e o segundo, o nome de uma variável na qual será devolvido o resultado:

```
execute Fatorial (4, int1)
execute Fatorial (int1 + 7, int1)
```

Na primeira chamada, o resultado do cálculo do fatorial de 4 é devolvido através da variável int1; na segunda chamada, o conteúdo da variável int1 é alterado após a execução, passando a conter o valor do fatorial do valor que armazenava anteriormente somado com a constante 7.

9.3.3 parâmetros por valor ou por referência

A passagem de valores a subprogramas pode acontecer **por valor** ou **por referência**.

A passagem por valor indica que somente o valor interessa ao subprograma. Se esse valor for passado por meio do nome de uma variável, somente o valor da variável é transferido para o parâmetro. Uma cópia do conteúdo da variável é carregada em uma variável auxiliar, que será utilizada durante a execução do subprograma. Dessa forma, qualquer modificação no valor da variável auxiliar não se refletirá na variável utilizada como parâmetro real. A passagem de valores para parâmetros definidos por valor pode ser feita ainda por meio de um valor literal e do resultado de uma expressão. Na execução da chamada a um subprograma, os parâmetros passados por valor também são incluídos na pilha de execução, preservando seus valores para a continuação posterior da execução.

Na passagem de um parâmetro por referência, o endereço físico da variável utilizada como parâmetro real é passado ao subprograma, sendo essa variável utilizada durante a execução. Alterações no valor do parâmetro são feitas diretamente nessa variável. Na chamada de um subprograma, os parâmetros definidos por referência recebem nomes de variáveis existentes no programa principal. É importante observar que, na execução de uma chamada ao subprograma, os parâmetros por referência não sofrem empilhamento, já que não são locais aos subprogramas.

No exemplo anterior do subprograma Fatorial, o primeiro parâmetro – de entrada – é passado por valor. O segundo, que devolve o valor calculado, deve ser definido por referência. Na pseudolinguagem, um parâmetro passado por referência é identificado pela palavra ref antes de seu nome:

```
Subprograma Fatorial
    Parâmetro de entrada: número (inteiro)
    Parâmetro de saída: ref fat (inteiro)
```

9.4 declarações locais e globais

Dentro de um subprograma, podem ser feitas declarações de constantes, tipo e variáveis. As declarações feitas internamente aos subprogramas são **declarações locais** ao subprograma, e só são visíveis dentro do subprograma. As áreas de memória associadas às variáveis locais são alocadas no momento em que o subprograma é acionado e são liberadas ao final de sua execução, quando deixam de existir. Todo esse processo de criação e destruição de variáveis locais ocorre novamente a cada nova chamada ao subprograma.

Como exemplo de utilização de uma variável local, será considerado um subprograma que permuta o conteúdo de duas variáveis inteiras. Os parâmetros formais A e B representam as duas variáveis e, neste exemplo, desempenham o papel tanto de parâmetros de entrada quanto de saída. Para fazer a permuta é necessário uma terceira variável para guardar um dos valores durante o processamento. Essa será definida como uma variável local, pois sua existência não é relevante para o programa principal:

```
Subprograma Permuta
{TROCA O CONTEÚDO DE DUAS VARIÁVEIS}
    Parâmetros entrada e saída: ref A, ref B (inteiro)
    Variável: aux (inteiro)   {VARIÁVEL LOCAL}
```

```
início
  aux ← A
  A ← B
  B ← aux
fim {TrocaDois}
```

No fim da execução do subprograma Permuta, a variável aux é liberada e não está mais disponível.

Tipos, constantes e variáveis declarados em um programa, visíveis aos subprogramas que estiverem nele declarados, são consideradas **declarações globais** ao programa.

Embora elementos globais possam ser utilizados dentro de subprogramas, essa prática não é recomendável, pois dificulta o entendimento e a depuração dos códigos, podendo facilmente ocasionar erros. Toda interação de um subprograma com o programa que o chama, no limite das possibilidades de cada linguagem, deve ser feita através de parâmetros, devendo os demais elementos necessários à execução de sua tarefa ser declarados localmente.

Segue um quadro resumo das características das declarações locais e globais.

Locais	Globais
Declaradas internamente aos subprogramas que as acessam.	Declaradas externamente aos subprogramas que as acessam.
Só são reconhecidas e só podem ser referenciadas nos subprogramas em que estão declaradas.	São reconhecidas e podem ser referenciadas até mesmo em subprogramas em que não foram declaradas.
Existem apenas enquanto os subprogramas em que foram declaradas estiverem em execução.	Sua existência independe dos subprogramas que as acessam. Existem antes, durante e após a ativação deles.
Internamente a um subprograma, quando têm o mesmo nome que uma global, bloqueiam o acesso à global.	

9.4.1 escopo de identificadores

A possibilidade de fazer declarações em diferentes pontos de um programa (no programa principal e em subprogramas) requer que seja claramente identificado o escopo de cada identificador. Por escopo entende-se a área de validade de um determinado identificador. O escopo de um identificador é definido pela localização de sua declaração. Declarações feitas no programa principal valem em todo o programa, inclusive, por vezes, nos subprogramas que o compõem. Declarações feitas dentro de um subprograma valem somente dentro desse subprograma. Exemplo:

```
Programa Exemplo
  Variáveis:
    um (inteiro)
    dois (real)
{-------------------------------------------------}
Subprograma Sub
  Parâmetro de entrada: valor (inteiro)
  Parâmetro de saída: ref result (real)
  Variáveis locais:
    loc1, loc2 (inteiro)
início
  {AQUI PODEM SER UTILIZADOS:
    - os parâmetros valor e result
    - as variáveis globais um e dois
    - as variáveis locais loc1 e loc2 }
  ...
fim {Sub}
{-------------------------------------------------}
início
  { AQUI PODEM SER UTILIZADAS:
    - as variáveis um e dois
    - chamadas ao subprograma Sub}
fim {PROGRAMA PRINCIPAL}
```

Nas declarações feitas dentro dos subprogramas, podem ser utilizados nomes iguais a outros elementos (constantes, tipos ou variáveis) já existentes no programa principal. No exemplo a seguir, no programa principal é declarada uma variável item, do tipo inteiro. No subprograma, é definida uma variável local com o mesmo nome (item), do tipo caractere. Dentro do subprograma, qualquer referência ao identificador item se refere à variável local, ficando a global de mesmo nome inacessível.

```
Programa Exemplo
  Variáveis:
    item (inteiro)
    glob (real)
{-------------------------------------------------}
Subprograma Sub
  Parâmetro de entrada: valor (inteiro)
  Parâmetro de saída: ref result (real)
  Variável local:
    item (caractere)
início
  {AQUI PODEM SER UTILIZADOS:
```

```
        - os parâmetros valor e result
        - a variável global glob
        - a variável local item (caractere) }
    ...
    fim {Sub}
    {-----------------------------------------------}
    início
      { AQUI PODEM SER UTILIZADAS:
        - as variáveis item (inteiro) e glob
        - chamadas ao subprograma Sub}
    fim {PROGRAMA PRINCIPAL}
```

O escopo dos identificadores deve ser atentamente observado quando existirem declarações de subprogramas dentro de subprogramas, todos com declarações locais. A Figura 9.4 mostra graficamente essa situação, considerando um programa principal dentro do qual está declarado um subprograma A. Dentro do subprograma A, está declarado outro subprograma B. À direita na figura estão representadas as variáveis que podem ser utilizadas por comandos dentro de cada um desses blocos – programa principal, subprograma A e subprograma B.

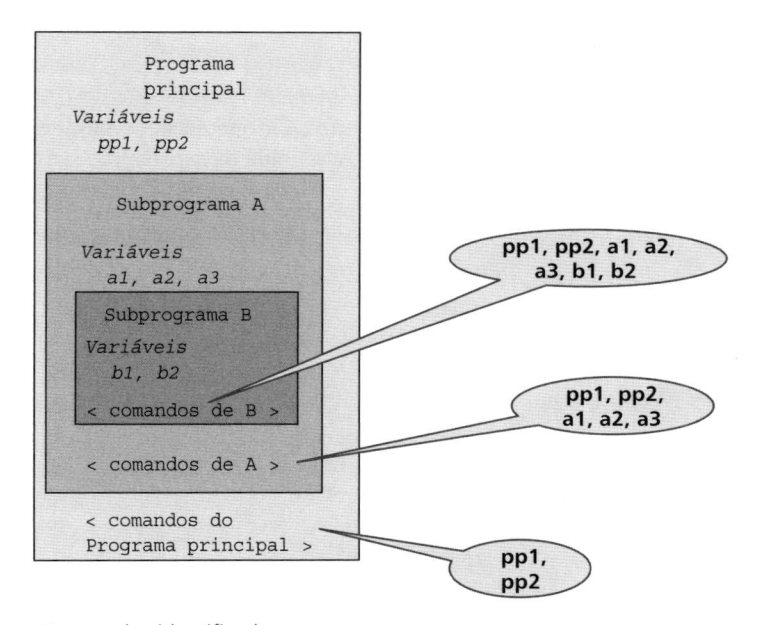

figura 9.4 Escopo dos identificadores.

Cabe lembrar mais uma vez que não é aconselhável utilizar variáveis globais dentro dos subprogramas. Sempre que possível, toda a comunicação dos subprogramas com os programas que os acionam deverá ser feita através de parâmetros.

9.5 → tipos de subprogramas

Dois tipos de subprogramas podem ser utilizados, diferenciados pela forma como são acionados e o modo como devolvem seus resultados: procedimentos e funções.

9.5.1 procedimentos

Um **procedimento** é um subprograma que executa uma determinada tarefa com ou sem a utilização de parâmetros. Na pseudolinguagem, a declaração de um procedimento é feita como segue:

```
Procedimento <nome do procedimento>
{ <Descrição da tarefa executada pelo procedimento> }
  <Lista de parâmetros formais, cada um com seu tipo,
   identificando os de entrada e os de saída>
  <Lista de constantes, tipos e variáveis locais>
início
  <Comandos do procedimento>
fim {<nome do procedimento>}
```

Na lista de parâmetros formais, os parâmetros por referência devem ser identificados pela sigla ref antes do seu nome. Os parâmetros de saída devem sempre ser definidos por referência.

Por exemplo, a declaração de um procedimento que calcula o fatorial de um número é:

```
Procedimento Fatorial
{CALCULA O FATORIAL DE UM NÚMERO}
  Parâmetro entrada: número (inteiro)
  Parâmetro de saída: ref fat (inteiro)
  Variável local: contador (inteiro)
início
  fat ← 1
  para contador de 1 incr 1 até número faça
    fat ← fat * contador
fim {Fatorial}
```

Os procedimentos são acionados por meio de um comando especial. Na pseudolinguagem, esse comando é:

```
execute <nome do procedimento> (< lista de parâmetros reais >)
```

Na chamada ao procedimento Fatorial, devem ser fornecidos dois parâmetros: o primeiro deve ser o valor para o qual se quer calcular o fatorial, que pode ser um valor literal, o conteúdo de uma variável ou o resultado de uma expressão aritmética; o segundo deve ser o nome da variável na qual será devolvido o resultado do cálculo efetuado.

Se a1, a2 e a3 forem variáveis inteiras, podem ser feitas as seguintes chamadas ao procedimento Fatorial:

```
execute Fatorial (a1, a2)    {a2  DEVOLVE FATORIAL DE a1}
execute Fatorial (a2, a3)    {a3  DEVOLVE FATORIAL DE a2}
execute Fatorial (7, a2)     {a2  DEVOLVE FATORIAL DE 7}
execute Fatorial (a1+2,a3)   {a3  DEVOLVE FATORIAL DE (a1+2)}
```

9.5.2 funções

Uma **função** é um subprograma que devolve um valor, resultante de um cálculo ou da execução de uma determinada tarefa, ao programa que o chamou por meio de seu nome. Uma função tem sempre associado a ela um tipo, que é o tipo do valor que ela devolve.

Na pseudolinguagem, a declaração de uma função é feita como segue:

```
Função <nome da função> : <tipo do resultado>
{ <Descrição do que é calculado pela função> }
  <Lista de parâmetros formais, cada um com seu tipo>
  <Lista de constantes, tipos e variáveis locais>
início
  <Comandos>
fim {<nome da função>}
```

Em algum lugar do corpo da função, o valor calculado pela função deve ser atribuído ao seu nome, para ser devolvido ao programa que a chamou. O nome da função deve, portanto, aparecer pelo menos uma vez, no corpo da função, à esquerda de uma atribuição:

```
<nome da função > ← <valor|variável|expressão|função|constante>
```

Uma função não é chamada através de um comando especial, como no caso dos procedimentos. A chamada é feita escrevendo seu nome, com os parâmetros reais, no ponto do código onde se deseja que o seu valor seja utilizado. Como exemplo, segue o cálculo do fatorial feito por meio de uma função e não de um procedimento, como mostrado na seção anterior:

```
Função Fatorial: inteiro
{CALCULA O FATORIAL DE UM VALOR INTEIRO}
  Parâmetro de entrada:
    número (inteiro)    {NÚMERO PARA O QUAL SE QUER O FATORIAL}
  Variáveis locais:
    índice (inteiro)
    fat (inteiro)
início
```

```
    fat ← 1
    para índice de 1 incr 1 até número faça
      fat ← fat * índice
    Fatorial ← fat         {DEVOLUÇÃO DE UM VALOR PELA FUNÇÃO}
  fim {Fatorial}
```
Sendo fat1, n, p e comb variáveis inteiras, as chamadas à função Fatorial a seguir são válidas:

```
  fat1 ← Fatorial(7)      {fat1 RECEBE O VALOR DO FATORIAL DE 7}
  escrever (Fatorial(n))  {INFORMA FATORIAL DO VALOR CONTIDO EM n}
  comb ← Fatorial(n) / (Fatorial (n-p) * Fatorial(p))
        {comb RECEBE CÁCULO DAS COMBINAÇÕES DE n ELEMENTOS p A p}
```

A execução de uma função termina quando seu final lógico é encontrado, ou seja, quando a execução atinge o ponto final da função. No caso da função Fatorial, por exemplo, isso ocorre quando fim {Fatorial} é atingido.

Embora, pelo conceito fundamental de função, deva ser devolvido somente um valor por meio de seu nome, sintaticamente parâmetros de saída também podem ser utilizados, devolvendo também valores ao programa que a aciona. Essa prática não é aconselhada porque, além de contrariar o conceito de função, torna os códigos mais complexos, favorecendo a ocorrência de erros. Assim, aconselha-se: sempre que uma função for utilizada, devolver apenas o valor em seu nome.

As chamadas a funções podem ocorrer em qualquer ponto do código em que o uso de um valor seja sintaticamente correto. Isso significa que funções podem ser usadas, por exemplo, em atribuições, em expressões, em comandos de saída, na chamada de outras funções e em testes.

9.6 ⇢ refinamentos sucessivos e programação modular

O uso de subprogramação com o objetivo de facilitar a construção de programas deve ser feito seguindo técnicas apropriadas, de acordo com a programação estruturada, conforme visto na Seção 1.4, no Capítulo 1.

Uma das técnicas aconselhadas pela programação estruturada é o desenvolvimento de algoritmos por fases ou refinamentos sucessivos. Isso é feito concentrando-se inicialmente nas tarefas maiores a serem executadas e no fluxo de controle entre elas. Uma vez essa fase estando bem definida, cada uma das tarefas identificadas é então refinada gradualmente, até que se chegue aos algoritmos finais que podem ser codificados em alguma linguagem de programação.

Essa técnica, também denominada *top down*, traz como consequência uma maior clareza no entendimento do problema como um todo, por não considerar inicialmente detalhes de implementação. Gera, também, uma documentação mais clara e compreensível dos algoritmos.

Como exemplo de desenvolvimento por refinamentos sucessivos, será considerada a construção de um algoritmo para gerenciar o acervo de uma biblioteca, compreendendo a inclusão de novos livros, o empréstimo e a devolução de um livro. Um primeiro algoritmo em passos gerais é:

```
Algoritmo GerênciaBiblioteca - passos gerais 1
{GERENCIA AS OPERAÇÕES DE UMA BIBLIOTECA}
início
  repetir
    mostrar menu
    ler opção desejada
    executar ação correspondente à opção
  até opção de saída
fim
```

Nessa primeira solução só foi definido que haverá uma estrutura de repetição, solicitando uma escolha a partir de um *menu*. Um refinamento dessa solução detalha como será feita essa opção e qual a forma utilizada para finalizar as repetições:

```
Algoritmo GerênciaBiblioteca - passos gerais 2
{GERENCIA AS OPERAÇÕES DE UMA BIBLIOTECA}
    Variável de entrada:
      opção (inteiro)
início
  repetir
    mostrar menu
    ler(opção)
    caso opção seja
      1: cadastrar livros novos
      2: registrar empréstimo
      3: registrar devolução
      9: terminar
  até opção = 9
fim
```

Observar que, ao construir essa segunda solução, não foi analisado como deverá ser feito o cadastro de novos livros, nem o registro de empréstimos e devoluções. Do *menu*, somente foi definido que haverá opções, numeradas por meio de inteiros, dentre as quais uma deverá ser selecionada. Outros refinamentos deverão ser feitos, detalhando as operações a serem realizadas.

Nesse exemplo de gerência de uma biblioteca, em vez de continuar o detalhamento de cada uma das atividades previstas – apresentação do *menu*, cadastramento de livros, registro de empréstimos e registro de devoluções – dentro de um mesmo algoritmo, é aconselhável desenvolvê-las em módulos, implementados por subprogramas separados e independentes entre si, acionados no programa principal por comandos específicos. O algoritmo do programa principal será então:

```
Algoritmo GerênciaBiblioteca
{GERENCIA AS OPERAÇÕES DE UMA BIBLIOTECA}
    Variável de entrada:
        Opção (inteiro)
início
    repetir
        executar MostraMenu
        ler(opção)
        caso opção seja
            1: executar CadastrarLivrosNovos
            2: executar RegistrarEmpréstimo
            3: executar RegistrarDevolução
            9: terminar
        até opção = 9
fim
```

A Figura 9.5a mostra os diferentes módulos desenvolvidos, um para o programa principal e os outros quatro para os subprogramas. Cada um desses subprogramas é programado e testado separadamente. Sua integração se dá por meio das chamadas feitas no programa principal. Durante a execução, tudo ocorre como se cada um desses módulos estivesse inserido no programa principal (Figura 9.5b). Neste exemplo, pode-se observar a facilidade de entendimento do programa como um todo, bem como a simplificação introduzida ao proporcionar a implementação e depuração dos módulos menores, em vez de tratar de todos os aspectos ao mesmo tempo.

9.7 ···→ exercícios de fixação

exercício 9.1 É frequente disponibilizar ao usuário as opções de execução de um programa através de um *menu*. A seguir, são apresentados um procedimento que apresenta um *menu* com algumas opções e um algoritmo bastante simples que utiliza esse procedimento. Observar que esse procedimento não apresenta parâmetros, sendo executado sempre da mesma maneira quando é chamado.

```
Algoritmo TesteMenu
    Variável de entrada:
        lido (inteiro)
{ ---------------------------------------------------------------- }
Procedimento ApresentaMenu
{ APRESENTA AO USUÁRIO UM MENU COM DIFERENTES OPÇÕES }
início
    escrever ('ESCOLHA SUA OPÇÃO DE COMPRA: ')
```

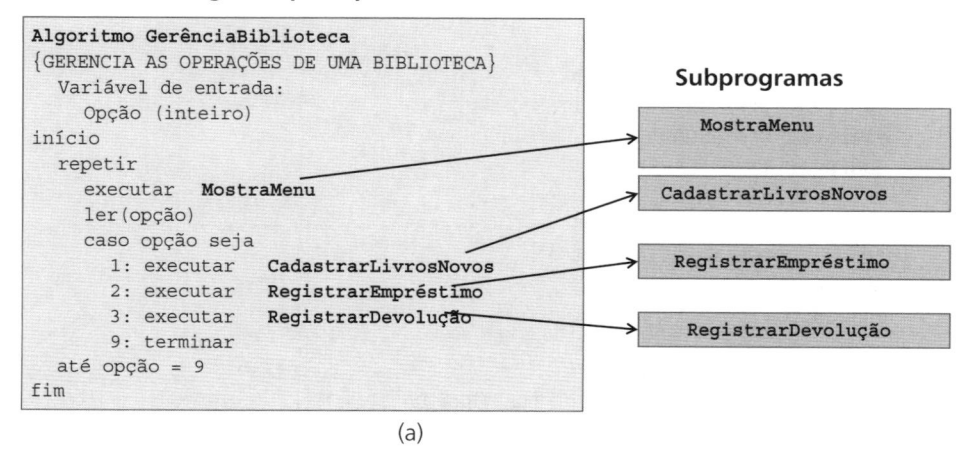

Programa principal

```
Algoritmo GerênciaBiblioteca
{GERENCIA AS OPERAÇÕES DE UMA BIBLIOTECA}
   Variável de entrada:
      Opção (inteiro)
início
   repetir
      executar   MostraMenu
      ler(opção)
      caso opção seja
         1: executar   CadastrarLivrosNovos
         2: executar   RegistrarEmpréstimo
         3: executar   RegistrarDevolução
         9: terminar
   até opção = 9
fim
```

Subprogramas

- MostraMenu
- CadastrarLivrosNovos
- RegistrarEmpréstimo
- RegistrarDevolução

(a)

Programa principal

```
Algoritmo GerênciaBiblioteca
{GERENCIA AS OPERAÇÕES DE UMA BIBLIOTECA}
Variável de entrada:
   Opção (inteiro)
início
   repetir
              MostraMenu

      ler(opção)
      caso opção seja
         1:   CadastrarLivrosNovos

         2:   RegistrarEmpréstimo

         3:   RegistrarDevolução

         9: terminar
   até opção = 9
fim
```

(b)

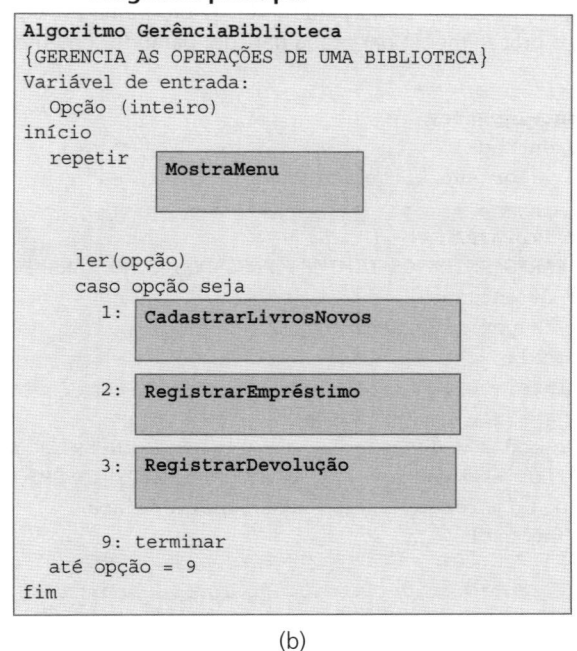

figura 9.5   Exemplo de programação modular.

```
    escrever ('1: REFRIGERANTE')
    escrever ('2: CERVEJA')
    escrever ('3: BAURU')
    escrever ('4: CACHORRO QUENTE')
    escrever ('5: BATATAS FRITAS')
    escrever ('6: SUNDAE')
    escrever ('10: PARAR')
  fim { ApresentaMenu }
  { ---------------------------------------------------------------- }
  início { PROGRAMA PRINCIPAL }
    lido ← 0
    enquanto lido ≠ 10 faça
      início
        executar ApresentaMenu
        ler (lido)              {LEITURA DA OPÇÃO}
        escrever (lido)         {EXIBIR VALOR LIDO}
      fim
  fim {PROGRAMA PRINCIPAL}
```

exercício 9.2 Este exercício exemplifica um procedimento com parâmetros passados por valor. O procedimento tem por objetivo imprimir os números pares entre dois valores lidos no programa principal, passados como parâmetros. O programa principal lê diversos pares de valores e chama o procedimento para cada par lido, parando somente quando o primeiro valor lido for nulo.

```
  Algoritmo TesteImpPares
  Variáveis de entrada:
    valor_inf, valor_sup (inteiro)
  { ---------------------------------------------------------------- }
  Procedimento ImpPares
  {IMPRIME OS PARES ENTRE OS LIMITES PASSADOS COMO PARAMETROS}
    Parâmetros de entrada:
      inferior, superior (inteiro)
    Variável local:
      número (inteiro)
  início
    se inferior mod 2 ≠ 0              {LIMITE INFERIOR NÃO É PAR}
      então inferior ← inferior + 1 {ALTEROU LIMITE INFERIOR PARA PAR}
    para número de inferior incr 2 até superior faça
      escrever(número)
  fim {ImpPares}
  { ---------------------------------------------------------------- }
  início {PROGRAMA PRINCIPAL}
    ler(valor_inf, valor_sup)
    enquanto valor_inf ≠ 0 faça
```

```
        início
           execute ImpPares(valor_inf, valor_sup)
           ler(valor_inf, valor_sup)
        fim
fim {PROGRAMA PRINCIPAL}
```

exercício 9.3 Exemplificando ainda a utilização de parâmetros passados por valor, neste exercício é definida uma função que recebe três valores e devolve o maior dos três. O programa para testar essa função inicia preenchendo três vetores por leitura. Em seguida, chama a função, passando para ela os valores de elementos de mesmo índice nos três vetores, e preenche um novo vetor, para o qual são copiados os maiores valores de cada comparação realizada.

```
Algoritmo TesteMaior3
   Constantes:
      ARR_INF = 1
      ARR_SUP = 10
   Tipo:
      VETOR = arranjo [ARR_INF .. ARR_SUP] de real
   Variáveis de entrada:
      v1, v2, v3 , vet_maiores(VETOR)
   Variáveis auxiliares:
      índice (inteiro)
{ ----------------------------------------------------------------- }
Função Maior3: real
{DEVOLVE O MAIOR DE 3 VALORES REAIS RECEBIDOS}
   Parâmetros de entrada:
      val1, val2, val3 (real)
   Variável local:
      maior (real)
início
   maior ← val1
   se val2 > maior
   então maior ← val2
   se val3 > maior
   então maior ← val3
   Maior3 ← maior        {NOME DA FUNÇÃO RECEBE O MAIOR DOS 3}
fim {Maior3}
{ ----------------------------------------------------------------- }
início {PROGRAMA PRINCIPAL}
   {PREENCHE OS 4 VETORES}
   para índice de ARR_INF até ARR_SUP faça
      início
      ler (v1[índice], v2[índice], v3[índice])
      vet_maiores[índice] ← Maior3(v1[índice], v2[índice], v3[índice])
```

```
            fim
         {IMPRIME VETOR DE MAIORES VALORES}
         para índice de ARR_INF até ARR_SUP faça
            escrever(vet_maiores[índice])
      fim {PROGRAMA PRINCIPAL}
```

exercício 9.4 Este exercício mostra a utilização de vários parâmetros para devolver informações resultantes do processamento de um subprograma. É definido um procedimento que recebe um vetor e um valor a ser buscado nesse vetor. O procedimento faz a busca e, caso encontre o valor, informa a posição de sua última ocorrência. Se o valor não for encontrado, o parâmetro Achou retorna o valor lógico falso. O vetor e o valor a ser buscado são parâmetros passados por valor; o resultado da busca é informado por meio dos parâmetros por referência posição e achou.

```
      Algoritmo TesteBuscaValor
         Constantes:
            LIM_INF = 1
            LIM_SUP = 10
         Tipo:
            VETOR = arranjo [LIM_INF .. LIM_SUP] de real
         Variáveis de entrada:
            valor (real)            {VALOR A SER BUSCADO}
            vet (VETOR)     {VETOR ONDE O VALOR É BUSCADO}
         Variável de saída:
            posição (inteiro)
         Variáveis auxiliares:
            índice (inteiro)
            encontrou (lógico)
      { ---------------------------------------------------------------- }
      Procedimento BuscaValor
      {BUSCA UM VALOR EM UM VETOR E DEVOLVE SUA POSIÇÃO OU A INFORMAÇÃO DE
      NÃO TER ENCONTRADO}
         Parâmetros de entrada:
            valor_buscado (real)
            vet (VETOR)
         Parâmetros de saída:
            ref posição (inteiro)
            ref achou (lógico)
         Variável local:    índice (inteiro)
      início
         achou ← falso  {INICIALIZA ACHOU EM FALSO}
         para índice de LIM_INF incr 1 até LIM_SUP faça
            se vet[índice] = valor_buscado
               então início  {ENCONTROU O VALOR BUSCADO}
                     achou ← verdadeiro
```

```
            posição ← índice
            fim
    fim {BuscaValor}
    { ---------------------------------------------------------------- }
    início {PROGRAMA PRINCIPAL}
      {ENTRADA DE DADOS}
      para índice de LIM_INF incr 1 a LIM_SUP faça
        ler(vet[índice])
      ler(valor)
      {CHAMADA AO PROCEDIMENTO QUE FAZ A BUSCA}
      executar BuscaValor(vet, valor, posição, encontrou)
      {ANÁLISE DOS RESULTADOS DA BUSCA}
      se encontrou
        então escrever (posição)
        senão escrever('Valor não foi encontrado')
    fim {PROGRAMA PRINCIPAL}
```

9.8 em Pascal

Em Pascal podem ser definidos tanto procedimentos como funções. Todo subprograma, seja um procedimento seja uma função, deve ser declarado antes de ser utilizado. Tanto para os procedimentos como para as funções, os tipos dos parâmetros podem ser simples (`integer`, `real`, `char`) ou definidos pelo usuário (por enumeração, etc.).

9.8.1 procedimentos em Pascal

A declaração de um procedimento é feita listando em seu cabeçalho, entre parênteses, os parâmetros formais, cada um com seu tipo, separados por ponto e vírgula. O cabeçalho de declaração de um procedimento em Pascal inicia pela palavra `Procedure`, seguida pelo nome do procedimento e, caso existam, pela lista de parâmetros formais entre parênteses:

    Procedure <nome do procedimento> [(<lista de parâmetros formais>)]

A lista de parâmetros formais é formada pelos nomes dos parâmetros, cada um seguido do seu tipo, separados entre si por ponto e vírgula. Dois ou mais parâmetros do mesmo tipo podem ser agrupados em uma lista, separados por vírgulas. Parâmetros passados por referência são precedidos da palavra reservada `var`:

    [var] <nome do parâmetro>:<tipo do parâmetro;> [var] <lista de
    parâmetros>):<tipo dos parâmetros; ... >

O cabeçalho a seguir define um procedimento de nome Ex1, com dois parâmetros formais, o primeiro do tipo caractere e o segundo do tipo inteiro, ambos passados por valor:

    Procedure Ex1 (letra: char; numero: integer);

Exemplo de uma lista com mais de um parâmetro, todos do mesmo tipo e passados por valor:

```
Procedure Ex2 (a, b, c: integer);
```

No exemplo a seguir, o procedimento Ex3 possui três parâmetros inteiros, sendo os dois primeiros passados por valor e o terceiro por referência:

```
Procedure Ex3 (a, b: integer; var resultado: integer);
```

Como exemplo, o procedimento a seguir recebe três valores reais e devolve o maior dos três:

```
Procedure Maior (a, b, c: real; var omaior: real);
{RETORNA O MAIOR DOS 3 VALORES RECEBIDOS}
begin
  omaior := a;
  if b > omaior
  then omaior := b;
  if c > omaior
  then omaior := c
end; {Maior}
```

A chamada de um procedimento em Pascal é feita escrevendo simplesmente seu nome, seguido da lista de parâmetros reais, caso existam na declaração:

```
<nome do procedimento> [(<lista de parâmetros reais>)]
```

Exemplo de utilização do procedimento Maior em um programa:

```
Program TesteProc;
{PROGRAMA QUE TESTA O PROCEDIMENTO MAIOR}
{-----------------------------------------------------------}
<DECLARACAO DO PROCEDIMENTO MAIOR>
{-----------------------------------------------------------}
var lido1, lido2, lido3: real;
    valor: real;
begin
  readln(lido1, lido2, lido3);                {ENTRADA DE 3 VALORES}
  Maior(lido1, lido2, lido3, valor); {CHAMADA DO PROCEDIMENTO MAIOR}
  writeln('Maior dos valores lidos: ', valor:5:2); {INFORMA O MAIOR}
  readln
end.
```

9.8.2 funções em Pascal

Em Pascal, o cabeçalho da declaração de uma função inicia pela palavra Function, seguida pelo nome da função e, caso existam, pela lista de parâmetros formais, entre parênteses, construída de forma similar à dos procedimentos. Em seguida segue o caractere dois pontos e o tipo da função:

```
Function <nome da função> [(lista de parâmetros formais)]:<tipo da fun-
ção>
```

Para atribuir valor a uma função, deve ser feita uma atribuição ao seu nome:

```
<nome da função> := <valor>
```

onde valor pode ser um valor literal, uma variável, uma expressão ou a chamada a outra função. O importante é que o valor atribuído à função seja compatível com seu tipo. A chamada de uma função poderá ocorrer em qualquer ponto do código em que a especificação de um valor do tipo da função for sintaticamente correto como, por exemplo, à direita de uma atribuição, como parte de uma expressão, como parâmetro de chamada de uma função ou em uma instrução de escrita.

O programa TesteFunc, mostrado a seguir, utiliza a função MaiorDoVetor para determinar o maior valor em um vetor de elementos inteiros. A função utiliza declarações de constante e de tipo feitas no programa principal.

```
Program TesteFunc;
{PROGRAMA QUE TESTA A FUNCAO MAIORDOVETOR}
  const TAMANHO = 100;   {CONSTANTE QUE DEFINE O TAMANHO DO VETOR}
  type ARR = array [1 .. TAMANHO] of integer; {TIPO DO VETOR}
{-----------------------------------------------------------------}
Function MaiorDoVetor (vetor: ARR; n: integer): integer;
{DEVOLVE O MAIOR ELEMENTO DE VETOR, UM ARRANJO DE N ELEMENTOS INTEIROS}
  var maior: integer;  {ARMAZENA MAIOR VALOR DURANTE O PROCESSAMENTO}
      indice: integer;      {PERCORRE TODOS OS ELEMENTOS DO VETOR}
begin
  maior:= vetor[1];        {INICIALIZA NO PRIMEIRO ELEMENTO DO VETOR}
  for indice := 2 to n do
    if vetor[indice] > maior
    then maior := vetor[indice];
  MaiorDoVetor := maior;     {DEVOLVE VALOR MAIOR ATRAVES DO NOME }
end; {MaiorDoVetor}
{-----------------------------------------------------------------}
  var valores: ARR;
    indice: integer;
begin
  {ENTRADA DOS VALORES DO VETOR ARR:}
  for indice := 1 to TAMANHO do
    readln(valores[indice]);
  {IMPRIME O MAIOR DOS ELEMENTOS DO VETOR VALORES:}
  writeln('Maior elemento: ', MaiorDoVetor(valores, TAMANHO));
  readln
end.
```

Em Pascal, uma função termina sua execução quando o final lógico de seu código é encontrado.

9.9 em C

A utilização de subprogramas em C requer conhecimento prévio do conceito de ponteiros (apresentado no Capítulo 14).

A única opção de subprograma disponível em C é a função. Procedimentos devem, portanto, ser representados por funções, devolvendo os valores por meio dos parâmetros.

Em C não existe passagem de parâmetros por referência. O que é transferido para os parâmetros reais são sempre cópias de valores. Para ter acesso ao resultado de uma função após o encerramento de sua execução, devem ser utilizados ponteiros como parâmetros. Dessa forma, as posições de memória apontadas pelos ponteiros serão alteradas dentro da função e, quando essa terminar, os seus resultados serão percebidos no mundo externo.

Uma função deve ser declarada antes de ser usada. O cabeçalho de declaração de uma função compreende seu tipo e nome, e, após, entre parênteses, se existirem, o tipo e o nome de cada um de seus parâmetros formais, separados por vírgulas:

```
<tipo da função> <nome da função> ([<lista de parâmetros
formais>|void])
```

Uma função sem tipo declarado é considerada uma função inteira. Se a função não deve devolver valor, deve ser declarada como tipo void. Qualquer tipo de dado pode ser tipo de um parâmetro de uma função. Se a função não possuir parâmetros, o espaço entre parênteses pode permanecer em branco ou o termo void pode ser utilizado.

A seguir, alguns exemplos de cabeçalhos de declaração de funções:

a duas funções sem devolução de valores e sem parâmetros:

```
void funcao1( )
void funcao1(void)
```

b uma função sem devolução de valores com dois parâmetros:

```
void variasletras(int vezes, char carac)
```

c uma função com devolução de um valor inteiro e dois parâmetros:

```
int acha_maior(int num1, int num2)
```

No código de uma função, podem ser usados quaisquer comandos da linguagem. Para devolver o valor na função, há o comando específico return:

```
return <valor|variável|constante|expressão|função>
```

Embora o código de uma função possa conter mais do que um return, múltiplos comandos return em uma função em C vão contra os princípios da programação estruturada, uma vez que determinam múltiplos pontos de saída do subprograma. Isso porque, em C, uma função termina sua execução se o final lógico de seu código é atingido ou se um comando return é executado.

Funções de tipo void, que não devolvem um valor em seu nome, são executadas como procedimentos e são chamadas como comandos.

Na sequência, é apresentada a declaração de uma função void que carrega valores em um vetor. O primeiro parâmetro é um ponteiro para o vetor.

```
void levetor (int vetor[], int numelem)
  {
   int i;
   for (i = 0; i < numelem; i++)
      {
         printf("\nElemento [%d]: " , i + 1);
         scanf ("%d", vetor + i);
      }
  }
```

A chamada a essa função é feita através do comando:

```
levetor(vet, MAX);
```

Uma função de um tipo diferente de void é chamada dentro de outro comando ou expressão se houver o desejo de usar o valor devolvido por ela. A função printf, por exemplo, devolve um valor inteiro, que é o número de caracteres apresentados. Esse valor quase nunca é utilizado, então essa função é normalmente chamada como se fosse um comando.

Na sequência, é apresentada uma função long que realiza a soma dos valores de um vetor. O primeiro parâmetro é um ponteiro para o vetor. Sua declaração:

```
long soma_vetor(int vetor[], int elementos)
   {
        long soma = 0;
        int i;
        for (i = 0; i < elementos; i++)
           soma  += vetor[i];
        return soma;
   }
```

A chamada a essa função é:

```
printf("\nSoma dos elementos do vetor = %d\n",soma_vetor(vet, MAX));
```

Na chamada das funções, os parâmetros reais devem corresponder, em posição, tipo e número, aos parâmetros formais. Os nomes utilizados nos parâmetros reais são irrelevantes, podendo ser iguais ou diferentes dos formais.

Quando vetores são parâmetros de funções, há duas formas de declará-los no cabeçalho das mesmas. A seguir, no cabeçalho da função tipo void apresentar_vet, em que o primeiro parâmetro é um vetor e o segundo um inteiro com o número máximo de elementos desse vetor, vê-se essas duas formas:

```
void apresentar_vet(int valores[ ], int max)
void apresentar_vert(int *valores, int max)
```
Visto que as funções devem ser declaradas antes de serem usadas e, para que o sistema tenha condições de verificação mais completa dos parâmetros utilizados em uma função, o uso de protótipos de funções é altamente recomendável. Um protótipo de uma função é uma pré-declaração da mesma e antecipa para o compilador as informações sobre a função: seu tipo, seu nome e sua lista de parâmetros. Nos protótipos, apenas o tipo de cada parâmetro é necessário. Quando os protótipos são utilizados, são colocados no início do programa, antes da função *main*, e as declarações das funções após a função *main*.

Alguns protótipos de funções:

a sem devolução de valor e sem parâmetros:
```
void mostra_menu (void);
```

b com devolução de valor e dois parâmetros:
```
float divisao(float, float);
```

c com devolução de valor e com dois parâmetros, sendo o primeiro um ponteiro:
```
int conta_caract(char*, char);
```

Uma função que devolve um valor em seu nome deve conter pelo menos uma ocorrência do comando return. Ao ser executado o return, a função recebe o valor nele especificado e seu processamento é encerrado. Para atender as diretrizes da programação estruturada, o comando return, se usado, deve ser único no código da função e sempre o último comando da mesma.

A seguir, o código de um programa que apresenta o número de divisores pares de um número inteiro positivo maior que 1, fornecido durante a execução pelo usuário. A determinação do número dos divisores pares do número informado é realizada pela função divpares, que devolve um valor inteiro. Observar o uso de protótipo e, no código da função, de um único comando return.

```
#include <stdio.h>
#include <stdlib.h>
int divpares(int); // prototipo da funcao
int main ()
{
    int num;
    printf("\nNumero a processar(positivo maior que 1): ");
    scanf("%d", &num);
    printf("\nNumero %d tem %d divisor(es) par(es)\n",
                       num, divpares(num));
    system ("pause");
    return 0;
```

```
}
int divpares (int numero)
{
   int i, cont = 0, lim;   // variaveis locais aa funcao
   if (numero % 2 == 0)  // se o numero eh par, tambem eh contado
      cont++;
   lim = numero / 2;
   //exceto o proprio, so tem divisores ate a metade do numero
   for (i = 2; i <= lim ; i++)
      if (i % 2 == 0)
         if (numero % i == 0)  // se eh divisor e eh par, conta
            cont++;
   return cont;   // devolve valor na funcao e encerra o processamento
}
```

Todo programa em C tem pelo menos uma função: a função main. Até o momento, ela foi utilizada sem parâmetros e nada foi feito com o valor devolvido por ela. O valor devolvido pela função main pode interessar se, externamente ao programa, após concluída sua execução, desejar-se saber se ele foi executado corretamente. Os parâmetros de main, argc e argv, permitem que sejam passados valores para o programa através da linha de comando durante a execução. Em Dev-C++, a definição dos valores dos parâmetros no ambiente é feita através do menu Execute, opção Parameters.

O parâmetro argc é um parâmetro inteiro que indica o número de parâmetros que foram passados ao programa. Como o primeiro parâmetro de um programa é sempre o seu nome, argc será sempre no mínimo igual a 1.

O parâmetro argv é um ponteiro para uma matriz de *strings* em que todos os parâmetros, mesmo que sejam valores numéricos, ficam armazenados na forma de *strings*. O parâmetro argv pode ser declarado de duas formas: char *argv[ ] ou char **argv. Os dois asteriscos na segunda forma de declaração de argv significam que argv é um ponteiro para ponteiro (já que é um ponteiro que aponta para uma matriz).

Possíveis declarações de main quando se deseja usar seus parâmetros são:

```
int main(int argc, char **argv)
int main(int argc, char *argv [ ] )
```

A seguir, alguns exemplos de uso de argc e argv. Inicialmente é apresentado o nome de um programa (seu primeiro parâmetro) e, após, o número de parâmetros desse programa, descontando o nome:

```
printf ("Foram passados para o programa \n%s \n%d argumento(s):\n\n",
   argv[0] , argc-1);
```

Nas duas linhas a seguir são apresentados o número de parâmetros do programa e qual o tamanho do nome do programa:

```
printf("\nNumero de parametros = %d  \n", argc);
printf("\nTamanho do nome do prog. = %d\n ", strlen(argv[0]));
```
Em C é possível chamar uma função dentro de outra função, mas não é possível declarar uma função dentro de outra função.

9.10 ⋯→ dicas

refinamentos sucessivos. Desenvolva um programa por meio de refinamentos sucessivos, identificando as principais tarefas a serem executadas e o fluxo de controle entre elas. Depois, utilize subprogramas para desenvolver as tarefas isoladamente, testando-as separadamente antes de integrá-las no programa.

tarefa claramente identificada. Construa subprogramas que executem somente uma tarefa, claramente identificada em seu cabeçalho.

identificação de parâmetros. Identifique claramente os parâmetros de entrada e de saída no cabeçalho do subprograma.

não usar variáveis globais. Construa os subprogramas de forma a utilizarem somente seus parâmetros e variáveis locais. Embora seja permitida a utilização de variáveis globais, essa prática não é aconselhada, pois dificulta o entendimento e a depuração do código.

respeitar o escopo dos identificadores. Lembre que, caso seja definida alguma variável local dentro de um subprograma, com nome igual ao de outra definida no programa principal, serão duas variáveis independentes. A variável local somente existirá durante a execução do subprograma, tempo em que a global não estará acessível.

um só ponto de saída do subprograma. Garanta que em todo subprograma haja um único ponto de entrada no mesmo e um único ponto de saída.

funções com um só valor devolvido em Pascal. Utilize funções apenas com parâmetros de entrada e que devolvam um único valor em seu nome.

9.11 ⋯→ testes

testar cada subprograma separadamente. Para isso, construir um pequeno programa principal que acione o subprograma, passando a ele todos os possíveis valores para os parâmetros.

testar passagem de parâmetro incorreta. Testar também passagem de valores incorretos, de tipos diferentes dos definidos para os parâmetros formais ou fora dos limites válidos.

verificar a correção dos parâmetros. Verificar se a definição de parâmetros por valor e por referência está correta, imprimindo os valores após a execução dos subprogramas.

usar mensagens de apoio à depuração do código. Ao testar um subprograma, inserir em seu código mensagens antes de cada um dos passos principais percorridos em sua execução e no ponto em que termina sua execução (logo antes do seu final).

9.12 exercícios sugeridos

INSTRUÇÕES GERAIS: realizar as tarefas dos exercícios utilizando subprogramas. Quando não indicado, escolher o tipo de subprograma (procedimento ou função) mais adequado à linguagem que será utilizada na implementação. Nos subprogramas, utilizar apenas parâmetros e variáveis locais, no limite das possibilidades de cada linguagem.

exercício 9.1 Construa um subprograma que, recebendo como parâmetros quatro números inteiros, devolva ao módulo que o chamou a soma dos três maiores números dentre os quatro recebidos. Faça um programa que leia tantos conjuntos de quatro valores quantos o usuário deseje e que acione o subprograma para cada conjunto de valores, apresentando a cada vez a soma produzida.

exercício 9.2 Faça um programa que leia quatro matrizes inteiras, 5 × 5 (A, B, C e D), com pelo menos dois subprogramas: um que carrega valores em uma matriz, a ser usado para a leitura das quatro matrizes, e um segundo que recebe duas matrizes 5 × 5 e calcula a matriz soma. Aplique esse último subprograma para obter A + B, C + D e A + C.

exercício 9.3 Escreva um subprograma que receba um vetor de 15 elementos inteiros e que, com esses elementos, crie uma matriz 3 × 5. Construa um programa para preencher o vetor por leitura, executar o subprograma e, no final, imprimir o vetor e a matriz.

exercício 9.4 Escreva os seguintes subprogramas e depois os utilize em um só programa:

[a] SIMPLIFICA:
entrada: vetor V1 contendo valores ordenados e número de elementos desse vetor;
valores devolvidos: vetor V2 e número de elementos únicos;
tarefa: copiar para V2 os valores de V1 que não estão em duplicata;

[b] UNIÃO:
entrada: vetores V1 e V2 e o número de elementos de cada um deles;
valores devolvidos: vetor UNI e o número de elementos válidos em UNI;
tarefa: colocar em UNI a união dos elementos de V1 e de V2 ;

[c] INTERSECÇÃO:
entrada: vetores V1 e V2 e o número de elementos de cada um deles;
valores devolvidos: vetor INTERSEC e o número de elementos válidos em INTERSEC;
tarefa: colocar em INTERSEC os elementos resultantes da intersecção de V1 com V2;

d IMPRIMIR:
entrada: um vetor e seu número de elementos;
tarefa: imprimir o conteúdo dos elementos do vetor (máximo de 20 elementos por linha).

exercício 9.5 Considere um vetor de 10 elementos, contendo valores inteiros. Para trabalhar com esse vetor devem ser declarados dois subprogramas:

a ORDENA, que coloca os valores de um vetor em ordem crescente, recebendo como parâmetros o vetor e seu número de elementos;

b FREQUÊNCIAS, que recebe um vetor A de N posições, contendo valores inteiros, e um valor V inteiro. O subprograma deve calcular e devolver ao programa principal as frequências absoluta e relativa desse valor no conjunto de valores contidos no arranjo. (Observação: a frequência absoluta de um valor é o número de vezes que esse valor aparece no conjunto de dados; a frequência relativa é a frequência absoluta dividida pelo número total de dados.)

Escreva um programa que preencha, por leitura, esse vetor, ordene-o através do primeiro subprograma, calcule as frequências através do segundo subprograma e as imprima.

exercício 9.6 Dada a matriz 6 × 6 a seguir, escreva subprogramas para realizar as seguintes tarefas:

a calcular a média dos elementos da área assinalada em cinza;
b determinar o maior elemento contido na matriz;
c verificar se um determinado valor (passado como parâmetro) está contido na matriz;
d fazer varredura da matriz e devolução dos elementos contidos em sua diagonal principal, copiados para um vetor.

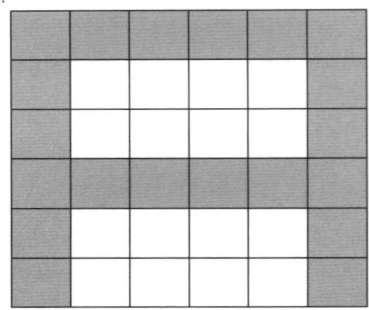

exercício 9.7 Escreva um programa que, dado o raio de uma esfera, calcule o seu volume. O programa deverá realizar um laço de leitura de valores para raio, fornecendo para cada um o volume da esfera correspondente. O final do programa será sinalizado pela introdução de um valor negativo ou nulo para o raio. O cálculo dos volumes deverá ser realizado por uma função. Observação: essa função deverá utilizar uma função POTENCIA para calcular a potência do raio necessária no cálculo do volume.

exercício 9.8 Faça um programa para calcular o cosseno de x, para x variando de 0 até 6,3 (inclusive), de 0,1 em 0,1. O programa deverá imprimir x e o valor correspondente do cosseno. O cálculo do cosseno deverá ser implementado através de uma função que utilize a série:

$$cosseno(x) = 1 - \frac{x^2}{2!} + \frac{x^4}{4!} + \frac{x^6}{6!} + \frac{x^8}{8!} - ...$$

Considerar as primeiras 30 parcelas da série para a obtenção do cosseno de x.

exercício 9.9 Faça um programa que determine se as coordenadas de um ponto (x,y), lidas via teclado, pertencem à área hachurada delimitada pelas funções f1(x) e f2(x), fornecidas na figura a seguir. O programa principal deverá ler esses dois valores e chamar uma função denominada `verifica`, até encontrar um par de coordenadas lidas (x,y) que sejam maiores do que 100. A função `verifica` deverá devolver um valor lógico indicando se as coordenadas fornecidas pertencem à área hachurada (valor devolvido verdadeiro) ou se não pertencem a esta área (valor falso). No programa principal, baseado nesses valores devolvidos, deverá ser impressa a mensagem "interior", quando o ponto estiver dentro da área hachurada, e "exterior", quando estiver fora. A função `verifica` deverá, ainda, no seu interior, imprimir os valores calculados para as funções f1 e f2. A saída do programa deverá apresentar o seguinte *layout*:

coordenadas *xxx-yyy*   valor de f1 = zz   valor de f2 = ww   exterior

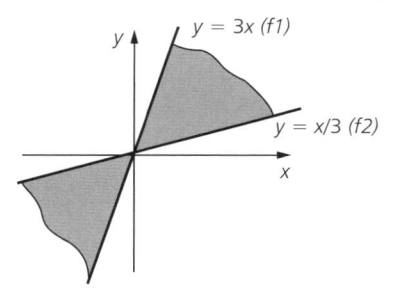

exercício 9.10 Faça um programa que calcule a média móvel. O programa deverá executar um laço de leitura de valores inteiros e positivos; a introdução de um valor negativo servirá como indicador de término do programa. Para cada valor fornecido deverá ser impressa a média calculada. A média móvel é efetuada sobre um número especificado de pontos. Quando se introduz um novo dado, descarta-se o valor mais antigo, dando-se lugar à nova introdução. Este esquema de substituição faz da média móvel um instrumento valioso na análise de tendências. Quanto menor o número de dados, mais sensível será com relação à média. Considere, para a solução deste problema, cinco pontos (valores) e assuma que pelo menos cinco pontos válidos serão fornecidos.

Use obrigatoriamente subprogramas para:

[a] armazenar os valores no vetor de valores;
[b] calcular as médias sucessivas.

No programa principal, a cada valor introduzido (após os quatro primeiros) deverá ser apresentada a média calculada e os valores considerados no seu cálculo.

exercício 9.11 O número 3025 possui a seguinte característica:

$$30 + 25 = 55$$
$$55^2 = 3025$$

Faça um programa que pesquise e imprima todos os números de quatro algarismos que apresentam tal característica. Utilize uma função para determinar se um número se comporta como o 3025.

exercício 9.12 Faça um programa que converta números na base 2 (com até 5 algarismos) para seus valores correspondentes na base 10. A conversão dos números deverá ser feita por uma função.

exercício 9.13 Considere um vetor utilizado para implementar duas pilhas. As bases das pilhas estarão uma em cada extremidade do arranjo, conforme a figura abaixo:

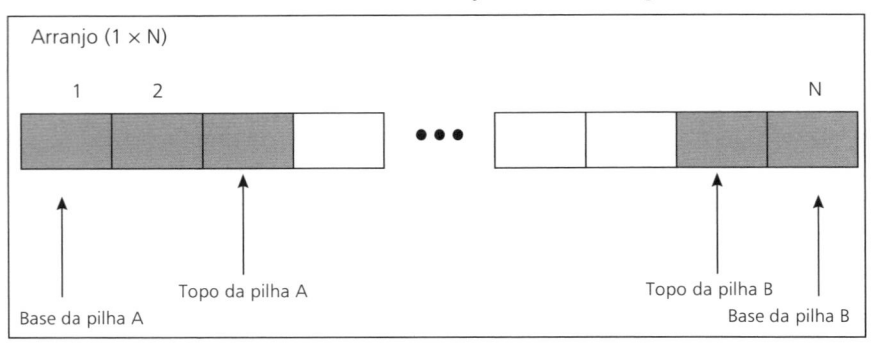

O vetor possui N elementos, inteiros. Cada uma das pilhas apresenta um índice de topo de pilha, os quais são nulos quando a pilha estiver vazia. Escreva:

a um subprograma para incluir um elemento no topo da pilha B, atualizando o indicador de topo dessa pilha. Esse subprograma receberá, como parâmetros, o valor do elemento a ser incluído na pilha B, os índices correspondentes aos topos das duas pilhas e o número de elementos do vetor. O subprograma deverá testar se existe uma célula livre para incluir o elemento (se as duas pilhas não estão ocupando todo o vetor) e, caso isso ocorrer, não efetuar a inclusão e enviar uma mensagem avisando que não há mais espaço no vetor;

b um subprograma que calcule a quantidade de elementos da pilha A que também aparecem na pilha B. Elementos repetidos na mesma pilha devem ser contados apenas uma vez.

exercício 9.14 Escreva uma função que calcule o *n*-ésimo termo da série de Fibonacci. A série de Fibonacci é a seguinte:

0 1 1 2 3 5 8 13 21 34 ...

ou seja:

- o primeiro termo vale zero;
- o segundo termo vale 1;
- o termo t_i vale ($t_{i-1} + t_{i-2}$), para $i \geq 3$.

Escreva um programa que utilize esta função para calcular o termo solicitado por um usuário.

exercício 9.15 Uma empresa locadora de DVDs armazena os dados referentes à quantidade de locações em uma matriz, na qual a primeira dimensão corresponde ao tipo do filme contido (comédia, drama, desenho animado, suspense, aventura, musical) e a segunda dimensão corresponde ao código do DVD (para cada tipo de filme, os códigos são sequenciais, iniciando por 1). Supondo que a locadora possua apenas 10 DVDs de cada tipo, faça um programa com subprogramas que realizem as seguintes tarefas:

a inicialização dessa matriz em zero (iniciar com zero locações para todos os DVDs);
b processamento de um conjunto de locações – para cada locação é fornecido o tipo de filme e o código do DVD, sendo que o programa deve incrementar o número de locações na matriz de locações. Parar quando for fornecido um valor negativo para o tipo de filme;
c impressão da matriz resultante;
d determinação e apresentação dos códigos dos dois DVDs (e seu tipo correspondente) que apresentaram mais locações;
e determinação e apresentação de qual o tipo de filme mais procurado;
f cálculo e apresentação do número total de locações de DVDs.

exercício 9.16 Uma sorveteria vende cinco produtos diferentes, cada um com um preço, de acordo com a tabela abaixo:

Código	Produto	Preço (R$)
A	Refrigerante	3,50
B	Casquinha simples	4,00
C	Casquinha dupla	5,50
D	*Sundae*	7,50
E	*Banana split*	9,00

Faça um programa que processe diversas vendas, lembrando que cada venda efetuada pode ser composta por diversas unidades de diversos produtos. O programa deverá utilizar:

a um subprograma que apresente, na tela, um *menu* indicando os preços dos produtos – esse *menu* deve ser apresentado no início de cada venda;

b outro subprograma que processe cada venda individual e forneça o valor a pagar;

c um terceiro subprograma que emita um relatório no final do dia, informando dados gerais das vendas do dia (número total de itens vendidos em cada produto, total pago para cada produto, total arrecadado e valor médio pago por pedido).

exercício 9.17 Uma loja mantém o controle de estoques de suas mercadorias, armazenando os seguintes dados:

a um vetor com o número de itens em estoque de cada mercadoria, correspondendo o índice do vetor ao código da mercadoria;

b uma matriz com a previsão de venda de suas mercadorias por mês, correspondendo cada linha da matriz a uma mercadoria (código = índice da linha) e cada coluna ao número correspondente ao mês (12 colunas).

Supondo que a loja ofereça cinco mercadorias diferentes, faça um programa que atenda a consultas sobre até que mês determinadas mercadorias apresentam estoque suficiente. O programa deverá utilizar uma função MES que recebe como parâmetros a matriz, o vetor e o código da mercadoria pesquisada e devolve ao programa que a acionou o número do último mês com estoque suficiente. O número de mercadorias pesquisado pelo programa deverá ficar a critério do usuário do programa.

exercício 9.18 A avaliação de aproveitamento de uma certa disciplina é feita através de quatro provas mensais no valor de 20 pontos e uma prova final no valor de 40 pontos. A nota final é obtida somando-se as três melhores notas, dentre as provas mensais, com a nota da prova final.

O conceito final é dado atendendo-se ao seguinte critério:

de	90	a	100	-	Conceito	A
de	80	a	89	-	Conceito	B
de	70	a	79	-	Conceito	C
de	60	a	69	-	Conceito	D
de	40	a	59	-	Conceito	E
de	0	a	39	-	Conceito	F

Faça um programa que:

a por meio de um procedimento, leia N (N: inteiro entre 1 e 80) conjuntos de dados com o número de um aluno, suas quatro notas mensais e a nota de sua prova final (parar quando o número do aluno informado for negativo);

b uma vez lidos todos os dados de alunos, calcule a nota final de cada aluno, conforme indicado, e defina os conceitos obtidos. O cálculo do conceito deve ser feito através de uma função;

c por meio de outro procedimento, escreva, para cada aluno, o seu número, a sua nota final e o seu conceito.

9.13 ⇢ termos-chave

declarações globais, p. 243

declarações locais, p. 242

função, p. 247

módulos, p. 236

parâmetros de entrada, p. 241

parâmetros de saída, p. 241

parâmetros formais, p. 240

parâmetros reais, p. 240

parâmetros por valor ou por referência, p. 241

procedimento, p. 246

programação modular, p. 236

subprograma, p. 237

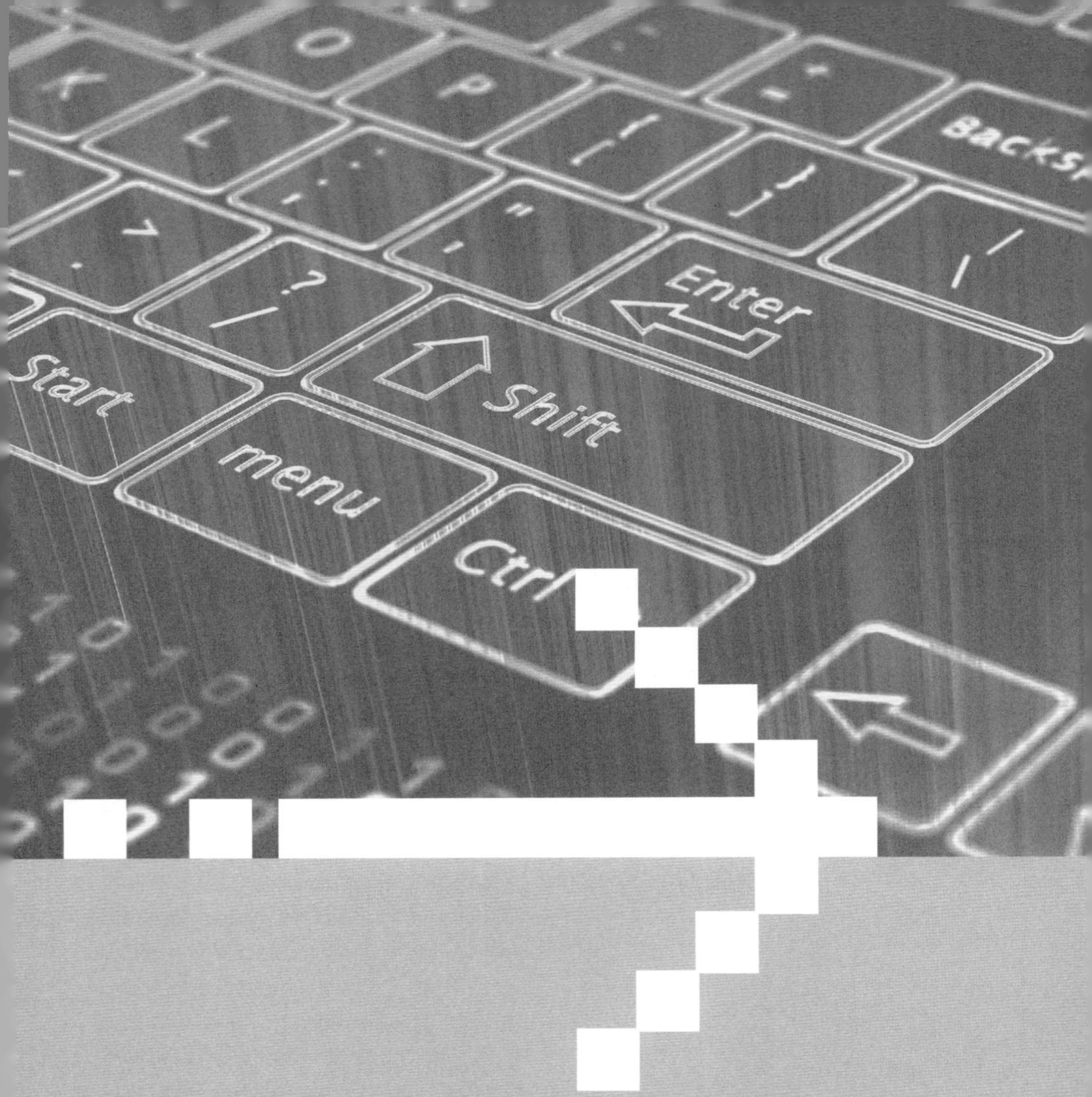
Start
menu
Shift
Enter
Ctrl

capítulo 10

manipulação de *strings*

■ ■ Neste capítulo, são apresentadas características específicas do tipo de dado *string*, seu comprimento e formas de manipular como uma variável simples ou como um arranjo, bem como algumas funções para serem utilizadas com *strings*. É discutido como *strings* são definidas em Pascal e C e algumas das funções mais comumente utilizadas para processá-las nessas linguagens.

Strings ou cadeias de caracteres, como nomes de pessoas, de objetos ou textos, são utilizadas na quase totalidade dos problemas. Na pseudolinguagem, string é um tipo de dado simples. Em cada linguagem de programação, este tipo de dado tem uma implementação diferente, com uma ou mais funções para sua manipulação.

Neste capítulo, são apresentadas algumas características específicas desse tipo de dado e são apresentadas algumas funções para serem utilizadas com *strings*. Em seguida, é visto como *strings* são definidas em Pascal e C e algumas das funções mais comumente usadas para processá-las nessas linguagens.

10.1 ⇢ formas de manipular *strings*

Uma *string* consiste de uma cadeia de caracteres. Uma variável do tipo string pode ser manipulada de duas formas: como uma variável simples ou como um vetor de caracteres.

variável *string* manipulada como variável simples. A forma mais simples de tratar uma variável do tipo string é como uma variável simples, sobre a qual podem ser realizadas as operações básicas, como preenchimento por leitura, impressão de seu conteúdo, atribuição de valores e testes. No exemplo a seguir, são declaradas duas variáveis do tipo string, conforme mostrado no Capítulo 2, uma delas (nome) com comprimento definido. Em seguida, são realizadas algumas operações sobre elas:

```
Variáveis:
    nome (string[20])
    endereço (string)
(...)
ler(nome)          {PREENCHE VARIÁVEL NOME POR LEITURA, MÁXIMO 20 CARACTERES}
ler(endereço)          {LÊ O NÚMERO DE CARACTERES QUE FOR FORNECIDO}
se nome = 'João Dias'
    então escrever(nome)          {IMPRIME CONTEÚDO DA VARIÁVEL NOME}
```

variável *string* manipulada como vetor de caracteres. Outra forma de visualizar uma *string* é como um vetor de caracteres, mesmo que tenha sido definida como uma variável simples. Essa forma permite que se tenha acesso a cada um dos caracteres da *string* da mesma forma como é feito o acesso a elementos de um vetor. Na pseudolinguagem, considera-se que os elementos desse vetor são sempre numerados a partir de 1, conforme mostrado na Figura 10.1.

Considerando as mesmas declarações feitas antes e uma variável inteira i, os comandos a seguir mostram essa forma de utilização:

```
i ← 1              {ÍNDICE DO PRIMEIRO CARACTERE DA VARIÁVEL STRING}
repita
  se nome[i] = 'x'
```

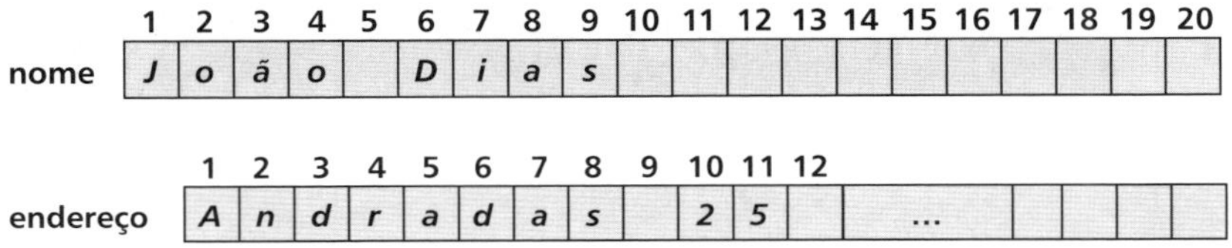

figura 10.1

	1	2	3	4	5	6	7	8	9	10	11	12	13	14	15	16	17	18	19	20
nome	J	o	ã	o		D	i	a	s											

	1	2	3	4	5	6	7	8	9	10	11	12
endereço	A	n	d	r	a	d	a	s		2	5	...

figura 10.1 Variáveis simples *string* manipuladas como vetores de caracteres.

```
    então nome[i] ← 'z'          {TROCA CARACTERES 'x' POR 'z'}
    i ← i + 1                    {AVANÇA PARA O PRÓXIMO CARACTERE DA STRING}
    até i = 21                   {ATÉ O FINAL DA VARIÁVEL STRING NOME}
    escrever(nome)               {IMPRIME CONTEÚDO DA VARIÁVEL NOME}
```

10.2 ⇢ tamanho de variáveis do tipo *string*

Na declaração de uma variável do tipo string define-se seu tamanho máximo. Por exemplo, nas declarações anteriores, a variável nome tem no máximo 20 caracteres, enquanto para a variável endereço não é definido o tamanho. Nesse caso, é assumido o maior tamanho adotado pela linguagem de programação utilizada, o qual geralmente é de 256 caracteres. Entretanto, durante a execução de um programa, não necessariamente todo esse espaço declarado estará ocupado. Para otimizar a utilização desse tipo de variáveis, as linguagens de programação fornecem uma forma de conhecer seu tamanho efetivo, ou seja, o número de suas posições ocupadas em um certo momento. Na pseudolinguagem, o comprimento efetivo é fornecido pela função compr, com a sintaxe:

```
    compr (<nome da variável string>)
```

O comando a seguir imprime o número de posições efetivamente ocupadas na variável nome com tamanho de 20 caracteres:

```
    escrever('Tamanho efetivo da variável nome: ', compr(nome))
```

O comprimento efetivo de uma variável do tipo string é controlado automaticamente pela linguagem de programação utilizada. Entretanto, sempre que a variável for manipulada como um vetor de caracteres e tiver seu tamanho efetivo alterado, o controle automático de seu comprimento será perdido, devendo sua atualização ser feita pelo programador. Para isso, o programador precisará saber onde é armazenado o valor do comprimento efetivo. Para não vincular os algoritmos a uma determinada linguagem de programação, a pseudolinguagem não define onde esse comprimento é armazenado, não sendo possível, portanto, alterar seu valor. Considera-se, entretanto, que o controle automático é perdido sempre que a variável for manipulada como vetor de caracteres e tiver alterado seu tamanho efetivo.

10.3 exercícios de fixação

exercício 10.1 Função que conta as ocorrências de uma determinada *string* no interior de outra *string*.

```
Função ContaStrings: inteiro
{DEVOLVE O NÚMERO DE OCORRÊNCIAS DE UMA STRING DENTRO DE OUTRA}
  Parâmetros de entrada:
    st1 (string)                       {STRING ONDE É FEITA A BUSCA}
    st2 (string)                       {STRING ANALISADA}
  Variáveis locais:
    inds1, inds2 (inteiro)             {ÍNDICES PARA PERCORRER STRINGS}
    comps1, comps2 (inteiro)           {COMPRIMENTO DAS STRINGS}
    cont (inteiro)                     {CONTADOR DE OCORRÊNCIAS}
    inicomp (inteiro)         {ÍNDICE DE ST1 ONDE INICIA UMA COMPARAÇÃO}
  início
  inds1 ← 1                            {INICIALIZA ÍNDICES}
  inds2 ← 1
  comps1 ← compr(st1)     {FUNÇÃO COMPR DEVOLVE COMPRIMENTO DAS STRINGS}
  comps2 ← compr(st2)
  cont ← 0                     {INICIALIZA CONTADOR DE OCORRÊNCIAS}
  enquanto comps1 ≥ comps2 faça
    início
    inicomp ← inds1              {GUARDA ONDE INICIA ESTA COMPARAÇÃO}
    enquanto (st1[inds1] = st2[inds2]) e (inds2 ≤ comps2) faça
      início
      inds1 ← inds1+1            {AVANÇA ÍNDICES NAS 2 STRINGS}
      inds2 ← inds2+1
      fim
    se inds2 > comps2    {ENCONTROU UMA OCORRÊNCIA DE ST2 EM ST1}
      então início
        cont ← cont + 1    {INCREMENTA CONTADOR DE OCORRÊNCIAS}
        comps1 ← comps1 - comps2
                           {DIMINUI COMPRIMENTO DE ST1 PARA BUSCA}
        inds2 ← 1
                 {POSICIONA NOVAMENTE NO PRIMEIRO CARACTERE DE ST2}
        fim
      senão início
        inds1 ← inicomp + 1
        inds2 ← 1
        comps1 ← comps1 - 1
          fim
```

```
        fim
      ContaStrings ← cont                            {DEVOLVE CONTAGEM}
    fim {ContaStrings}
```

exercício 10.2 Dadas uma *string* que representa uma linha de um texto e duas *substrings*, as duas de mesmo comprimento, comprimento esse menor do que o da linha, quer-se substituir na linha todas as ocorrências da primeira *substring* pela segunda. Essa tarefa é executada por um procedimento que recebe três parâmetros: a linha e as duas *substrings*. Supõe-se que os testes que verificam e garantem a correção dos tamanhos das *strings* são feitos antes de chamar esse procedimento.

Observar que o comprimento efetivo da linha não é alterado, pois as eventuais substituições são feitas por *substrings* de igual comprimento.

```
    Procedimento SubstituiSubstr
    {NA LINHA REPRESENTADA PELO PRIMEIRO PARÂMETRO, O PROCEDIMENTO
    SUBSTITUI TODAS AS OCORRÊNCIAS DO SEGUNDO PARÂMETRO PELO TERCEIRO}
      Parâmetro de entrada e de saída:
        linha (string)   {LINHA ONDE SÃO FEITAS AS SUBSTITUIÇÕES}
      Parâmetros de entrada:
        sst1, sst2 (string)
                        {SUBSTRINGS - PRIMEIRA É SUBSTITUÍDA PELA SEGUNDA}
      Variáveis locais:
        complinha (inteiro)                  {COMPRIMENTO DA LINHA}
        compsstr (inteiro)                {COMPRIMENTO DAS SUBSTRINGS}
        ilinha (inteiro)                {ÍNDICE QUE PERCORRE A LINHA}
        isst (inteiro)              {ÍNDICE PARA PERCORRER AS SUBSTRINGS}
        iaux (inteiro)
                    {ÍNDICE QUE PERCORRE A LINHA DURANTE UMA COMPARAÇÃO}
        terminou (lógico)                    {INDICA FINAL DAS BUSCAS}
    início
      {INICIALIZAÇÕES}
      complinha ← compr(linha)        {COMPRIMENTO DA LINHA RECEBIDA}
      compsstr ← compr(sst1)
                        {PODERIA SER O COMPR DE SST2, POIS SÃO IGUAIS}
      ilinha ← 1       {POSICIONA ÍNDICE NO PRIMEIRO CARACTERE DA LINHA}
      terminou ← falso              {CONTROLA O FINAL DAS ANÁLISES}
      repita
        {PERCORRE LINHA ATÉ ENCONTRAR PRIMEIRO CARACTERE DE SST1:}
        enquanto (linha[ilinha] ≠ sst1[1])
                 e (complinha-ilinha ≤ compsstr) faça
          ilinha ← ilinha + 1
        se ((complinha-ilinha) + 1) ≥ compsstr
```

```
        então início        {ENCONTROU PRIMEIRA LETRA DA SUBSTRING NA LINHA}
               {COMPARA CARACTERES DA LINHA COM OS DA SUBSTRING}
               iaux ← ilinha        {POSICIONA ÍNDICE AUXILIAR NA LINHA}
               isst ← 1                    {ÍNDICE QUE VAI PERCORRER SST1}
               {COMPARA CARACTERES DE LINHA E SST1 ATÉ COMPRIMENTO DE
                SST1}
               enquanto (linha[iaux] = sst1[isst])
                       e (isst < compsstr) faça
                 início
                 iaux ← iaux + 1
                 isst ← isst + 1
                 fim
               se (isst = compsstr) e (linha[iaux] = sst1[isst])
               então    {ENCONTROU SST1 EM LINHA E VAI SUBSTITUIR POR SST2}
                     para isst de 1 até compsstr faça
                        início
                        linha[ilinha] ← sst2[isst]
                        ilinha ← ilinha + 1
                        fim
               senão ilinha ← ilinha + 1     {AVANÇA PARA PRÓXIMO EM LINHA}
               fim {ENTÃO}
        senão terminou ← verdadeiro
   até terminou    {REPITA}
fim {SubstituiSubstr}
```

exercício 10.3 Um palíndromo é uma palavra, frase ou qualquer outra sequência de caracteres que tenha a propriedade de ser igual se lida da direita para a esquerda ou da esquerda para a direita. Exemplos de palavras palíndromas: OVO – AMA – REVIVER – RIR – REGER – OSSO. Neste exercício é apresentada uma função lógica que verifica se uma *string*, passada como parâmetro, é ou não palíndroma.

```
Função Palíndroma: lógico
{A FUNÇÃO DEVOLVE VERDADEIRO SE A STRING PASSADA COMO PARÂMETRO FOR
PALÍNDROMA}
   Parâmetros de entrada:
     palavra (string)                          {STRING A SER VERIFICADA}
   Variáveis locais:
     frente, atrás (inteiro)       {ÍNDICES QUE PERCORREM A STRING}
     dif (lógico)                  {INDICA SE ENCONTROU LETRA DIFERENTE}
início
   frente ← 1               {POSICIONA ÍNDICES NO INÍCIO DA PALAVRA...}
   atrás ← compr(palavra)             {E NO FINAL DA PALAVRA}
   dif ← falso                                    {INICIALIZA DIF}
   enquanto não dif e frente < atrás faça
     se palavra[frente] ≠ palavra[atrás]
```

```
                então dif ← verdadeiro
                senão início
                        frente ← frente + 1            {AVANÇA FRENTE}
                        atrás ← atrás - 1              {RETROCEDE ATRÁS}
                        fim
                se não dif
                então Palíndroma ← verdadeiro
                senão Palíndroma ← falso
        fim {Palíndroma}
```

10.4 em Pascal

Em Pascal, originalmente *strings* eram vetores de caracteres. Nas versões atuais da linguagem, string é um tipo de dado simples, mas que também pode ser trabalhado como um vetor de caracteres.

10.4.1 declaração de *strings*

Uma *string* em Pascal é armazenada na forma de um vetor de caracteres de 256 posições, indexadas de 0 a 255. Esse vetor compreende posições para armazenamento dos caracteres, nas posições de índices de 1 a 255, mais a posição zero, em que fica armazenado o número de posições efetivamente ocupadas a cada momento. Na posição zero é armazenado um caractere cujo número de posição na tabela ASCII é igual ao número de caracteres efetivamente ocupados pela *string* no vetor (Figura 10.2).

O tamanho máximo de uma variável do tipo string é definido em sua declaração: se, na declaração, só aparecer a palavra string, seu tamanho máximo é 255 caracteres; se, na declaração da variável, aparecer após a palavra string um número entre colchetes (com valor

Espaço para armazenamento da string

St Nome

0 1 2 3 4 5 6 7 8 9 10

Posição que armazena o comprimento efetivo da string

Nome da variável string

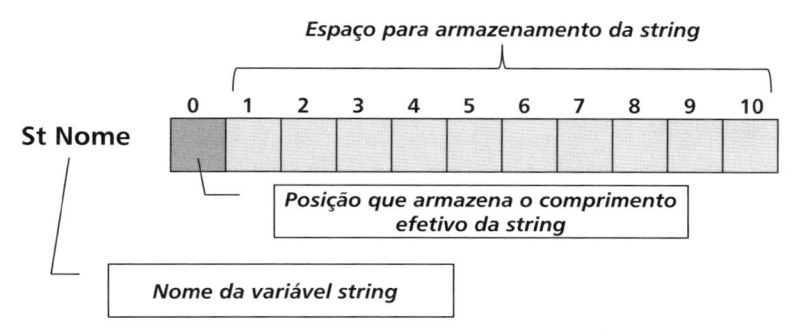

figura 10.2   Estrutura de uma *string* de 10 caracteres em Pascal.

entre 1 e 255), esse passa a ser seu tamanho máximo. Em ambos os casos, a variável pode ser manipulada como um vetor de caracteres.

No exemplo a seguir, sejam as declarações das variáveis `texto` e `nome`, ambas do tipo `string`. Texto tem o tamanho padrão, 256, e nome tem tamanho 37, embora, para todos os efeitos práticos, sob o ponto de vista do usuário, o tamanho máximo no primeiro caso seja de 255 caracteres e, no segundo, de 36, ficando a posição de índice zero reservada para o tamanho da *string*:

```
var
     texto:  string;
     nome:   string[36];
```

10.4.2 comprimento efetivo de *strings*

Em Pascal o comprimento efetivo de uma *string* é fornecido pela função `length`, cuja sintaxe é:

```
length (<var_str>)
```

onde `<var_str>` é o nome de uma variável ou constante do tipo `string`. A saída dessa função é um valor inteiro igual ao número de posições efetivamente ocupadas da *string*, não incluída a posição que armazena o seu comprimento efetivo.

Considerando a variável *string* nome, a linha a seguir apresenta na tela o seu tamanho efetivo:

```
writeln('Tamanho efetivo da variavel nome: ', length(nome))
```

A alteração do comprimento efetivo de uma *string* pode acontecer de três maneiras, apresentadas a seguir.

atribuição de uma cadeia de caracteres à *string*. Nesse caso, o sistema atualiza automaticamente a posição zero da mesma:

```
nome := 'Maria'
```

Após esse comando, o tamanho de nome, se consultado, será 5.

manipulação da `string` como um vetor de caracteres. Ao manipular uma *string* como uma cadeia de caracteres, o controle do seu comprimento passa a ser de responsabilidade do usuário. Se o número de posições ocupadas na *string* mudar, cabe a ele acertar o valor na posição de índice zero.

No exemplo a seguir, a variável *string* linha deve ser preenchida com um número de asteriscos igual ao valor contido na variável num. As seguintes declarações foram feitas previamente ao trecho que preenche linha com asteriscos:

```
const
    MAX = 80;
type
```

```
      cadeia = string[MAX];
var
   linha : cadeia;
   i, num : integer;
```

Na sequência está o trecho que preenche linha e ajusta sua posição zero com seu novo tamanho:

```
for i := 1 to num do
   linha[I] := '*';
linha[0] := chr(num);  {AJUSTE DA POSICAO ZERO DA STRING}
```

utilização dos procedimentos `insert` e `delete`. Os procedimentos `insert` e `delete` permitem aumentar ou reduzir o tamanho de uma variável *string*, enquanto ajustam automaticamente o seu comprimento.

10.4.3 procedimentos para alteração de *strings*

Pascal possui dois procedimentos, `insert` e `delete`, que permitem aumentar ou reduzir, respectivamente, o tamanho de uma variável *string* e ajustar automaticamente o seu comprimento.

■ INSERT

Este procedimento permite inserir caracteres em uma *string*. A sintaxe da chamada a esse procedimento é:

```
insert (<insertStr>, <targetStr>, <pos>)
```

onde `<targetStr>` (uma variável *string*) é a *string* que sofrerá a inserção, ou a *string*-alvo, `<insertStr>` (uma expressão *string*) é a *substring* com os caracteres a inserir e `<pos>` (uma expressão inteira) corresponde à posição a partir da qual deverá ocorrer a inserção na *string*-alvo. Esse procedimento atualiza o tamanho da *string*-alvo. A *string*-alvo alterada é devolvida por meio do segundo parâmetro. Se, como resultado da execução do `insert`, a *string*-alvo resultar maior que 255 caracteres, os caracteres excedentes serão perdidos.

Seja a seguinte declaração:

```
var
   estado: string;
```

e os seguintes comandos:

```
estado := 'Estado do Rio Grande';
insert(' do Sul', estado, 21);

estado := 'Estado do Sul';
insert(' Rio Grande do', estado, 9);
```

estado resultará, após o insert, com o texto: "Estado do Rio Grande do Sul" e, como esse texto possui 27 caracteres, na posição zero da *string* estará o caractere de posição 27 na tabela ASCII.

■ DELETE

Este procedimento elimina um determinado número de caracteres de uma *string*, a partir de uma certa posição. A sintaxe de sua chamada é:

```
delete (<targetStr>, <pos>, <numChars>)
```

onde <targetStr> (uma variável *string*) é a *string*-alvo, ou seja, a *string* da qual serão eliminados caracteres; <pos> (uma expressão inteira) é a posição a partir da qual deverá ocorrer a eliminação de caracteres na *string*-alvo; e <numChars> (uma expressão inteira) é o número de caracteres a eliminar. Ao final da execução desse procedimento, os caracteres definidos terão sido removidos da *string*-alvo. O procedimento ajusta o tamanho da *string*-alvo.

Considerando a mesma variável utilizada para exemplificar o procedimento insert, nos exemplos a seguir primeiro eliminam-se os 10 primeiros caracteres que nela estão:

```
delete(Estado, 1, 10); {DEIXA O TEXTO 'Rio Grande do Sul' NA STRING}
```

A chamada ao procedimento delete a seguir elimina o que está após Rio Grande. Observar o uso da função length(estado) para definir o número de caracteres a eliminar, da posição 11 até o final:

```
delete(estado, 11, length(estado));
```

No trecho a seguir, a variável hino é alterada usando insert e delete. Inicialmente, o trecho "Ouviram do Ipiranga" é inserido com insert na variável hino, a partir da primeira posição. Como resultado, o comprimento de hino passa a ser 19. Em seguida, é inserido em hino, também com insert, o trecho " as margens placidas", a partir da posição 20. A variável hino passa a conter o trecho "Ouviram do Ipiranga as margens placidas" e seu tamanho passa a ser 39. Finalmente, com o procedimento delete, três posições, a partir da posição 21, são retiradas do conteúdo da variável hino, resultando seu tamanho em 36:

```
insert ('Ouviram do Ipiranga', hino, 1);
writeln(hino, ' ', length(hino));
insert (' as margens placidas', hino, 20);
writeln(hino, ' ', length(hino));
delete (hino , 21, 3);
writeln(hino, ' ', length(hino));
```

Na tela, a execução do trecho produzirá:

```
Ouviram do Ipiranga 19
Ouviram do Ipiranga as margens placidas 39
Ouviram do Ipiranga margens placidas 36
```

10.4.4 comparação entre *strings*

A comparação entre *strings* é feita caractere a caractere, a partir do início, considerando o valor dos caracteres no código ASCII, em que as letras maiúsculas vêm antes das letras minúsculas e os dígitos de 0 a 9 antes dos dois tipos de letras. No if a seguir, o conteúdo das variáveis *string* nome_entrada e nome_compara deve coincidir, caractere a caractere, para que o teste resulte verdadeiro. Se um único caractere for diferente na mesma posição das duas *strings*, ainda que esse caractere seja o de um espaço, o teste resultará falso:

```
if nome_entrada = nome_compara
   then {...}
```

Nos itens alfabéticos, a mesma sequência de letras pode ser reconhecida como diferente se não for totalmente coincidente na questão de maiúsculas e minúsculas.

10.4.5 procedimentos para conversão de tipos

Pascal possui dois procedimentos para conversão de tipos que envolvem *strings*: str, que converte de numérico para *string*, e val, que converte de *string* para numérico.

■ STR

Este procedimento recebe um valor numérico e devolve a *string* correspondente. A sintaxe de sua chamada é:

```
str(<inNum>, <strVal>)
```

onde <inNum> (expressão inteira ou real) é o valor numérico recebido e <strVal> (variável do tipo string) é a *string* equivalente, resultante da execução do procedimento.

Sejam as seguintes declarações:

```
numeroForm: real;
stringNum: string[10];
```

Após os comandos:

```
numeroForm := 1025.169;
str(numeroForm:10:2, stringNum);
```

stringNum conterá a *string* correspondente ao valor 1025.17.

■ VAL

Este procedimento recebe uma *string* supostamente numérica e tenta convertê-la para o seu valor numérico correspondente. Um de seus parâmetros é uma variável que devolve o resultado da tentativa de conversão: 0, se bem-sucedida, ou um valor numérico correspondente à posição do primeiro caractere não numérico encontrado se mal-sucedida.

A sintaxe de sua chamada é:

```
val(<inStr>, <numVar>, <codeVar>)
```

onde <inStr> (expressão *string*) é a *string* a ser convertida, <numVar> (variável do tipo inteiro ou real) é onde deve ser armazenado o valor numérico resultante da conversão e <codeVar> (variável inteira) devolve o resultado da tentativa de conversão.

Sejam as declarações de variáveis:

```
numeroConv: real;
codigo: integer;
stringNumerica: string[6];
```

e os comandos:

```
numeroConv:= 0;
val(stringNumerica, numeroConv, codigo);
if codigo > 0
then writeln('Codigo: ', codigo)
else writeln(numeroConv:8:2);
```

Após a execução do procedimento `val`, o resultado da tentativa de conversão é testado e, se ela foi bem-sucedida, o valor de `NumeroConv` é apresentado.

10.4.6 mais funções de manipulação de *strings*

Algumas funções adicionais de manipulação de *strings* disponíveis em Pascal são discutidas a seguir: concat, copy, pos e upcase.

■ **CONCAT**

A função `concat` concatena *strings*, ou seja, produz uma nova *string* formada pela concatenação de todas as *strings* que lhe são fornecidas como parâmetros, na ordem em que são fornecidas. A sintaxe da chamada da função concat é:

```
concat (<string1>, <string2>, ..., <stringn>)
```

onde <string1> a <stringn> podem ser expressões *string*.

Por exemplo, a concatenação das variáveis *string* titulo, primeiroNome e sobrenome, com o resultado colocado em nomeCompletoComTitulo, é feita da seguinte maneira:

```
nomeCompletoComTitulo := concat(titulo, primeiroNome, sobrenome);
```

Observar que a linha anterior produzirá o mesmo resultado que a linha seguinte:

```
nomeCompletoComTitulo := titulo + primeiroNome + sobrenome;
```

uma vez que a adição de *strings* também faz a concatenação como a função concat.

■ COPY

A função copy copia um trecho de uma *string*, devolvendo o trecho copiado como uma *string*. A sintaxe de sua chamada é:

    copy (<inStr>, <pos>, <numChars>)

onde <inStr> (expressão *string*) é a *string* de entrada, <pos> (expressão inteira) é a posição a partir da qual a *substring* produzida pelo copy deve começar a ser extraída e <numChars> (expressão inteira) é o número de caracteres que devem ser extraídos de inStr. Se um número de caracteres superior ao existente é indicado para a operação, apenas os caracteres existentes são devolvidos.

Seja a variável linha (string[80]), cujas primeiras 44 posições (há espaços após a palavra Gerente) apresentam o conteúdo a seguir,

    0023Maria Souza   Gerente

e as variáveis nome e cargo (ambas string[20]). A cópia de 20 posições de linha, iniciando no M de Maria, e de mais outras 20 posições, iniciando no G de Gerente, respectivamente para as variáveis nome e cargo, pode ser feita pelas atribuições:

    nome:= copy(linha, 5, 20);
    cargo := copy(linha, 25, 20);

■ POS

Função que devolve um valor inteiro, correspondente à posição em que inicia a primeira ocorrência de uma *string* que se supõe seja *substring* de outra. A sintaxe de sua chamada é:

    pos(<subStr>, <targetStr>)

onde <subStr> é a *substring* a localizar e <targetStr> é a *string* pesquisada. Se a *substring* for encontrada, o valor devolvido pela função é a posição inicial da *substring*, caso contrário, é 0.

O exemplo a seguir procura, na variável *string* cargo do exemplo anterior, a *substring* gerente e, se encontrar, executa algum processamento:

    if (pos('Gerente', cargo) > 0
    then { processa dados de um gerente da empresa}

■ UPCASE

Função que converte um caractere que representa uma letra minúscula para a representação da letra maiúscula correspondente. Se a letra já for maiúscula, ou se o caractere informado não for letra, a função nada faz. A sintaxe da chamada dessa função é:

    upcase (<inChar>)

onde <inChar> é uma expressão do tipo caractere.

No trecho a seguir, `upcase` recebe como parâmetro uma variável do tipo `caractere` chamada `continuar`:

```
if (upcase(continuar) = 'S')
then {segue processando}
```

10.5 ⇢ em C

Em C, cadeias de caracteres ou *strings* não são um tipo básico de dado. *Strings* são vetores de caracteres que contêm, como último caractere válido, o caractere "\0". Esse caractere, cujo valor é zero em binário, serve para sinalizar o fim das *strings*.

10.5.1 declaração de *strings*

O número de posições de um vetor de caracteres que armazene uma *string* deve sempre ser igual ao número máximo de caracteres que se pretende armazenar nele, incrementado de uma unidade para armazenar o caractere terminador "\0".

Por exemplo, se a *string* `nome_do_atleta` deve armazenar nomes de até 30 caracteres, ela deve ser declarada com tamanho 31:

```
#define TAMAX 31
char nome_do_atleta [TAMAX];
```

10.5.2 tamanho de *strings*

O tamanho declarado de um vetor de caracteres define o número máximo de caracteres que ele pode armazenar. Entretanto, quando uma *string* é armazenada em um vetor de caracteres, apenas as posições ocupadas pela *string* interessam para o processamento, ou seja, o tamanho real da *string*. Pode-se descobrir esse tamanho utilizando a função `strlen` (ver Seção 10.5.6) ou contando as posições do vetor de caracteres que vão do início até o primeiro "\0". O `for` a seguir percorre o vetor `ch2` até que um "\0" seja encontrado na posição `ch2[i]` e a condição do `for` resulte falsa. A cada execução do `for`, o índice `i` é incrementado, assim como o contador de caracteres `cont`. Logo, ao terminar a execução do `for`, o conteúdo de `cont` será o tamanho da *string*:

```
for (i = 0, cont = 0; ch2[i]; i++, cont++);
```

10.5.3 declaração com inicialização de *strings*

Há três formas de declarar e ao mesmo tempo inicializar um vetor de caracteres com uma *string*, acrescentando ao seu final o caractere terminador "\0".

[a] Declaração com tamanho explícito e inicialização com texto. Por exemplo:

```
char estado[20] = "Rio Grande do Sul";
```

O vetor de caracteres estado, com tamanho máximo de 20 caracteres, é preenchido da posição 0 em diante com os caracteres do texto entre aspas duplas mais o caractere "\0" ao final.

b Declaração com tamanho explícito e inicialização com caracteres:

```
char estado[20] = {'P', 'i', 'a', 'u', 'i'};
```

O vetor de caracteres estado é preenchido da posição 0 em diante com os caracteres entre chaves. Quaisquer posições não ocupadas do vetor, ao final do mesmo, são preenchidas com o valor binário zero, ou seja, com o caractere "\0".

c Declaração com tamanho implícito e inicialização com texto:

```
char estado[ ] = "Parana";
```

O sistema primeiro conta os caracteres entre aspas duplas e cria um vetor de caracteres com tamanho igual a esse número mais um para colocar o caractere "\0". Depois armazena nesse vetor o texto entre aspas duplas. No exemplo supracitado, o número de caracteres do vetor estado será 7 (com o "\0").

10.5.4 leitura de *strings* – função `scanf`

A função scanf pode ser usada para ler *strings*, com o nome da variável vetor de caracteres escrito sem o caractere "&" na frente. Quanto ao formato, há duas possibilidades, uma usando "%s" e outra usando "%[^\n]". Por exemplo:

```
scanf("%s", estado);
scanf("%[^\n]", estado);
```

Quando "%s" for usado, se houver um espaço em branco no texto sendo lido, a leitura parará ao encontrá-lo. Se "%[^\n]" for usado, a leitura do texto parará somente quando uma marca de fim de linha ("\n") for encontrada.

Para ler apenas o número de caracteres da *string*, basta acrescentar o tamanho da *string* antes do símbolo "[":

```
scanf("%20[^\n]", estado);
```

10.5.5 escrita de *strings*

Pelo menos duas funções podem ser usadas para escrever *strings* como uma unidade: `printf` (ver Capítulo 3) e `puts`.

Função `printf`

Permite escrever o conteúdo de variáveis do tipo string com o formato "%s". Exemplo:

```
printf("\nNome do estado: %s\n", estado);
```

Função `puts`

Esta função é utilizada exclusivamente para apresentação de *strings* e, após apresentar o conteúdo de uma variável ou constante *string*, para forçar uma mudança automática de linha. A sintaxe de sua chamada é:

```
puts (<string>);
```

Exemplo de utilização de `puts`:

```
puts (estado);
```

Esse exemplo de uso de `puts` é equivalente a usar `printf("%s\n", estado)`.

10.5.6 comparação entre *strings* e outras operações com uso da biblioteca `string.h`

Em C não há operadores que permitam manipular *strings* inteiras de uma só vez. Portanto, não é possível comparar diretamente duas *strings* ou atribuir uma *string* à outra, para mencionar apenas duas operações comumente realizadas com outros tipos de dados. Essas e outras operações envolvendo *strings* devem ser executadas operando-se sobre os vetores de caracteres das *strings*, seja com código desenvolvido sob medida para tal, seja valendo-se de funções preexistentes para tratamento de *strings*, como as da biblioteca `string.h`.

Quando for desenvolvido código específico para operar sobre *strings*, lembrar que as *strings*, sendo vetores de caracteres, podem ser acessadas usando ponteiros (ver Capítulo 14). No trecho a seguir, temos a apresentação de uma *string* na tela na ordem inversa à da sua leitura. No trecho a seguir, são utilizadas as variáveis `comprimento` (inteiro), `linha` (vetor de caracteres de 100 posições) e `ptr` (ponteiro para caractere):

```
comprimento = strlen(linha) - 1;  // em comprimento vai o indice maximo
ptr = &linha[comprimento]; // ptr eh inicializado com o endereco limite
while (ptr >= linha) //enquanto endereco em ptr >= endereco inicial de
linha
    putchar (*ptr--); // escreve conteudo da posicao apontada por ptr
                      // e decrementa ptr
```

■ **funções de *string* da biblioteca `string.h`**

As funções de *string* detalhadas a seguir integram a biblioteca `string.h`. Portanto, nos programas que utilizam essas funções deve constar sempre o #include <string.h>.

■ **função `strcpy`**

A função `strcpy` copia uma *string* para outra *string*. A sintaxe de sua chamada é:

```
strcpy(<string_destino>, <string_origem>);
```

A <string_origem> é copiada para a <string_destino>. Deve-se declarar a <string_destino> com tamanho suficiente para que a cópia aconteça sem problemas, caso contrário áreas de memória não previstas serão invadidas, gerando erros difíceis de detectar.

```
#include <string.h>
(...)
char origem [10], destino[10];
// cópia da string
strcpy(destino, origem);
```

■ função strcat

A função strcat concatena *strings*. A sintaxe de sua chamada é:

```
strcat(<string_destino>, <string_origem>);
```

A <string_origem>, sem alteração, é anexada ao final da <string_destino>. Deve-se declarar a <string_destino> com tamanho suficiente para que a concatenação aconteça sem problemas, sem invasão indevida de áreas de memória.

```
#include <string.h>
(...)
char origem[20], destino[40];
// leitura da string
strcat(destino, origem);
```

■ função strlen

A função strlen devolve um valor numérico que é o tamanho de uma *string*, ou seja, o número de caracteres da *string*, sem contar o terminador "\0". A sintaxe de sua chamada é:

```
strlen(<nome_string>);
```

Exemplo de utilização da função strlen:

```
#include <string.h>
char primeiro[40];
//leitura da string
printf("\n%s tem comprimento %d\n", primeiro, strlen(primeiro) );
```

■ função strcmp

A função strcmp compara duas *strings*. A sintaxe de sua chamada é:

```
strcmp(<s1>, <s2>);
```

As duas *strings* <s1> e <s2> são comparadas, caractere a caractere, com base na posição dos caracteres na tabela ASCII. Resultados possíveis dessa função:

- se s1 e s2 forem iguais, devolve zero;
- se s1 for maior que s2, devolve um valor maior do que zero;
- se s1 for menor que s2, devolve um valor menor do que zero.

Considerar a seguinte declaração das variáveis *string* primeiro e segundo:

```
#include <string.h>
char primeiro[40], segundo[40] = "Maria";
```

A variável primeiro recebe informação do usuário (conforme trecho a seguir) e a variável segundo é inicializada na declaração:

```
fgets (primeiro, sizeof(primeiro), stdin);
if (primeiro[strlen(primeiro) - 1] == '\n')
    primeiro[strlen(primeiro) - 1] = '\0';
```

Lembrando que as maiúsculas vêm antes das minúsculas na tabela ASCII, ao ser apresentado o resultado da comparação das duas variáveis, conforme segue:

```
printf("Resultado da comparacao de %s com %s: %d\n\n",
        primeiro, segundo, strcmp(primeiro, segundo) );
```

Se for fornecido Maria para primeiro, será devolvido zero como resultado da comparação; se for fornecido maria, o resultado será 1; e se for fornecido Aaria, o resultado será -1.

■ finalização de *strings*

Quando uma *string* é armazenada em um vetor de caracteres sem usar uma função que garanta a inserção do "\0" ao seu final, é responsabilidade do usuário colocar o "\0", conforme o exemplo a seguir:

```
//Duplicação das letras de um texto
  char entrada[MAXIMO + 1], dup[MAXIMO * 2 + 1];
  int i, j;
  //leitura de entrada
  for (i = 0, j = -1; entrada[i]; i++)
      {j++;
       dup[j] = entrada[i];
       if ((entrada[i] >= 'a' && entrada[i] <= 'z') ||
           (entrada[i] >= 'A' && entrada[i] <= 'Z'))
           {j++;
            dup[j] = entrada[i];
           }
      }
  j++;
  dup[j] = '\0';    //marca de fim da string
```

10.6 dicas

cuidar com acesso a posições válidas. Tomar cuidado para só processar as posições válidas das *strings*.

cuidar com acesso a posições inválidas em C. Evitar, por todos os meios, executar em C operações com `strings` que ultrapassem o tamanho previsto. Não haverá aviso por parte do sistema, e os erros gerados por invasão de áreas de memória não ocupadas pela *string* são potencialmente muito danosos e difíceis de detectar.

verificar caractere terminador de *string* em C. Em C, sempre que uma *string* for criada, verificar se o caractere terminador "\0" foi incluído.

alterar comprimento efetivo por programa em Pascal. Ao alterar manualmente o comprimento efetivo de uma *string* em Pascal, lembrar de converter o valor de seu novo comprimento para o caractere ASCII correspondente e de armazená-lo na posição zero da *string*.

utilizar subprogramas já existentes. Antes de realizar tarefas envolvendo *strings*, revisar as funções e procedimentos que já estão disponíveis para tratar com este tipo de variável a fim de evitar "reinventar a roda".

10.7 testes

testar limites. Testar os códigos quanto aos limites inferior e superior das *strings*.

testar o comprimento de *strings*. Em Pascal, testar o valor do comprimento de uma variável *string* imediatamente antes de utilizá-lo em alguma operação.

10.8 exercícios sugeridos

exercício 10.1 Faça um subprograma que leia um texto de até 80 caracteres e devolva, em um vetor, a distribuição de frequência de comprimento de palavras do texto. Considerar que, no texto, podem aparecer palavras de até 10 caracteres e que a menor palavra tem apenas dois caracteres. As palavras podem estar separadas por espaços em branco ou pelos caracteres vírgula ou ponto.

exercício 10.2 Um texto é composto de palavras tendo, cada uma, 10 ou menos caracteres. Escreva um programa que leia um texto de até 100 palavras e depois as imprima em ordem alfabética.

exercício 10.3 Dado um texto, faça um programa que isole cada palavra deste texto e verifique se é um palíndromo, conforme mostrado no Exercício 10.3, na Seção 10.3. As palavras são separadas por caracteres de espaço em branco, ou pelos símbolos ",", ".", "!", ":" e ";". A saída do programa deve ser cada uma das palavras identificadas, seguida por uma mensagem indicando se a palavra é ou não um palíndromo.

exercício 10.4 Escreva uma função que recebe uma *string* de até 80 caracteres e um determinado caractere, e devolve a localização da última ocorrência desse caractere na *string*. Se o caractere não aparecer na *string*, a função deve devolver um valor negativo.

exercício 10.5 Construa um programa que processe um número indeterminado de linhas de texto com até 80 caracteres, fornecidas como entrada, até que o usuário indique que deseja parar. Em cada linha haverá sempre, pelo menos, uma palavra. Cada palavra estará separada da anterior por um espaço em branco, e o último caractere digitado em uma linha será sempre um espaço em branco. As palavras do texto deverão ser apresentadas uma a uma, cada qual em uma linha.

exercício 10.6 Faça um programa que processe tantas linhas de texto – de até 80 caracteres fornecidas como entrada – quantas o usuário deseje. As palavras no texto estarão separadas entre si por um espaço em branco, e o último caractere digitado em uma linha será sempre um espaço em branco. Em todas as linhas, haverá pelo menos duas palavras. Para cada linha, apresentar:

a a primeira e a última palavra;
b no caso de linhas com número par de palavras, apresentar as duas palavras do meio e, no caso de linhas com um número ímpar de palavras, apresentar a palavra do meio invertida;
c a linha em duas versões: uma conforme lida e outra com as vogais substituídas por @.

exercício 10.7 Escreva um subprograma que receba um texto em uma variável *string* ENTRADA e devolva, em uma variável *string* SAIDA, esse mesmo texto, tendo sido eliminados todos os espaços em branco. No caso de implementar em Pascal, o comprimento da *string* SAIDA deverá estar atualizado.

exercício 10.8 Escreva uma função que receba uma palavra de até 20 caracteres e devolva quantas letras diferentes essa palavra contém.

exercício 10.9 Escreva uma função que verifique se uma determinada *string* é uma *substring* de outra. A função deve receber as duas *strings* como parâmetros e devolver um valor lógico. Escreva um programa que teste essa função.

exercício 10.10 Escreva um subprograma que receba uma frase e verifique se uma determinada *string* (fornecida como parâmetro) aparece nesse texto e a partir de que posição. Essas respostas devem ser devolvidas por meio de parâmetros adequados. Defina uma forma de indicar caso a *string* não apareça na frase.

exercício 10.11 Escreva uma função lógica que receba duas *strings* e devolva o valor lógico verdadeiro caso a segunda exista invertida na primeira.

exercício 10.12 Construa um programa que processe um número indeterminado de linhas de texto, cada uma contendo um nome de até 30 caracteres. Para cada nome lido:

a apresente-o primeiro na forma em que foi lido;
b em seguida, apresente-o no formato: último nome, seguido de vírgula, depois o primeiro nome e mais a letra inicial de todos os nomes intermediários (se houver) seguida de ponto, conforme exemplificado a seguir:

```
maria so silva
   silva, maria s.
```

```
pedro luis rosa da silva
  silva, pedro l. r. d.
joao silva
  silva, joao
```

exercício 10.13 Escreva um subprograma que receba um texto e devolva o mesmo texto com todas as suas letras duplicadas. Exemplo:

- texto recebido:
  INSTITUTO DE INFORMATICA

- texto devolvido:
  IINNSSTTIITTUUTTOO DDEE IINNFFOORRMMAATTIICCAA

exercício 10.14 Faça um programa que leia *n* linhas e as decodifique utilizando a tabela de substituição de caracteres a seguir. Imprima, para cada linha lida, a linha no formato original e sua decodificação.

| Caractere existente | z | y | w | k | K | b | d | f |
| Caractere a ser substituído | A | E | O | T | T | M | N | P |

Testar o programa com as linhas a seguir:

Kydhz kybfw fzrz w quy y' bzis ibfwrkzdky fzrz vwcy.

Kydhz kybfw fzrz yskzr cwb zquylys z quyb vwcy zbz.

Kydhz kybfw fzrz swdhzr.

Kydhz kybfw fzrz vivyr ub swdhw...

exercício 10.15 Construa um subprograma que receba um texto de até 80 caracteres. O subprograma deverá identificar as unidades léxicas de uma determinada linguagem de programação e listá-las, na forma de uma tabela, identificando os seus tipos. Devem ser consideradas as seguintes unidades léxicas:

- identificadores – iniciam por uma letra, seguida por letras e/ou dígitos;
- inteiros – formados somente por dígitos;
- palavras reservadas – begin, end, if, then, else, read, write, while, do;
- símbolos especiais – qualquer caractere diferente de letra, dígito e espaço em branco.

Escreva um programa que utilize esse subprograma na análise de um texto dado.

10.9 termos-chave

declaração de *strings*, p. 277

variável *string* manipulada como variável simples, p. 272

variável *string* manipulada como vetor de caracteres, p. 272

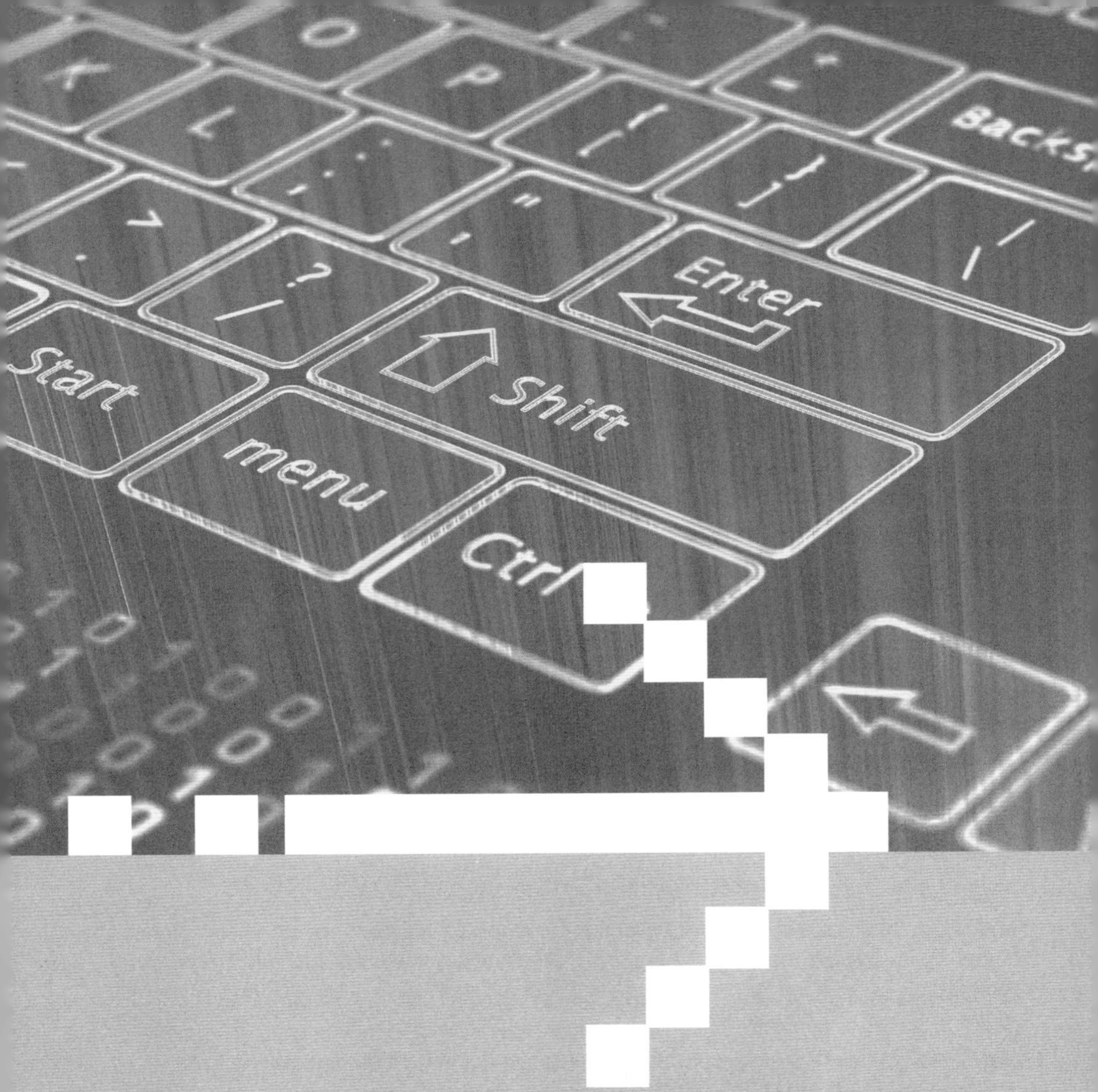
Enter
Shift
Start
menu
Ctrl

capítulo 11

registros

■ ■ Este capítulo
introduz o tipo denominado registro,
utilizado para agrupar
dados heterogêneos. Apresenta,
ainda, os conceitos de registro e de
campo de um registro, e discute como fazer a
declaração de um registro, bem como
acessar e manipular
seus campos.

Em capítulos anteriores, foi analisada uma forma de agrupar dados por meio do tipo denominado `arranjo`. Este capítulo apresenta outro tipo utilizado para agrupar dados, denominado `registro`.

Retome o exemplo que levou à definição dos arranjos no Capítulo 6: um professor precisava armazenar as notas de todos os seus 30 alunos. Para armazenar todas as notas, foi definido um arranjo, no qual cada elemento era uma nota. Nos arranjos, todos os elementos são homogêneos, ou seja, têm o mesmo tipo, que no caso em discussão era o tipo `real`. Se o mesmo professor quiser armazenar, junto às notas de cada aluno, mais algumas informações, como o nome do aluno (uma *string*), seu número de faltas (um valor inteiro) e o conceito final (um caractere), essas informações não poderão ser armazenadas no arranjo das notas por serem de tipos diferentes do tipo do arranjo. Informações heterogêneas, entretanto, podem ser armazenadas em registros, o novo tipo de dado estruturado apresentado neste capítulo.

11.1 ⇢ o que é um registro

Registros são estruturas heterogêneas, ou seja, coleções de dados de quaisquer tipos. O que agrupa os dados em um registro é seu relacionamento lógico. Por exemplo, os dados relativos a um funcionário de uma empresa – seu código, seu nome, seu salário, o departamento em que está lotado e o cargo que ocupa – podem ser armazenados em um mesmo registro (Figura 11.1).

Os dados que integram um registro são denominados **campos**. Os registros e seus campos devem ser nomeados com nomes que sejam únicos. No exemplo da Figura 11.1, o registro chama-se `funcionário` e os seus campos são chamados, respectivamente, cod, nome, salário, depto e cargo.

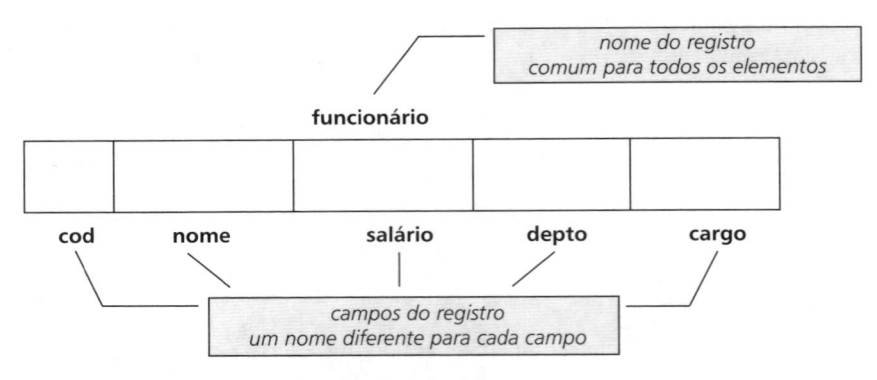

figura 11.1 Campos do registro de um funcionário.

11.2 → declaração de registro

Na **declaração de um tipo registro** devem ser definidos os nomes dos campos que irão compor o registro, os quais devem ser identificadores válidos na linguagem utilizada. Para cada campo deve também ser definido o tipo de dado que nele será armazenado. Na pseudo-linguagem, a sintaxe da declaração de um tipo registro é:

```
registro
    <nome do campo 1> : <tipo do campo 1>
    <nome do campo 2> : <tipo do campo 2>
    ...
    <nome do campo n> : <tipo do campo n>
fim registro
```

Segue a declaração da variável um_funcionário correspondente ao registro que aparece na Figura 11.1:

```
Variável: um_funcionário  (registro
                            cod     : inteiro
                            nome    : string
                            salário : real
                            depto   : inteiro
                            cargo   : caractere
                          fim registro)
```

Embora uma variável do tipo registro não precise, obrigatoriamente, ter um tipo específico associado a si, se isso não for feito essa variável não poderá ser passada como parâmetro para subprogramas nas linguagens trabalhadas neste livro. Assim, recomenda-se fortemente que, quando forem utilizados registros, antes da declaração de variáveis registro seja declarado um tipo associado às mesmas.

A declaração da variável um_funcionário, feita em dois passos, primeiro o tipo e após a variável, resulta então em:

```
Tipo: funcionário = registro
                      cod     : inteiro
                      nome    : string
                      salário : real
                      depto   : inteiro
                      cargo   : caractere
                    fim registro
Variável: um_funcionário (funcionário)
```

Os campos dos registros podem ser de qualquer tipo. A seguir, é mostrado um exemplo de registro com um campo do tipo enumeração e outro do tipo registro:

```
Tipos: tipo_região = (sul, norte, leste, oeste)
       loja (registro
              codigo_loja : inteiro
              região_loja : tipo_região
              fim registro)
```

O tipo de dado registro pode ser utilizado na declaração de qualquer variável, inclusive na definição de elementos de arranjos. Nesse caso, cada elemento do arranjo compreenderá diversos campos. A Figura 11.2 apresenta um arranjo de funcionários no qual cada elemento é um registro do tipo definido como funcionário:

```
Variável: funcionários (arranjo [1..6] de funcionário)
```

Campos de registros podem igualmente ser do tipo arranjo. No exemplo da Figura 11.3, o campo salário foi alterado, definido como um arranjo de quatro elementos para armazenar os últimos quatro salários do funcionário:

```
Tipo: funcionário = registro
              cod     : inteiro
              nome    : string
              salário : arranjo [1..4] de real
              depto   : inteiro
              cargo   : caractere
              fim registro
```

Quaisquer combinações de arranjos e registros podem ser usadas, gerando estruturas de dados complexas. Por exemplo, caso se queira armazenar não somente os últimos quatro salários de cada funcionário, mas também o ano relativo a cada salário, os elementos do arranjo em que são armazenados os salários podem ser definidos como registros com dois campos, o primeiro para armazenar o ano e o segundo o valor do salário (Figura 11.4):

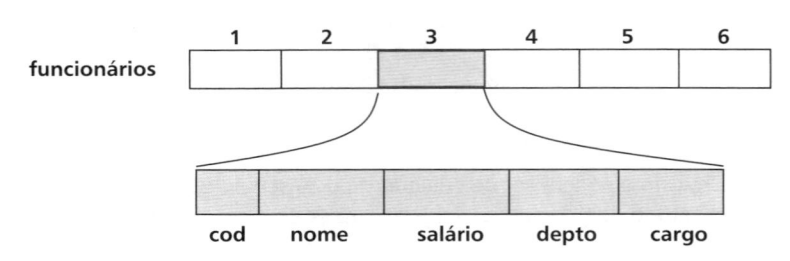

```
Tipo: tipo_salário = registro
              ano   : inteiro
              valor : real
              fim registro
```

figura 11.2 Arranjo de registros.

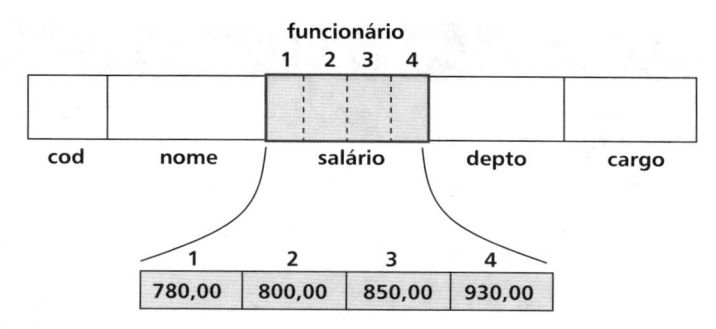

figura 11.3 Arranjo como campo de um registro.

Usando esse tipo de dado na definição dos elementos do arranjo salário, a nova definição do registro de um funcionário é:

```
Tipo: funcionário = registro
                cod     : inteiro
                nome    : string
                salário : arranjo [1..4] de tipo_salário
                depto   : inteiro
                cargo   : caractere
            fim registro
```

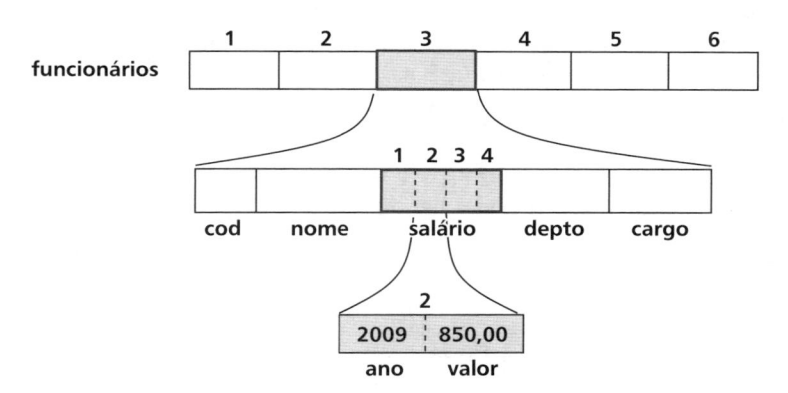

figura 11.4 Estruturas e arranjos em vários níveis.

11.3 referência a elementos de registros

A referência a um campo de um registro é feita indicando o nome do registro seguido do nome do campo, separados por um ponto:

<nome do registro>.<nome do campo>

Considerando a definição da variável um_funcionário (Figura 11.3), os comandos a seguir fazem referência a campos de registros:

```
{PREENCHER POR LEITURA O CAMPO NOME}
ler (um_funcionário.nome)
{ATRIBUIR UM VALOR AO 2° ELEMENTO DO CAMPO SALÁRIO, QUE É UM VETOR}
um_funcionário.salário[2] ← 800,00
{TESTAR O VALOR DO CAMPO CARGO}
se um_funcionário.cargo = 'A'
então um_funcionário.depto ← 10   {ATRIBUI VALOR AO CAMPO DEPTO}
```

A referência a um elemento deve ser feita indicando todo o caminho necessário para acessar esse elemento. Tomando como exemplo a estrutura mostrada na Figura 11.4, a referência ao campo valor é:

```
funcionários[3].salário[2].valor
```

Um algoritmo completo, utilizando os tipos mostrados nesses exemplos, é mostrado no Exercício de Fixação 11.1, a seguir.

11.4 exercícios de fixação

exercício 11.1 Esse algoritmo manipula o arranjo de funcionários mostrado na Figura 11.4. O algoritmo inicialmente preenche, por leitura, todos os campos e, em seguida, lista o nome dos funcionários que recebem salário superior à média atual dos salários. São definidas constantes para representar o número de funcionários da empresa, limitado no exemplo a 30, e a quantidade de salários que se deseja armazenar.

```
Algoritmo FuncionáriosSalMaiorMédia
{INFORMA NOMES DOS FUNCIONÁRIOS COM SALÁRIO SUPERIOR À MÉDIA}
   Constante NRFUNC = 30 {NÚMERO DE FUNCIONÁRIOS}
   Constante NRSAL = 4 {NÚMERO DE SALÁRIOS}
Tipos:
   tipo_salário = registro
                    ano   : inteiro
                    valor : real
                  fim registro
   funcionário = registro
                    cod   : inteiro
```

```
                nome    : string
                salário : arranjo [1..NRSAL] de tipo_salário
                depto   : inteiro
                cargo   : caractere
           fim registro
Entradas: funcionários (arranjo [1..NRFUNC] de funcionário)
Saídas: {Nome dos funcionários com salário superior à média}
Variáveis auxiliares:
   indfunc, indsal (inteiro) {ÍNDICES}
   somasal, médiasal (real)  {SOMA E MÉDIA DOS SALÁRIOS}
início
  {PREENCHER POR LEITURA TODOS OS DADOS DOS FUNCIONÁRIOS}
  para indfunc de 1 incr 1 até NRFUNC faça
    início
    escrever ('Forneça os dados do funcionário ', indfunc)
    escrever ('Código do funcionário: ')
    ler (funcionários[indfunc].cod)
    escrever ('Nome do funcionário: ')
    ler (funcionários[indfunc].nome)
    escrever ('Últimos salários: ')
    para indsal de 1 incr 1 até NRSAL faça
      início
      escrever ('Ano e valor de salário: ')
      ler (funcionários[indfunc].salário[indsal].ano,
           funcionários[indfunc].salário[indsal].valor)
      fim
    escrever ('Departamento em que está lotado: ')
    ler (funcionários[indfunc].depto)
    escrever ('Cargo do funcionário: ')
    ler (funcionários[indfunc].cargo)
    fim
  {CALCULAR A MÉDIA DOS SALÁRIOS ATUAIS}
  somasal ← 0  {INICIALIZA SOMATÓRIO DOS SALÁRIOS EM ZERO}
  para indfunc de 1 incr 1 até NRFUNC faça
    somasal ← somasal + funcionários[indfunc].salário[NRSAL].valor
    {O SALÁRIO ATUAL DEVE ESTAR ARMAZENADO NA ÚLTIMA POSIÇÃO}
  {CÁLCULO DA MÉDIA DOS SALÁRIOS ATUAIS}
  médiasal ← somasal / NRFUNC
  {INFORMAR NOME DOS FUNCIONÁRIOS COM SALÁRIO SUPERIOR À MÉDIA}
  para indfunc de 1 incr 1 até NRFUNC faça
    se funcionários[indfunc].salário[NRSAL].valor > médiasal
    então escrever(funcionários[indfunc].nome)
fim
```

exercício 11.2 Quando se quer associar datas a dados, geralmente são usados registros. Isso é mostrado no exemplo a seguir, em que a data de ingresso de um aluno em um curso de uma universidade é associada às informações desse aluno.

```
Algoritmo IdadeAluno
{ARMAZENA OS DADOS DE UM ALUNO E INFORMA COM QUE IDADE ENTROU NO CURSO}
    Tipos:
        data = registro
                dia: inteiro
                mês: inteiro
                ano: inteiro
             fim registro
        tipo_aluno = registro
                     nome: string
                     admissão: data      {DATA DE ADMISSÃO}
                     nasc: data          {DATA DE NASCIMENTO}
                   fim registro
    Variáveis de entrada:
        aluno (tipo_aluno)
    Variável de saída:
        idade (inteiro)    {IDADE EM QUE O ALUNO ENTROU NO CURSO}
início
    {LEITURA DOS DADOS DO ALUNO}
    ler (aluno.nome)
    ler (aluno.admissão.dia, aluno.admissão.mês, aluno.admissão.ano)
    ler (aluno.nasc.dia, aluno.nasc.mês, aluno.nasc.ano)
    {CÁLCULO DA IDADE DE INGRESSO}
    se aluno.admissão.mês = aluno.nasc.mês
    então se aluno.admissão.dia ≥ aluno.nasc.dia
            então idade ← aluno.admissão.ano - aluno.nasc.ano
            senão idade ← aluno.admissão.ano - aluno.nasc.ano - 1
    senão se aluno.admissão.mês > aluno.nasc.mês
            então idade ← aluno.admissão.ano - aluno.nasc.ano
            senão idade ← aluno.admissão.ano - aluno.nasc.ano - 1
    {INFORMA IDADE DE INGRESSO}
    escrever (idade)
fim
```

11.5 em Pascal

11.5.1 declaração de um registro

A declaração de um tipo registro é feita em Pascal de acordo com a sintaxe:

```
record
  <nome do campo 1> : <tipo do campo 1> ;
  <nome do campo 2> : <tipo do campo 2> ;
  ...
  <nome do campo n> : <tipo do campo n>
end
```

A declaração do tipo funcionário da Seção 11.2 traduzida para Pascal fica assim:

```
Type funcionario = record
                     cod     : integer;
                     nome    : string;
                     salario : real;
                     depto   : integer;
                     cargo   : char;
                   end
```

Em Pascal, não existe limitação para o número de campos que um registro pode ter. Qualquer tipo de dado pode ser utilizado na definição de um campo, incluindo dados estruturados, tais como arranjos ou outros registros, e tipos definidos por enumeração. Exemplo:

```
Type tipo_cliente = record
                      nome     : string;
                      endereco : record
                                   rua : string;
                                   numero : integer;
                                   complemento : integer;
                                   cidade : string
                                 end {FIM REGISTRO CAMPO ENDERECO}
                    end  {FIM REGISTRO TIPO_CLIENTE}
```

11.5.2 referência a campo de registro

A referência a um campo de um registro é feita da mesma forma utilizada na pseudolinguagem, indicando o nome do registro seguido do nome do campo, separados por um ponto:

```
<nome do registro>.<nome do campo>
```

Considerando a definição anterior do tipo tipo_cliente, o exemplo a seguir mostra como podem ser preenchidos por leitura os campos de um registro:

```
var cliente: tipo_cliente;
begin
  readln(cliente.nome);
  readln(cliente.endereco.rua, cliente.endereco.numero);
  ...
```

No exemplo a seguir, é definido um tipo T que é constituído de um registro com três campos: um inteiro, um arranjo e um definido por enumeração. É mostrado como todos os campos podem ser preenchidos por leitura. Observar como é feito o preenchimento de um campo com o tipo enumeração: primeiro um valor é lido do teclado para uma variável auxiliar do tipo char; após, dependendo do caractere fornecido, é feita a atribuição correta para o campo do tipo enumeração.

```
type T = record
           valor : integer;
           vetor : array [1..10] of real;
           refer : (a, b, c)
         end;
var indice : integer;
    caractere : char;
    x : T;
begin
  {PREENCHE PRIMEIRO CAMPO}
  readln(x.valor);
  {PREENCHE SEGUNDO CAMPO - VETOR}
  for indice := 1 to 10 do
    readln(x.vetor[indice]);
  {PREENCHE TERCEIRO CAMPO DE ACORDO COM O CARACTERE LIDO}
  repeat
    readln (caractere);
    case caractere of
      'a': x.refer := a;
      'b': x.refer := b;
      'c': x.refer := c
    end
  until (caractere <> 'a') and (caractere <> 'b')
              and (caractere <> 'c')
  {RESTO DO PROGRAMA, UTILIZANDO A VARIAVEL X}
end.
```

11.5.3 comando `with`

O comando `with` do Pascal oferece uma forma abreviada para referenciar vários registros ou campos de um mesmo registro. Os nomes de campos de registros, nos comandos a ele subordinados, ficam desobrigados de utilizar os nomes das variáveis que seguem o `with`. A sintaxe do comando `with` é:

```
with <nomes de variáveis do tipo record, separadas por vírgulas>
do <comando>
```

Após o do, o comando pode ser simples ou composto.

Utilizando o comando `with`, o exemplo anterior, em que são preenchidos alguns campos da variável `cliente`, pode ser reescrito, de forma simplificada, como:

```
with cliente
   do begin
      readln(nome);
      readln(endereco.rua, endereco.numero);
      ...
```

ou ainda:

```
with cliente, endereco
   do begin
      readln(nome);
      readln(rua,numero);
      ...
```

O acesso a campos de registros por meio do comando `with` é especialmente útil no caso de arranjos cujos elementos são registros, quando seria necessário repetir muitas vezes o nome do arranjo e o índice do elemento. Isso pode ser observado no exemplo da Figura 11.2, quando os elementos do arranjo funcionários são preenchidos por leitura:

```
type funcionario = record
                     cod     : integer;
                     nome    : string;
                     salario : real;
                     depto   : integer;
                     cargo   : char
                   end;
var funcionarios: array [1..6] of funcionario;
    indice: integer;
begin
   {PREENCHER POR LEITURA OS DADOS DE TODOS OS FUNCIONARIOS}
```

```
    for indice:=1 to 6 do
      begin
      readln(funcionarios[indice].nome);
      readln(funcionarios[indice].cod, funcionarios[indice].salario,
             funcionarios[indice].depto);
      readln(funcionarios[indice].cargo)
      end;
    ...
```

Utilizando o comando with, esse último comando ficaria:

```
    for indice:=1 to 6 do
      with funcionarios[indice]
      do begin
         readln(nome);
         readln(cod, salario, depto);
         readln(cargo)
         end;
    ...
```

11.5.4 atribuição de registros inteiros

A referência a registros nos comandos sempre deve identificar um determinado campo em que a ação será executada. Em Pascal, apenas em uma situação muito particular o nome de uma variável do tipo registro pode aparecer sozinho, sem a complementação de um campo. É ela: quando for feita a atribuição integral de uma variável registro para uma outra variável registro do mesmo tipo. No exemplo a seguir, são declaradas duas variáveis, reg1 e reg2, do mesmo tipo tipo_reg. Os dois campos da primeira variável (reg1) são preenchidos por leitura. Em seguida, é feita a atribuição de todos os campos da variável reg1 para a variável reg2:

```
   type tipo_reg = record
                   nome  : string;
                   valor : integer
                   end;
   var reg1, reg2: tipo_reg;
   begin
     readln(reg1.nome);
     readln(reg1.valor);
     reg2 := reg1; {ATRIBUICAO DE UM REGISTRO INTEIRO A OUTRO}
     ...
```

11.6 ···→ em C

Na linguagem C, o tipo de dado registro é denominado **estrutura**.

11.6.1 declaração de uma estrutura

A sintaxe da declaração de um tipo estrutura com um nome associado é:

```
struct <nome da estrutura> {
    <tipo do campo1> <nome do campo1> ;
    <tipo do campo2> <nome do campo2> ;
        ...
    <tipo do campoN> <nome do campoN> ;
};
```

Qualquer tipo de dado válido pode ser utilizado em um campo de uma estrutura. O exemplo mostrado na Seção 11.1 pode ser representado como um tipo em C, conforme mostrado a seguir:

```
struct funcionario {
    int cod;
    char nome[30];
    float salario;
    int depto;
    char cargo;
};
```

Uma estrutura pode ter como campo, inclusive, outra estrutura. A seguir, as declarações dos tipos data e pessoa e das variáveis admissao, tipo data, e funcionário_com_data, do tipo pessoa.

```
struct data {
    int dia;
    char mes[3];
    int ano;
};
struct pessoa {
    char nome[10];
    struct data dia_admissao;
    float salario:
};
struct data admissao;
struct pessoa funcionario_com_data;
```

Um tipo estrutura pode ser declarado sem nome, tendo a si associadas uma ou mais variáveis:
```
struct {
   <tipo do campo1> <nome do campo1>;
   <tipo do campo2> <nome do campo2>;
           ...
   <tipo do campoN> <nome do campoN>;
} <nomes de variáveis separados por vírgulas>;
```

Utilizando novamente a estrutura da Figura 11.1, a variável um_funcionario e uma outra variável outro_funcionario, de mesmo tipo, podem ser declaradas como:
```
struct {
    int cod;
    char nome[30];
    float salario[5];
    int depto;
    char cargo;
} um_funcionario, outro_funcionario;
```

Observar que as variáveis declaradas diretamente na declaração de um tipo não podem ser passadas como parâmetros para subprogramas, uma vez que o seu tipo não possui nome explícito. Como a estruturação de programas com base em subprogramas é fortemente recomendada, essa forma particular de declaração de variáveis tem uso bastante restrito.

11.6.2 referência aos campos de uma estrutura

A referência a um determinado campo de uma estrutura, para escrita, leitura, comparação ou atribuição, é feita da mesma forma que na pseudolinguagem:

`<nome da variável>.<nome do campo>`

Exemplos de comandos que utilizam a variável um_funcionario:
```
/* preencher campo nome por leitura: */
scanf("%s", &um_funcionario.nome);
/* atribuir valor ao seg. elemento do vetor do campo salario: */
um_funcionario.salario[1] = 800.00;
/* comparar valor de um campo */
if (funcionario.cargo == 'A')
   funcionario.depto = 10;
```

Exemplo de comandos que utilizam a variável funcionario_com_data:
```
printf("%d %s %d",funcionario_com_data.dia_admissao.dia,
    funcionario_com_data.dia_admissao.mes,
```

```
    funcionario_com_data.dia_admissao.ano);
printf("Nome: %s", funcionario_com_data.nome);
```

11.7 · · ·→ dicas

usar nomes elucidativos para os campos. Na declaração dos campos de um registro, utilizar nomes que identifiquem claramente o que cada campo vai armazenar. Isso facilita sua utilização e a compreensão do código do programa.

comentar nomes dos campos na declaração. Ainda na declaração, incluir um comentário ao lado de cada campo, indicando o que o campo irá armazenar.

limitar níveis de registros dentro de registros. Registros podem conter campos registros que, por sua vez, também podem conter campos registros e assim sucessivamente, tantas vezes quanto desejado. Recomenda-se, entretanto, evitar o aninhamento de registros em níveis maiores que dois, para reduzir a complexidade das estruturas de armazenamento e do código para acessá-las.

11.8 · · ·→ testes

testar o conteúdo de todos os campos. Ao testar um programa que utilize alguma variável do tipo `registro`, os testes devem analisar os conteúdos de todos os campos, em pontos críticos do programa, para verificar se os registros estão sendo adequadamente utilizados.

11.9 · · ·→ exercícios sugeridos

INSTRUÇÕES GERAIS: realizar as várias tarefas dos exercícios utilizando subprogramas. Quando não indicado, escolher o tipo de subprograma (procedimento ou função) mais adequado à linguagem que será utilizada na implementação. Nos subprogramas, utilizar apenas parâmetros e variáveis locais, no limite das possibilidades de cada linguagem.

exercício 11.1 Defina uma variável do tipo `registro` com quatro campos: um `inteiro`, um `real`, um do tipo `caractere` e, o último, `lógico`. Faça um programa que:

- [a] preencha cada um dos campos dessa variável (por leitura ou por meio de dados colocados pelo programa);
- [b] altere por programa os valores contidos em cada um dos campos;
- [c] imprima os valores finais em cada campo.

exercício 11.2 Defina uma variável do tipo `registro` que tenha dois campos, sendo o primeiro um vetor de três elementos inteiros e o segundo um valor inteiro. Faça um programa que:

a	preencha por leitura os valores do primeiro campo (o vetor);
b	imprima os valores contidos nesse campo;
c	some os valores contidos no primeiro campo e preencha o segundo campo com o resultado da soma;
d	imprima o valor contido no segundo campo.

exercício 11.3 Defina uma variável do tipo `registro` que tenha dois campos. O primeiro campo contém uma *string*. O segundo campo é também do tipo `registro`, formado por três campos, todos inteiros. Faça um programa que:

a	preencha cada um dos campos dessa variável por leitura;
b	imprima os valores contidos em todos os campos;
c	preencha novamente o segundo campo por leitura;
d	imprima os valores finais em cada campo.

exercício 11.4 Defina um tipo `registro` composto por dois campos inteiros: numerador e denominador. Esse registro será utilizado para representar uma fração. Escreva um programa que preencha por leitura os dados relativos a duas frações (variáveis declaradas com o tipo antes definido). Em seguida, por meio de funções, informe:

a	soma das duas frações fornecidas;
b	primeira fração menos a segunda;
c	multiplicação das duas frações;
d	divisão da primeira fração pela segunda.

exercício 11.5 Defina o tipo `registro ponto` com dois campos x e y (`reais`). Os campos representam as coordenadas desse ponto no sistema cartesiano. Escreva uma função que, dados dois pontos, calcule a distância entre eles. As coordenadas dos pontos devem ser lidas no programa principal e passadas à função por meio de parâmetros do tipo `ponto`. O resultado da função deve ser informado pelo programa principal.

exercício 11.6 Utilizando o mesmo tipo de `registro ponto` do exercício anterior, escreva um programa que leia as coordenadas de três pontos e informe se eles podem ser os vértices de um triângulo retângulo.

exercício 11.7 Altere o Exercício de Fixação 11.1 para executar as seguintes atividades:

a	listar os nomes de todos os funcionários do departamento 10;
b	listar os cargos ocupados pelos funcionários do departamento 10;
c	informar o nome do funcionário de menor salário do departamento 10;
d	alterar o salário de um funcionário cujo código deve ser informado pelo usuário. O novo salário, associado ao ano corrente, deverá ocupar a última posição do vetor de salários

desse funcionário, devendo os demais salários ser deslocados de uma posição em direção ao início do vetor. O salário que ocupava a primeira posição será perdido.

Cada uma dessas atividades deverá ser realizada por um subprograma específico.

exercício 11.8 Considere um registro que deve armazenar os dados referentes ao `código` (inteiro) de um produto de uma empresa que fabrica peças de vestuário, o `tipo` do produto (tipos disponíveis: P, M e G – pequeno, médio e grande), a `quantidade` vendida para cada um dos 6 dias de uma semana (arranjo de 6 elementos, inteiros) e a quantidade `média` vendida na semana (média dos 6 dias). Considere que os dados relativos aos 50 produtos vendidos pela empresa são armazenados em um vetor cujos elementos correspondem a essa estrutura. Faça um programa que, por meio de um subprograma, processe as vendas efetuadas, armazenando os dados correspondentes na estrutura mencionada para 6 dias de uma semana. O subprograma deverá ler dados referentes ao dia da semana, código de produto e quantidade vendida desse produto. No final da entrada dos dados da semana, o programa principal deverá calcular as médias da semana para cada produto e imprimir um relatório com os dados finais da estrutura: para cada produto, total vendido por dia e a média da semana.

exercício 11.9 Escreva um programa para fazer o controle de estoques de uma rede de lojas. A rede é composta de 5 lojas, vendendo todas os mesmos eletrodomésticos. O estoque é centralizado. O programa de controle deve armazenar os seguintes dados para cada mercadoria vendida: código da mercadoria (inteiro); número de unidades disponíveis em cada loja da rede (vetor de 5 elementos, inteiros); número de unidades disponíveis no estoque para reposição nas lojas (inteiro); número mínimo de unidades que cada loja deve ter (vetor de 5 elementos, inteiros). O programa, após ler os dados referentes a cada loja e ao estoque, deve realizar as seguintes tarefas, cada uma por meio de um subprograma específico:

a ler o código de uma mercadoria e informar seu estoque em cada uma das lojas;

b ler o código de um produto e o número correspondente à loja, e informar o estoque dessa mercadoria nessa loja;

c atualizar o estoque de uma determinada loja, de acordo com o código da mercadoria vendida e o número de unidades vendidas. Antes de fazer essa atualização, o subprograma deve verificar se a loja possui o número de unidades requeridas. Caso não possua, verificar se existem unidades no estoque geral, atualizando então os dois estoques (o da loja e o geral);

d em cada loja, para cada mercadoria que estiver abaixo do estoque, caso tenha disponibilidade no estoque geral, trazer para essa loja o número de unidades necessárias para que fique dentro do limite mínimo, atualizando o estoque geral;

e em cada loja, listar o código de todas as mercadorias com estoque abaixo do valor mínimo.

exercício 11.10 Considere um registro cuja representação gráfica é dada a seguir:

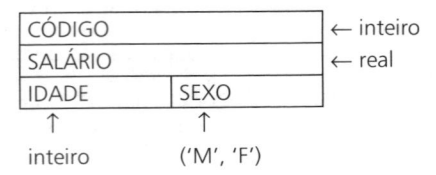

CÓDIGO		← inteiro
SALÁRIO		← real
IDADE	SEXO	
↑	↑	
inteiro	('M', 'F')	

Os dados referentes aos funcionários de uma empresa estão armazenados em um vetor em que cada elemento tem a forma de um registro como o representado anteriormente. Considerando que a empresa tem, no máximo, 100 funcionários, construa um programa que execute as seguintes tarefas:

- **a** preencha por leitura os dados de um conjunto de funcionários;
- **b** imprima os dados de um determinado funcionário, identificado pelo seu código;
- **c** aumente o salário de um funcionário em 10%, identificando o funcionário pelo seu código;
- **d** informe o número de funcionários homens e o de mulheres;
- **e** informe a idade média dos funcionários;
- **f** imprima os nomes, as idades e os salários de todas as funcionárias mulheres.

exercício 11.11 Declare a seguinte estrutura de dados para armazenar os dados referentes às contas de cinco clientes de um banco:

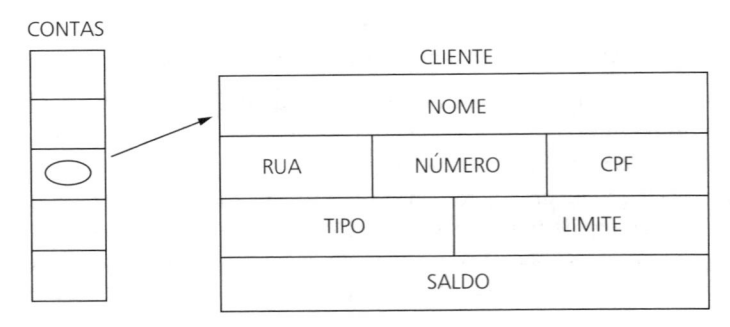

CONTAS

CLIENTE

NOME		
RUA	NÚMERO	CPF
TIPO	LIMITE	
SALDO		

Os tipos de clientes (simples, especial) devem ser declarados por enumeração.

Faça um programa que:

- **a** preencha por leitura o vetor `contas`;
- **b** através de um subprograma, atualize os saldos das contas de acordo com cheques descontados. O subprograma deve ler o número de uma conta, o valor do cheque a descontar e atualizar o saldo; verificar se existe saldo suficiente e, se for conta especial, verificar se o desconto está dentro do limite de saldo negativo;

c por meio de outro subprograma, imprima os dados finais das cinco contas;
d por meio de um terceiro subprograma, imprima o total de cheques que foram descontados.

exercício 11.12 Faça um programa que armazene pedidos feitos a uma empresa de doces. Os pedidos devem ser armazenados em um vetor arranjo, do seguinte tipo:

	i		
PEDIDOS	NOME		
	PRODUTOS		

no qual o campo `produtos` é um vetor indexado pelos nomes (doces, sonhos, tortas), cujos elementos são compostos por dois campos: `sabor` e `quantidade`.

	Doces	Sonhos	Tortas
PRODUTOS		SABOR	
		QUANTIDADE	

O `sabor` é definido por enumeração: (`chocolate, baunilha, limão, framboesa, morango`).

Ao definir um pedido, o cliente deve fornecer seu nome e, para cada tipo de produto desejado, determinar o número de unidades e o sabor desejados.

Um cliente pode solicitar mais de um tipo de produto. Por exemplo, um pedido pode ser composto por 50 doces de sabor chocolate, 50 sonhos de sabor baunilha e 20 tortas de sabor morango.

O programa deve armazenar os dados relativos a diversos pedidos ao longo de um dia. No final do dia, o programa deve informar:

a detalhes de todos os pedidos realizados;
b valor total vendido no dia;
c valor da venda média;
d quantas unidades de cada um dos tipos (`doces, sonhos e tortas`) foram pedidas, independentemente de seu sabor;
e quantas unidades do sabor morango foram pedidas, englobando os três tipos;
f qual o produto que teve o maior número de unidades vendidas;
g o sabor mais vendido de cada produto.

Sempre que possível, utilizar subprogramas para tarefas distintas.

exercício 11.13 Defina um tipo que represente a placa de um carro. Esse tipo deve ser um registro com dois campos: (1) um vetor de três elementos, sendo cada elemento um caractere, para armazenar as letras da placa do carro; (2) um inteiro, para armazenar o número da placa. Utilizando esse tipo, defina outro registro para guardar os dados de um carro, sendo os campos: (1) o modelo e o fabricante do carro; (2) o ano de fabricação; (3) a placa do carro. Com esses tipos, escreva um programa que realize as seguintes tarefas:

- **a** preencher por leitura um vetor com dados de cinco carros diferentes;
- **b** imprimir as placas dos cinco carros;
- **c** por meio de uma função, informar quantos carros têm ano de fabricação anterior a 2000;
- **d** por meio de um subprograma, dada uma placa (obtida por leitura), informar os dados do carro correspondente – se essa placa não for encontrada nos dados armazenados, informar isso ao usuário.

exercício 11.14 Montar um conjunto de dados em que cada registro contém o resultado de uma enquete do Ibope sobre a audiência de canais de TV durante o dia. Para cada entrevista realizada devem ser armazenados a idade, o sexo, o estado civil e o grau de instrução da pessoa entrevistada, o horário em que foi feita a entrevista e o canal a que está assistindo. Entrar com os dados pelo teclado e imprimir:

- **a** o canal de maior audiência, sem considerar o horário;
- **b** o canal de maior audiência no horário compreendido entre 20 e 21 horas;
- **c** idade, sexo, estado civil e grau de intrução dos entrevistados que estavam assistindo ao canal de maior audiência naquele horário;
- **d** o horário de menor audiência entre as mulheres;
- **e** idade média dos que preferem o canal 12 entre 10 e 12 horas.

Sempre que possível, utilizar subprogramas para realizar tarefas distintas.

exercício 11.15 Construa um programa para gerenciar os empréstimos de uma biblioteca. O programa deve armazenar as informações relativas a todos os livros disponíveis na biblioteca, utilizando para isso um vetor em que cada elemento corresponde a um livro. As informações de cada livro são: código do livro (inteiro), título (string), primeiro autor (string), código da editora (inteiro), número de páginas (inteiro), o ano da edição (inteiro), tipo (1 – romance, 2 – ciências, 3 – cultura), idioma (caractere 'P' – português / 'I' – inglês / 'F' – francês / 'E' – espanhol / 'T' – italiano / 'A' – alemão), se está ou não disponível (0 – emprestado / 1 – disponível) e, caso esteja emprestado, código do cliente que o tomou emprestado (inteiro). Após preencher por leitura os dados relativos a todos os livros da biblioteca, o programa deve executar as seguintes tarefas, cada uma por meio de um subprograma específico:

- **a** dado o código de um livro, informar sua editora e o número de páginas;
- **b** informar quantos livros estão disponíveis para empréstimo;

c informar se um determinado livro, identificado por seu código, está disponível e, se estiver, marcar o livro como emprestado e incluir no seu registro o código do cliente que o tomou emprestado, código esse fornecido pelo usuário do programa;

d listar os títulos de um determinado autor, identificado pelo seu nome;

e informar todos os livros, disponíveis para empréstimo, de um determinado tipo, que será fornecido pelo usuário.

11.10 ⇢ termos-chave

campos, p. 294

declaração de um tipo registro, p. 295

estrutura, p. 305

referência a elementos de registros, p. 298

registros, p. 294

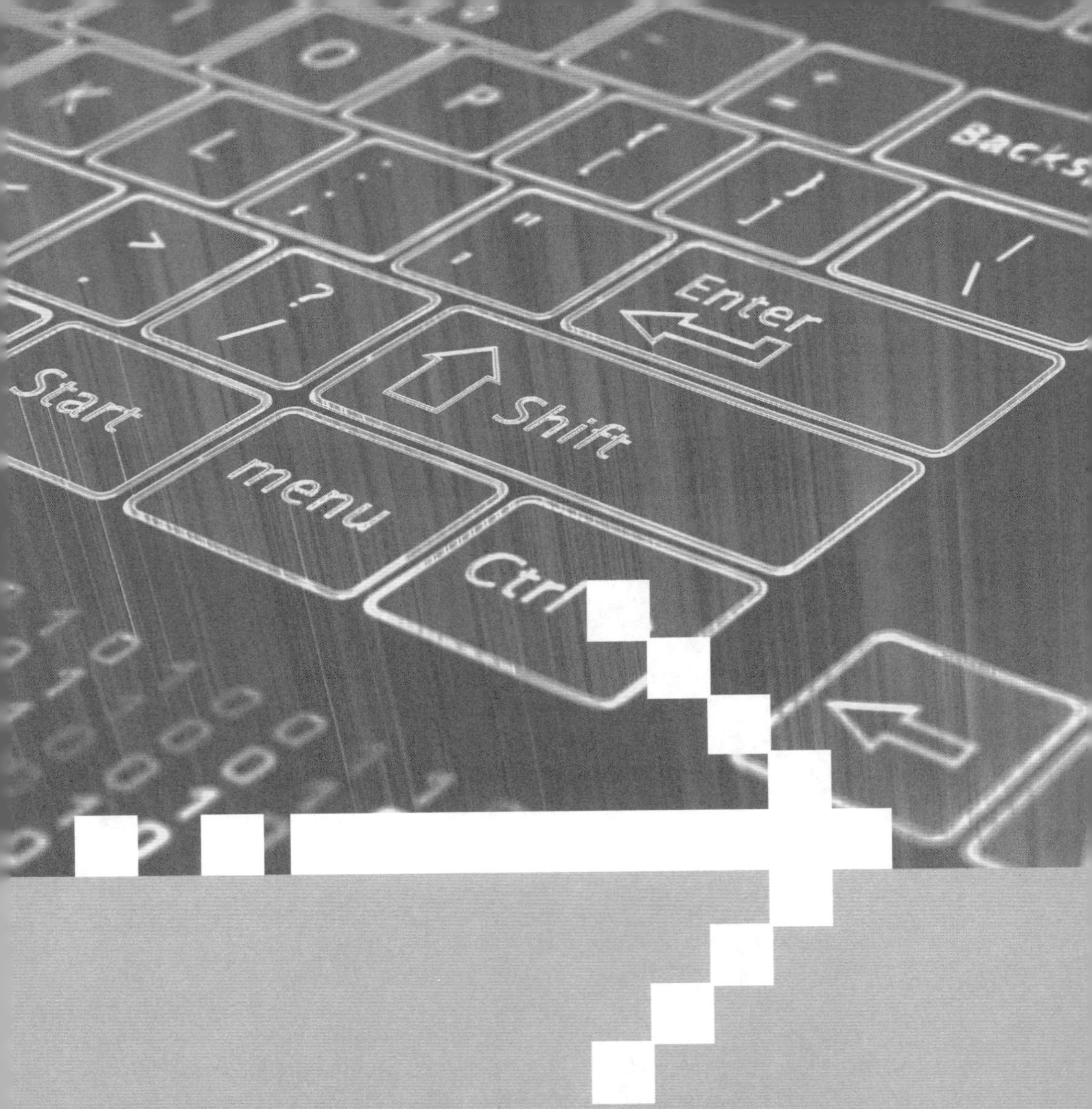
Enter
Start
Shift
menu
Ctrl

capítulo 12

conjuntos

■ ■ Este capítulo apresenta conjuntos, um tipo de dado estruturado que agrupa elementos do mesmo tipo, sem repetição ou ordem. Discute como declarar variáveis com esse tipo de dado, como construir conjuntos e quais são as operações que podem ser realizadas sobre eles.

Retomando o exemplo do professor utilizado na discussão inicial de arranjos e registros, suponha que o professor deseje, ao final do ano, analisar os resultados obtidos em suas turmas, separando os nomes de seus alunos em dois grupos, um de aprovados e o outro de reprovados. Os elementos desses grupos serão todos do mesmo tipo, como no caso dos arranjos, mas a ordem entre eles não será relevante e não poderá haver elementos repetidos internamente aos grupos. Essas características correspondem às propriedades dos conjuntos, exatamente o tipo de dado que será apresentado neste capítulo para permitir a definição de variáveis como conjuntos.

12.1 tipo de dado conjunto

Um **conjunto** é um tipo estruturado no qual todos os elementos são do mesmo tipo, chamado de **tipo-base do conjunto**. Duas características diferenciam conjuntos de arranjos: (1) conjuntos não contêm elementos repetidos e (2) os elementos contidos em um conjunto não têm posição definida e não existe uma ordem entre eles.

As operações da Teoria dos Conjuntos, como união de dois conjuntos, intersecção entre dois conjuntos, verificação da pertinência de um elemento a um conjunto, são aplicáveis sobre as variáveis do tipo conjunto.

12.2 declaração de conjuntos

A declaração de uma variável do tipo conjunto define somente quais os elementos que podem fazer parte desse conjunto. A sintaxe da declaração de um tipo conjunto na pseudolinguagem é:

```
<nome do tipo> = conjunto de <tipo-base>
```

onde o tipo-base pode ser um dos tipos predefinidos ou um tipo definido pelo programador.

Exemplos de declarações de tipos e variáveis do tipo conjunto:

```
Tipos:
   letras = conjunto de caractere
   inteiros = conjunto de 1..10
   dia_útil = ( seg, ter, qua, qui, sex )
   conj_dias = conjunto de dia_útil
Variáveis:
   letra (letras)      {CONJUNTO DE CARACTERES}
   notas (inteiros)    {CONJUNTO DE INTEIROS}
   dias (conj_dias)    {CONJUNTO DE ELEMENTOS DE DIA_ÚTIL}
```

Em muitos programas, é útil definir uma variável simples do mesmo tipo dos elementos de um conjunto. No exemplo a seguir, é definido um tipo com os inteiros limitados ao intervalo de 0 a 20 e um tipo de conjunto. Em seguida, são definidas duas variáveis, uma do tipo conjunto e a outra, uma variável simples, com esse mesmo tipo:

```
Tipos:
  x = 1 .. 20
  conj_x = conjunto de x
Variáveis:
  numeros (conj_x)
  umnumero (x)
```

12.3 ···→ construção de conjuntos

A **construção de um conjunto** é feita por atribuição, declarando explicitamente quais os elementos que devem ser incluídos no conjunto, delimitados pelos símbolos "[" e "]", separados por vírgulas. Podem ser incluídos elementos simples e intervalos que representam vários elementos. No exemplo a seguir, são declarados um tipo conjunto chamado de inteiro, que pode conter os inteiros de 1 a 20, e três variáveis v1, v2 e v3 desse tipo. Em seguida, é mostrada a construção desses conjuntos, por meio de comandos de atribuição:

```
Tipo:
  inteiros = conjunto de 1 .. 20
Variáveis:
  v1, v2, v3 (inteiros)
início
  v1 ← [ 1 , 2 , 5, 15 ]      {4 elementos: 1, 2, 5, 15}
  v2 ← [ 5..10 ]              {6 elementos: 5, 6, 7, 8, 9, 10}
  v3 ← [ 3, 11..18, 20 ]      {10 elementos: 3, de 11 a 18, 20}
```

conjunto vazio. Um conjunto pode, em qualquer momento durante a execução do programa, não conter elemento, ou seja, estar vazio. Igualmente, um conjunto pode ser inicializado como vazio, sendo os elementos incluídos posteriormente, durante o processamento. Exemplo da construção de um conjunto inicialmente vazio:

```
Variável: c (conjunto de caractere)
início
   c ← [ ]   {CONJUNTO VAZIO}
```

12.4 ···→ operações sobre conjuntos

A manipulação de conjuntos é feita de acordo com as operações definidas na Teoria dos Conjuntos, como união, intersecção e diferença entre dois conjuntos. Operações de comparação entre conjuntos também podem ser realizadas, assim como a verificação da pertinência de um elemento a um conjunto. A seguir, é feito o detalhamento dessas operações.

12.4.1 operações que resultam em conjuntos

As operações de união, intersecção e diferença entre conjuntos têm como resultado sempre um conjunto.

união de conjuntos. O resultado da operação de união entre dois conjuntos é um conjunto que contém todos os elementos dos conjuntos originais, sem repetição. O operador que representa essa operação na pseudolinguagem é o símbolo "∪". A Figura 12.1 representa graficamente os elementos contidos em dois conjuntos de inteiros, A e B, e o resultado da união desses dois conjuntos, atribuído à variável C.

intersecção de conjuntos. O resultado da intersecção entre dois conjuntos é um conjunto que contém somente os elementos que estão presentes simultaneamente nos dois conjuntos. A pseudolinguagem utiliza o símbolo "∩" para representar essa operação, ilustrada na Figura 12.2.

diferença entre conjuntos. A operação de diferença entre dois conjuntos, representada pelo símbolo "-", resulta em um conjunto que contém os elementos do primeiro conjunto que não estão presentes no segundo. A Figura 12.3 ilustra esta operação.

12.4.2 operações que resultam em valores lógicos

As operações de comparação e pertinência entre conjuntos têm como resultado os valores lógicos verdadeiro ou falso.

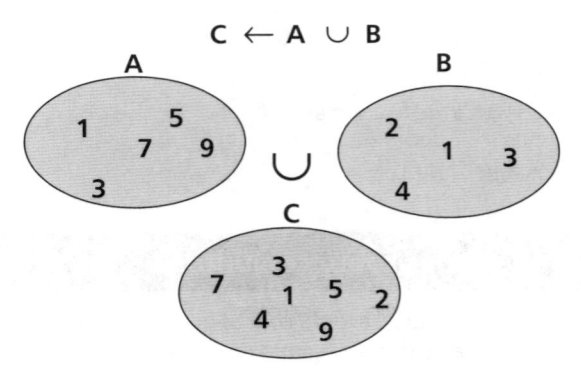

figura 12.1 União de dois conjuntos.

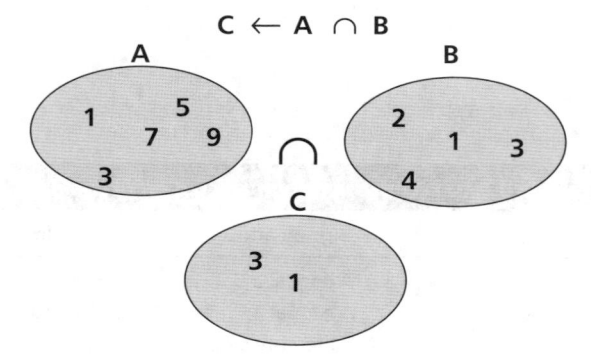

figura 12.2 Intersecção entre dois conjuntos.

comparação entre conjuntos. Dois conjuntos podem ser comparados para verificar se são iguais (ou seja, se contêm os mesmos elementos) ou diferentes. Os conjuntos comparados devem ser do mesmo tipo. O resultado dessas operações é um valor lógico.

É importante lembrar que não existe ordem entre os elementos de um conjunto: um conjunto definido como [3, 5] é igual a outro definido como [5, 3].

Dois conjuntos do mesmo tipo podem ainda ser comparados com o objetivo de verificar se o primeiro contém ou não o segundo, ou ainda se o primeiro está ou não contido no segundo. Na pseudolinguagem, essas operações são representadas pelos símbolos "⊂" (contém) e "⊃" (está contido em). Vamos supor que os conjuntos A, B, C e D (conjuntos de inteiros) são preenchidos por meio das atribuições a seguir. A Tabela 12.1 mostra o resultado de algumas comparações entre esses conjuntos.

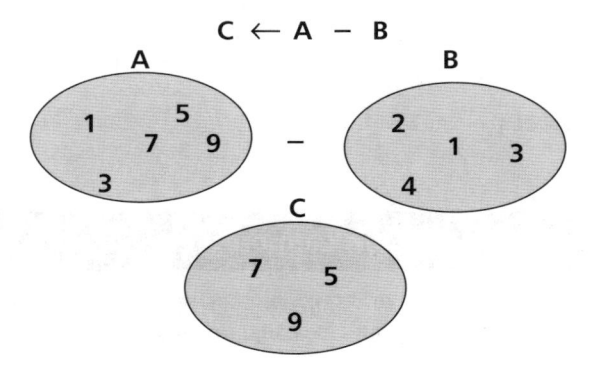

figura 12.3 Diferença entre dois conjuntos.

```
A ← [ 1, 2, 3, 4, 5 ]
B ← [ 2, 6, 8, 9, 10 ]
C ← [ 1, 2, 3, 4, 5, 6, 7, 8, 9, 10 ]
D ← [ 1, 2, 3, 4, 5 ]
```

tabela 12.1 Exemplos de comparações entre conjuntos

Comparação	Significado	Resultado
A = B	A é igual a B	Falso
A = D	A é igual a D	Verdadeiro
A ≠ B	A é diferente de B	Verdadeiro
A ⊃ C	A está contido em C	Verdadeiro
C ⊂ D	C contém D	Verdadeiro
B ⊂ C	B contém C	Falso

pertinência a um conjunto. Uma operação importante quando se trabalha com conjuntos é verificar se um determinado elemento pertence a um conjunto. Essa operação é representada na pseudolinguagem pelo operador "∈" e tem como resultado um valor lógico – verdadeiro, no caso do elemento pertencer ao conjunto, e falso no caso dele não pertencer. O primeiro operando é o elemento a ser pesquisado, e o segundo é um conjunto de elementos do mesmo tipo do primeiro.

Um exemplo bastante útil de utilização da operação de pertinência é mostrado no trecho de algoritmo a seguir, em que é testada a validade de um valor lido do teclado:

```
Tipo: opções = conjunto de caractere
Variáveis:
   opções_certas (opções)
   lido (caractere)
início
   {DEFINE O CONJUNTO DE RESPOSTAS CORRETAS:}
   opções_certas ← ['a', 'A', 'b', 'B', 'c', 'C']
   escrever ('Escolha uma das opções a - b - c: ')
   ler (lido)
   se lido ∈ opções_certas
   então (...)
```

12.5 inclusão de um elemento em um conjunto

A inclusão de um novo elemento em um conjunto pode ser feita por uma operação de união entre dois conjuntos, em que um conjunto é o conjunto unitário do novo elemento e o outro, o conjunto em que esse elemento deve ser incluído. Caso o conjunto já possua o elemento que se quer incluir, a operação de união não terá efeito. No trecho de algoritmo a seguir, o caractere "X" é incluído no conjunto `conj_letras` já existente:

```
Variáveis:
  letra (caractere)
  conj_letras, uma_letra (conjunto de ['A'..'Z'])
início
{...}
  {CONSTRUIR CONJUNTO COM O CARACTERE X}
  uma_letra ← ['X']
  {INCLUIR CARACTERE X NO CONJUNTO - UNIÃO DOS 2 CONJUNTOS}
  conj_letras ← conj_letras ∪ uma_letra
{...}
```

12.6 ⇢ entrada e saída de variáveis do tipo `conjunto`

As linguagens de programação que implementam variáveis do tipo `conjunto` geralmente não permitem que elas sejam utilizadas diretamente em comandos de entrada e saída. A inclusão de elementos em conjuntos deve ser feita, como já mostrado, na sua declaração ou por meio da atribuição de valores do tipo-base ou de resultados de operações sobre conjuntos. A saída dos elementos contidos em um conjunto deve ser feita por comandos de saída condicionados ao resultado de comparações.

Como exemplo da saída dos valores de um conjunto, o trecho de algoritmo a seguir informa os valores contidos no conjunto `conj_cores`. Os elementos desse conjunto são definidos por enumeração.

```
Tipo: cores = (amarelo, azul, verde, vermelho)
Variáveis:
  cor (cores)          {VARIÁVEL SIMPLES}
  conj_cores (conjunto de cores) {VARIÁVEL TIPO CONJUNTO}
início
  {...}
  para cor de amarelo a vermelho faça
    se cor ∈ conj_cores
    então caso cor seja
              amarelo : escrever ('amarelo')
              azul    : escrever ('azul')
              verde   : escrever ('verde')
              vermelho: escrever ('vermelho')
          fim caso
  {...}
```

12.7 exercícios de fixação

exercício 12.1 Em computação, a expressão "Se entrar lixo, sai lixo" é usada para indicar que, se os dados de entrada estiverem incorretos, as saídas obtidas a partir deles também estarão. Assim, garantir que os dados de entrada fornecidos pelo usuário estejam corretos, dentro dos intervalos definidos, é um problema recorrente no desenvolvimento de programas. O exercício a seguir apresenta uma função que resolve esse problema utilizando conjuntos. É solicitado que o usuário informe um caractere para definir a ação que deseja realizar. O caractere informado é verificado quanto à sua correção e, enquanto um caractere correto não for fornecido, a leitura é repetida. São consideradas, na verificação do caractere, suas versões em maiúsculas e em minúsculas.

```
Função SimNão: caractere
{DEVOLVE UM CARACTERE LIDO, QUE PODE SER SOMENTE 'S', 's', 'N' OU 'n'}
  Tipo:
    SN = conjunto de caractere
  Variáveis:
    resp_certas (SN)
    resposta_lida (caractere)
início
  {CRIA UM CONJUNTO COM AS RESPOSTAS CORRETAS}
  resp_certas ← ['S', 's', 'N', 'n']
  {REPETE LEITURA ATÉ QUE A RESPOSTA PERTENÇA AO CONJUNTO}
  repita
    escrever ('S para continuar, N para parar: ')
    ler (resposta_lida)
  até resposta_lida ∈ resp_certas
  SimNão ← resposta_lida
fim {SimNão}
```

exercício 12.2 O algoritmo a seguir constrói um conjunto com caracteres lidos do teclado. Uma vez terminados os dados de entrada, imprime os valores contidos no conjunto.

```
Algoritmo Entrada_Saída_Conjunto
  Tipo:
    TL = conjunto de caractere
  Variáveis:
    conj_letras, conj_lido (TL)
    lido (caractere)
    letra (caractere)
início
  {INICIALIZA O CONJUNTO DE LETRAS COMO VAZIO}
  conj_letras ← []
```

```
{INICIALIZA LIDO COM QUALQUER CARACTERE DIFERENTE DE 'F'}
lido ← 'A'
{PROCEDE À LEITURA DOS CARACTERES - ÚLTIMO LIDO É 'F'}
enquanto lido ≠ 'F'
faça início
    escrever ('Entre com um caractere - F para terminar: ')
    {LÊ UM CARACTERE}
    ler (lido)
    {MONTA UM CONJUNTO SÓ COM ESTA LETRA LIDA}
    conj_lido ← [lido]
    {A UNIÃO DOS 2 CONJUNTOS INCLUI O CARACTERE LIDO NO CONJUNTO,
    CASO JÁ NÃO ESTEJA CONTIDO NESTE}
    conj_letras ← conj_letras ∪ conj_lido
    fim
{IMPRIME AS LETRAS CONTIDAS NO CONJUNTO}
para letra de 'a' a 'z' faça        {PARA CADA LETRA MINÚSCULA}
  se letra ∈ conj_letras            {VERIFICA SE PERTENCE AO CONJUNTO}
  então escrever (letra)
para letra de 'A' a 'Z' faça        {PARA CADA LETRA MAIÚSCULA}
  se letra ∈ conj_letras            {VERIFICA SE PERTENCE AO CONJUNTO}
  então escrever (letra)
fim
```

exercício 12.3 A função a seguir informa se um valor passado como parâmetro é par ou ímpar. O valor testado deve estar compreendido entre 1 e 10.

```
Função Par_ou_ímpar: inteiro
{INFORMA SE O VALOR DO PARÂMETRO É PAR (DEVOLVE 0) OU ÍMPAR (DEVOLVE 1)
- VALOR DEVE CONTER UM NÚMERO ENTRE 1 E 10}
  Parâmetro de entrada:
    valor (inteiro)   {VALOR A SER TESTADO}
  Variável auxiliar:
    pares (conjunto de 1..10)
início
  {CONSTRÓI O CONJUNTO COM OS VALORES PARES}
  pares ← [2, 4, 6, 8, 10]
  {VERIFICA SE O VALOR ESTÁ NO CONJUNTO DE PARES}
  se valor ∈ pares
  então Par_ou_ímpar ← 0    {DEVOLVE 0 CASO SEJA PAR}
  senão Par_ou_ímpar ← 1    {DEVOLVE 1 CASO SEJA ÍMPAR}
fim {Par_ou_ímpar}
```

exercício 12.4 O procedimento a seguir executa uma das quatro operações básicas de uma calculadora, informando seu resultado. O procedimento recebe os operandos e o operador como parâmetros e imprime diretamente o resultado. É mostrado também um algoritmo em que esse procedimento é repetido até que o usuário forneça o valor 0 para o primeiro operando. No caso da operação de divisão, caso o valor passado para o segundo operando seja zero, o procedimento solicita, por meio de uma mensagem seguida de uma operação de leitura, que seja fornecido outro valor para esse operando a fim de que a operação possa ser realizada.

```
Algoritmo Calculadora
{ ---------------------------------------------------------------- }
Procedimento Cálculo
{INFORMA O RESULTADO DE UMA OPERAÇÃO DE SOMA, SUBTRAÇÃO, MULTIPLICAÇÃO
OU DIVISÃO}
   Parâmetros de entrada:
      operando1, operando2 (real)
      operador (caractere)
   Variável auxiliar:
      resultado (real)
início
   caso operador seja
           '+' : resultado ← operando1 + operando2
           '-' : resultado ← operando1 - operando2
           '*' : resultado ← operando1 * operando2
           '/' : início
                   se operando2 = 0           {DIVISÃO POR ZERO}
                   então repita
                         escrever('Forneça valor diferente de zero',
                                 ' para o segundo operando: ')
                         ler(operando2)
                      até operando2 ≠ 0
                   resultado ← operando1 / operando2
                 fim
   fim caso
   escrever (resultado)                      {INFORMA RESULTADO}
fim {Cálculo}
{ ---------------------------------------------------------------- }
{PROGRAMA QUE REALIZA VÁRIAS OPERAÇÕES}
   Tipo: conj_operadores = conjunto de caractere
   Variáveis:
      operadores (conj_operadores)
      operador (caractere)
      operando1, operando2 (real)
início
   {CRIA O CONJUNTO DOS OPERADORES VÁLIDOS}
   operadores ← ['+', '-', '*', '/']
```

```
        ler (operando1)            {LÊ O VALOR DO PRIMEIRO OPERANDO}
        enquanto operando1 ≠ 0     {TESTA SE É PARA TERMINAR}
        faça início
            ler (operando2)        {LÊ VALOR DO SEGUNDO OPERANDO}
            {REPETE LEITURA DO OPERADOR ATÉ QUE ESTE SEJA VÁLIDO}
            repita
              ler (operador)
            até operador ∈ operadores
            {REALIZA OPERAÇÃO SOLICITADA:}
            executar Cálculo(operando1, operando2, operador)
            ler (operando1)   {LÊ VALOR DO PRÓXIMO PRIMEIRO OPERANDO}
        fim {enquanto}
fim
```

12.8 ⸺▶ em Pascal

12.8.1 declaração de conjuntos

A sintaxe da declaração de um tipo conjunto em Pascal é:

```
set of <tipo-base simples>
```

onde <tipo-base simples> pode ser char, boolean ou elementos definidos por enumeração, além de intervalos dos tipos integer, char e do tipo definido por enumeração. O tipo integer não pode ser utilizado diretamente na declaração de um conjunto, pois é necessário que o número de elementos possíveis seja finito. Para inteiros, Pascal geralmente limita os valores ao intervalo 0..255. O número total de elementos de um conjunto é limitado, em Pascal, a 256. Mas esse limite pode variar de acordo com a versão do Pascal utilizada.

Exemplos:

```
type
    valores = set of char;
    maiusculas = set of 'A'..'Z';
    inteiros = set of 1..10;
    cor = (vermelho, amarelo, verde, azul);
    conjunto_cores = set of vermelho..azul;
```

12.8.2 construção de conjuntos

A construção de um conjunto em Pascal obedece às regras definidas na pseudolinguagem. O construtor de um conjunto é o par de símbolos "[" e "]". Entre esses símbolos são listados os elementos que irão compor o conjunto, seja explicitamente seja por meio de um intervalo, separados por vírgulas. Os exemplos da Seção 12.3 são representados em Pascal como:

```
type inteiros = set of 1..20;
var v1, v2, v3: inteiros;
begin
   v1 := [ 1 , 2 , 5, 15 ];      {4 elementos - 1, 2, 5, 15}
   v2 := [ 5..10 ];              {6 elementos - 5, 6, 7, 8, 9, 10}
   v3 := [ 3, 11..18, 20 ];      {10 elementos - 3, de 11 a 18, 20}
```

O conjunto vazio é representado por [], podendo ser contruído como:

```
   v := [];
```

12.8.3 operações sobre conjuntos

■ **operações que produzem conjuntos como resultado**

As operações de união, intersecção e diferença, detalhadas e ilustradas na Seção 12.4, podem ser aplicadas a dois conjuntos que forem definidos com o mesmo tipo-base. O resultado dessas operações é sempre outro conjunto do mesmo tipo-base.

união de conjuntos. O resultado da união de dois conjuntos, representada em Pascal pelo operador "+", é um conjunto com todos os elementos dos conjuntos originais, sem repetição.

intersecção de conjuntos. O operador de intersecção em Pascal é o símbolo "*". O resultado da intersecção entre dois conjuntos é um conjunto que contém os elementos que estão ao mesmo tempo nos dois conjuntos originais.

diferença entre conjuntos. A diferença entre dois conjuntos, representada pelo operador "-", tem como resultado um conjunto que contém os elementos do primeiro conjunto que não estão presentes no segundo.

Os exemplos das Figuras 12.1, 12.2 e 12.3 são escritos em Pascal como:

```
type set_num = set of 1..10;
var A, B, C : set_num;
begin
   A := [1, 3, 5, 7, 9];
   B := [1, 2, 3, 4];
   C := A + B; {UNIAO - RESULTADO [1, 2, 3, 4, 5, 7, 9]}
   C := A * B; {INTERSECCAO - RESULTADO [1, 3]}
   C := A - B; {DIFERENCA - RESULTADO [5, 7, 9]}
```

Caso uma expressão contenha mais de uma dessas operações, a maior prioridade corresponde ao operador de união, sendo depois avaliadas a intersecção e a diferença, nesta ordem.

■ operações que produzem valores lógicos como resultado

comparação entre conjuntos. Operações de comparação entre dois conjuntos de mesmo tipo têm sempre como resultado um valor lógico. São elas:

- igualdade entre dois conjuntos, representada em Pascal pelo símbolo "=". Produz o resultado verdadeiro quando os dois conjuntos contêm exatamente os mesmos elementos;
- desigualdade entre dois conjuntos, representada em Pascal pelos símbolos "<>". Verdadeira quando pelo menos um dos conjuntos apresenta algum elemento não contido no outro;
- subconjunto ou estar contido, representada pelos símbolos "<=". O resultado da comparação é verdadeiro quando todos os elementos do primeiro conjunto também são elementos do segundo conjunto;
- superconjunto ou contém, representada em Pascal pelos símbolos ">=". Produz o resultado verdadeiro quando todos os elementos do segundo conjunto são também elementos do primeiro.

Considerando quatro variáveis do tipo conjunto, definidas sobre inteiros de 1 a 10, com os mesmos valores do exemplo apresentado na Seção 12.4.2, a Tabela 12.2 apresenta os resultados das operações de comparação entre elas realizadas em Pascal.

```
A := [ 1, 2, 3, 4, 5 ];
B := [ 2, 6, 8, 9, 10 ];
C := [ 1, 2, 3, 4, 5, 6, 7, 8, 9, 10 ];
D := [ 1, 2, 3, 4, 5 ];
```

tabela 12.2 Exemplos de comparações entre conjuntos

Comparação	Significado	Resultado
A = B	A é igual a B	Falso
A = D	A é igual a D	Verdadeiro
A <> B	A é diferente de B	Verdadeiro
A <= C	A está contido em C	Verdadeiro
C >= D	C contém D	Verdadeiro
B >= C	B contém C	Falso

pertinência a um conjunto. A operação que verifica se um elemento pertence a um conjunto é representada em Pascal pelo operador in. A sintaxe dessa operação é a seguinte:

    <elemento> in <conjunto>

A operação verifica se o elemento pertence ao conjunto, produzindo como resultado um valor lógico.

O exemplo a seguir começa inicializando, com as vogais, um conjunto de caracteres `letras`. Em seguida, verifica se um caractere lido (`uma_letra`) é uma vogal, testando se ele pertence ao conjunto de vogais:

```
var
  vogais: set of char;
  uma_letra: char;
begin
  {CONTRUCAO DO CONJUNTO DE VOGAIS}
  Vogais := ['A', 'E', 'I', 'O', 'U',
    'a', 'e', 'i', 'o', 'u'];
  {LEITURA DE UM CARACTERE}
  readln(uma_letra);
  {VERIFICA SE O CARACTERE LIDO PERTENCE AO CONJUNTO}
  if uma_letra in vogais
  then writeln (' Eh uma vogal!')
  else writeln (' Nao eh uma vogal!');
  readln
end.
```

12.8.4 inclusão de um elemento em um conjunto

A inclusão de um elemento em um conjunto já construído só pode ser feita pela operação de união entre dois conjuntos. Para isso, deve-se construir um conjunto que contenha somente o elemento a incluir, conforme exemplo da Seção 12.5, aqui escrito em Pascal:

```
var
  letra: char;
  conj_letras, uma_letra: set of char;
begin
{...}
  {CONSTRUIR CONJUNTO COM O CARACTERE X}
  uma_letra := ['X'];
  {INCLUIR CARACTERE X NO CONJUNTO - UNIAO DOS 2 CONJUNTOS}
  conj_letras := conj_letras + uma_letra
{...}
```

12.8.5 entrada e saída de variáveis do tipo `conjunto`

Como visto na pseudolinguagem, variáveis do tipo `conjunto` não têm suporte para entrada e saída direta de seus valores em Pascal. O preenchimento de um conjunto com valores lidos deve ser feito intermediado por uma variável auxiliar, utilizando a operação de união descrita na seção anterior. Para informar ao usuário que elementos estão contidos em um conjunto, deve ser testado se cada um dos possíveis elementos pertence ao conjunto e, em caso positivo, isso deve ser informado explicitamente ao usuário. Por exemplo, o trecho de programa a seguir informa ao usuário quais os valores contidos em um conjunto que pode conter somente letras minúsculas:

```
type
   conj_minusc = set of 'a'..'z';
var
   minusculas : conj_minusc;
   letra : char;
begin
   { ... }
   for letra:= 'a' to 'z' do  {PARA CADA LETRA MINUSCULA}
      if letra in minusculas  {TESTA SE ESTA NO CONJUNTO}
      then writeln (letra);   {INFORMA A LETRA TESTADA}
   { ... }
```

12.9 ⋯→ em C

A linguagem C não possui um tipo específico para a representação de conjuntos. Mas como a diferença entre conjuntos e arranjos reside tão somente na inexistência de elementos repetidos nos conjuntos e na ausência de qualquer ordem entre seus elementos constituintes, conjuntos podem ser implementados por meio de arranjos gerados com tais características.

12.10 ⋯→ dicas

cuidados com características de conjuntos. Sendo um tipo de dado não muito comum nas linguagens de programação envolvendo operações diferentes das dos demais tipos, a utilização de conjuntos requer que sejam bem conhecidas as características desse tipo de dado.

nomes adequados. Os nomes dos conjuntos devem deixar explícito que se trata desse tipo de dado.

12.11 ⋯→ testes

inicialização de conjuntos. Verificar se os conjuntos foram adequadamente inicializados antes de serem utilizados pela primeira vez.

acompanhar a construção dos conjuntos. Listar os elementos dos conjuntos em pontos estratégicos do programa para acompanhar sua construção e manipulação.

12.12 exercícios sugeridos

exercício 12.1 Defina três conjuntos de inteiros c1, c2 e c3. Teste a sua manipulação por meio das seguintes operações:

a leia uma série de valores inteiros a partir do teclado e os insira no conjunto c1. Forneça alguns valores repetidos para testar como serão armazenados no conjunto;

b imprima os valores contidos em c1. Verifique se os valores repetidos realmente aparecem somente uma vez no conjunto;

c insira no conjunto c2 os valores contidos em c1 que sejam superiores a um valor limite lido;

d imprima os valores contidos em c2;

e retire alguns valores de c2 e insira novos valores para que os dois conjuntos tenham valores diferentes;

f imprima os conteúdos de c1 e c2 para verificar como ficaram;

g teste todas as operações de união, intersecção e diferença entre os dois conjuntos, colocando sempre o resultado no conjunto c3. Imprima, a cada operação realizada, o conteúdo de c3 para verificar se a operação foi realizada com sucesso;

h teste as operações de comparação entre conjuntos, comparando os conjuntos c1 e c2, e imprima a cada vez o resultado obtido (verdadeiro ou falso);

i leia um valor inteiro e verifique, por meio da operação de pertinência, se esse valor pertence ou não aos conjuntos c1, c2 e c3. Imprima a resposta de cada verificação (verdadeiro ou falso).

exercício 12.2 Desenvolva um subprograma para identificar os números primos entre 2 e um valor *n*, passado como parâmetro, onde $2 \leq n \leq 255$. O subprograma deverá devolver ao programa que o executar um conjunto (parâmetro de saída) com os números primos identificados no intervalo solicitado. Utilize na solução o Algoritmo de Eratóstenes, descrito a seguir:

a coloque todos os inteiros entre 2 e *n* no conjunto números;

b repita até que o conjunto números esteja vazio:
   b1) selecione e remova o menor elemento de números;
   b2) coloque esse valor no conjunto primos;
   b3) retire do conjunto números os múltiplos desse valor.

Construa também um programa que leia o valor de *n*, verifique se o valor lido está no intervalo definido e, se estiver, execute o procedimento e imprima o conteúdo do conjunto de números primos identificados.

exercício 12.3 Os funcionários de uma empresa possuem um número de identificação que é um inteiro, entre 1 e 100. A empresa reuniu os códigos dos homens em um conjunto H e os das mulheres em outro conjunto M. Além disso, a partir dos dados obtidos em uma pesquisa junto a todos os funcionários, reuniu aqueles que falam inglês em um outro conjunto I e os que praticam algum esporte num quarto conjunto E.

Escreva quatro subprogramas para gerar as informações listadas a seguir. Escolha o tipo de subprograma mais adequado para cada um dos casos. Os subprogramas devem receber como parâmetros de entrada os conjuntos necessários, já preenchidos. As informações a fornecer são:

a quantos homens e quantas mulheres trabalham na empresa;
b os códigos das mulheres que falam inglês;
c quantos homens falam inglês e praticam algum esporte;
d quantos funcionários não praticam esporte.

exercício 12.4 Escreva um algoritmo que permita construir um conjunto de valores inteiros, inserindo nesse conjunto 10 valores lidos do teclado. Em seguida, realizar as seguintes tarefas:

a dado um valor lido do teclado, informar se esse valor pertence ou não ao conjunto;
b informar todos os valores contidos no conjunto.

exercício 12.5 Construa uma função lógica que informe se um determinado valor pertence ou não a um conjunto de valores inteiros. Os valores contidos no conjunto devem ser positivos, limitados ao valor 100. A função deve receber como parâmetros de entrada o conjunto já preenchido e o valor a ser buscado.

exercício 12.6 Escreva um programa que implemente o algoritmo a seguir, obedecendo a ordem de passos descrita:

a construa um conjunto E de valores inteiros, a partir de 10 valores lidos do teclado. Os valores lidos devem estar entre os limites 0 e 20;
b verifique se os próximos quatro valores lidos do teclado pertencem ao conjunto E.

No segundo passo, poderá ser utilizada a função construída no exercício anterior.

exercício 12.7 Escreva um programa que leia uma linha de texto e separe, em conjuntos diferentes, as letras, os dígitos e os símbolos especiais ($\Rightarrow$. , ; : ! ? ( ) −) nela existentes. Depois de analisada a linha, o programa deverá imprimir as letras, os dígitos e os símbolos identificados, que fazem parte dos conjuntos construídos.

exercício 12.8 Escreva um subprograma que receba uma linha de texto e informe quantas vogais e quantas consoantes ela tem. Devem ser usados pelo menos dois conjuntos, um contendo as vogais e outro com as consoantes. Escreva, também, um programa que leia uma linha de texto e utilize o subprograma, informando ao final do processamento as quantidades de vogais e de consoantes encontradas.

exercício 12.9 Os times de futebol que participam do Campeonato Gaúcho são organizados em dois conjuntos, um com os times do Grupo A e o outro com os do Grupo B. Os elementos desses conjuntos são os nomes dos times, definidos por enumeração. Fazer um algoritmo que leia do teclado, para cada grupo, os nomes dos times que o compõem. Em seguida, o algoritmo deve controlar a escolha dos times para uma rodada da seguinte maneira: ler o nome de dois times e verificar se estão no mesmo grupo. Caso estejam, remover os dois times dos conjuntos e listar o par de times da rodada. Se estiverem em grupos diferentes, informar por meio de uma mensagem que essa partida não poderá ser realizada. Repetir esse processo enquanto houver times nos conjuntos.

exercício 12.10 Escreva um programa que leia um arquivo texto (todo em minúsculas) e um conjunto de letras (também em minúsculas) e que apresente, ao final do processamento:

- **a** o texto lido;
- **b** o conjunto de letras lido inicialmente;
- **c** o conjunto de letras existentes no arquivo que não existe no conjunto lido inicialmente;
- **d** o número de ocorrências de cada vogal no texto (5 totais).

exercício 12.11 Escreva um programa que leia um número indeterminado de linhas de texto e gere um conjunto com as consoantes (maiúsculas e minúsculas) presentes nas linhas lidas. Ao final do processamento, apresentar as linhas lidas e o conjunto de consoantes encontradas nas mesmas.

exercício 12.12 Duas amigas, amantes de ópera, descobriram que tinham adquirido, cada uma, vários DVDs da coleção *Óperas inesquecíveis*, que no total compreendem 120 DVDs. Resolveram, então, verificar quais os DVDs que possuíam em conjunto e quais os números dos DVDs que lhes faltavam para completar a coleção. Cada DVD dessa coleção é identificado por um número inteiro.

Faça um programa que leia os números dos DVDs que cada amiga possui (nenhuma delas comprou DVDs duplos) e armazene os números dos DVDs de cada amiga em um conjunto separado. A seguir gere:

- **a** um conjunto com os números dos DVDs que pelo menos uma das amigas possui;
- **b** um conjunto com os números dos DVDs que tanto uma amiga quanto a outra possuem;
- **c** um conjunto com os números dos DVDs que nenhuma das amigas possui.

Ao final do processamento, listar os cinco conjuntos gerados, precedidos por um cabeçalho apropriado.

exercício 12.13 Uma biblioteca recebeu uma grande doação de livros, vários deles de uma coleção que, completa, totalizaria 80 volumes. A biblioteca dispunha de 50 volumes antes da doação (nenhum duplo). Os livros doados que pertencem à coleção totalizam 25 volumes, sendo alguns deles duplicados em relação aos volumes já existentes na biblioteca. Cada livro é identificado por um número inteiro, de 1 a 80.

Faça um programa que:

a leia os números dos volumes da coleção que existiam na biblioteca antes da doação e os armazene em um conjunto;

b em seguida, leia os números dos volumes da coleção que foram doados e os armazene em outro conjunto;

c crie um conjunto com o total de volumes da coleção na biblioteca após a doação de livros;

d crie um conjunto com o total de volumes que ainda faltam para completar a coleção;

e liste todos os conjuntos gerados, tanto os produzidos pela entrada de dados, quantos os produzidos no processamento posterior.

12.13 ···→ termos-chave

conjunto, p. 316

construção de conjuntos, p. 317

declaração de conjuntos, p. 325

operações sobre conjuntos, p. 326

tipo-base do conjunto, p. 316

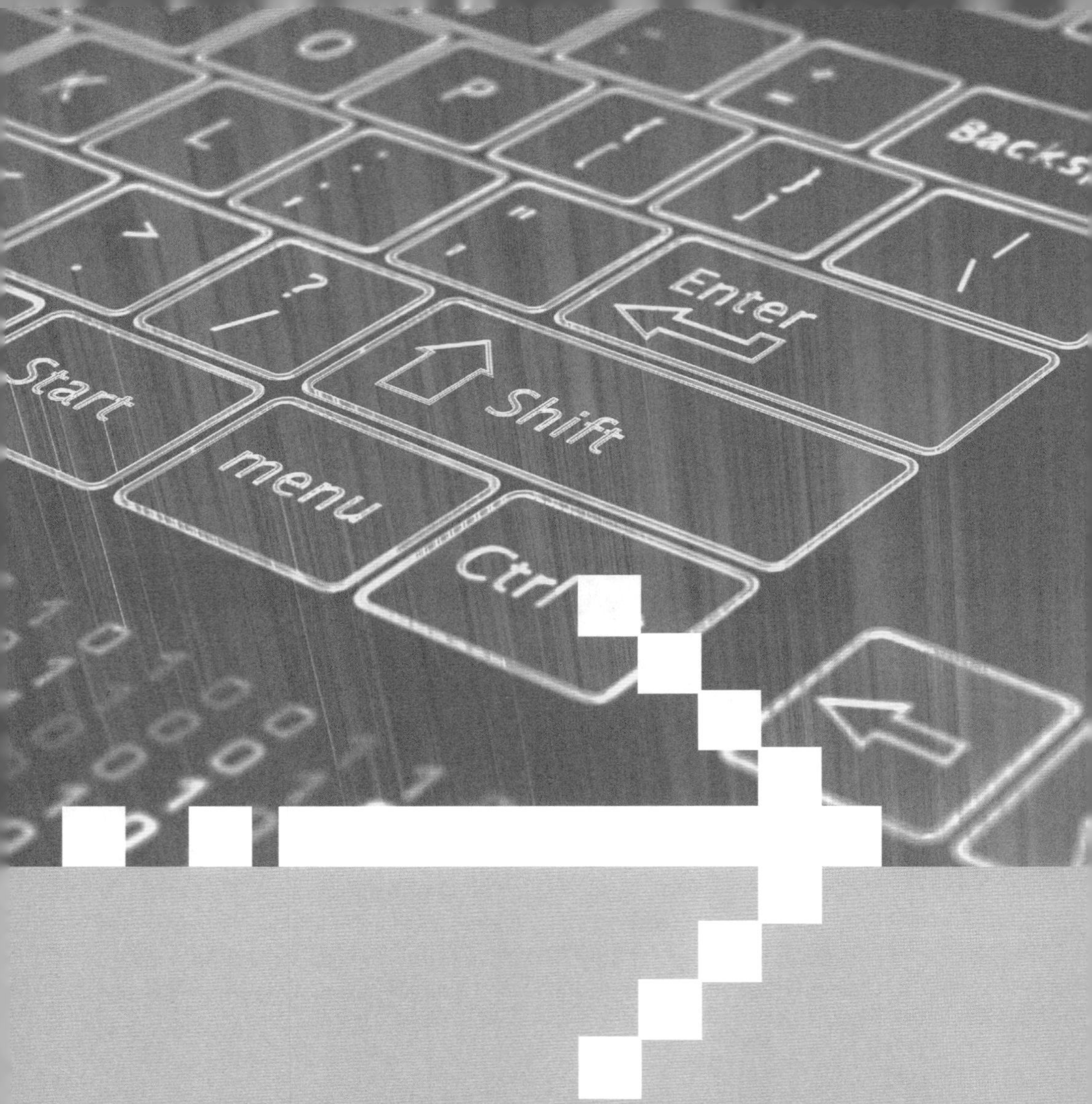
Enter
Start
Shift
menu
Ctrl

capítulo

13

arquivos

■ ■ Este capítulo discute a criação e o uso de arquivos para garantir o armazenamento dos dados durante e após a execução dos programas. São apresentados alguns tipos de arquivos e discutidos especialmente os arquivos de tipo texto e binário. Ainda, são analisados a declaração, o controle e as formas de acesso a arquivos.

Nos Capítulos 6 e 7, discutiu-se como trabalhar com grandes volumes de dados usando arranjos. Mas, se o volume de dados que tiver que ser processado for realmente elevado, utilizar arranjos para o seu armazenamento é um problema, pois esses são descartados ao serem encerrados os programas, perdendo-se os dados armazenados.

Suponha que, para resolver um determinado problema, seja necessário armazenar um número indeterminado de valores inteiros e que no mínimo três programas precisem processar esses valores. Se forem utilizados arranjos nos programas, os arranjos deverão ser declarados sempre com um tamanho suficiente para garantir que não faltará espaço para os dados durante o processamento, o que muito provavelmente resultará em arranjos com espaço ocioso. Além disso, a cada execução de um dos programas que usam os dados, esses deverão novamente ser fornecidos, o que muito provavelmente gerará erros. A solução mais indicada para essa situação é criar um arquivo com os dados a serem processados e fazer que todos os programas que deles necessitem utilizem esse arquivo. Essa estratégia é a mais indicada para qualquer tipo de dado, numérico ou não numérico, que necessite ser armazenado com garantia de persistência.

Este capítulo discute a criação de arquivos para garantir o armazenamento dos dados durante e após a execução dos programas.

13.1 características de arquivos

Arquivos são conjuntos de dados identificados por um nome e que podem ser acessados a partir de programas. São armazenados fora da memória principal, em dispositivos de memória auxiliar, de forma que continuam a existir após a finalização dos programas que os utilizam, garantindo a persistência dos dados. Nos programas, o acesso aos dados dos arquivos acontece por meio de variáveis armazenadas na memória principal. A operação de leitura de um arquivo envolve a transferência de dados do arquivo para uma ou mais variáveis e a operação de escrita, também denominada gravação, envolve a transferência do conteúdo de uma ou mais variáveis para o arquivo. A Figura 13.1 mostra a interação entre um programa e um arquivo.

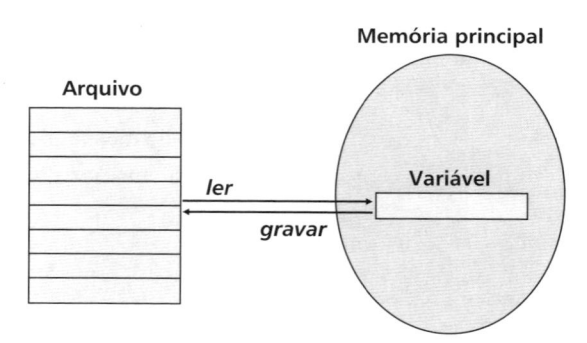

figura 13.1 Interação entre programa e arquivo.

Muitas das características básicas dos arquivos, que valem para os arquivos gerados por aplicativos como editores de texto, planilhas eletrônicas, etc., valem igualmente para os arquivos que são gerados pelos programas. São elas:

- conter informações;
- ter um nome;
- existir fisicamente em algum dispositivo (HD, CD, etc.);
- dever ser aberto antes de ser utilizado;
- poder ser lido e/ou escrito;
- dever ser fechado ao encerrar o seu uso;
- poder ser movido, eliminado, etc.;
- uma vez criado, ter existência independente do aplicativo que o gerou;
- e, sobretudo, armazenar informações de forma persistente.

Em programas, trabalha-se com arquivos do sistema, criados e geridos pelo sistema operacional ou outros *softwares* básicos, e com arquivos de dados, criados e geridos pelos usuários em suas aplicações. Os arquivos do sistema podem ser utilizados sem ser declarados. Já os arquivos de dados devem sempre ser explicitamente declarados. A discussão que se segue está centrada nos arquivos de dados armazenados em discos e outros dispositivos com operação semelhante.

13.1.1 tipos de arquivos

Os arquivos de dados, sob o ponto de vista do sistema, são sequências de *bytes*. Sob o ponto de vista do usuário, dependendo de como as informações estão armazenadas neles, podem ser de dois tipos: arquivos texto e arquivos binários.

Os **arquivos texto** armazenam caracteres organizados em linhas. A representação binária dos caracteres segue algum código de representação de caracteres, como ASCII ou UNICODE. Quando listado, o conteúdo dos arquivos texto é legível.

Os **arquivos binários** armazenam unidades de informação em binário puro. Se o conteúdo de um arquivo binário é listado, ele geralmente é incompreensível. Os arquivos binários discutidos neste livro são aqueles que contêm apenas informações de um mesmo tipo de dado, como `inteiro`, `real` ou até mesmo `registro` (Capítulo 11), sendo esse tipo de dado conhecido. As unidades de informação de arquivos binários de qualquer tipo são genericamente chamadas de **registros**.

13.1.2 controle para acesso

Em qualquer tipo de arquivo, chama-se de elemento corrente do arquivo a posição do arquivo em que ocorrerá a próxima operação de leitura ou gravação.

O final de um arquivo pode ser detectado ou por uma marca de fim de arquivo ou pelo término das informações nele armazenadas. Na pseudolinguagem, a detecção do final de um arquivo é realizada pela função `FimArq`, que devolve o valor lógico verdadeiro quando o elemento corrente estiver no final do arquivo. Sua sintaxe é:

```
FimArq (<nome do arquivo>)
```

Supondo um arquivo de nome lógico (ou interno) `arq1`, um exemplo da utilização dessa função é:

```
se FimArq(arq1)
então ...
```

13.1.3 formas de acesso

Sob o ponto de vista lógico, os dados em arquivos estão armazenados em uma sequência contínua que se estende do início ao fim do arquivo. Entretanto, também é usual representar os dados de arquivos em formato de tabela, conforme mostrado na Figura 13.1.

Para acessar um determinado dado em um arquivo, podem ser usados o **acesso sequencial** ou o **acesso direto (ou randômico)**.

O acesso sequencial é aquele em que os dados são acessados um após o outro, na ordem em que se encontram no arquivo, desde o primeiro até o último. Esse modo de acesso exige que, para acessar qualquer dado existente em algum ponto do arquivo que não no seu início, tenha-se que acessar, um após o outro, sucessivamente, todos os dados anteriores. Alguns tipos de arquivos só podem ser acessados sequencialmente. Um exemplo disso são os arquivos armazenados em fitas magnéticas.

O acesso direto (ou randômico) garante o acesso a dados localizados em qualquer ponto do arquivo sem a necessidade de acessar os dados anteriores, desde que, de alguma forma, se conheça ou se possa determinar a posição do dado no arquivo antes de tentar acessá-lo. É o tipo de acesso disponível em DVDs e LPs, em que para acessar uma determinada música não é necessário acessar qualquer outra posicionada antes. Os arquivos que podem ser acessados de forma direta também podem ser acessados de forma sequencial.

13.2 etapas para o uso de arquivos

Para que se possa usar um arquivo de dados, é necessário antes declará-lo e abri-lo. Dependendo do modo de abertura, é possível ler e/ou escrever do/no arquivo. Terminado o uso do arquivo, ele deve ser fechado.

Nos itens a seguir, essas ações são apresentadas em detalhes.

13.2.1 declaração de arquivos

Um arquivo, para ser utilizado em um programa, deve ser declarado:

```
<nome lógico do arquivo> (arquivo binário|texto [<tipo de dado>])
```

O nome lógico de um arquivo é o nome com o qual ele é referenciado no programa.

`Binário` ou `texto` especifica o tipo de arquivo sendo declarado. Se o arquivo for binário, só é permitido um tipo de dado no arquivo, o qual também deve ser especificado. Na declaração de arquivos tipo texto, o tipo de dado não é declarado.

A seguir, são declarados `arq1` e `arq_saída`, dois arquivos binários, e `textonovo`, um arquivo texto:

```
arq1 (arquivo binário inteiro)
arq_saida (arquivo binário reg_pessoa)
textonovo (arquivo texto)
```

13.2.2 associação de nome físico a arquivo

Um arquivo declarado em um programa deve, antes de ser usado, seja para leitura seja para criação, ter seu nome lógico (ou interno) vinculado a um nome físico (ou externo) reconhecido pelo sistema de arquivos. O comando `associar` garante essa vinculação:

```
associar <nome lógico do arquivo> a '<nome físico do arquivo>'
```

Nos exemplos a seguir, nomes físicos são associados aos nomes lógicos dos arquivos `arq1`, `arq_saida` e `textonovo`:

```
associar arq1 a 'c:\dados.cad'
associar arq_saida a 'e:\temperaturas.dat'
associar textonovo a 'c:\texto.txt'
```

É importante lembrar que, nos nomes físicos dos arquivos, as extensões utilizadas devem seguir as convenções com ampla aceitação e corresponder ao tipo do arquivo como, por exemplo, `txt` para arquivos texto.

13.2.3 abertura de arquivo

A abertura de um arquivo é o momento em que informações referentes ao arquivo são criadas, definidas ou atualizadas no sistema de arquivos. O comando utilizado é `abrir`:

```
abrir [novo] <nome lógico do arquivo> [fim]
```

Se `novo` não é usado, o sistema tenta abrir um arquivo já existente. Quando `novo` é utilizado e um arquivo com o mesmo nome físico já existe, esse é descartado e substituído por um novo.

O acesso padrão aos arquivos é a partir do início. Para iniciar o processamento pelo fim do arquivo, a opção `fim` deve ser utilizada.

Alguns exemplos do comando `abrir`:

```
abrir novo arq1
abrir novo arq_saida
abrir textonovo fim
```

Nos dois primeiros casos, serão criados novos arquivos, eventualmente eliminando algum arquivo já preexistente; no último caso, deverá ser utilizado um arquivo já existente, e seu processamento iniciará a partir de seu final.

O número de arquivos que podem permanecer abertos durante a execução de um programa pode variar conforme a implementação da linguagem utilizada. Costuma ser possível manter abertos ao mesmo tempo pelo menos oito arquivos.

Os tempos de acesso à memória e aos dispositivos de memória auxiliar são muito diferentes, sendo o acesso à memória bem mais rápido. Por isso, ao ser aberto um arquivo, são associadas a ele áreas de memória chamadas de *buffers*, e as operações de leitura e escrita sobre o arquivo são realizadas intermediadas pelos *buffers*, envolvendo blocos de registros e não registros isolados. A transferência dos dados dos *buffers* para os dispositivos de memória auxiliar ocorre em momentos predefinidos pelo sistema ou, a qualquer momento, por solicitação expressa do usuário.

13.2.4 fechamento de arquivos

Quando cessa o uso de um arquivo em um programa, ele deve ser fechado. Nesse momento, os *buffers* associados ao arquivo são descarregados e, em seguida, essas áreas de memória são liberadas. Arquivos que permaneçam abertos ao terminar a execução do programa são automaticamente fechados pelo sistema.

A sintaxe do comando de fechamento de um arquivo é:

```
fechar <nome lógico do arquivo>
```

Como exemplo, o comando que fecha o arquivo arq1 é:

```
fechar arq1
```

13.2.5 apagar e renomear arquivos

Um arquivo pode ser apagado explicitamente de dentro de um programa. A função apagar, com a sintaxe:

```
apagar <nome lógico do arquivo>
```

garante a eliminação do arquivo do sistema de arquivos.

Da mesma forma, a troca de nome físico de um arquivo pode ser feita a partir do interior de um programa pela função renomear:

```
renomear (<nome lógico do arquivo>, '<novo nome físico>')
```

As funções apagar e renomear devem ser ativadas somente sobre arquivos já fechados.

O trecho de programa a seguir exemplifica o uso de apagar e renomear. Após ser gerado arq_novo a partir do arq_velho, ambos os arquivos são fechados, arq_velho é apagado e arq_novo é renomeado:

```
{CRIAÇÃO E ABERTURA DO ARQUIVO ARQ_NOVO A PARTIR DO ARQUIVO
EXISTENTE ARQ_VELHO}
(...)
fechar arq_velho
fechar arq_novo
apagar arq_velho
renomear (arq_novo, 'cadastronovoano.cad')
```

13.2.6 leitura e escrita em arquivos

Para ler de ou escrever (gravar) em arquivos de dados, deve ser especificado o nome do arquivo sobre o qual a operação será realizada, bem como as variáveis que serão utilizadas na operação. Se o nome do arquivo não for indicado, a operação ocorrerá sobre os dispositivos padrão, tais como teclado e vídeo. A sintaxe dos comandos de entrada e saída é:

ler ([<nome lógico do arquivo>,] <lista de variáveis separadas por vírgulas>)

escrever ([<nome lógico do arquivo>,] <lista de variáveis e strings separadas por vírgulas>)

No comando ler (arq1, val_int), em que há a especificação de um nome lógico de arquivo, um valor do arquivo arq1 está sendo lido para a variável val_int; já no comando de leitura ler(val_int), a não indicação de um nome lógico de arquivo resulta na leitura de um inteiro do dispositivo padrão de entrada, ou seja, do teclado. No comando escrever (textonovo, caract), um caractere está sendo escrito no arquivo texto textonovo a partir da variável caract; já no comando escrever (valor_int), o conteúdo da variável inteira valor_int está sendo apresentado no dispositivo padrão de saída, ou seja, na tela.

É importante salientar que a leitura ou a escrita sobre um arquivo acontecerá sempre levando em conta um número determinado de *bytes*, mesmo quando nenhuma menção a número de *bytes* ocorra explicitamente na operação. Isso porque, em cada implementação de uma linguagem, cada tipo de dado ocupa um número específico de *bytes*, o que permite ao sistema determinar, a partir do tipo de dado envolvido em uma operação, quantos *bytes* devem ser processados. Então, a cada operação de escrita, os *bytes* correspondentes são escritos no arquivo e o posicionamento do elemento corrente é atualizado para imediatamente após os *bytes* escritos; e a cada operação de leitura, os *bytes* especificados são lidos do arquivo e carregados no seu lugar de destino, e o posicionamento do elemento corrente é atualizado para imediatamente após os *bytes* lidos.

As operações de leitura e escrita em arquivos são mais detalhadas adiante, considerando os tipos diferentes de arquivos existentes.

13.2.7 verificação de erros de entrada e saída

Sobretudo no processamento de arquivos, é importante verificar se as operações de entrada e saída ocorreram corretamente. Se um arquivo não conseguiu ser aberto pelo sistema, nenhuma outra operação poderá ser realizada sobre ele. Se uma leitura for mal-sucedida, não é possível seguir com o processamento.

Na pseudolinguagem, a verificação dos erros de entrada e saída será realizada valendo-se de uma variável chamada e_s_ok, que conterá, após cada operação de entrada e saída, o valor verdadeiro quando a operação foi bem-sucedida e o valor falso, se a operação não tiver sido realizada a contento.

No trecho a seguir, após a tentativa de leitura do arquivo arq2, verifica-se se a operação teve sucesso, testando o conteúdo de e_s_ok:

```
ler (arq2, var_int)
se não e_s_ok
então escrever ('Erro na leitura')
senão início
       ...
       fim
```

13.3 arquivos de texto

A informação nos arquivos de texto, seja numérica ou não, é armazenada em caracteres, usando um código de representação de caracteres como ASCII ou UNICODE. Os caracteres são organizados em linhas de texto de tamanho variável, sendo o final de cada linha sinalizado por caracteres de nova linha (ver Figura 13.2, em que o final de cada linha é representado por EOL, de *end of line*, ou seja, fim de linha) e o final do arquivo sinalizado por um caractere específico (EOF, de *end of file*, ou seja, fim de arquivo).

Os caracteres de final de linha em um arquivo de texto devem ser inseridos explicitamente junto com os dados. O caractere de final de arquivo pode ser inserido pelo usuário ou automaticamente pelo sistema.

Em arquivos de texto, o elemento corrente é o caractere localizado imediatamente após o último caractere utilizado na operação mais recente efetuada sobre o arquivo.

13.3.1 leitura e escrita em arquivos de texto

O conteúdo dos arquivos de texto pode ser processado caractere a caractere ou linha a linha.

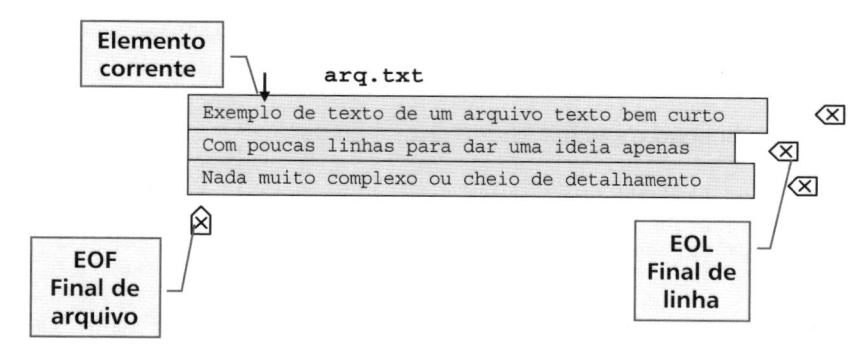

figura 13.2 Estrutura de um arquivo de texto.

Uma linha em um arquivo de texto é constituída pelos caracteres que se encontram no arquivo entre:

- **a** o início do arquivo e a primeira marca de fim de linha;
- **b** o início do arquivo e a marca de final do arquivo se o arquivo só contiver uma linha;
- **c** duas marcas de fim de linha em sequência.

No processamento caractere a caractere, os caracteres de informação e aqueles que sinalizam final de linha no arquivo são processados da mesma forma, sem qualquer distinção.

No trecho de código a seguir, o arquivo de texto arq é criado e lido, caractere a caractere, com o auxílio da variável caract. O que é fornecido para armazenamento no arquivo são linhas de texto. Internamente, entretanto, os caracteres fornecidos são processados um a um:

```
abrir novo arq
escrever('Digite quantas linhas desejar.')
escrever('Para parar digite # no início de uma linha')
ler (caract) { LEITURA DO PRIMEIRO CARACTERE}
enquanto caract ≠ '#' faça
  início
  escrever(arq, caract) {GRAVAÇÃO NO ARQUIVO}
  ler (caract) {LEITURA DO SEGUNDO CARACTERE EM DIANTE}
  fim
fechar arq
```

Na leitura a partir do arquivo, os caracteres são recuperados um a um, até ser encontrado o final do mesmo.

O arquivo de texto arq, no trecho a seguir, está sendo lido e seu conteúdo escrito na tela. Se mais de uma linha de texto estiver armazenada em arq, cada uma devidamente delimitada por uma marca de fim de linha, elas aparecerão como linhas independentes e sucessivas na tela, uma vez que, ao serem escritos na tela, os caracteres de fim de linha gerarão mudanças de linha:

```
abrir arq
enquanto não FimArq(arq) faça
  início
  ler (arq, caract)
  escrever(caract)
  fim
fechar arq
```

Para a leitura e a escrita de linhas de um arquivo de texto, podem ainda ser utilizadas algumas variações dos comandos de leitura e escrita:

```
ler (<nome do arquivo>, <variável string> [,fim_de_linha])
escrever (<nome do arquivo>, <variável string> [,fim_de_linha])
```

onde fim_de_linha, que é opcional, garante o posicionamento em uma nova linha do arquivo após a operação realizada, seja de leitura ou escrita.

No trecho a seguir o arquivo texto arq1 é lido, linha a linha, para a variável linha_completa (*string*), até o seu final. Supondo que arq1 tenha sido associado ao arquivo físico linhas.txt, a Figura 13.3 mostra o conteúdo da variável linha_completa após a primeira leitura realizada sobre linhas.txt.

```
enquanto não FimArq(arq1) faça
    início
    ler (arq1, linha_completa, fim_de_linha)
    (...)
    Fim
```

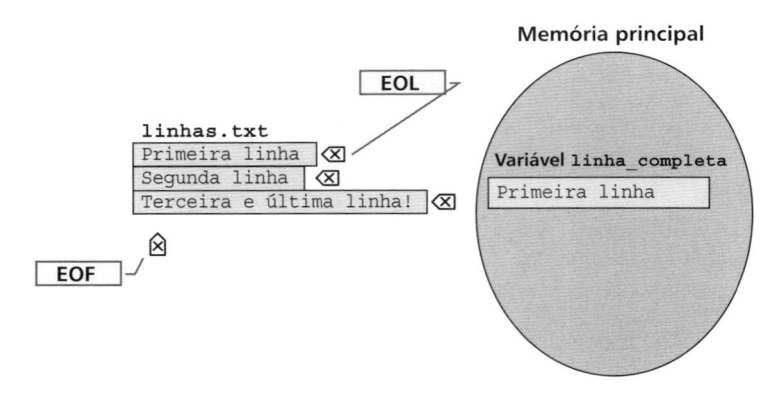

figura 13.3 Leitura a partir de um arquivo de texto.

Em um grande número de linguagens, os arquivos de texto só podem ser acessados sequencialmente.

13.4 ⇢ arquivos binários

Um **arquivo binário** contém elementos de um único tipo. Esse tipo pode ser um valor simples (inteiro, real, etc.) ou um valor estruturado (por exemplo, um arranjo ou um registro). No caso de valores estruturados, todos os elementos do arquivo devem ser desse tipo, ou seja, se o tipo for um registro, cada elemento do arquivo será um registro completo.

O número de registros de um arquivo binário pode ser determinado pela função TamArq. A seguir, a variável tam, inteira, recebe o número de registros existentes no arquivo arq_teste:

    tam ← TamArq(arq_teste)

Para ler e escrever nesses arquivos, devem ser usadas, na memória principal, variáveis do mesmo tipo do arquivo: para arquivos de inteiros, variáveis inteiras; para arquivos de reais, variáveis reais; para arquivos de registros, variáveis do mesmo tipo de registro.

A leitura e a escrita em arquivos binários acontecem sempre com elementos completos. Assim, se o tipo do arquivo for um registro, a leitura será sempre de um ou mais registros completos, assim como a escrita. Partes de um registro não poderão ser acessadas diretamente no arquivo. A Figura 13.4 mostra dois arquivos sendo acessados por um programa. O programa utiliza a variável inteira var_int para os dados de arquivo1, cujos registros são inteiros. Para arquivo2, formado por registros com três campos (cod, nome e valor), é utilizada a variável var_reg, um registro de mesmo tipo dos registros do arquivo.

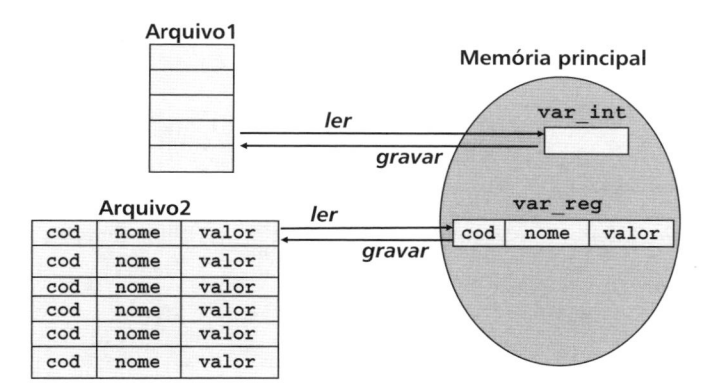

figura 13.4 Acesso a arquivos binários.

13.4.1 leitura e escrita em arquivos binários

A cada operação de leitura, um ou mais elementos do tipo da variável sendo usada é recuperado do arquivo e colocado em uma ou mais variáveis do mesmo tipo existentes na memória principal. A cada operação de escrita, o conteúdo de uma ou mais variáveis da memória principal é transferido para o arquivo.

As operações de leitura e escrita sobre um arquivo geram sobre o mesmo um deslocamento do apontador do elemento corrente correspondente ao número e tipo dos elementos envolvidos na operação de leitura ou escrita realizada. Por exemplo, se for criado um arquivo de inteiros, sua abertura fará que ele seja criado vazio e com seu elemento corrente correspondendo ao início. A primeira operação de escrita sobre o arquivo, usando uma variável inteira, fará que a posição do elemento corrente avance para o próximo inteiro. A próxima ação de escrita alterará novamente a posição do elemento corrente por mais um inteiro e assim sucessivamente.

Na Figura 13.5, vê-se o conteúdo de um arquivo binário, recém-aberto para leitura, em que o elemento corrente é a posição do primeiro valor nele armazenado.

Os arquivos binários podem ser acessados de forma sequencial e também de forma direta.

13.4.2 arquivos binários e acesso sequencial

Na leitura e escrita sequenciais em arquivos binários, o acesso aos registros sempre ocorre na ordem das posições já existentes ou daquelas que estão sendo criadas no arquivo, ou seja, não há previsão de acesso a determinados registros do arquivo sem passar antes pelos registros anteriores. Os dois trechos a seguir, que processam um arquivo de inteiros, arqnovo, mostram a criação sequencial de arqnovo, a partir de valores lidos de uma variável num,

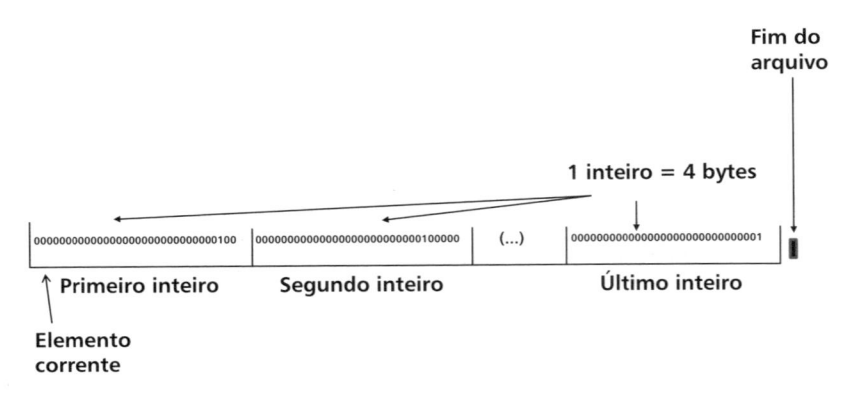

figura 13.5 Conteúdo de um arquivo binário de inteiros.

localizada na memória principal. O usuário informa quando deseja parar a entrada de dados por meio da variável caractere parar.

```
escrever ('Digite P para parar e S para seguir')
ler (parar)
enquanto (parar ≠ 'P') faça
  início
  ler (num)
  escrever (arqnovo, num)
  escrever ('Digite P para parar e S para seguir')
  ler (parar)
  fim
```

O trecho de código a seguir apresenta os valores contidos no arquivo arqnovo. O arquivo é acessado sequencialmente a partir de seu início, sendo cada elemento lido para a variável inteira valor. Supõe-se que, ao iniciar a execução do trecho, o elemento corrente do arquivo esteja posicionado no seu primeiro elemento.

```
enquanto não FimArq(arqnovo) faça
  início
  ler (arqnovo, valor)
  escrever (valor)
  fim
```

■ arquivos puramente sequenciais

Arquivos puramente sequenciais só podem ser acessados de forma sequencial, tanto para gravação quanto para leitura. Eventualmente, esses arquivos apresentam ainda a restrição de, uma vez abertos para leitura, não poderem ser gravados e, uma vez abertos para gravação, não poderem ser lidos.

Nesses arquivos, operações de leitura sucessivas, realizadas a partir do momento em que são abertos, dão acesso aos registros do arquivo na ordem de armazenamento. Da mesma forma, na gravação, comandos de escrita sucessivos, a partir do momento de abertura, garantem a gravação de registros em sucessão, um após o outro, no dispositivo em uso.

Nos arquivos puramente sequenciais, alterações, acréscimos e exclusões são implementadas pela criação de um novo arquivo com as modificações desejadas.

No trecho a seguir, é feita a exclusão de um valor do arquivo de entrada arq_ent pela geração de um novo arquivo, arq_sai, sendo val_excl uma variável inteira que contém o valor a excluir, arq_ent e arq_sai arquivos de inteiros e valor uma variável inteira:

```
enquanto não FimArq(arq_ent) faça
  início
  ler (arq_ent, valor)
```

```
    se (valor ≠ val_excl)
    então escrever (arq_sai, valor)
fim
```

Outro exemplo é apresentado no trecho a seguir, em que é feita a alteração de um registro do arquivo arq_cli1 pela geração de um novo arquivo, arq_cli2. Além da variável reg, do mesmo tipo dos registros dos dois arquivos, são utilizadas as variáveis auxiliares cod_aux e fone_aux. O registro a ser alterado é identificado pelo valor do campo reg.cod. No registro em que o conteúdo de reg.cod for igual ao conteúdo de cod_aux, deve ser alterado o campo fone, com o valor armazenado na variável fone_aux. O arquivo arq_cli1 é o arquivo de entrada e o arquivo arq_cli2 o de saída.

```
enquanto não FimArq(arq_cli1) faça
    início
    ler (arq_cli1, reg)
    se reg.cod ≠ cod_aux
    então escrever (arq_cli2 , reg)
    senão início
            reg.fone ← fone_aux
            escrever (arq_cli2 , reg)
            fim
    fim
```

Tanto na exclusão quanto na alteração, recém-discutidas, a classificação ou não dos dados nos arquivos de entrada é irrelevante. Como praticamente todos os registros dos arquivos de entrada devem ser transferidos para os arquivos de saída, a varredura completa dos arquivos de entrada sempre deve acontecer. Mas há situações em que o fato do arquivo em processamento estar classificado leva a soluções mais otimizadas para os problemas. Um desses casos é o da pesquisa de dados em arquivos. Em um arquivo ordenado, é possível concluir pela impossibilidade de sucesso de uma pesquisa sem a obrigatoriedade de varredura completa do arquivo pesquisado.

13.4.3 arquivos binários e acesso direto (ou randômico)

O acesso direto ou randômico a um arquivo é utilizado quando se deseja o acesso a determinados pontos do arquivo, em qualquer ordem. Isso só tem sentido e só é possível se a posição da informação buscada for passível de ser determinada com precisão. Consegue-se isso fazendo que a posição ocupada por uma determinada informação no arquivo tenha relação com o seu conteúdo, ou com algum elemento diretamente ligado a ela, constituindo essa informação na **chave de acesso** ao arquivo. Por exemplo, um arquivo com dados de livros, em que cada livro tem associado a si um código entre 1 e 500, pode ter os dados de cada livro armazenados no arquivo na posição correspondente ao seu respectivo código.

■ leitura e escrita randômica em arquivos binários

Na leitura e escrita randômica em arquivos binários, a posição do elemento corrente é explicitamente definida pelo usuário antes da operação desejada.

Na pseudolinguagem utilizada neste livro, o comando `localizar` realiza a tarefa de definição da posição de um novo elemento corrente a partir do início do arquivo.

A sintaxe do comando `localizar` é:

```
localizar (<nome do arquivo>, <posição de um elemento no arquivo>)
```

Como o tipo do arquivo é conhecido pelo sistema, o número indicado na instrução será o número de posição do valor buscado no arquivo. Por exemplo, se o arquivo pontuação é de inteiros e a posição a ser acessada é a décima, em `localizar` a posição indicada deve ser 10. Como resultado da execução de `localizar`, o elemento corrente passará a ser o décimo elemento no arquivo.

É importante observar que posicionar-se em algum ponto de um arquivo com `localizar` não garante o acesso aos dados nesse ponto. Isso só acontece quando uma ação de escrita ou leitura for executada na sequência, acessando, então, um novo elemento corrente. Então, se o desejado é a leitura do valor armazenado na décima posição do arquivo pontuação, a leitura também precisa ser realizada:

```
localizar (pontuação, 10)
ler (pontuação, val_int)
```

A seguir, são vistas algumas possibilidades de geração de arquivos de modo a permitir seu acesso de forma direta.

■ estratégias de criação de arquivos para acesso direto

Três estratégias de criação de arquivos binários para acesso direto são analisadas: sequencial, randômica ou com geração de arquivo(s) de índices.

Exemplificando a criação sequencial, considere uma tabela com os códigos e as pontuações de atletas participantes de uma competição (Figura 13.6). Os códigos dos atletas variam entre 1 e 50. Para armazenar esses valores cria-se um arquivo de inteiros, de forma sequencial, colocando nesse arquivo somente os valores das pontuações dos atletas. Os dados devem ser fornecidos em ordem, conforme estão na tabela. Uma vez criado o arquivo, para saber a pontuação de um determinado atleta basta acessar o registro do arquivo de posição igual ao código do atleta.

Quando, no mundo real, a informação não está previamente organizada, como no caso da tabela de pontuações recém-vista, ou se a informação é fornecida progressivamente, de forma desordenada, pode-se criar o arquivo para acesso direto também de forma randômica.

Tabela			Nº do registro	Arquivo
Cód.	pontuação			
1	200		1	200
2	190		2	190
3	299		3	299
...	...		...	...
49	250		49	250
50	186		50	186

figura 13.6 Acesso direto a arquivo gerado de forma sequencial.

Imagine que os dados dos atletas chegam à medida que as competições acontecem. Na criação randômica do arquivo, antes de cada ação de escrita é realizado o posicionamento do elemento corrente (com `localizar`) para a posição onde o dado deve ser armazenado e, após, é realizada a operação de escrita. A Figura 13.7 mostra como é preenchido o arquivo caso a ordem dos códigos fornecidos seja 2, 5, 1, 50, etc.

Uma terceira forma de obter acesso direto a um arquivo desordenado é criar um ou mais arquivos de índices associados a ele. O arquivo de índices conterá, para cada registro do arquivo original, um registro composto do valor da informação pela qual se deseja o acesso direto, mais o número de posição do registro de onde ela foi retirada do arquivo original. Criado o arquivo de índices, basta ordená-lo pela informação a ser usada nas pesquisas. Toda vez que se desejar acessar o arquivo original, localiza-se a informação em um registro no arquivo de índices e, no mesmo registro, estará o número do registro do arquivo original onde o restante da informação pode ser encontrado. A Figura 13.8 mostra um arquivo em que dois campos podem ser utilizados como índices: o nome, usando a ordem alfabética, e o código numérico, organizado no arquivo de índices em ordem crescente.

■ comparando as estratégias de criação de arquivos para acesso direto

A criação sequencial é utilizada tipicamente nos casos em que existem tabelas de dados prontas no mundo real. O arquivo gerado será então a imagem das tabelas.

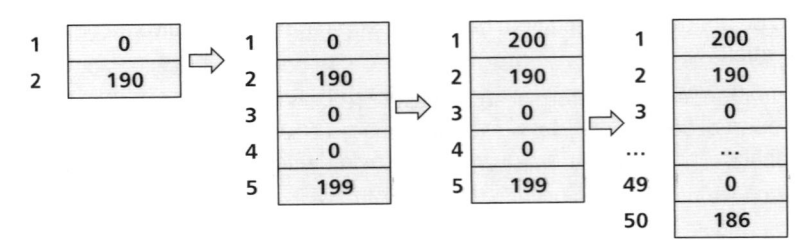

1	0	1	0	1	200	1	200
2	190	2	190	2	190	2	190
		3	0	3	0	3	0
		4	0	4	0	...	...
		5	199	5	199	49	0
						50	186

figura 13.7 Acesso direto a arquivo gerado randomicamente.

Arquivo original

	Cód.	Nome	
1	1	Luciana	Etc...
2	4	Pedro	Etc...
3	45	Ana	Etc...
4	3	Mário	Etc...

Arquivo de índice por nome

	Nome	Pos. reg.
1	Ana	3
2	Luciana	1
3	Mário	4
4	Pedro	2

Arquivo de índice por código

	Cód.	Pos. reg.
1	1	1
2	3	4
3	4	2
4	45	3

figura 13.8 Arquivo com dois arquivos de índices associados.

A criação randômica é utilizada quando os dados são fornecidos pouco a pouco, mas não é muito eficiente se os códigos de acesso têm uma diferença muito grande entre o código de menor valor e o código de maior valor e se são esparsos. Isso porque, conforme forem sendo fornecidos, podem gerar arquivos muito grandes, com muito espaço não utilizado.

A geração de arquivos de índices para garantir o acesso direto aos arquivos permite mais flexibilidade no acesso aos dados, mas exige um espaço adicional de armazenamento para os arquivos de índices e mais processamento, uma vez que, sempre que houver inclusões, exclusões ou alterações sobre o arquivo original, os arquivos de índices também devem ser gerados novamente.

■ operações sobre arquivos com acesso direto

Duas questões devem ser bem compreendidas para que o acesso direto sobre os arquivos ocorra de forma correta: 1) o porquê da existência de posições vazias nos arquivos e como elas devem ser consideradas e 2) quais os testes e verificações básicos das operações de inclusão, exclusão e alteração.

O sistema criará posições vazias nos arquivos acessados de forma direta sempre que, ao ser criada uma nova posição pelo usuário, ela se localizar além do final do arquivo e existir, entre a última posição anterior do arquivo e a nova, espaço para uma ou mais posições. Por exemplo, se em um certo momento a posição final de um arquivo é a posição 10 e é criada uma nova posição 20, o sistema deverá criar, além da posição 20, todas as posições intermediárias, de 11 a 19. As posições geradas por iniciativa do sistema têm seus vários componentes de dados inicializados com zeros, ou valores assemelhados, e devem ter um tratamento especial. Essas posições, embora existam fisicamente no arquivo, do ponto de vista lógico devem ser consideradas como inexistentes, ou seja, pode ser feita uma inclusão em uma posição desse tipo, mas não podem ser feitas alterações ou exclusões sobre as mesmas.

As operações sobre arquivos, como inclusão, exclusão e alteração, quando realizadas de forma direta, devem seguir protocolos bem definidos de ações e testes.

Em uma inclusão, a posição correspondente não pode existir no arquivo ou, se existir, deve estar logicamente liberada para inclusões. Em outras palavras, uma inclusão pode ocorrer: a) em uma posição que não exista ainda fisicamente no arquivo; b) em uma posição que exista fisicamente no arquivo, mas que foi criada por iniciativa do sistema em inclusões anteriores, não contendo, portanto, dados do usuário; e c) nas aplicações que permitem a reutilização de posições excluídas, nas posições marcadas como tal (ver exclusão lógica, na sequência).

No trecho a seguir, tenta-se realizar uma inclusão randômica no arq_atleta. O tipo do arquivo arq_atleta é atlet:

```
Tipo
  atlet = registro
            cod    : inteiro
            nome   : string
            idade  : inteiro
            altura : real
         fim registro
```

A chave de acesso ao arquivo está armazenada na variável inteira cod_aux. A variável atleta, tipo atlet, está sendo usada na leitura. A inclusão só pode acontecer se a tentativa de leitura não for bem-sucedida, ou seja, se a posição acessada não existir no arquivo ou, se existir, se tiver sido criada pelo sistema. Se a posição tiver sido criada pelo sistema, o campo idade deverá estar zerado:

```
localizar (arq_atleta, cod_aux)
ler (arq_atleta, atleta)
se (não e_s_ok) ou (e_s_ok e idade = 0)
então início
      atleta.cod ← cod_aux
      ler (atleta.nome)
      ler (atleta.idade)
      ler (atleta.altura)
      escrever(arq_atleta, atleta)
      fim
senão escrever ('posicao ', cod_aux, ' já ocupada')
```

Em uma exclusão, a posição correspondente deve existir no arquivo. A exclusão pode ser física ou lógica. Na exclusão física, os dados são efetivamente eliminados do arquivo ou um novo arquivo é produzido sem os dados a excluir. Na exclusão lógica, os dados permanecem fisicamente no arquivo, mas não são mais considerados integrantes do conjunto de dados válidos. Os registros excluídos logicamente são identificados por meio de uma marca de exclusão, inserida no momento em que esta exclusão ocorre. A marca de exclusão pode ser colocada em um campo de dados já existente, como um valor especial, ou em um campo específico do arquivo, criado para registrar essa situação. Há aplicações em que as posições excluídas podem ser reutilizadas e outras aplicações em que isso não é permitido.

Em uma alteração, a posição correspondente deve existir no arquivo. No Algoritmo AlteraDados, a seguir, são apresentados os passos gerais para uma alteração: verificação da existência de uma posição válida no arquivo, com código igual ao procurado, e ações de efetivação da alteração. A chave de acesso ao arquivo foi verificada previamente quanto à correção.

```
Função AlteraDados: inteiro
{REALIZA, COM ACESSO RANDÔMICO, ALTERAÇÃO EM UM ARQUIVO}
  Entradas:
    arq (arquivo)
    reg_atleta (registro)
    número (inteiro)
  Retorno: inteiro
       Significado:
          0 - alteração ok;
          1 - alteração para inexistente;
          2 - alteração cancelada.
  Variáveis auxiliares:
    confirma_alteracao (caractere)
    res_func (inteiro)
início
  acessar em arq o elemento de número = cod        {LOCALIZAR E LER}
  se o registro de número = cod existir no arquivo
  então se o registro de número = cod contiver dados válidos
        então início            {ENCONTRADO REGISTRO VÁLIDO A ALTERAR}
            mostrar dados existentes no arquivo antes da alteração
            ler(confirma_alteracao)
            se confirma_alteracao = 's'
            então início
                solicitar dados para preenchimento de reg_atleta
                posicionar-se no registro a alterar     {LOCALIZAR}
                gravar alteração em arq com dados de reg_atleta
                acessar o registro alterado        {LOCALIZAR E LER}
```

```
                    apresentar dados alterados a partir do arquivo
                        res_func ← 0                    {ALTERAÇÃO OK}
                        fim
                senão res_func ← 2                      {ALTERAÇÃO CANCELADA}
                    fim             {DE ENCONTRADO REGISTRO VÁLIDO A ALTERAR}
              senão           {É POSIÇÃO CRIADA PELO SISTEMA, SEM DADOS VÁLIDOS}
                    res_func ← 1                 {ALTERAÇÃO PARA INEXISTENTE}
        senão                {O ELEMENTO DE NÚMERO = COD NÃO EXISTE NO ARQUIVO}
            res_func ← 1                         {ALTERAÇÃO PARA INEXISTENTE}
        AlteraDados ← res_func                   {VALOR DEVOLVIDO PELA FUNÇÃO}
    fim {AlteraDados}
```

Em todas as operações utilizando acesso direto, sejam elas de inclusão, exclusão ou alteração, é necessário cuidar o posicionamento sobre o arquivo. Antes de efetuar cada uma dessas operações, é necessário verificar se elas são possíveis, o que significa tentar ler o arquivo para verificar a existência ou não do registro correspondente. Como cada operação de leitura ou escrita sobre um arquivo implica em um deslocamento sobre o mesmo, após as leituras de verificação, se for constatada a possibilidade de seguir com a operação desejada, é necessário reposicionar-se sobre o arquivo.

13.5 arquivos de texto *versus* arquivos binários

Sob o ponto de vista da facilidade de conhecer o conteúdo de um arquivo, os arquivos de texto levam vantagem sobre os arquivos binários. A informação em um arquivo de texto é armazenada segundo algum código de representação de caracteres, de maneira que é possível visualizar com facilidade e de forma compreensível a maioria do seu conteúdo. Em um arquivo binário, visto que suas informações são representadas no sistema binário, se não for conhecido o tipo dos elementos que o compõe e se ele contiver basicamente informação numérica, será praticamente impossível decifrar seu conteúdo.

Por outro lado, sob o ponto de vista de economia de armazenamento, a vantagem fica com os arquivos binários. Nos arquivos de texto, visto que a informação é armazenada segundo um código de representação de caracteres, os dados numéricos tendem a ocupar muito mais *bytes*, uma vez que cada dígito, sinal, etc. do valor numérico ocupa pelo menos um *byte*. Em um arquivo binário, os valores numéricos ocupam um número fixo de *bytes* para serem armazenados, conforme o tamanho em *bytes* que os tipos das variáveis utilizadas para armazená--los ocupa na implementação da linguagem em uso.

13.6 exercícios de fixação

exercício 13.1 Escrever uma função que contabilize o número de vogais presentes em um arquivo de texto.

```
Função ContaVogaisEmArqTexto: inteiro
{CONTA AS VOGAIS EM UM ARQUIVO TEXTO}
  Entradas: arq_ent (arquivo texto)
            nome_arq_ent (string)
  Variáveis auxiliares:
    total_de_vogais (inteiro)
    caract (caractere)
início
  associar arq_ent a nome_arq_ent
  abrir arq_ent
  total_de_vogais ← 0
  enquanto não FimArq(arq_ent) faça        {LAÇO DE LEITURA}
    início
    ler (arq_ent, caract)     {LEITURA CARACTERE A CARACTERE}
    se caract = 'a' ou caract = 'A' ou caract = 'e' ou
       caract = 'E' ou caract = 'i' ou caract = 'I' ou
       caract = 'o' ou caract = 'O' ou caract = 'u' ou
       caract = 'U'
    então total_de_vogais ← total_de_vogais + 1
      fim
    fechar arq_ent
    ContaVogaisEmArqTexto ← total_de_vogais
  fim {ContaVogaisEmArqTexto}
```

exercício 13.2 Escrever um procedimento para excluir um valor de um arquivo de inteiros, gerando um novo arquivo sem esse valor. O acesso ao arquivo deverá ser puramente sequencial.

```
Procedimento ExcValArqInt
{EXCLUI UM VALOR DE UM ARQUIVO DE INTEIROS, CRIANDO UM NOVO ARQUIVO}
    Parâmetros de entrada:
      arq_ent (arquivo binário inteiro)
      nome_arq_ent (string)                 {NOME DO ARQUIVO DE ENTRADA}
      nome_arq_sai (string)                  {NOME DO ARQUIVO DE SAÍDA}
    Parâmetros de saída:
      arq_sai(arquivo binário inteiro)
      resultado(lógico)         {FALSO SE VALOR NÃO EXISTE NO ARQUIVO}
    Variáveis auxiliares:
      val_excl (inteiro)
      valor (inteiro)
início
  resultado ← falso                                  {INICIALIZAÇÃO}
  associar arq_sai a nome_arq_sai
  associar arq_ent a nome_arq_ent
  abrir arq_ent
```

```
      abrir novo arq_sai
      ler val_excl                                         {VALOR A EXCLUIR}
      enquanto não FimArq(arq_ent)faça                     {LAÇO DE LEITURA}
        início
        ler (arq_ent, valor)
        se valor ≠ val_excl        {SE NÃO FOR VALOR A EXCLUIR, ENTÃO GRAVA}
          então escrever (arq_sai , valor)
          senão resultado ← verdadeiro        {VALOR ENCONTRADO E EXCLUÍDO}
        fim
      fechar arq_sai
      fechar arq_ent
   fim {ExcValArqInt}
```

exercício 13.3 Escrever um procedimento que altere uma informação de um registro de um arquivo. O código que identifica o registro a ser alterado é fornecido pelo usuário. O seguinte tipo, utilizado no procedimento, é definido externamente ao mesmo:

```
   Tipo:
      regist = registro
              cod      : inteiro
              nome     : string
              endereço : string
              fone     : string
            fim registro
```

O acesso ao arquivo deve ocorrer de forma sequencial. O procedimento receberá os nomes físicos do arquivo original e do novo arquivo a ser gerado, além do código (codigo) do registro a ser alterado, e deverá alterar o campo endereco para um novo valor lido. Caso não seja encontrado no arquivo um registro com o código procurado, o procedimento deverá devolver a variável lógica alterou_ok como falsa.

Observação: no código a seguir, há uma variável a mais de entrada, reg, do tipo regist. Essa variável será usada internamente no processamento e poderia ter sido declarada como variável auxiliar interna ao procedimento. Sua inclusão entre as entradas serve para explicitar, para quem lê o procedimento, que ela também utiliza o tipo regist.

```
      Procedimento AltCampRegArq
      {ALTERA UM CAMPO DE UM REGISTRO DE UM ARQUIVO PELA GERAÇÃO DE UM NOVO.
      SE ALTERACAO EFETUADA, DEVOLVE VERDADEIRO NA VARIÁVEL LÓGICA ALTEROU_OK}
        Parâmetros de entrada:
          nome_arq_cli1 (string)
          nome_arq_cli2 (string)
          codigo (inteiro)
          reg (regist)
        Parâmetro de saída:
          alterou_ok (lógico)           {VERDADEIRO SE ALTERAÇÃO FOI EFETUADA}
```

```
        Variáveis auxiliares:
           arq_cli1(arquivo binário regist)
           arq_cli2(arquivo binário regist)
           endereco_aux (string)
        início
           alterou_ok ← falso                              {INICIALIZAÇÃO}
           {ASSOCIAR OS NOMES LÓGICOS, INTERNOS AO PROCEDIMENTO,
           AOS NOMES FÍSICOS RECEBIDOS}
           associar arq_cli1 a nome_arq_cli1
           associar arq_cli2 a nome_arq_cli2
           {ABRIR OS DOIS ARQUIVOS}
           abrir arq_cli1
           abrir novo arq_cli2
           {LER DADOS DA ALTERAÇÃO}
           enquanto não FimArq(arq_cli1) faça              {LAÇO DE LEITURA}
              início
              ler (arq_cli1, reg)
              se reg.cod ≠ codigo                          {SE NÃO É REGISTRO A ALTERAR}
                 então escrever (arq_cli2, reg)            {GRAVA REG SEM ALTERAÇÃO}
                 senão início                              {ACHOU O REGISTRO A ALTERAR}
                    ler(endereco_aux)                      {LEITURA DE ENDEREÇO A ALTERAR}
                    reg.endereco ← endereco_aux            {ALTERAÇÃO DO ENDEREÇO}
                    escrever (arq_cli2, reg)               {GRAVA REG ALTERADO}
                    alterou_ok ← verdadeiro                {ALTERAÇÃO EFETUADA}
                 fim
              fim {ENQUANTO}
           fechar arq_cli1
           fechar arq_cli2
        fim {AltCampRegArq}
```

exercício 13.4 Escrever um procedimento de inclusão randômica de 1 a n registros em um arquivo com dados de atletas. O seguinte tipo, utilizado no procedimento, é definido externamente ao mesmo:

```
        Tipo atlet = registro
                        cod    : inteiro
                       nome    : string
                      idade    : inteiro
                     altura    : real
                   fim registro
```

Os dados de cada atleta estão na posição correspondente ao seu código. Para cada inclusão, deve inicialmente ser fornecido um código válido. Feito isso, são solicitados os dados para a inclusão: nome, idade e altura. Uma mensagem de erro é exibida em caso de tentativa de inclusão para inexistente. O usuário, após cada tentativa de inclusão, decide se quer seguir com as inclusões ou parar. O procedimento recebe o nome lógico do arquivo e qual o maior código válido. É utilizado um procedimento auxiliar para acessar o arquivo e verificar se a posição onde será feita a inclusão está livre.

```
Procedimento CriaArqAtletRand
{INCLUSÃO RANDÔMICA DE REGISTROS EM ARQUIVO COM DADOS DE ATLETAS}
{O arquivo utilizado é do seguinte tipo, definido fora do
procedimento:
   Tipo atlet = registro
                  cod    : inteiro
                  nome   : string
                  idade  : inteiro
                  altura : real
               fim registro
}
   Parâmetros de entrada:
     maxcodig (inteiro)                      {MAIOR VALOR DE CÓDIGO VÁLIDO}
     arq_atleta (arquivo de atlet)
   Parâmetros de saída:
     arq_atleta
     mensagem(ns) de erro
   Variáveis auxiliares:
     atleta (atlet)
     cod_aux (inteiro)
     opc (inteiro)
     ocupada (lógico)
início
   abrir arq_atleta
   repita
     repita                                  {LEITURA DE UM CÓDIGO VÁLIDO}
        ler (cod_aux)
     até (cod_aux ≥ 1) e (cod_aux ≤ maxcodig)
     tam ← TamArq(arq_atleta)
     ocupada ← falso                         {INICIALIZAÇÃO}
     se cod_aux < tam      {SE POSIÇÃO DO NOVO CÓDIGO EXISTE NO ARQUIVO}
        então executar VeSePosOcupNoArq(arq_atleta,cod_aux,
                                  atleta, ocupada)
     se ocupada
        então escrever(cod_aux , ': inclusão para já existente')
        senão início
              atleta.cod ← cod_aux
              ler (atleta.nome)
              ler (atleta.idade)
              ler (atleta.altura)
```

```
              localizar(arq_atleta, cod_aux)        {POSICIONA PARA INCLUSÃO}
              escrever (arq_atleta, atleta)            {GRAVA NO ARQUIVO}
              fim
       ler (opc)                                   {1 - INSERIR NOVO; 2 - ENCERRAR}
       até que opc = 2
       fechar arq_atleta
  fim {CriaArqAtletRand}

  Procedimento VeSePosOcupNoArq
  {VERIFICA SE POSIÇÃO NO ARQUIVO ESTÁ OCUPADA}
     Parâmetros de entrada:
       arq_atleta (arquivo)
       num (inteiro)
       reg (atlet)
     Parâmetros de saída:
       ref ocup (lógico)
  início
     localizar (arq_atleta, num)                   {POSICIONAMENTO DO ARQUIVO}
     ler (arq_atleta, reg)                                         {LEITURA}
     se reg.idade ≠ 0                                       {POSIÇÃO OCUPADA}
     então ocup ← verdadeiro
  fim {VeSePosOcupNoArq}
```

exercício 13.5 Escrever um procedimento que liste sequencialmente os registros válidos do arquivo com os dados de atletas do exercício anterior. Como o arquivo foi preenchido randomicamente, pode ter posições não ocupadas com dados válidos, indicadas pelo campo idade nulo.

```
  Procedimento ListaSeqArqAtletRand
  {LISTAGEM SEQUENCIAL DOS REGISTROS VÁLIDOS DO ARQUIVO DE ATLETAS}
  {O arquivo utilizado é do seguinte tipo, definido fora do procedimento:
     Tipo atlet = registro
                    cod    : inteiro
                    nome   : string
                    idade  : inteiro
                    altura : real
                  fim registro
  }
    Parâmetro de entrada: arq_atleta (arquivo de atlet)
    Saída: listagem
    Variável auxiliar: atleta (atlet)
  início
     abrir arq_atleta binário atlet
     enquanto não FimArq(arq_atleta) faça
       início
         ler (arq_atleta, atleta)
```

```
      se atleta.idade ≠ 0 {POSIÇÃO COM DADOS DO USUÁRIO}
        então escrever(atleta.cod, atleta.nome,
                       atleta.idade, atleta.altura)
        fim
      fechar arq_atleta
    fim {ListaSeqArqAtletRand}
```

13.7 → em Pascal

Em Pascal, os arquivos do sistema são os arquivos de dispositivos.

Os arquivos de dados podem ser de texto ou tipados. Os arquivos tipados são também chamados de arquivos binários.

13.7.1 características de arquivos em Pascal

Em Pascal, arquivos são variáveis e, como quaisquer outras variáveis, devem ser declarados antes de serem usados.

A detecção do final de um arquivo é realizada por meio da função eof. Quando é lido o último registro válido do arquivo, a função eof devolve o valor verdadeiro.

Sintaxe:

```
eof( <identificador de arquivo>)
```

No exemplo a seguir, o laço de leitura é controlado pela função eof. O arquivo arquivo é lido e seus elementos são armazenados na variável registro enquanto a condição de fim de arquivo não é detectada. Ao ser lido o último elemento de arquivo, eof recebe o valor verdadeiro e, na próxima tentativa de execução do while, o laço é concluído:

```
while not eof(arquivo)
do begin
   read(arquivo , registro);
   (...)
```

Para apagar arquivos e renomeá-los, estão disponíveis as funções erase e rename:

```
erase ( < nome lógico do arquivo > )
rename ( < nome lógico do arquivo>, < novo nome físico > )
```

Os arquivos binários em Pascal podem ser acessados tanto de forma sequencial quanto randômica. Os arquivos de texto só podem ser acessados de forma sequencial.

13.7.2 etapas para uso de arquivos em Pascal

■ declaração de um arquivo em Pascal

A sintaxe de declaração de um arquivo é:

   <identificadores de arquivos, separados por vírgulas>:<tipo>

Se o arquivo for de texto, o identificador de tipo é text.

Se o arquivo for tipado, no tipo do arquivo aparece a expressão file of, seguida do tipo dos elementos constituintes do arquivo: integer, real, record, etc. O tipo do arquivo pode ser declarado junto com o arquivo ou pode já ter sido declarado previamente.

Exemplos:

```
type
  aluno = record
            nome      : string;
            matricula : integer;
            notas     : array [1..5] of real
          end;
var
  turma: file of aluno;      {CADA REGISTRO TRAZ OS DADOS DE UM ALUNO}
  arq_int: file of integer;  {ARQUIVO DE INTEIROS}
  arq1, arq2: text;          {ARQUIVOS DE TEXTO}
```

Pode-se declarar um tipo arquivo para ser utilizado em uma ou mais variáveis. No exemplo a seguir, o arquivo tipado temperaturas, um arquivo de reais, é declarado das duas maneiras:

   var temperaturas: file of real;

onde o tipo é declarado junto ao arquivo, ou

```
type arq = file of real;
var temperaturas: arq;
```

onde primeiro é declarado o tipo de arquivo arq e, em seguida, a variável temperaturas, com esse tipo.

■ associação de nome físico a arquivo

A associação de um nome físico a um arquivo acontece em Pascal com o comando assign. A partir dessa associação, a variável de arquivo passa a funcionar como um apelido do arquivo no programa:

   assign (<variável de arquivo>, <variável ou constante>)

No formato, após a vírgula é indicado o nome físico do arquivo, seja sob a forma de uma constante seja armazenado em uma variável.

Assim em:

```
assign (arq_dados, 'c:\dados.dat');
```

o nome do arquivo arq_dados aparece sob a forma da constante 'c:\dados.dat'. Já em:

```
assign (arq, nome_arquivo);
```

o nome de arq estará armazenado na variável *string* nome_arquivo.

■ abertura de um arquivo em Pascal

Para arquivos tipados, há dois modos de abertura: reset e rewrite.

O modo de abertura reset pressupõe que o arquivo já exista. O arquivo é aberto, ficando posicionado para acesso ao primeiro registro nele existente (registro de posição 0):

```
reset (<variável de arquivo>)
```

Exemplo de abertura do arquivo arq_velho com reset:

```
reset (arq_velho);
```

O modo de abertura rewrite pressupõe que o arquivo não exista. Se o arquivo não existir, é criado; se o arquivo já existir, é apagado e um novo arquivo vazio é criado:

```
rewrite (<variável de arquivo>)
```

Exemplo de abertura do arquivo arq_novo com rewrite:

```
rewrite (arq_novo);
```

Para arquivos de texto, além dos modos de abertura reset e rewrite, há também o modo append. Append pressupõe que o arquivo já existe e abre os arquivos de texto somente para escrita a partir do final. Esse modo de abertura permite acrescentar informação no final dos arquivos de texto. Sua sintaxe é:

```
append (<variável de arquivo>)
```

A seguir, é mostrada a abertura do arquivo texto_antigo a partir do final para acrescentar algumas informações:

```
append(texto_antigo);
```

■ fechamento de um arquivo em Pascal

Para fechar um arquivo em Pascal usa-se o comando close:

```
close (<variável de arquivo>)
```

No momento da execução do comando `close`, os *buffers* associados ao arquivo são liberados.

■ verificação de erros de entrada e saída

Erros de entrada e saída detectados pelo sistema provocam a interrupção da execução dos programas. Se o usuário assume o controle da verificação desses erros, pode tratá-los conforme o seu interesse.

Em Pascal, as diretivas de compilação {$I-} e {$I+} permitem, respectivamente, desativar e ativar a verificação automática de erros de entrada e saída. No momento que o usuário chama a si a verificação dos erros de entrada e saída de uma determinada operação, ele se torna responsável por verificar o resultado dessa operação e tratá-lo de forma adequada. Então, nesse caso, após a operação de entrada e saída terminar, deve ser chamada a função IORESULT, que devolve o resultado da operação recém-realizada. A chamada da função IORESULT deve acontecer imediatamente após a realização da operação de entrada e saída, porque enquanto a função não for chamada, operações de entrada e saída subsequentes permanecerão bloqueadas. Se o valor devolvido por IORESULT for 0, a operação foi bem-sucedida; se for diferente de zero, o valor será um código de erro que indicará qual o problema ocorrido.

Um caso típico de uso de {$I-} e {$I+} e o resultado de IORESULT é quando não há certeza de que um certo arquivo realmente existe. Se o arquivo for aberto com `rewrite` e existir, ele será destruído. Tenta-se, então, abrir o arquivo com `reset`, desativando a verificação automática de erro de entrada e saída antes e reativando-a após a operação. Imediatamente após, chama-se IORESULT. Se a abertura ocorreu sem problemas, segue-se usando o arquivo aberto. Se ocorreu erro, supõe-se que foi por não existir o arquivo e cria-se o mesmo, abrindo-o com `rewrite`. O trecho de código a seguir exemplifica esse caso:

```
{$I-}   {SUSPENDE A VERIFICAÇÃO AUTOMÁTICA DE ERRO DE E/S}
reset (arq_dados);
{$I+}   {REATIVA A VERIFICAÇÃO AUTOMÁTICA DE ERRO DE E/S }
if IORESULT <> 0    {DEU ERRO, ARQUIVO NÃO FOI ENCONTRADO}
then  rewrite (arq_dados);
```

■ leitura e escrita em arquivos

Para arquivos de texto, além dos comandos `read` e `write`, também podem ser usados `readln` e `writeln`. Para arquivos binários, apenas os comandos `read` e `write` podem ser utilizados.

13.7.3 arquivos de texto

Arquivos de texto em Pascal são arquivos puramente sequenciais. Se são abertos para leitura, só podem ser lidos; se são abertos para escrita, só podem ser escritos. Mas, em um mesmo programa, os arquivos de texto podem ser abertos e fechados sucessivamente especificando modos (leitura ou escrita) diferentes.

Um final de linha em um arquivo de texto é sinalizado por dois caracteres: CR e LF. Uma linha em um arquivo de texto em Pascal é, então, uma sequência de caracteres entre:

a início do arquivo e uma marca de fim de linha;
b uma marca de fim de linha e outra marca de fim de linha;
c uma marca de fim de linha e outra marca de fim de linha seguida de uma marca de fim de arquivo.

Para detectar o final de linha em um arquivo de texto, pode ser usada a função eoln (forma abreviada de *end of line*, que significa fim de linha em Inglês):

Sintaxe:

```
eoln (<identificador de arquivo>)
```

No trecho a seguir, o arquivo de texto Arq está sendo lido, caractere a caractere, com auxílio da variável do tipo caractere Car, mas se deseja contabilizar as linhas lidas. Usa-se então a função eoln para detectar os fins de linha e fazer a contabilização desejada.

```
while not eof(Arq)
do begin
   while not eoln(Arq)
   do begin
      read(Arq , Car);
      write(Car);
      end;
   cont_lin:= cont_lin + 1;
   readln(Arq);
   writeln
   end;
writeln ('Linhas lidas = ', cont_lin);
```

■ leitura e escrita em arquivos de texto

Pascal possui dois comandos para leitura de arquivos de texto:

```
read ( <variável de arquivo> , <lista de variáveis, separadas por vír-
gulas> )
readln ( <variável de arquivo>[, <lista de variáveis, separadas por
vírgulas>] )
```

O comando read lê um ou mais caracteres do arquivo para as variáveis, mas não lê os caracteres de fim de linha.

Se o arquivo de texto arq_texto estiver sendo lido com a variável *string* linha, com tamanho suficiente para armazenar todos os caracteres da próxima linha do arquivo a ser lida em um certo momento, a execução do comando read(arq_texto, linha) transferirá os caracteres da linha do arquivo para a variável linha. Terminada a leitura, não haverá avanço para a próxima linha do arquivo, já que os caracteres de final de linha não conseguem ser lidos pelo read. Se um novo read(arq_texto, linha) for executado sobre arq_texto, nada acontecerá, pois no arquivo há na sequência uma marca de fim de linha e o read não consegue lê-la.

O comando readln pode tanto ler um ou mais caracteres do arquivo e as marcas de fim de linha quanto ler apenas as marcas de fim de linha.

O comando readln(arq_texto, linha) faz o mesmo que o comando read(arq_texto, linha) e, em seguida, procura a marca de fim de linha, avançando para a próxima linha do arquivo que está sendo lido. Então, sob o ponto de vista lógico, escrever readln(arq_texto, linha) resulta no mesmo que escrever read(arq_texto, linha) seguido de readln(arq_texto).

Pascal possui dois comandos para escrita em arquivos de texto:

```
write(<variável de arquivo>, <lista de valores, separados por vírgulas> )
writeln(<variável de arquivo>,[<lista de valores, separados por vírgulas>] )
```

Os valores a serem escritos com write ou writeln podem incluir caracteres, *strings* ou valores numéricos.

Considerando o arquivo de texto denominado arquivo, a variável nome de tipo string, contendo o texto "Isto eh um", e a variável unico_caract, de tipo char, contendo o ponto de exclamação "!", o comando:

```
writeln (arquivo , nome, ' teste' unico_caract);
```

gerará no arquivo uma linha com o seguinte conteúdo: Isto eh um teste!, seguida imediatamente pelos caracteres CR e LF.

O comando anterior tem o mesmo resultado que os dois comandos seguintes:

```
write   (arquivo , nome, ' teste' unico_caract);
writeln (arquivo);
```

■ exemplos de uso de arquivos de texto

O trecho a seguir lê o arquivo ArqTexto, linha por linha, utilizando a variável *string* linha:

```
assign(ArqTexto , 'poema.txt');
reset(ArqTexto);
writeln('Escrevendo um texto linha a linha: ');
writeln;
while not eof(ArqTexto)
do begin
   readln(ArqTexto, Linha);
   writeln(Linha)
```

```
      end;
   close(ArqTexto);
```

O trecho a seguir gera um arquivo de texto ArqT1, linha por linha, utilizando a variável *string* Lin. O usuário digita via teclado várias linhas de texto, concluindo cada uma com um enter. Para finalizar o texto, ele fornece em uma linha apenas a palavra Fim, exatamente como indicado, com F maiúsculo seguido de i e m minúsculos.

```
   assign(ArqT1, 'texto.txt');
   rewrite(ArqT1);
   write ('Forneca um texto (1 ou mais linhas,');
      writeln (' Fim para parar): ');
      writeln;
      readln(Lin);
      while Lin <> 'Fim' do
         begin
            writeln(ArqT1, Lin);
            readln(Lin);
         end;
      close(ArqT1);
```

O trecho a seguir lê um arquivo de texto, de nome arquiv, linha por linha. Cada linha do arquivo é carregada na variável linha e seu conteúdo examinado caractere a caractere. Os caracteres brancos e não brancos das linhas, bem como o número de linhas processadas, são contabilizados. Considerar que o arquivo foi aberto com reset, que os contadores foram inicializados com zeros e que, concluída a leitura de arquiv, aconteceu seu fechamento com um close.

```
   while not eof(arquiv)
   do begin
      readln(arquiv, linha);
      cont_linhas := cont_linhas + 1;
      for i := 1 to length(linha) do
         if linha[i]= ' '
         then cont_brancos := cont_brancos + 1
         else cont_outros := cont_outros + 1
      end;
```

13.7.4 arquivos binários

Em Pascal um arquivo binário ou tipado é composto de itens de um único tipo de dados: inteiro, real, registro, etc. Para ler de ou escrever em um arquivo binário usam-se variáveis do mesmo tipo do arquivo.

■ função `filesize`

Essa função é exclusiva para arquivos binários e devolve o número de registros de um arquivo. Como o registro de posição zero existe, seja ou não usado, o número devolvido por `filesize` é sempre igual ao número de posição do último registro do arquivo, acrescido de um. Assim, se o valor devolvido em `filesize` for, por exemplo, 25, as posições dos registros do arquivo variarão de 0 a 24.

Sintaxe:

```
filesize (<identificador de arquivo>)
```

Exemplo de utilização:

```
if filesize(arq) > 100
then (...)
```

■ Leitura e escrita em arquivos binários

Para ler ou escrever em um arquivo binário em Pascal, usa-se tão somente os comandos `read` e `write`. Cada vez que uma dessas operações for realizada sobre um arquivo, o ponteiro do registro corrente será incrementado em tantas vezes quantas sejam as variáveis usadas no comando.

Por exemplo, o comando `read (arquivo, val1)` incrementa o ponteiro do registro corrente em uma unidade. Já o `read (arquivo, val1, val2, val3)` incrementa o ponteiro do registro corrente em três unidades.

■ acesso sequencial

No laço `while` a seguir, o arquivo `arqval`, contendo valores reais, é lido sequencialmente com o uso da variável `valor`, também real:

```
while not eof(arqval)
do begin
   read(arqval, valor);
   (...)
   end;
```

No trecho a seguir, é criado o arquivo `arqs`, contendo valores inteiros positivos, com o uso da variável `val`, também inteira:

```
write('Valor inteiro positivo (0 para parar): ');
readln(val);
while val >= 1
do begin
   write (arqs, val);
   write('Valor inteiro positivo (0 para parar): ');
   readln(val)
   end;
```

■ acesso direto

Em Pascal, os arquivos tipados, não importando como tenham sido abertos (com reset ou rewrite), podem ser usados em uma mesma execução tanto para leitura quanto para gravação, tanto com acesso sequencial quanto direto.

O comando que permite o posicionamento randômico sobre um ponto determinado de um arquivo é:

    seek (<variável de arquivo>, <número do registro>)

No exemplo a seguir, procura-se localizar no arquivo cadastro o registro de número igual ao código de um cliente, armazenado na variável cod_cliente:

    seek (cadastro, cod_cliente)

Como seek é um comando apenas de posicionamento, a informação contida no registro localizado com a execução do seek só estará disponível para uso após a realização de um read. Um seek pode acessar um ponto não existente no arquivo. Nesse caso, é possível escrever neste ponto logo em seguida, mas uma tentativa de leitura resultará em erro. No trecho a seguir, tem-se uma função que utiliza acesso randômico para verificar se determinado registro existe no arquivo func:

```pascal
Function verif_inc_exist (var func:arquivo; num:integer;
                          reg:registro): boolean;
begin
  verif_inc_exist := false;
  seek(func, num);
  read(func, reg);
  if reg.numero = num
  then verif_inc_exist := true
end;
```

13.8 em C

13.8.1 características de arquivos em C

Tanto a entrada como a saída de dados em C acontecem por meio do processamento de fluxos de dados (*streams*), independentemente do dispositivo periférico (*device independent*) utilizado.

■ conceito de fluxo de dados em C

Fluxos de dados são conjuntos sequencias de *bytes*, sem qualquer tipo de estrutura interna, que são percebidos por programas ou comandos como um conjunto ordenado de caracteres. O caractere `New Line` (nova linha) também é incluído em um fluxo de dados na forma de um *byte*, ou seja, de um caractere como outro qualquer.

Fluxos de dados são armazenados em dispositivos de memória auxiliar de forma permanente, a partir do uso de periféricos que aceitam tanto a leitura como a gravação de dados. Assim, em C, arquivos podem ser definidos como repositórios permanentes de fluxos de dados.

As operações de entrada e saída de dados sobre um arquivo (incluídos os arquivos padrão: `stdin` – de entrada e `stdout` – de saída) são apoiadas pelo armazenamento temporário de fluxos de dados em áreas da memória principal, denominadas *buffers*.

■ áreas intermediárias (*buffers*) para acesso a arquivos

Os dados que fluem do mundo externo para arquivos ou de arquivos para o mundo externo, antes de serem gravados em dispositivos de memória auxiliar ou apresentados na tela, são armazenados inicialmente em áreas intermediárias de memória (*buffers*). Essa intermediação só é percebida pelo usuário em caso de problemas, como quando a leitura de caracteres ou de *strings* do teclado não acontece da forma prevista ou esperada.

O conteúdo das áreas intermediárias pode ser transferido para os arquivos de forma automática (ao ser usada a função de leitura `scanf`, por exemplo, a informação é retirada do fluxo de dados e colocada em variáveis) ou pelo acionamento explícito de recursos que têm essa finalidade, como é o caso do `fflush`.

■ declaração de um arquivo em C

Para que um programa possa criar ou utilizar um arquivo preexistente, esse arquivo deve primeiro existir dentro do programa, na forma de um ponteiro do tipo `FILE`, que aponta para uma estrutura com dados do arquivo. Um ponteiro desse tipo deve ser declarado para cada arquivo (ponteiros serão vistos no Capítulo 14).

Sintaxe:

```
FILE *<nome do ponteiro>
```

Exemplos:

```
FILE *arq;
FILE *arq2, *PF;
```

<u>Importante</u>: ponteiros do tipo `FILE` devem ser declarados de forma global.

A associação entre o arquivo físico, existente no meio externo, e o ponteiro FILE correspondente, existente no programa, é feita por meio da operação de abertura do arquivo.

■ tipos de arquivos em C

Em C existem dois tipos de arquivos: arquivos de sistema e arquivos de dados.

Os arquivos de sistema, cujos identificadores estão listados na Tabela 13.1, são predefinidos pelo compilador e são usados nos programas sem necessidade de declaração prévia.

tabela 13.1 Arquivos de sistema

Constante	Significado	Dispositivo
stdin	Dispositivo de entrada padrão	Teclado
stdout	Dispositivo de saída padrão	Vídeo
stderr	Dispositivo de erro padrão	Vídeo
stdaux	Dispositivo auxiliar padrão	Porta serial
stdprn	Dispositivo de impressão padrão	Porta paralela

Os arquivos de dados são criados e gerenciados pelos programas, servindo para o armazenamento e manipulação dos dados dos usuários. Existem dois tipos de arquivos de dados em C: binário e de texto.

Um arquivo binário contém uma sequência de *bytes* que apresenta uma correspondência de um para um com os *bytes* recebidos do dispositivo externo. Não há conversão ou tradução do que é lido no momento do armazenamento.

Em um arquivo de texto não existe necessariamente uma correspondência de um para um entre os caracteres lidos e os armazenados. Um caractere de nova linha, por exemplo, pode ser armazenado como dois caracteres, um de retorno de carro e outro de alimentação de linha, dependendo do sistema operacional em uso.

■ funções para processamento de arquivos

Conforme explicado no Capítulo 3, na linguagem C não há comandos para as operações de entrada e saída de dados. Essas operações são realizadas por meio da chamada de funções que interagem com o sistema operacional sob o qual os programas são executados. Por essa razão, sobretudo no que se refere a funções para acesso a arquivos, um mesmo trecho de programa pode ter desempenho diferente, dependendo do ambiente de *hardware* e da versão do sistema operacional em uso.

É altamente recomendável que o código inclua procedimentos específicos, tanto para tratar dos casos de sucesso na chamada das funções quanto dos casos de insucesso. Por exemplo, se um arquivo não pode ser aberto pelo sistema, as ações posteriores sobre ele não funcionarão e a impossibilidade de processamento desses dados deve ser devidamente sinalizada pelo programa que está sendo executado.

Nos itens a seguir, são exemplificadas algumas funções disponíveis para processamento de arquivos, sem pretensão de oferecer uma apresentação exaustiva das mesmas.

13.8.2 etapas para uso de arquivos em C

■ abertura de um arquivo em C

Para que um arquivo possa ser acessado, após sua declaração, ele deve ser aberto. A abertura de um arquivo em C dá-se pela associação de um ponteiro do tipo FILE (tipo definido na biblioteca stdio.h), interno ao programa, com o arquivo existente fisicamente no sistema de arquivos, externo ao programa.

O número máximo de arquivos que podem estar abertos ao mesmo tempo é definido pela constante FOPEN_MAX (definida em stdio.h).

A função usada para abrir um arquivo é fopen. Seu protótipo é:

```
FILE * fopen (char *<nome de arquivo>, char *<modo de abertura>)
```

Essa função devolve um ponteiro do tipo FILE associado ao arquivo, se a operação for bem-sucedida, ou NULL, se ocorrer um erro e o arquivo não puder ser aberto.

Nos exemplos a seguir, as variáveis arq e pf, do tipo FILE*, estão recebendo o resultado da tentativa de abertura de arquivos:

```
arq = fopen("dados.dat", "ab");
pf  = fopen("info.dat", "rb");
```

O nome físico do arquivo e o modo de abertura são os parâmetros da função fopen.

■ nome de arquivo

O caminho completo do nome do arquivo (em qual *drive* e pasta ele se encontra) é dispensável se o arquivo estiver no mesmo *drive* e na mesma pasta que contém o programa que o está manipulando. Esse é o caso nos dois exemplos anteriores da função fopen, uma vez que, como nome físico dos arquivos, foram especificados apenas os nomes dos arquivos.

Caso o arquivo não esteja na mesma pasta em que se encontra o programa, então é necessário informar explicitamente o caminho completo para chegar até a pasta em que ele está:

```
pf = fopen("c:\\arquivospessoais\\dadosteus.dat,"rb");
```

Nesse exemplo, está sendo informado que o arquivo "dadosteus.dat" está armazenado na pasta "c:\arquivospessoais".

Observar que, como o símbolo "\" tem um significado especial na linguagem C, é necessária a duplicação da barra sempre que essa for incluída na especificação do caminho para chegar até o arquivo, dentro de um programa:

```
arq = fopen("c:\\arquivospessoais\\arqs\\dadosteus.dat","rb");
```

■ modo de abertura

O modo de abertura define:

- **a** o tipo do arquivo, se binário ou texto;
- **b** as operações que podem ser realizadas sobre o arquivo: só leitura, só escrita, leitura e escrita;
- **c** se for encontrado um arquivo com mesmo nome, se esse deve ser eliminado e um novo arquivo deve ser criado em seu lugar;
- **d** a partir de onde os dados devem ser gravados no arquivo: se a partir do início (criar o arquivo), ou se a partir do fim válido no momento da abertura (estender o arquivo).

Os modos de abertura para arquivos de texto são r, w, r+, w+, a, a+. Os modos de abertura para arquivos binários são os mesmos, acrescidos do sufixo b: rb, wb, r+b (ou rb+), w+b (ou wb+), ab, a+b (ou ab+). A Tabela 13.2, a seguir, apresenta um quadro resumo dos modos de abertura para arquivos binários. Para os arquivos de texto vale a mesma tabela, com os modos sem o sufixo b.

tabela 13.2 Quadro resumo de modos de abertura para arquivos binários

Modo de abertura	Arquivo existe	Arquivo não existe	Permissão de leitura	Permissão de escrita
rb	ok	erro	X	
wb	cria novo, antigo eliminado	cria		X
r+b ou rb+	ok	erro	X	X
w+b ou wb+	cria novo, antigo eliminado	cria	X	X
ab	novos dados acrescentados ao final	cria (como se fosse wb)		X
a+b ou ab+	novos dados acrescentados ao final	cria (como se fosse wb+)	X	X

Nos modos que contêm a letra r (de *read*, que significa *ler* em Inglês), o arquivo deve existir, senão ocorrerá erro.

Nos modos que contêm a letra a (de *append*, que significa *acrescentar* em Inglês), se o arquivo existir, então os dados serão incluídos a partir do final do arquivo existente; se não existir, um novo arquivo é criado e os dados serão incluídos a partir do início.

Nos modos que contêm a letra w (de *write*, que significa *escrever* em Inglês), se o arquivo já existir, ele será eliminado e um novo arquivo será criado em seu lugar. Se o arquivo não existir, ele será criado.

Os modos só com r permitem apenas leitura; os modos só com a ou w permitem apenas escrita; e os modos com + permitem tanto leitura quanto escrita.

Em caso de erro na tentativa de abertura de um arquivo, a função fopen devolverá o valor NULL, mas o programa continuará sendo executado normalmente. Nesses casos, é responsabilidade do programador definir os procedimentos adequados a executar, o que, eventualmente, pode incluir o encerramento do programa.

A seguir, é apresentado o trecho de chamada e o código de uma função que recebe como parâmetros o modo de abertura de um arquivo e o tamanho máximo de seu nome físico e que devolve um ponteiro para o arquivo ou NULL:

```
if ((arq = AbreArquivo("w", MAXLIN)) == NULL)
  {
  printf("Erro na abertura do arquivo para gravar\n");
  system("pause");
  }
else
  {
    {arquivo aberto com sucesso, segue o processamento}
  }
FILE * AbreArquivo(char modo[ ], int max)
  {
  char nomearq[max];
  printf
  ("Nome do arquivo (com no maximo %d caracteres): ", max - 1);
  fflush(stdin);
  fgets(nomearq, sizeof(nomearq), stdin);
  if (nomearq[strlen(nomearq) - 1] == '\n')
      nomearq[strlen(nomearq) - 1] = '\0';
  fflush(stdin);
  return fopen(nomearq, modo);
  }
```

■ fechamento de um arquivo em C

A função usada para fechar um arquivo é fclose. Seu protótipo é:

    int fclose (<ponteiro para um arquivo>)

Se a função for executada corretamente, será devolvido zero e, em caso de erro, será devolvida a constante EOF.

Ao se fechar um fluxo de dados associado a um arquivo, todos os dados que ainda permaneciam em áreas auxiliares do arquivo são salvos de modo permanente no mesmo. É altamente recomendável que os arquivos que estejam sendo criados ou alterados sejam fechados explicitamente nos programas.

Ao terminar a execução de um programa, o sistema fecha os arquivos abertos e libera as áreas auxiliares (*buffers*) associadas aos mesmos.

■ detecção de final de arquivo em C

Na linguagem C, para detectar o final de um arquivo é necessário efetuar uma tentativa de leitura além do seu final. Assim, se um arquivo vazio for aberto, só se descobrirá que ele está vazio após uma primeira tentativa frustrada de leitura sobre o mesmo.

A condição de final de arquivo pode ser verificada com o auxílio da função `feof`, cujo protótipo é:

```
feof (FILE *)
```

A função `feof` devolve o valor `verdadeiro` (não zero) caso o final do arquivo tenha sido atingido, ou `falso` (zero) em caso contrário.

No trecho a seguir, a leitura do arquivo binário `arq2` é realizada até que o fim do arquivo seja detectado (função `feof` verdadeira). Mas, como isso só ocorrerá quando uma tentativa de leitura não for bem-sucedida, após cada tentativa de leitura é verificado o resultado (`fread(...) == 1`, conforme subseção "acesso sequencial" da Seção 13.8.4), ou seja, se um registro foi lido com sucesso. As funções de escrita só são ativadas se a leitura tiver sido bem-sucedida:

```
while(!(feof(arq2)))  // ou while(feof(arq2)== 0)
    if(fread(&buffer, sizeof(struct atleta), 1, arq) == 1)
      {
       printf("Nome: %s\n", buffer.nome);
       printf("Idade: %d\n", buffer.idade);
       printf("Altura: %.2f\n\n", buffer.altura);
      }
```

13.8.3 arquivos de texto

No processamento de arquivos de texto são utilizadas funções. As funções `fgets`, `fputs`, `putc`, `getc`, `strok`, `atoi` e `atof` são explicadas a seguir.

Os arquivos de texto podem ser processados caractere por caractere ou linha por linha. Para um grande número de aplicações, o processamento linha por linha de um arquivo texto pode ser a opção mais interessante. Isso porque essa opção permite tanto trabalhar com as linhas em bloco quanto com os caracteres individuais nas linhas, uma vez que as linhas são vetores de caracteres.

Os exemplos a seguir apresentam as duas formas de processamento de arquivos de texto.

■ processamento de arquivos de texto linha por linha

No processamento de arquivos de texto linha por linha, são utilizadas as funções fgets e fputs.

função fgets. A função fgets pode ser utilizada para a leitura de linhas, pois lê de um arquivo um conjunto de caracteres até um tamanho máximo informado e armazena os caracteres lidos em uma variável string.

O número de caracteres lidos do arquivo é igual ao número de caracteres que devem ser lidos menos um, para permitir a inserção do caractere "\0" ao final da nova *string*. O caractere de nova linha "\n", se estiver dentro do tamanho máximo de leitura previsto, também integrará a *string*.

O protótipo da função fgets é:

```
char *fgets (char *str, int tamanho, FILE *fp)
```

ou seja, são passados para a função um ponteiro de caracteres (char *str), um inteiro (int tamanho) com o número de caracteres a processar e o ponteiro de um arquivo (FILE *fp).

Na chamada de fgets a seguir, um número de caracteres igual ao tamanho da variável nome menos um é lido do arquivo arq e transferido para a variável nome:

```
fgets(nome, sizeof(nome), arq)
```

Na leitura de *strings* a partir do dispositivo padrão de entrada, em vez do nome do arquivo usa-se stdin:

```
fgets(nome, sizeof(nome), stdin)
```

Eventualmente, pode ser interessante eliminar o "\n" se ele estiver presente no final da *string*, para que não interfira, por exemplo, nas comparações entre *strings*. O if após a chamada de fgets, no trecho a seguir, dá conta dessa questão:

```
fgets(nome, sizeof(nome), stdin);
if (linha[strlen(linha) - 1] == '\n')
    linha[strlen(linha) - 1] = '\0';
```

função fputs. A função fputs escreve uma *string* (ou linha) em um arquivo. Não grava o caractere "\0" no arquivo, apenas transfere o caractere "\n", se existir. O protótipo da função fputs é:

```
char *fputs (char *str, FILE *fp);
```

ou seja, seus parâmetros são um ponteiro para caracteres (char *str) e um ponteiro para arquivo (FILE *fp).

Na sequência, o conteúdo da variável *string* linha está sendo escrito em arq2:

```
fputs (linha, arq2);
```

A escrita de texto no dispositivo padrão de entrada também pode ser feita com fputs:

```
fputs("Aguarde, processando... ", stdout);
```
Na função a seguir, o arquivo de texto arq1 é gravado, linha por linha, com linhas fornecidas pelo usuário via teclado, usando a variável *string* linha:

```c
void grava_arq(FILE *arq1, int maximo)
{
    char linha[maximo];
    printf
    ("\nDigite quantas linhas de %d caracteres desejar.\n", maximo);
    printf ("Para parar digite FIM no inicio de uma linha\n");
    fgets(linha, sizeof(linha), stdin); //leitura inicial
    if (linha[strlen(linha) - 1] == '\n')
        linha[strlen(linha) - 1] = '\0';
    while ((strcmp(linha, "FIM")))
    {
        fputs (linha, arq1); // grava
        putc('\n', arq1);
        fgets(linha, sizeof(linha), stdin); //leitura proxima linha
        if (linha[strlen(linha) - 1] == '\n')
            linha[strlen(linha) - 1] = '\0';
    }
}
```

■ **processamento de arquivos de texto caractere por caractere**

No processamento de arquivos de texto caractere por caractere são utilizadas as funções putc e getc.

A função putc escreve um caractere em um arquivo. Seu protótipo é:

```c
int putc (int ch, FILE *fp)
```

ou seja, recebe um inteiro (int ch), onde será armazenado o caractere, e um ponteiro para arquivo (FILE *fp) e devolve um inteiro. Na chamada de putc a seguir, um caractere é lido do arquivo arq e transferido para a variável caractere novo:

```c
putc(novo,arq);
```

A função getc lê um caractere de um arquivo. Ela devolve o caractere lido na forma de um valor inteiro. Seu protótipo é:

```c
int getc (FILE *fp)
```

No trecho a seguir, o arquivo arq é lido, caractere por caractere, com a função getc, e os caracteres são mostrados na tela:

```c
while (!feof(arq))
  printf (" %c", getc(arq));
```

Na função grava_arq, a seguir, o arquivo de texto arq1 é gravado, caractere por caractere. Na sequência, na função le_arq, a listagem do arquivo no dispositivo de saída padrão também é realizada caractere por caractere:

```c
void grava_arq(FILE *arq1, int maximo)
{
    char caract1;
    printf
    ("\nDigite quantas linhas de %d caracteres desejar.\n", maximo);
    printf ("Para parar digite # no inicio de uma linha\n");
    caract1 = getc(stdin);
    while (caract1 != '#')
      {
        putc(caract1, arq1);
        caract1 = getc(stdin);
      }
}
void le_arq(FILE * arq2, int maximo)
{
    char caract;
    while (!(feof(arq2)))
      {
        caract = getc(arq2);
        putc(caract, stdout);
      }
}
```

■ acesso direto em arquivos de texto

Em C, os arquivos de texto podem ser acessados tanto de forma sequencial quanto direta, embora o acesso direto seja pouco utilizado.

No trecho de programa a seguir, todas as ocorrências de um caractere, armazenado na variável antigo, são localizadas no arquivo texto arq e substituídas por um outro caractere, informado pelo usuário durante a execução e armazenado na variável novo. Para realizar essa tarefa é utilizado o acesso direto sobre o arquivo.

```c
printf("\nCaractere a procurar: \n");
scanf(" %c", &antigo);
printf("\nSubstituir por: \n");
scanf(" %c", &novo);
while (!feof(arq))
  {
  temp = getc(arq);
  if (temp == antigo)
```

```
        {
        alt++;
        //volta a posicao do caractere procurado
        fseek(arq, -1*sizeof(char), SEEK_CUR);
        putc(novo,arq); //substitui
        fflush(arq);    //descarrega buffer no arquivo
        }
    }
```

■ extração de elementos variados (numéricos e não numéricos) de linhas de um arquivo de texto

Vários aplicativos produzem como saída arquivos de texto nos quais dados de diferentes tipos aparecem separados entre si por delimitadores, tipicamente caracteres diferentes do espaço em branco, como vírgula, "#" ou "/":

```
MARIA DA SILVA#45#3200.00#
PEDRO SOUZA#27#340.50#
etc.
```

Nesses casos, é importante conseguir decompor uma sequência de caracteres (`MARIA DA SILVA#45#3200.00#`) em outras sequências menores (`MARIA DA SILVA` e `45` e `3200.00`), com base nos caracteres delimitadores (`#` ou outro), e converter sequências que correspondam a números (`45` e `3200.00`), que estão em representação de caracteres, para valores numéricos em representação binária pura.

Em C, a extração de elementos variados, tanto numéricos quanto não numéricos, de linhas (ou seja, de *strings*) de um arquivo de texto pode ser realizada com as funções `fgets` e `strtok`, e a conversão de caracteres para números com as funções `atoi` e `atof`.

A função `strtok` permite desmembrar uma *string* em várias *substrings*, considerando como delimitadores das *substrings* caracteres chamados *tokens*. O valor devolvido por essa função é uma *string*. Seu protótipo é:

```
char * strtok(char *fonte, char *sep)
```

A chamada de `strtok` a seguir percorre `vetorbuffer` a partir do seu início:

```
strtok(vetorbuffer, ",");
```

Se o primeiro parâmetro da função `strtok` é um ponteiro para *string*, a função devolve a *substring* armazenada em `fonte`, do início e até o primeiro caractere *token* fornecido como parâmetro em `sep`.

O ponteiro para *string* é usado na função `strtok` apenas para extrair a primeira *substring*. Para a extração das demais *substrings* de uma mesma *string*, deve-se usar a constante `NULL` como primeiro parâmetro das chamadas subsequentes de `strtok`, uma vez que, enquanto a *string* base for a mesma, `strtok` segue avançando pelas posições da *string* base.

No trecho a seguir, três pedaços de stringinicial são extraídos sucessivamente para sub1, sub2 e sub3:

```
sub1 = strtok(stringinicial, ",");   //extrai primeira substring
sub2 = strtok(NULL, ",");            //extrai substring seguinte
sub3 = strtok(NULL, ",");            //extrai substring seguinte
```

A função atoi recebe uma *string* e devolve um inteiro. Seu protótipo é:

```
int atoi(const char *string)
```

A seguir, o conteúdo da variável *string* buf é convertido para um valor numérico inteiro e armazenado na variável inteira num:

```
num = atoi(strtok(buf, ","));
```

A função atof recebe uma *string* e devolve um valor real. Seu protótipo é:

```
double atof(char *string)
```

Na sequência, é mostrada a extração de uma *string* com strtok e sua conversão para um valor real:

```
n1 = atof(strtok(NULL, ","));
```
    ou
```
substring1 = strtok(NULL, ",");
n1 = atof(substring1);
```

No trecho a seguir, as linhas do arquivo arq:

```
2,ANALISTA,1500.00,3,
3,ANTROPOLOGO,2500.00,4,
etc.
```

são lidas como um único conjunto de caracteres, com o uso da variável *string* linha, e desmembradas conforme os vários valores, delimitados por vírgulas, que nelas se encontram (inteiro, string, real e inteiro):

```
fgets(linha, MAX, arq);
while (!feof(arq))
   {
   // transforma substring de linha em int
   cod = atoi(strtok(linha, ","));
   profissao = strtok(NULL, ",");
   // transforma substring de linha em real
   piso_salarial = atof(strtok(NULL, ","));
   // transforma substring de linha em inteiro
   nivel = atoi(strtok(NULL, ","));
   (...)
   fgets(linha, MAX, arq);
   }
```

■ leitura e escrita formatadas em arquivo de texto

Para leitura e escrita formatadas em arquivos de texto são usadas as funções fscanf e fprintf. Os protótipos dessas funções são:

```
fscanf (<FILE*>, <"%codigoformato">, <var1,var2,...>)
fprintf (<FILE *>,<"% codigoformato">, <var1,var2,...>)
```

Em codigoformato, em ambas as funções, deve ser fornecido o formato de edição já utilizado nas funções scanf e printf.

Na função a seguir, é feita a gravação de uma matriz de inteiros m em um arquivo de texto arq:

```
void cria_arq (FILE * arq, int m[] [MAXCOL], int mlin, int mcol)
{
   int i, j;
   for(i=0; i<mlin; i++)
      {
        for(j=0; j<mcol; j++)
            fprintf(arq, "%d ", m[i][j]); //gravacao de dados em arq
        fprintf(arq, "\n"); //nova linha
      }
}
```

Na função a seguir, é feita a leitura da matriz de inteiros m a partir do arquivo texto arq (função le_arq):

```
void le_arq (FILE * arq, int m[] [MAXCOL], int mlin, int mcol)
{
   int i, j;
   // Leitura da matriz a partir do arquivo arq
    for(i=0; i<mlin; i++)
        for(j=0; j<mcol; j++)
            fscanf(arq, "%d", &m[i][j]); // leitura dos valores do
                                         //arquivo para a matriz m
```

13.8.4 arquivos binários

Em C, o processamento de arquivos binários acontece com base em números de *bytes*. Como os arquivos contêm dados de um só tipo, se o arquivo que está sendo acessado é um arquivo de um tipo simples, normalmente não há problemas. Mas se o arquivo é de um tipo registro, qualquer descuido na especificação dos *bytes* a serem lidos ou gravados pode comprometer toda a operação. Assim, sobretudo quando vários programas acessam um mesmo arquivo, deve ser tomado cuidado especial para garantir que a declaração e o acesso ao arquivo aconteçam sempre conforme a natureza dos dados que o compõem.

■ acesso sequencial

No processamento de arquivos binários nos exemplos que seguem, serão utilizadas as funções `fwrite` e `fread`, bem como as funções `fflush` e `feof`.

A função `fwrite` grava blocos de *bytes* em um arquivo a partir do elemento corrente. Seu protótipo é:

```
fwrite (&varbuffer, numbytes, quant, FILE*)
```

onde `&varbuffer` é de onde os dados devem ser obtidos, podendo ser o endereço de uma variável ou um ponteiro; `numbytes` é o tamanho, em *bytes*, da unidade a ser gravada; `quant` são quantas unidades deverão ser gravadas; e `FILE*` é o ponteiro para o arquivo que está sendo gravado.

No exemplo a seguir, o arquivo `arq` está sendo gravado. Um número de *bytes* igual a `sizeof(float)` está sendo movido para a variável `valor`, cujo endereço aparece na chamada de `fwrite`:

```
fwrite (&valor, sizeof(float), 1, arq)
```

Em uma operação de escrita com `fwrite`, o número total de *bytes* gravados é igual a `numbytes * quant`. O valor devolvido pela função é o número de unidades gravadas.

Na função `criarq`, a seguir, o usuário fornece números reais positivos que são gravados no arquivo binário `fpin2`. A entrada de dados para quando um valor negativo é informado:

```
void criarq(FILE *fpin2)
   {
      float x;
      printf("\nEntre com valores reais positivos.");
      printf("\nNumero real (negativo para parar): ");
      scanf("%f", &x);
      while(x >= 0)
        {
           fwrite(&x, sizeof(float), 1, fpin2);
           printf("\nNumero real(negativo para parar): ");
           scanf("%f",&x);
        }
   }
```

No trecho a seguir, é criado um arquivo que armazena dados de atletas em uma estrutura. A estrutura do tipo atleta compreende os campos nome, idade e altura.

Na função `RotinaInsere`, os dados referentes a um atleta são lidos e armazenados em uma variável de nome `buffer`, do tipo `atleta`, usada para gravação no arquivo com dados de atletas. Essa rotina é ativada cada vez que dados de um atleta devem ser gravados no arquivo:

```c
void RotinaInsere(FILE *arq2, atleta buffer, int max)
{
    fflush(stdin);
      printf("\nNome (com no maximo %d caracteres): ", max - 1);
    fgets (buffer.nome, max, stdin);
    if (buffer.nome[strlen(buffer.nome) - 1] == '\n')
        buffer.nome[strlen(buffer.nome) - 1] = '\0';
    fflush(stdin);
    printf("\nIdade: ");
    scanf("%d",&buffer.idade);
    printf("\nAltura: ");
    scanf("%f",&buffer.altura);
    fwrite(&buffer, sizeof(struct atleta), 1, arq2);
}
```

A função `fread` lê para a memória principal blocos de *bytes* de um arquivo a partir do elemento corrente. Seu protótipo é:

```c
fread (&varbuffer, numbytes, quant, FILE*)
```

onde `&varbuffer` referencia o local em que os dados lidos devem ser armazenados, podendo ser o endereço de uma variável com capacidade para armazenar os *bytes* que serão lidos ou um ponteiro; `numbytes` é o tamanho, em *bytes*, da unidade a ser lida; `quant` especifica quantas unidades de `numbytes` deverão ser lidas; e `FILE*` é o ponteiro para o arquivo que está sendo lido.

No exemplo a seguir, em que o arquivo `arq2` está sendo lido, um número de *bytes* igual a `sizeof(integer)` está sendo lido e transferido para a variável `valor`, cujo endereço aparece na função:

```c
fread(&valor, sizeof(integer), 1, arq2)
```

Em uma operação de leitura com `fread`, o número total de *bytes* lidos é igual ao número de *bytes* (`numbytes`) vezes o valor em `quant`. O valor devolvido pela função é o número de unidades lidas, que poderá ser menor que o previsto se o final do arquivo for alcançado antes do esperado.

Na função `listarq`, a seguir, é listado o conteúdo de um arquivo com valores reais:

```c
void listarq(FILE *fpin2)
 {
    float x;
    while(fread(&x, sizeof(float), 1, fpin2) !=0)
        printf("\n%6.2f  ",x);
 }
```

No trecho a seguir, um arquivo com a mesma estrutura do que foi criado com a RotinaInsere é listado sequencialmente. Sem o if (fread...), os dados do último elemento do arquivo seriam apresentados duas vezes.

```
printf("-----Comeco da listagem-----\n");
while(!(feof(arq2)))
   if (fread(&buffer, sizeof(struct atleta), 1, arq2) == 1)
     {
       printf("Nome: %s\n", buffer.nome);
       printf("Idade: %d\n", buffer.idade);
       printf("Altura: %6.2f\n\n", buffer.altura);
     }
printf("-----Fim da listagem-----\n");
```

A função fflush descarrega o conteúdo dos *buffers* para o arquivo, sem fechar o fluxo de dados. Seu protótipo é:

```
int fflush (FILE *);
```

A linha a seguir descarrega o conteúdo dos *buffers* do arquivo arq:

```
fflush(arq);
```

■ acesso direto

As funções a seguir implementam a alteração randômica de dados em uma estrutura, conforme os passos para alteração randômica apresentados na subseção "operações sobre arquivos com acesso direto", da Seção 13.4.3:

```
int AlteraDados(FILE *arq, struct atleta buffer, int cod, int max)
 {int opalt, resultado;
  char titul[max];
  cod--;
  fseek(arq, cod*sizeof(struct atleta), SEEK_SET);
  if (fread(&buffer, sizeof(struct atleta), 1, arq) == 1)
      //se == 1, posicao existe no arquivo
    { if (buffer.idade)
         {//se idade não eh zero, esta preenchida com dados validos
           strcpy(titul, "Antes da Alteracao");
           //mostra os dados no arquivo
           MostraAtleta (buffer, titul, cod);
           //solicita os dados
           do
             {printf ("\nPara alterar: nome - 1; idade - 2 ");
              printf ("\nPara alterar: altura - 3, todos - 4");
              printf ("\nCancelar alteracao - 0\n");
              scanf("%d", &opalt);
              if (opalt < 0 || opalt > 4)
```

```c
                    printf("\nOpcao invalida: entre 1 e 4!\n");
                 }
              while (opalt < 0 || opalt > 4);
              if (opalt) // 0 eh para cancelar, logo nao altera
                 {
                   RecebeDadosDaAlteracao (&buffer, opalt, max);
                 //reposiciona para na sequencia alterar
                 fseek(arq, cod*sizeof(struct atleta), SEEK_SET);
                    //grava a alteracao
                 fwrite(&buffer, sizeof(struct atleta), 1, arq);
             //descarrega buffer p/estrutura antiga ser apagada
                 fflush(arq);
                 printf
                 ("\n>>Alteracao do atleta %d efetuada!\n\n", cod+1);
                 //reposiciona para ler de novo
                 fseek(arq, cod*sizeof(struct atleta), SEEK_SET);
                 //le do arquivo o alterado
                    fread(&buffer, sizeof(struct atleta), 1, arq);
                    strcpy(titul, "Depois da Alteracao");
                    MostraAtleta (buffer, titul, cod);
                    resultado = 0; // alteracao ok
                 }
              else // if(opalt)...
                  resultado = 2; // alteracao cancelada
            }
         else // if(buffer.idade)
             resultado = 1;
             // alteracao para inexistente
             // (posicao existe mas sem dados)
      }
      else // if (fread(&buffer...
          resultado = 1;
          //alteracao para inexistente (posicao nao existe)
      return resultado;
   }
 void MostraAtleta (struct atleta buffer, char *titulo, int cod)
 {     printf("\n***%s***\n\n", titulo);
       printf("Codigo: %d\n", cod + 1);
       printf("Nome: %s\n", buffer.nome);
       printf("Idade: %d\n", buffer.idade);
       printf("Altura: %6.2f\n\n", buffer.altura);
       printf("\n\n");
 }
```

13.9 dicas

escolha de nomes para os arquivos. Escolher nomes lógicos para os arquivos, que sejam curtos e representem claramente o que os arquivos vão armazenar, para facilitar o desenvolvimento e a compreensão dos códigos.

localização dos comandos de abertura e fechamento de arquivos. Para ter mais clareza da situação dos arquivos a cada momento, procurar concentrar seus comandos de abertura e fechamento no corpo dos programas, em vez de colocá-los dentro de subprogramas. Essa forma de organização do código é particularmente interessante nos casos de programas em que um mesmo arquivo é aberto e fechado sucessivas vezes.

declaração correta dos arquivos e utilização do tipo de variável correto para acessar arquivos binários. Um arquivo binário contém unidades de informação de um determinado tipo. Para ser acessado corretamente, sua declaração deve ser coincidente com aquela utilizada em sua criação, e as variáveis usadas para lê-lo devem ser correspondentes ao seu tipo.

verificação imediata do resultado das operações efetuadas sobre os arquivos. Verificar o resultado das operações sobre arquivos imediatamente após sua realização permite localizar os problemas de imediato e reduz as possibilidades de ocorrência de erros mais complexos e difíceis de localizar.

cuidados antes de iniciar os testes. Só iniciar os testes após ter revisado o modo de abertura, a declaração do arquivo e as instruções de leitura e escrita. Incorreções em qualquer um desses itens podem gerar erros difíceis de detectar.

13.10 testes

testar com poucos dados. Fazer intensivamente testes com poucos dados. É difícil testar e identificar erros em arquivos com muitos dados.

fazer testes de volume. Antes de dar os testes por encerrados, fazer testes com volumes elevados de dados, o mais próximo possível do volume de dados real. Há problemas que não ocorrem enquanto o volume de dados é pequeno.

analisar cuidadosamente os resultados dos testes. Revisar com atenção os resultados. Qualquer pequeno detalhe que não corresponda ao esperado deve ser cuidadosamente examinado e sua causa determinada. Pequenos problemas não atendidos transformam-se rapidamente em grandes catástrofes.

13.11 exercícios sugeridos

exercício 13.1 Gere, linha por linha, um arquivo de texto com o seu conteúdo digitado pelo usuário durante a execução. Como textos de teste, sugere-se trechos dos hinos Nacional do Estado ou de times de futebol. O número de linhas fornecidas em uma execução particular poderá ser maior ou igual a 1. Ao dar entrada ao texto, sugere-se digitar apenas um espaço separador entre palavras e colocar os sinais de pontuação sempre junto às palavras, com o espaço inserido depois deles (exemplo: Isso eh um teste. So para entender o que foi explicado.). Apresente, ao final do processamento, o total de linhas gravadas no arquivo.

exercício 13.2 Usando o arquivo de texto produzido no exercício anterior, faça um programa que leia esse arquivo e realize as seguintes tarefas (cada tarefa deverá ser executada por uma função): a) listar a primeira palavra de cada linha par do arquivo; b) listar a última palavra de cada linha do arquivo. Cada conjunto de palavras deverá estar precedido por um cabeçalho adequado. Lembre que uma linha pode ter de uma a várias palavras. Apresente, ao final do processamento, o número de linhas lidas do arquivo.

exercício 13.3 Crie um arquivo de texto, todo em minúsculas, sem acentos ou cedilha, a partir de um texto digitado, em que mudanças de linha podem ser também sinalizadas pelo símbolo "#". Na geração do arquivo, sempre que no texto de entrada for encontrado o caractere "#", deve ser gerada uma mudança de linha. Os caracteres "#" não deverão aparecer no arquivo de texto gerado.

Contabilize o número de linhas gravadas no arquivo de texto e apresente esse total ao final do processamento.

Exemplo de texto de entrada:
   gigante pela propria natureza,#es belo, es forte, impavido colosso,#
   e o teu futuro espelha essa grandeza,#terra adorada,#
   entre outras mil,# es tu, Brasil,#oh patria amada!#
   dos filhos deste solo es mae gentil,#patria amada,#Brasil!#

exercício 13.4 Liste o arquivo de texto gerado no exercício anterior, linha por linha, com a primeira letra de cada linha em maiúsculas. Apresente, ao final do processamento, o número de linhas lidas do arquivo.

Exemplo de texto listado a partir do arquivo texto:

   Gigante pela propria natureza,
   Es belo, es forte, impavido colosso,
   E o teu futuro espelha essa grandeza,
   Terra adorada,
   Entre outras mil,
   Es tu, Brasil,
   Oh patria amada!
   Dos filhos deste solo es mae gentil,
   Patria amada,
   Brasil!

exercício 13.5 Liste um arquivo de texto na tela, caractere por caractere. Apresente, ao final do processamento, o total de linhas lidas do arquivo. O nome do arquivo utilizado deverá ser fornecido durante a execução.

exercício 13.6 Considerando um arquivo de texto já gravado, gere a partir dele um novo arquivo com uma nova linha inserida entre a terceira e a quarta linhas do arquivo original. O texto da nova linha deverá ser fornecido via teclado. Liste o arquivo original e o novo arquivo criado.

exercício 13.7 Considerando um arquivo de texto já gravado, escreva uma função lógica que receba esse arquivo como parâmetro e verifique se, no texto, aparece a palavra 'SENHA'.

exercício 13.8 Escreva um programa que leia um arquivo de texto, já gravado, e gere um novo arquivo, sem espaços em branco.

exercício 13.9 Considerando um arquivo de texto armazenado com nome físico dados.dad, escreva um programa que leia esse arquivo e imprima seu conteúdo, linha por linha.

exercício 13.10 Considere um arquivo de texto, já gravado, que contém um programa em uma determinada linguagem de programação. Faça um programa que leia esse arquivo e identifique as unidades léxicas dessa linguagem, listando cada uma delas com sua identificação ao lado. As unidades léxicas a considerar são:

- identificadores: iniciam por letra seguida por letras e/ou dígitos;
- palavras reservadas: begin, end, if, then, else, var, repeat, until, while, do;
- símbolos especiais: ';', '.', '(', ')'.

exercício 13.11 Faça um programa que decodifique um determinado texto gravado em um arquivo a partir da seguinte tabela de substituição de caracteres:

Caractere existente	A	E	I	O	U	V	W	X	Y	Z
Caractere a ser substituído	Z	Y	X	W	V	U	O	I	E	A

exercício 13.12 Crie os dois programas a seguir, com todas as tarefas dos mesmos executadas por funções. O nome do arquivo a ser processado deverá ser fornecido durante a execução.

Programa 1: gera um arquivo com valores inteiros e apresenta o total de valores gravados.

Programa 2: lista um arquivo contendo valores inteiros e, além dos valores, apresenta, ao final do processamento, o número de valores pares e o número de valores ímpares lidos.

exercício 13.13 Seguindo as mesmas orientações iniciais do exercício anterior, faça um programa que, a partir do arquivo de inteiros, gere um novo arquivo, apenas com o primeiro e o último valor do arquivo de entrada. Apresente, ao final do processamento, o total de valores lidos no arquivo de entrada.

exercício 13.14 Copie o arquivo sequencial fonte.dad para um arquivo sequencial chamado fontenova.dad. Os registros do primeiro arquivo têm três campos: chave – numérico (inteiro), informação – *string* (30 caracteres) e data – *string*, no formato ddmmaaaa. Os registros do segundo arquivo têm esses mesmos campos mais um quarto campo chamado de valor – numérico (real). Os valores para preencher esse novo campo devem ser lidos do teclado durante o processo de criação do novo arquivo.

exercício 13.15 Supondo a existência de dois arquivos, cujos componentes são valores inteiros e que estão em ordem crescente, escreva um programa que, a partir dos dados desses dois arquivos, gere um terceiro arquivo. Esse terceiro arquivo deverá ser a intercalação dos elementos dos dois arquivos originais, estando também ordenado.

exercício 13.16 Leia um arquivo contendo valores numéricos reais e regrave-o com os registros em ordem inversa (de trás para diante).

exercício 13.17 Faça um programa que crie um arquivo com uma lista de nomes de outros arquivos e a data em que cada um desses arquivos foi acessado pela última vez (formato aammdd). Escreva um programa que leia uma data do teclado e crie um novo arquivo que contenha apenas o nome daqueles arquivos que foram acessados a partir da data informada.

exercício 13.18 Escreva os programas a seguir, que propõem realizar o controle de bolsistas de uma instituição.

- **a** Gere, de forma sequencial, o arquivo binário bolsista1.cad, com no mínimo 5 registros. Cada bolsista terá seus dados armazenados em uma estrutura com os seguintes campos: codigo (inteiro entre 1 e 25); nome (*string* de 30 caracteres); tipo_bolsa (inteiro, com os valores válidos: 1 – trabalho; 2 – iniciacao; 3 – pesquisa); e e_mail (*string* de 30 caracteres). Realize a verificação de validade nos campos codigo e tipo_bolsa e só aceite valores corretos. <u>Atenção</u>: não aceite códigos duplicados.
- **b** Liste, sequencialmente, o arquivo "bolsista1.cad".
- **c** Acrescente, de forma sequencial, dados de novos bolsistas ao final do arquivo bolsista1.cad até que o usuário indique que deseja parar. <u>Atenção</u>: não aceite códigos duplicados, considerando inclusive os códigos fornecidos no item a).

exercício 13.19 A partir do arquivo bolsista1.cad (criado no exercício anterior), gere uma versão do mesmo para acesso direto, denominada "bolsista2.cad", em que os dados de cada bolsista fiquem armazenados na posição de seu código subtraído de 1. A estrutura do arquivo bolsista2.cad deverá conter a mais os campos mês e ano de vencimento da bolsa. Esses campos deverão receber o valor zero.

exercício 13.20 Uma empresa de manutenção de ônibus e caminhões passou recentemente por graves problemas de pessoal. Após a renovação de boa parte da equipe que mantinha seu sistema computacional, foi verificado que o cadastro em disco, de organização sequencial, com informações sobre 1.000 peças de reposição com as quais a empresa trabalha, estava totalmente desordenado. Desenvolva um programa para ordenar as informações desse arquivo em ordem ascendente de código de peça e regravar o arquivo de forma randômica, com as informações de cada peça armazenadas na posição do seu código. A classificação deverá ser feita em um subprograma e a geração do arquivo em outro. Para a classificação, use o método da bolha, discutido no Capítulo 6. Os códigos das peças atualmente existentes variam entre 1 e 1.500.

A estrutura dos registros do cadastro de peças é:

- código da peça (inteiro)
- nome da peça (40 caracteres)
- preço unitário (real)
- quantidade de peças em estoque (inteiro)
- código do fornecedor (inteiro)

exercício 13.21 Um banco mantém um cadastro de clientes (clientes) contendo: nº da conta (inteiro, entre 1 e 500); nome do cliente (32 caracteres); data de abertura da conta (ddmmaa); tipo da conta (1 – simples ou 2 – especial); e limite (real) e data de vencimento (ddmmaa), em caso de conta especial. O banco possui um arquivo de movimento (movimento), cujo primeiro registro contém a data do movimento e os demais registros contêm o número da conta, o tipo da operação (1 – depósito, 2 – saque) e o valor. Pede-se:

- **a** faça um programa que gere o cadastro de clientes – os dados de cada cliente deverão ser armazenados na posição do arquivo igual ao seu número de conta e a geração do arquivo deverá acontecer de forma direta;
- **b** escreva um programa que gere o arquivo movimento referente a um determinado dia;
- **c** escreva um programa que atualize o cadastro de clientes a partir de um arquivo movimento e emita um relatório com o saldo atualizado de cada cliente;
- **d** escreva um programa que liste todos os depósitos realizados na conta de um determinado cliente;
- **e** construa um programa que atenda um número indeterminado de consultas de saldo – em cada consulta deverá ser fornecido um número de conta e deverá ser devolvido o saldo ou uma mensagem de conta inexistente.

exercício 13.22 O arquivo cadastro armazena informações relacionadas a clientes de uma clínica. Para cada cliente, são armazenados, na forma de um registro do arquivo, os seguintes dados: nome (28 caracteres), sexo (M ou F), altura (real), peso_inicial (real), peso_atual (real) e data_de_nascimento (ddmmaa). A partir desse arquivo, gere outros dois arquivos, um em que são armazenados os dados dos homens e o outro com os dados das mulheres.

exercício 13.23 Gere um arquivo funcionário, em que cada registro armazene o código do funcionário (inteiro entre 1 e 140), seu nome (35 caracteres), endereço (45 caracteres), salário (real) e a função (30 caracteres), com no mínimo 10 funcionários, tendo pelo menos 3 com a função de gerente. O acesso aos dados dos funcionários será feito com base no seu código, utilizando acesso direto. Os dados de um funcionário estarão na posição do seu código.

exercício 13.24 A partir dos dados armazenados no arquivo funcionário, gere um relatório que liste o nome e o salário dos funcionários cuja função é "gerente".

exercício 13.25 Faça um programa que atualize o salário de um funcionário no arquivo dos exercícios anteriores. O código do funcionário e o novo salário devem ser lidos do teclado.

exercício 13.26 Sejam os dados de pagamento dos clientes da Academia Boa Forma armazenados no arquivo pagamentos, em que os dados de cada cliente estão contidos em uma estrutura com o seguintes campos: identificacao (inteiro entre 1 e 30), curso (1 – aerobica, 2 – musculacao, 3 – aerobox), dia e mes do último pagamento e valor_pago (valor inteiro). Exemplo de uma versão do arquivo clientes:

	identificação	curso	dia	mês	valor_pago
0					
1	1	1	4	11	300
2	2	1	0	0	0
...	(...)				
30	30	1	31	10	270

Para criação e utilização do arquivo pagamentos, desenvolva funções que realizem as tarefas descritas a seguir. A função listagem sequencial deverá estar só, em um programa, e as outras duas funções deverão estar ou juntas em um mesmo programa ou separadas em dois novos programas.

Tarefas a implementar:

a criação randômica do arquivo pagamentos com os dados de cada cliente armazenados na posição de sua identificação, fazendo a verificação de correção das informações fornecidas para o campo identificacao, bem como da possível ocorrência de "inclusão para já existente". Só seguir no processamento quando dados válidos forem fornecidos no campo identificacao. Mes e dia do último pagamento e valor_pago não são campos obrigatórios. Se não forem fornecidos, devem ser preenchidos com zeros. Processar um número indeterminado de inclusões, até que o usuário informe que deseja parar.

b listagem sequencial dos dados válidos dos clientes, conforme segue.
```
***LISTAGEM DO ARQUIVO PAGAMENTOS***
Identificação: 1
Curso: aeróbica
Dia do último pagamento: 4
```

```
Mês do último pagamento: 11
Valor pago:   300
...
```

c alteração randômica do arquivo pagamentos. Alterar os campos dia e mes do último pagamento, bem como o campo valor_pago, de quantos clientes sejam solicitados, até que o usuário indique que deseja parar. Acusar erro sempre que ocorrer "alteração para inexistente". Sempre que uma alteração for bem-sucedida, exibir a mensagem "Alteração realizada".

exercício 13.27 Seja a locadora de DVDs SUPER. Seja o arquivo DVDs, em que estão armazenados dados sobre DVDs: codigo (numérico entre 1 e 50), nome (50), genero (1 – show, 2 – aventura, 3 – comédia, 4 – infantil) e ano_de_lancamento (inteiro).

Exemplo do arquivo DVDs:

Pos. no Arq.	código	nome	gênero	ano_de_lancamento
0	0		0	0
1	2	Dumbo	4	1941
2	3	A Múmia	9	1991
3	0		0	0
15	16	Fantasia	4	1940
(...)	(...)			
49	50	Chico Buarque	2	2006

Faça um programa que execute as seguintes tarefas:

a por meio de uma função, execute, de forma randômica, um número indeterminado de inclusões de dados de DVDs no arquivo DVDs, com verificação da validade das informações fornecidas e tratamento dos erros que porventura aconteçam no acesso ao arquivo (inclusão para já existente). Cada DVD deve ser inserido na posição do arquivo correspondente ao valor de código menos 1, ou seja, código 1 na posição 0 do arquivo, código 2 na posição 1 do arquivo, etc.

b por meio de outra função, realize, de forma randômica, um número indeterminado de exclusões sobre o arquivo DVDs, até que o usuário informe que deseja parar. Ao ser efetivada uma exclusão, o campo relativo ao gênero do DVD deverá ser preenchido com o valor 9, permanecendo os demais campos intocados. Verificar a validade do código do DVD a excluir e só aceitar valores válidos para o processamento, bem como dar mensagem de erro se o usuário tentar excluir um DVD não existente ou um que já esteja excluído.

c por meio de uma terceira função, faça a listagem sequencial de todo o arquivo, listando apenas os registros efetivamente preenchidos, ou seja, os registros com dados válidos e não excluídos.

O programa poderá ser desenvolvido de uma das duas formas:

a as funções indicadas nos itens anteriores são chamadas uma após a outra – primeiro, tantas inclusões quantas o usuário deseje, depois, tantas exclusões quantas ele deseje e, finalmente, a listagem sequencial de todo o arquivo;

b as funções indicadas nos itens anteriores são chamadas em qualquer ordem, a qualquer momento – um menu ativa as funções por demanda, até que o usuário informe que deseja parar o processamento.

exercício 13.28 Considere um arquivo em que são armazenados os códigos e os nomes de diversas profissões como, por exemplo:

100	ALFAIATE
200	ANALISTA
300	ANTROPOLOGO
400	BOMBEIRO
500	CARPINTEIRO

Esse arquivo está organizado em ordem alfabética dos nomes das profissões. Para esse arquivo, escreva os seguintes programas:

a um programa para inserir uma nova profissão no lugar correto desse arquivo – o nome e o código da nova profissão deverão ser lidos do teclado;

b uma função que devolve o nome de uma profissão, sendo fornecido seu código como parâmetro.

exercício 13.29 Uma revenda de automóveis armazena em um arquivo, CARROS, os dados relativos aos carros disponíveis para venda. Para cada venda, são registrados:

- código de identificação do carro (1 a 50);
- marca (30 caracteres);
- tipo (inteiro) (1 – NOVO / 2 – USADO);
- ano de fabricação (inteiro);
- combustível (gasolina, álcool, diesel) (inteiro, 1 a 3);
- preço de venda (real).

Escreva um programa para acessar o arquivo CARROS, permitindo alterações e uma série de consultas a partir do seguinte menu inicial:

1. inserção de um carro no cadastro
2. retirada de um carro do cadastro (carro vendido)
3. listagem de todos os carros disponíveis para venda
4. listagem dos dados de um carro
5. listagem de todos os carros de uma marca/tipo
6. parar o processamento

Cada uma dessas operações deverá ser realizada por um subprograma independente.

13.12 termos-chave

abertura de arquivo, p. 339

acesso direto (ou randômico), p. 338

acesso sequencial, p. 338

apagar e renomear arquivos, p. 340

arquivos, p. 336

arquivos binários, p. 337

arquivos texto, p. 337

associação de nome físico a arquivo, p. 339

chave de acesso, p. 348

declaração de arquivos, p. 338

fechamento de arquivos, p. 340

leitura e escrita em arquivos, p. 341

registros, p. 337

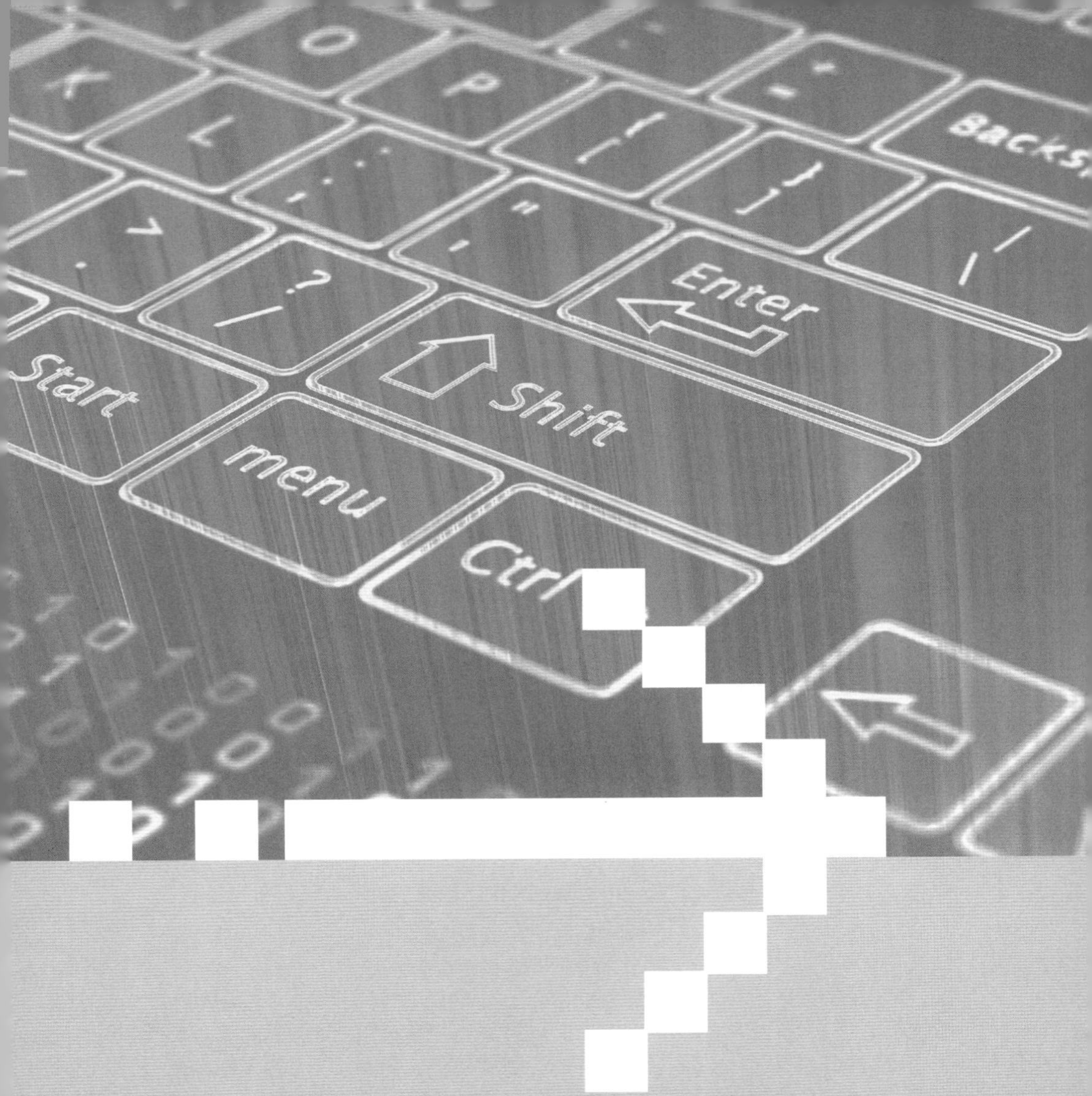
Enter
Start
Shift
menu
Ctrl

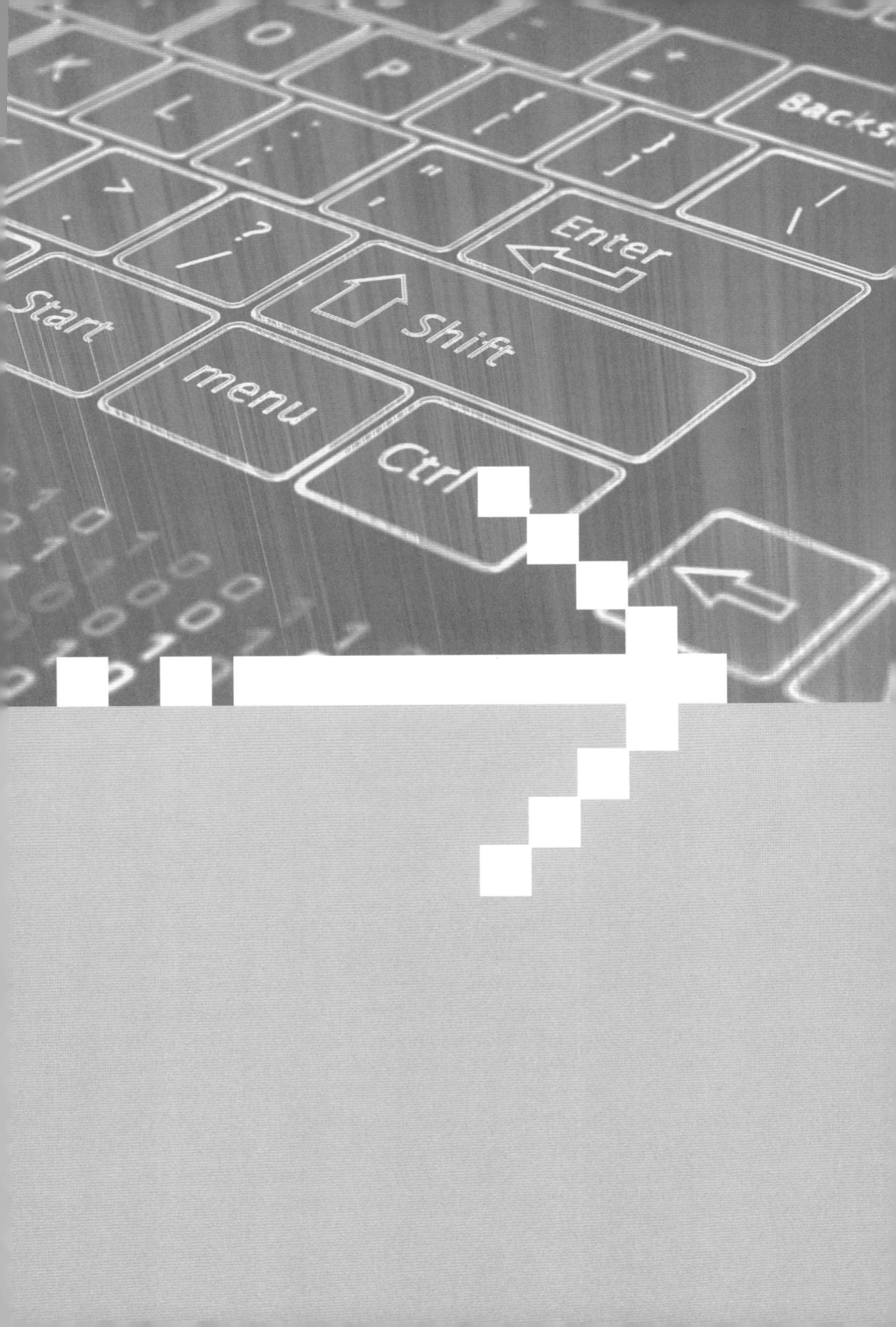

capítulo 14

ponteiros e alocação dinâmica de memória

■ ■ Este capítulo apresenta variáveis denominadas ponteiros ou apontadores, utilizadas para gerenciar a alocação dinâmica de memória. Discute como deve ser feita a declaração de ponteiros, as operações que podem ser realizadas sobre eles e como podem ser manipuladas as variáveis por eles apontadas.

Os capítulos anteriores apresentaram diversos tipos de variáveis, simples e compostas. Essas variáveis têm em comum sua forma de alocação: devem sempre ser declaradas no início dos programas, associando seus nomes aos tipos de dados que irão armazenar. O espaço que ocupam na memória é alocado pelo sistema antes do início da execução do programa e só é liberado ao seu final. Esse procedimento é, às vezes, denominado alocação estática de memória e as variáveis alocadas dessa forma são ditas variáveis estáticas.

Suponhamos que um programa utilize um grande arranjo, de diversas dimensões. Se, em um determinado momento do programa, for necessário fazer uma cópia de todo esse arranjo, dois espaços de memória iguais deverão ser alocados já no início do programa, ficando os dois alocados até o final da execução, mesmo que um deles seja utilizado somente durante um pequeno espaço de tempo. Esse procedimento pode ser otimizado se for utilizada a alocação dinâmica de memória.

Este capítulo apresenta um novo tipo de variáveis, denominadas ponteiros ou apontadores, utilizadas para gerenciar a alocação dinâmica de memória. Essas variáveis estão disponíveis em algumas linguagens de programação.

14.1 ⇢ alocação dinâmica de memória

Na **alocação dinâmica de memória**, os espaços de memória são alocados e liberados durante a execução do programa, conforme a necessidade. Isso permite otimizar a utilização da memória, garantindo que uma área só será alocada e tornada disponível para o programa quando realmente for entrar em uso.

Na alocação dinâmica de memória, o usuário solicita o espaço requerido durante a execução, no momento em que isso se torna necessário. Nesse momento, devem ser informados tanto a quantidade de memória necessária, quanto o tipo dos valores a serem armazenados. Tão logo o espaço não seja mais necessário, em qualquer ponto da execução do programa, ele deve ser liberado.

O resultado de uma tentativa de alocação de memória deve ser sempre verificado e tratado adequadamente. Se uma alocação não é bem-sucedida pela inexistência de espaço para seu atendimento, ocorre um erro durante a execução.

Duas formas alternativas são oferecidas por algumas linguagens de programação para gerenciar a alocação dinâmica: (1) declaração de variáveis dentro de blocos (Capítulo 4) ou em subprogramas (Capítulo 9); e (2) alocação de espaço por meio de ponteiros.

Na alocação dinâmica envolvendo variáveis declaradas dentro de blocos ou subprogramas, as variáveis armazenam valores da aplicação da mesma forma que as variáveis estáticas, mas elas são alocadas pelo sistema ao iniciar a execução do bloco ou subprograma e só persistem enquanto durar a execução do mesmo. As áreas de memória associadas a variáveis declaradas nessa modalidade são liberadas automaticamente pelo sistema.

Na alocação de espaço por meio de ponteiros, o usuário solicita a alocação de espaço na memória quando necessário, durante a execução do programa, e é responsável pela sua liberação. Na solicitação de alocação, é informado o tamanho de memória requerido e o tipo dos valores que serão armazenados naquele espaço. Uma vez que a alocação tenha sido realizada, é devolvido ao programa o endereço físico do espaço alocado. O endereço da variável dinâmica alocada é armazenado em uma variável denominada **ponteiro** ou apontador. Essa forma de alocação de variáveis dinâmicas é estudada neste capítulo.

14.2 ⟶ conceito de ponteiro

Ponteiros são variáveis que, em vez de valores de dados, guardam endereços de memória. Quando um programa solicita a alocação de uma variável dinâmica, o endereço da variável dinâmica na memória é armazenado em uma variável do tipo ponteiro. A partir da alocação, é necessário usar o ponteiro correspondente para acessar o valor do dado armazenado na variável dinâmica.

O valor contido em um ponteiro não é conhecido pelo programa, ele somente é usado para acessar o espaço de memória correspondente. A maioria das linguagens de programação não permite o acesso ao valor do endereço contido em um ponteiro. Assim, é pouco frequente imprimir o valor contido em um ponteiro ou usar seu valor diretamente em uma expressão.

A utilização de variáveis estáticas e dinâmicas é muito diferente e precisa ser claramente entendida. Uma variável estática é acessada por meio de seu nome, que simboliza o seu endereço. Por exemplo, a declaração de uma variável inteira `valorint` faz que seja alocado o espaço necessário para armazenar um valor inteiro (Figura 14.1a). Esse espaço de memória é referenciado no programa pelo nome da variável, `valorint`.

Na alocação dinâmica, as variáveis não têm nomes. Somente podem ser acessadas por meio de seus endereços, que deverão estar armazenados em variáveis do tipo ponteiro. Costuma-se dizer que um ponteiro "aponta" para a variável dinâmica, significando que o ponteiro contém seu endereço. Por exemplo, a Figura 14.1b mostra duas variáveis dinâmicas apontadas pelos ponteiros `p1` e `p2`. Os valores 1000 e 1007 contidos nas variáveis `p1` e `p2` representam, simbolicamente, os endereços físicos que esses ponteiros contêm. Os valores 20 e 30 contidos nas variáveis dinâmicas deste exemplo representam os valores dos dados armazenados nas variáveis. As variáveis serão representadas no programa pelos seus ponteiros `p1` e `p2`.

Uma variável do tipo ponteiro pode apontar (ou seja, guardar o endereço na memória) para uma área de memória associada a qualquer tipo de dado, simples (`inteiro`, `real`, etc.) ou complexo (arranjos, estruturas, etc.). No caso de uma variável complexa, o ponteiro vai indicar o endereço de seu primeiro elemento.

Neste livro, uma variável ponteiro será representada visualmente por uma seta indicando para onde ela está apontando. Assim, na Figura 14.2 a variável ponteiro `p` (ou simplificando, o ponteiro) contém o endereço (aponta) de uma variável cujo conteúdo é 123.

As variáveis do tipo ponteiro devem ser declaradas no início dos programas. Na declaração do ponteiro, deve ser informado qual o tipo de valor que será armazenado no espaço de memória para o qual o mesmo apontará.

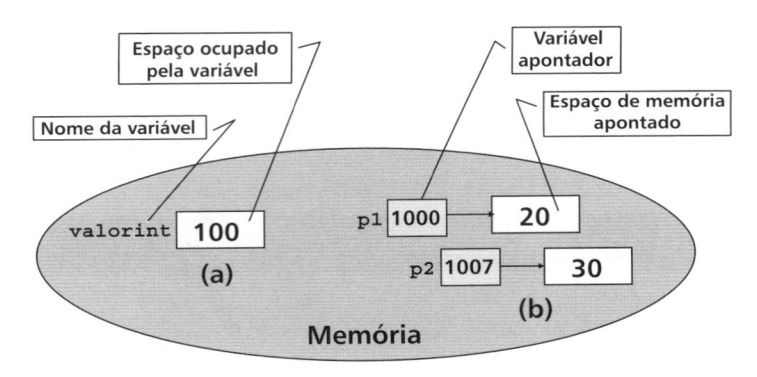

figura 14.1 Alocação estática e dinâmica de memória.

Variáveis dinâmicas podem ser alocadas a qualquer momento durante a execução de um programa por meio de um comando específico. Da mesma forma, o espaço utilizado por uma variável dinâmica pode ser liberado a qualquer momento durante a execução do programa por meio de outro comando específico.

Um mesmo ponteiro pode ser utilizado para indicar diferentes áreas de memória em momentos diferentes. A seguir, é detalhado como é feita a declaração de ponteiros e como essas variáveis são empregadas na gerência de variáveis dinâmicas.

14.3 declaração de um ponteiro

A declaração de uma variável do tipo ponteiro somente indica que esse ponteiro poderá ser utilizado para alocar uma ou mais áreas de memória durante a execução do programa – nenhuma área é alocada no início da execução como resultado da compilação do programa. Na pseudolinguagem, a declaração de um ponteiro tem a seguinte forma:

<nome da variável> (↑ <tipo da variável a ser alocada>)

O símbolo "↑" indica que a variável é do tipo ponteiro e que estará apontando para um espaço de memória do tipo definido a seguir. Isso significa que um ponteiro somente poderá apontar para um determinado tipo de dado. Qualquer um dos tipos de dados vistos até aqui pode ser associado a um ponteiro, tanto tipos simples (inteiro, real, caractere) como estruturados (arranjos ou estruturas).

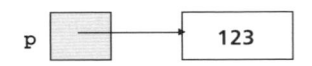

figura 14.2 Representação gráfica de variável do tipo ponteiro.

Por exemplo, a declaração a seguir:

`Variável: p (↑ inteiro)`

indica que a variável p vai armazenar o endereço de um espaço de memória onde será armazenado um valor inteiro. Já a declaração a seguir:

`Variável: pv (↑ arranjo [1..10] de inteiro)`

indica que o ponteiro pv vai conter o endereço de acesso a um arranjo de 10 elementos inteiros.

Durante a execução do programa, o mesmo ponteiro pode ser utilizado em momentos diferentes para alocar mais de um espaço na memória, todos do mesmo tipo. Entretanto, somente um endereço é armazenado a cada momento nessa variável.

14.4 alocação e liberação de memória por meio de ponteiros

Na alocação dinâmica de memória, é o usuário quem solicita a alocação das áreas na memória e as libera.

O comando que solicita a alocação de um espaço de memória tem a seguinte forma:

`alocar (<nome de variável do tipo ponteiro>)`

Considerando a declaração da variável p feita na seção anterior, o comando a seguir solicita que seja alocado um espaço de memória suficiente para armazenar um número inteiro e que seu endereço seja armazenado em p:

`alocar (p)`

A partir deste momento, esse espaço de memória poderá ser utilizado, lembrando sempre que deve ser acessado através de seu endereço, armazenado em p. Quando o espaço alocado não for mais necessário, ele pode ser liberado por meio do seguinte comando:

`liberar (<nome de variável do tipo ponteiro>)`

Por exemplo, o comando a seguir libera o espaço de memória apontado por pv:

`liberar (pv)`

Os comandos `alocar` e `liberar` podem ser utilizados em qualquer lugar do programa.

14.5 acesso a variáveis acessadas por ponteiros

Na pseudolinguagem, o acesso a uma variável alocada por um ponteiro é feito por meio do nome declarado para o ponteiro, seguido do símbolo "↑". Essa construção informa que se quer acessar o espaço de memória que está sendo apontado por essa variável do tipo ponteiro.

Referenciado dessa maneira, o espaço de memória alocado pode ser utilizado em comandos de atribuição e de saída, conforme os exemplos a seguir:

```
{ATRIBUIR O VALOR 10 AO ESPAÇO DE MEMÓRIA APONTADO POR p}
p↑ ← 10
{INFORMAR O VALOR CONTIDO NO ESPAÇO DE MEMÓRIA APONTADO POR p}
escrever (p↑)
{INFORMAR O VALOR CONTIDO NO TERCEIRO ELEMENTO DO ARRANJO pv}
escrever (pv↑ [3])
```

14.6 ⇢ atribuição de valor a ponteiro

Um ponteiro jamais deve ser utilizado quando não contiver um valor válido, pois isso pode provocar um erro durante a execução. Uma variável do tipo ponteiro também pode receber um valor (ou seja, um endereço físico de memória) por meio de um comando de atribuição, mas com severas restrições. As únicas atribuições que podem ser feitas a um ponteiro são as descritas a seguir.

endereço nulo. Um ponteiro pode receber, por atribuição, um valor que represente um endereço nulo, representando simbolicamente que esse ponteiro não está apontando para lugar algum. Na pseudolinguagem, esse valor é denominado nulo. O valor nulo pode ser testado no programa. Por exemplo, considerando o mesmo ponteiro p de antes:

```
p ← nulo
se p = nulo
   então escrever ('ponteiro nulo')
```

atribuição entre ponteiros. O endereço contido em um ponteiro pode ser atribuído a outro ponteiro, fazendo que os dois apontem para o mesmo endereço físico. Somente ponteiros declarados para variáveis do mesmo tipo podem ser utilizados nesse tipo de atribuição. Por exemplo, considerando a declaração:

```
Variáveis: p1, p2 (↑ inteiro)
```

os comandos de atribuição a seguir são válidos:

```
p1 ← nulo
p2 ← p1
```

Nesse exemplo, os dois ponteiros são inicializados com o valor nulo.

14.7 ⇢ perda de acesso a uma variável

Tratando-se de uma variável, o valor contido em um ponteiro pode ser alterado ao longo da execução do programa por meio de um comando de atribuição ou ao ser utilizado para alocar uma nova variável dinâmica. Todo o cuidado deve ser tomado para que nenhuma variável fique sem acesso, ou seja, que tenha seu endereço perdido, pois caso o ponteiro que guarde esse endereço tenha o valor alterado, não será mais possível acessá-la. Por exemplo, na figura 14.3a o ponteiro p é utilizado para alocar uma variável dinâmica, na qual, mais tarde, é armazenado o valor 20. Mais adiante, outra variável dinâmica é alocada (Figura 14.3b), utilizando o mesmo ponteiro p para guardar seu endereço. Como o valor do ponteiro p mudou, a primeira variável, que contém o valor 20, continua alocada, mas não está mais acessível ao programa, pois seu endereço foi perdido.

Outro exemplo é apresentado no trecho de programa a seguir:

```
    Variáveis: p1, p2 (↑ inteiro)
início
    alocar (p1)
    p2 ← nulo
    p1↑ ← 20

    p1 ← p2
    ...
```

Inicialmente, são declarados dois ponteiros. O primeiro (p1) é utilizado para alocar um espaço que irá conter um valor inteiro. O segundo (p2) é inicializado com o endereço nulo. Em seguida, o espaço apontado por p1 recebe o valor 20 (Figura 14.4a). Na última linha, o ponteiro p1 recebe o endereço contido em p2, o que faz ele também conter o endereço nulo. Em consequência, o espaço de memória ocupado pela variável alocada inicialmente, que contém o valor 20, não poderá mais ser acessado, pois seu endereço foi perdido (Figura 14.4b).

Outro cuidado que deve ser tomado quando forem utilizadas variáveis desse tipo é sempre inicializar o ponteiro antes de utilizar seu valor. Observar o início de algoritmo a seguir:

```
    Variável: pt (↑ inteiro)
início
    pt↑ ← 10 {ERRO - ENDEREÇO DESCONHECIDO}
    ...
```

O primeiro comando executado atribui o valor 10 à posição apontada pelo ponteiro pt. Como o ponteiro pt não foi inicializado, nem recebeu algum endereço pela alocação de alguma variável, o valor nele contido é imprevisível. Dessa forma, o valor 10 está sendo atribuído a uma área desconhecida de memória, que pode inclusive referir-se ao próprio código do programa em execução, com resultados muito provavelmente danosos. Assim, é importante certificar-se de que um ponteiro esteja sempre apontando para algum endereço válido antes de utilizá-lo.

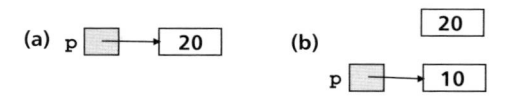

(a) p → 20   (b) p → 20
                      → 10

figura 14.3 Perda de acesso a uma variável: ponteiro utilizado para outra variável.

(a) p1 → [20]
    p2 [nulo]

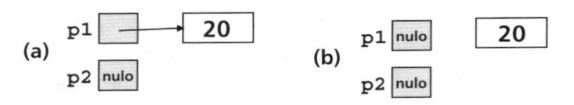

(b) p1 [nulo]   [20]
    p2 [nulo]

figura 14.4   Perda de acesso a uma variável: atribuição de novo endereço ao ponteiro.

14.8   ⋯→ exercícios de fixação

exercício 14.1 É bastante comum o uso de variáveis do tipo registro na alocação dinâmica por meio de ponteiros. Um campo de um registro pode ser do tipo ponteiro, guardando o endereço de alguma outra variável dinâmica. O programa a seguir ilustra esse tipo de aplicação de ponteiros, definindo um registro de três campos, sendo o primeiro do tipo caractere, onde é guardada a informação, e os outros dois do tipo ponteiro. São alocadas três variáveis, sendo preenchido o primeiro campo de cada uma delas com as letras "A", "B" e "C", respectivamente. Os endereços das três variáveis alocadas estão armazenados nos ponteiros p1, p2 e p3. Os campos elo1 e elo2 da primeira variável alocada fazem a ligação com as outras variáveis, passando a conter seus endereços (p2 e p3). Assim, a partir da primeira variável (endereço p1), as outras duas podem ser acessadas. O comando de saída no final do programa mostra as construções que permitem o acesso a variáveis por meio dos campos em que estão seus endereços. A Figura 14.5 mostra como as três variáveis estão encadeadas.

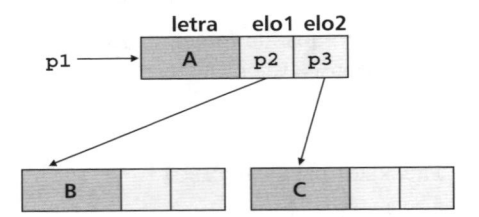

```
            letra  elo1 elo2
p1 ──→    │  A  │ p2 │ p3 │

          │  B  │    │    │      │  C  │    │    │
```

figura 14.5   Variáveis encadeadas.

```
Algoritmo TestePonteiro
{EXEMPLO DE LISTA ENCADEADA}
   Tipos: p = ↑ treg
          treg = registro
                    letra: caractere
                 elo1 : p
                 elo2 : p
                 fim registro
   Variáveis:
      p1, p2, p3 (p)
```

```
início
    alocar(p1)                          {ALOCA PRIMEIRA VARIÁVEL}
    alocar(p2)                          {ALOCA SEGUNDA VARIÁVEL}
    alocar(p3)                          {ALOCA TERCEIRA VARIÁVEL}
    p1↑.letra ← 'A'                     {PREENCHE CAMPO LETRA}
    p2↑.letra ← 'B'
    p3↑.letra ← 'C'
    p1↑.elo1 ← p2          {PREENCHE CAMPOS DE ELOS DA PRIMEIRA}
    p1↑.elo2 ← p3
    {INFORMA CAMPO LETRA DAS 3 VARIÁVEIS}
    escrever(p1↑.letra, p1↑.elo1↑.letra, p1↑.elo2↑.letra)
fim
```

exercício 14.2 Uma das principais aplicações de ponteiros é na implementação de uma estrutura de dados complexa denominada lista encadeada. O tratamento de listas encadeadas, com e sem ponteiros, é analisado detalhadamente no livro *Estruturas de Dados*, desta mesma série, *Livros Didáticos* (Edelweiss; Galante, 2009). Como ilustração, aqui são apresentados dois exemplos que utilizam listas. Um dos exemplos muito simples e tem por objetivo somente mostrar como uma lista encadeada por meio de ponteiros pode ser manipulada. O outro exemplo já considera uma aplicação.

Considere uma lista encadeada formada por elementos (denominados nós) que têm três campos: o primeiro (cod) armazenando um código, o segundo (valor) um valor e o terceiro (elo) um ponteiro para o elemento seguinte da lista (Figura 14.6). O endereço do primeiro nó da lista está armazenado no ponteiro ptLista. O último nó tem elo nulo (representado na figura por um traço inclinado).

Listas desse tipo são úteis quando não se conhece o número de elementos que a aplicação vai gerar. Caso se utilizasse um arranjo para guardar essas informações, ele deveria ser dimensionado com o maior número possível de elementos para garantir o armazenamento de todos os dados, ocupando muitos espaços ociosos na memória. Utilizando uma lista, somente os nós realmente utilizados serão alocados durante o processamento. Na figura, vê-se que somente o endereço do primeiro nó da lista precisa ser guardado em um ponteiro, pois todos os demais nós podem ser acessados a partir desse primeiro nó.

O procedimento apresentado a seguir monta uma lista lendo os valores de cada nó a partir do teclado. O tipo utilizado para os nós da lista é:

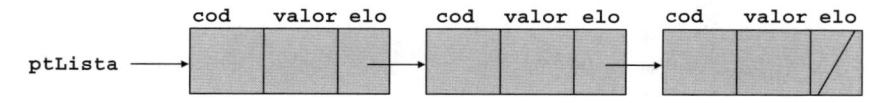

figura 14.6 Lista encadeada.

```
Tipos:
  tipoPtNo = ↑ tipoNo
  tipoNo = registro
              código: inteiro
              valor : real
              elo   : tipoPtNo
           fim registro
```

Esse tipo deve ser declarado no programa que utiliza esse procedimento. A leitura de um código negativo indica o final da lista. Na montagem da lista, são utilizados dois ponteiros auxiliares, pnovo e pult. O ponteiro pult fica sempre localizado no último nó da lista. O ponteiro pnovo é utilizado para alocar um novo nó que, depois de preenchido, é encadeado ao último da lista. Esse processo é repetido até que seja lido um valor negativo para o código. O ponteiro ptlista ficará sempre apontando para o primeiro nó da lista. Caso, na primeira leitura, o primeiro valor lido para código seja negativo, a lista não vai ter nó (lista vazia) e o ponteiro ptlista conterá o valor nulo.

```
Procedimento MontaListaEncadeada
{MONTA UMA LISTA ENCADEADA, DEVOLVENDO O PONTEIRO PARA O INÍCIO DA LISTA}
   Parâmetro de saída (ref):
      plista (tipoPtNo)                 {PONTEIRO PARA O INÍCIO DA LISTA}
   Variáveis de entrada:
      código_lido (inteiro)
      valor_lido  (real)
   Variáveis auxiliares: pnovo, pult (tipoPtNo)
início
   {INICIALIZAR PLISTA PARA LISTA VAZIA}
   plista ← nulo
   {LER DADOS DO PRIMEIRO NÓ}
   ler(código_lido, valor_lido)
   {REPETIR ENQUANTO NÃO TIVER SIDO LIDO O ÚLTIMO NÓ}
   enquanto código_lido ≥ 0
   faça início
         {ALOCAR NOVO NÓ PARA A LISTA}
         alocar(pnovo)
         {PREENCHER NÓ COM OS DADOS LIDOS}
         pnovo↑.código ← código_lido
         pnovo↑.valor  ← valor_lido
         se plista = nulo
         então início
                 plista ← pnovo            {É O PRIMEIRO NÓ DA LISTA}
                 pult   ← pnovo
                 fim
```

```
            senão início
                {ENCADEAR NÓ NOVO COM O ÚLTIMO}
                pult↑.elo ← pnovo
                {AVANÇAR PONTEIRO DO ÚLTIMO PARA O NOVO NÓ ALOCADO}
                pult ← pnovo
                {LER DADOS DO PRÓXIMO NÓ}
                ler (código_lido, valor_lido)
                fim
         fim
      se plista ≠ nulo                         {TESTA SE A LISTA TEM ALGUM NÓ}
         então pult↑.elo ← nulo                {ELO DO ÚLTIMO PASSA A SER NULO}
      fim {MontaListaEncadeada}
```

exercício 14.3 Ponteiros também podem ser elementos de arranjos. Para ilustrar essa situação, suponha que uma faculdade armazene as notas de cada um de seus alunos em uma lista encadeada igual à montada no exercício anterior, ficando no primeiro campo o código de cada disciplina e, no segundo campo, a média final nessa disciplina. A faculdade possui 200 alunos. Para ter acesso à lista de cada aluno foi criado o vetor alunos, no qual cada elemento é um ponteiro. Os índices do vetor correspondem aos números de matrícula dos alunos, variando de 1 a 200 (Figura 14.7). Os dados do arranjo e das listas deveriam ser armazenados em arquivos, para garantir sua persistência. Neste exercício, os dados serão lidos do teclado.

A seguir, é apresentado um algoritmo que preenche o arranjo a partir dos dados fornecidos, montando ao mesmo tempo as listas com as informações de cada aluno. A montagem de cada lista é feita pelo procedimento do Exercício 14.2. Uma vez obtidos esses dados, eles podem ser acessados com diferentes objetivos. Com o objetivo de mostrar como uma lista encadeada pode ser percorrida, neste exemplo, puramente ilustrativo, é feita uma pesquisa sobre os dados: informar todas as disciplinas cursadas por um determinado aluno, com as médias correspondentes. O código do aluno é lido do teclado. A leitura de um código de aluno negativo ou nulo indica o fim dos dados de entrada.

```
   Algoritmo NotasDisciplinasAluno
   {CRIA LISTAS DAS DISCIPLINAS E NOTAS DE TODOS OS ALUNOS.
    DEPOIS, INFORMA DISCIPLINAS E NOTAS DE UM DETERMINADO ALUNO}
      Tipos
         tipoPtNo = ↑ tipoNo
         tipoNo = registro
                    código: inteiro
                    valor : real
                    elo   : tipoPtNo
                 fim registro
      Variável de Entrada:
         aluno (inteiro)                               {QUAL O ALUNO}
      Saídas: todas as disciplinas e notas do aluno pesquisado
```

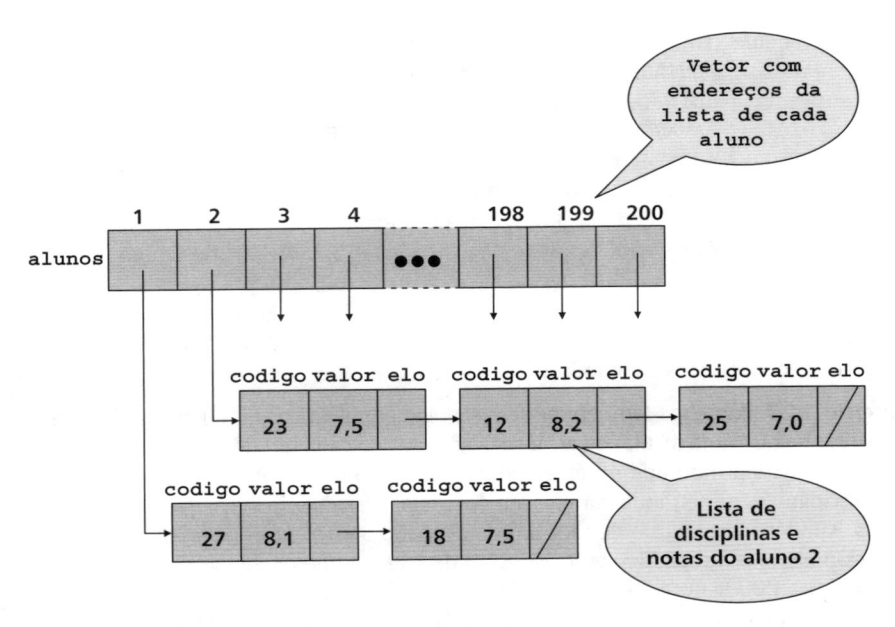

figura 14.7   Vetor de ponteiros para listas encadeadas.

```
Variáveis auxiliares:
   alunos (arranjo [1..200] de tipoPtNo)
   plistaAl (tipoPtNo)         {PONTEIRO PARA INÍCIO DE CADA LISTA}
   paux (tipoPtNo)             {PONTEIRO AUXILIAR PARA PERCORRER LISTA}
{ ---------------------------------------------------------------- }
Procedimento MontaListaEncadeada
     (...)
{ ---------------------------------------------------------------- }
início
   {LER DADOS DE TODOS OS ALUNOS MONTANDO LISTAS}
   ler (aluno)                 {LEITURA DO CÓDIGO DO PRIMEIRO ALUNO}
   enquanto aluno>0 e aluno<201    {ENQUANTO CÓDIGO FOR VÁLIDO}
   faça início
        executar MontaListaEncadeada (plistaAl)
        {GUARDAR PONTEIRO DO INÍCIO DA LISTA DESSE ALUNO NO VETOR}
        alunos[aluno] ← plistaAl
        ler(aluno)             {LÊ CÓDIGO DO PRÓXIMO ALUNO}
        fim
   {INFORMAR DISCIPLINAS E NOTAS DE UM DETERMINADO ALUNO}
```

```
    ler(aluno)              {LEITURA DO CÓDIGO DO ALUNO A SER PESQUISADO}
    paux ← alunos[aluno]    {ENDEREÇO DO INÍCIO DA LISTA DESSE ALUNO}
    enquanto paux ≠ nulo faça
      início
      {INFORMA DISCIPLINA E NOTA}
      escrever(paux↑.código, paux↑.valor)
      {AVANÇA PARA PRÓXIMO NÓ}
      paux ← paux↑.elo
    fim
fim
```

14.9   ⋯→ em Pascal

14.9.1 declaração de um ponteiro

A sintaxe da declaração de uma variável do tipo ponteiro em Pascal é:

```
var <nome do ponteiro>: ^<tipo da variável apontada>
```

A declaração a seguir define um ponteiro de nome point, que aponta para uma variável do tipo inteiro:

```
var point: ^integer;
```

O tipo da variável apontada pelo ponteiro muitas vezes é declarado por uma cláusula type. A declaração anterior é equivalente a:

```
type tipoDado = ^integer;
var point: tipoDado;
```

Qualquer tipo de dado pode ser utilizado na declaração de um ponteiro, inclusive tipos mais complexos. No exemplo a seguir, é declarado inicialmente um tipo tipoPonteiro que aponta para um registro do tipo reg. Observar que um dos campos deste registro é um ponteiro:

```
type tipoPonteiro = ^reg;
     reg = record
         nome : string;
         valor: real;
         elo  : tipoPonteiro
       end;
var p1, p2: tipoPonteiro;
```

14.9.2 alocação e liberação de memória por meio de ponteiros

Em Pascal, os comandos new e dispose alocam e liberam áreas apontadas por ponteiros. O primeiro, new, aloca uma área correspondente ao tipo de dado apontado pelo ponteiro. O ponteiro passa a conter o endereço da variável alocada:

```
new (<variável ponteiro>)
```

O comando dispose libera a área apontada pelo ponteiro. O ponteiro passa a conter endereço inválido:

```
dispose (<variável ponteiro>)
```

A referência às variáveis apontadas por ponteiros é feita em Pascal de forma semelhante ao que foi adotado para a pseudolinguagem, substituindo o símbolo "↑" pelo símbolo "^". O endereço nulo, em Pascal, é denominado nil.

Assim, o Algoritmo TestePonteiro, apresentado no Exercício 14.1 (Seção 14.8), é codificado em Pascal conforme segue:

```
Program TestePonteiroPascal;
   uses crt;
   type p = ^tipo;
   tipo = record
             letra: char;
             elo1 : p;
             elo2 : p
          end;
   var p1, p2, p3: p;
begin
   clrscr;
   new(p1);
   p1^.letra := 'A';
   new(p2);
   new(p3);
   p1^.elo1 := p2;
   p1^.elo2 := p3;
   p2^.letra := 'B';
   p3^.letra := 'C';
   writeln(p1^.letra);
   writeln(p2^.letra);
   writeln(p3^.letra);
   writeln(p1^.elo1^.letra);
   writeln(p1^.elo2^.letra);
   readln
end.
```

14.10 em C

14.10.1 declaração de um ponteiro

A sintaxe da declaração de uma variável do tipo ponteiro em C é:

```
<tipo> * <nome do ponteiro>;
```

onde `tipo` pode ser qualquer tipo válido em C. Entre o "*" e o nome do ponteiro podem existir espaços em branco.

Alguns exemplos de declarações de ponteiros:

```
float *pont_real;
int *pont_int
int *pont2, val1, *pont3; // pont2 e pont3 são ponteiros, val1 não
```

14.10.2 atribuição a ponteiros

Em C, além da atribuição entre ponteiros e da inicialização no valor NULL, endereços de variáveis podem ser atribuídos a ponteiros, desde que os tipos da variável e do ponteiro sejam os mesmos. Considerando o ponteiro para inteiros `p1` e a variável inteira `valor`, a seguinte atribuição pode ser feita:

```
p1 = &valor
```

A inicialização de ponteiros pode ser feita em sua declaração ou ao longo do processamento. Durante a inicialização, ou sempre que se desejar inicializar um ponteiro sem algum endereço específico, o valor utilizado é NULL:

```
float *pont_real = NULL;
```

Ao longo do processamento, a inicialização de ponteiros por atribuição poderá ser feita de duas formas: (1) recebendo o valor contido em outro ponteiro e (2) recebendo o endereço da variável para a qual ele deverá apontar.

Na sequência, duas variáveis do tipo ponteiro para inteiro, `pont1` e `pont2`, mais uma variável inteira, `num_int`, são utilizadas em atribuições:

```
int *pont1, *pont2;
int num_int;
pont1 := &num_int; // endereco de variavel atribuído a ponteiro
pont2 := pont1;    // ponteiro atribuído a ponteiro
```

14.10.3 operadores sobre ponteiros

Em C há dois operadores sobre ponteiros: os operadores "&" e "*":

operador & – operador unário que devolve o endereço do operando na memória. No exemplo a seguir, a variável pont_val, do tipo ponteiro para inteiros, recebe o endereço da posição de memória alocada para a variável inteira val1:

```
pont_val = &val1;
```

operador * – operador unário, também chamado de operador de indireção, que devolve o valor da variável localizada no endereço armazenado no ponteiro. No exemplo a seguir, a variável inteira val2 recebe o valor que está no endereço armazenado no ponteiro para inteiros pont_val:

```
val2 = *pont_val;
```

14.10.4 aritmética sobre ponteiros

Como os ponteiros contêm números, que correspondem a endereços de memória, sobre eles podem ser realizadas operações de incremento, decremento, diferença e comparação.

O incremento ou decremento de ponteiros gera deslocamentos sobre a memória de acordo com o número de *bytes* ocupado pelo tipo de dado sendo apontado. Por exemplo, um ponteiro para inteiros que contenha o endereço 3000, em um sistema em que os inteiros ocupam quatro *bytes*, ao ser incrementado em uma unidade passa a apontar para o próximo inteiro, cujo endereço inicial na memória é 3004. Se o mesmo ponteiro, contendo o endereço 3000, fosse decrementado em uma unidade, passaria a apontar para o inteiro que inicia na posição de memória 2996.

O incremento ou decremento de ponteiros pode acontecer com valores diferentes de 1, como:

```
pont = pont + 7; // pont eh um ponteiro para inteiros
```

A diferença entre dois ponteiros que apontem para elementos de mesmo tipo é o número de elementos existentes entre eles.

14.10.5 alocação e liberação de áreas de memória usando ponteiros

Em C, as funções relativas à alocação dinâmica de memória estão na biblioteca stdlib.

Há duas funções para alocação de memória: malloc e calloc. Ambas devolvem um ponteiro void*, ou seja, um ponteiro para qualquer tipo de dado.

A função malloc é usada para criar um bloco de memória com um determinado número de *bytes*. Se o bloco puder ser criado, a função devolve um ponteiro void* para o primeiro *byte* alocado, caso contrário, é devolvido um ponteiro NULL:

```
void * malloc (<número de bytes do bloco>)
```

A função calloc é usada para alocar memória para um arranjo. O número de elementos do arranjo e o tamanho, em *bytes*, de cada elemento são especificados na chamada da função. A memória alocada é inicializada com zeros. Se a alocação for bem-sucedida, é devolvido um ponteiro para a área criada, caso contrário, é devolvido um ponteiro nulo.

```
void * calloc (<número de elementos>, <número de bytes de cada
               elemento>)
```
Para liberar as áreas de memória alocadas dinamicamente, é usada a função free:

```
free (<ponteiro>)
```

No trecho a seguir, o espaço de memória para um vetor é alocado dinamicamente, primeiro com malloc e depois com calloc (essa chamada aparece como comentário) e, ao final do processamento, é liberado:

```
int *ptint, numelem;
printf("\nQuantos valores serao fornecidos? ");
scanf("%d", &numelem);
ptint = (int *)malloc(numelem * sizeof(int));
// ptint = (int*)calloc(numelem, sizeof(int));
(...)
if (ptint == NULL)
   puts("problemas!!!");
else
   {
     (...) // leitura e processamento do vetor
     free(ptint);
   }
```

O Algoritmo TestePonteiro, apresentado no Exercício 14.1, é codificado em C conforme segue:

```
#include <stdio.h>
#include <stdlib.h>
typedef struct treg
    {
        char letra;
        struct treg *elo1;
        struct treg *elo2;
    };
int main ( )
{
    struct treg *p1, *p2, *p3;
    p1 = (struct treg *) malloc(sizeof(treg));
    p2 = (struct treg *) malloc(sizeof(treg));
    p3 = (struct treg *) malloc(sizeof(treg));
    p1->letra = 'A';
    p2->letra = 'B';
    p3->letra = 'C';
    p1->elo1 = p2;
    p1->elo2 = p3;
    printf("\nLetra das tres variaveis (direto): \n%c %c %c\n",
            p1->letra, p2->letra, p3->letra);
```

```
        printf("\nLetra pelos elos para variaveis 2 e 3): \n%c %c\n",
            p1->elo1->letra, p1->elo2->letra);
        system ("pause");
        return 0;
}
```

14.10.6 ponteiros para vetores

Em C é possível e frequente trabalhar com vetores utilizando-se de ponteiros. O nome de um vetor em C é um ponteiro que aponta para o primeiro elemento do vetor. Por exemplo, a declaração

```
    int vet[100];
```

define um vetor vet de 100 elementos inteiros. Uma vez feita essa declaração, vet é um ponteiro para o primeiro elemento do vetor, ponteiro esse equivalente à declaração

```
    int *vet;
```

Logo, as declarações a seguir são idênticas e podem ser intercambiadas, independentemente do modo como vet foi declarado:

```
    vet[i]  == *(vet + i);
    &vet[i] == v + i;
```

Entretanto, existe uma diferença fundamental entre declarar um conjunto de dados como um vetor, cujo nome pode ser usado como um ponteiro, ou declarar estritamente um ponteiro. Na declaração de um vetor, o compilador automaticamente reserva um bloco de memória para que o vetor seja armazenado. Quando apenas um ponteiro é declarado, o compilador somente aloca memória para o ponteiro.

Mais de um ponteiro pode ser utilizado para referenciar um arranjo. Por exemplo, a partir das declarações:

```
    int vetor [20];
    int *pont
```

pode-se escrever: pont = &vetor[0]; ou pont = vetor;

Como os endereços em pont e vetor são iguais, vetor pode ser acessado tanto a partir de pont quanto de vetor. Mas, enquanto pont – sendo um ponteiro que eventualmente contém o endereço de vetor – pode ser alterado à vontade, vetor não deve ser alterado em hipótese alguma, pois, se isso acontecer, a referência de acesso a esse vetor será perdida.

■ acesso aos elementos de vetores por meio de ponteiros

O acesso aos elementos de um vetor pode ser feito por meio da notação apresentada no capítulo 6 ou, de forma equivalente, por meio da notação de ponteiros. Supondo a declaração de um vetor de inteiros vet[5] e de um ponteiro para um inteiro pontvet, os dois comandos a seguir são equivalentes:

```
    pontvet = vet;  pontvet = &vet[0];
```

A Tabela 14.1 mostra como podem ser acessados os demais elementos do vetor com as duas notações.

tabela 14.1 Acesso a vetor com notações de arranjo e de ponteiro

Notação de arranjo	Notação de ponteiro
vet[0]	*(vet)
vet[1]	*(vet+1)
vet[2]	*(vet+2)
vet[3]	*(vet+3)
...	...
vet[n]	*(vet+n)

■ ponteiros e *strings*

Como em C *strings* são vetores de caracteres, a discussão sobre o acesso aos elementos de vetores por meio de ponteiros vale igualmente para *strings*. Por exemplo, a partir do trecho a seguir:

```
char nome[80], *pnome;
pnome = nome; //atribui a pnome o endereco do prim. elemento de nome
```

as referências nome[7] e *(pnome+7) são equivalentes, indicando o oitavo elemento da *string* nome.

A manipulação de *strings* foi discutida em detalhes no Capítulo 10.

14.11 ⇢ dicas

documentação. Recomenda-se usar o maior número possível de comentários para facilitar o entendimento dos programas que utilizam ponteiros, uma vez que eles tendem a ser bem mais complexos do que aqueles que utilizam somente a alocação estática de variáveis.

inicialização de ponteiros. Certificar-se de que um ponteiro esteja sempre apontando para algum endereço válido antes de utilizá-lo. Isso pode ser garantido inicializando sempre os ponteiros antes de utilizá-los. Na inicialização, pode ser utilizado o endereço nulo ou o endereço de algum outro ponteiro válido.

cuidado para não perder endereços de variáveis. Cuidado especial deve ser tomado para não perder os endereços de variáveis alocadas por meio de ponteiros. Isso pode facilmente ocorrer quando o valor do ponteiro é alterado pelo programa.

liberação de áreas alocadas dinamicamente. Tão logo as áreas alocadas dinamicamente não sejam mais necessárias, é recomendável liberá-las, sobretudo se forem de tamanho significativo.

verificação do resultado da execução das funções. Sobretudo no caso das funções de alocação dinâmica de memória, sempre verificar os resultados das execuções das funções e tratá-los adequadamente.

14.12 ⋯→ testes

rastrear variáveis apontadas ao longo do programa. Testar programas que utilizem alocação dinâmica por meio de ponteiros não é uma tarefa fácil. Uma boa prática é incluir no programa diversos comandos que informem os valores contidos nas variáveis apontadas, dessa forma acompanhando as variações de conteúdo dos ponteiros.

testar cuidadosamente listas encadeadas. Quando for utilizada uma lista encadeada, testá-la para todas as situações limites – vazia, com um só nó, com dois nós. Além disso, percorrer toda a lista para ver se os encadeamentos estão corretos.

14.13 ⋯→ exercícios sugeridos

exercício 14.1 Considere que um banco controla as contas bancárias de seus clientes por meio de listas encadeadas alocadas dinamicamente. Uma lista encadeada armazena, em cada nó: (1) o nome do cliente; (2) o número de sua conta corrente; (3) seu saldo; e (4) um ponteiro para outra lista encadeada, em que são armazenados todos os seus movimentos bancários. Cada nó dessa segunda lista contém três campos: (1) data da transação; (2) valor da transação; (3) elo para o próximo nó da lista.

Escreva um programa que execute as seguintes tarefas:

- crie essas listas a partir de dados lidos do teclado;
- leia os dados de uma nova transação de um determinado cliente, inclua essa transação na lista correspondente às transações desse cliente e atualize o campo em que está armazenado seu saldo;
- devolva o saldo de um determinado cliente;
- informe (imprima) todos os movimentos bancários de um determinado cliente ocorridos no mês de setembro de 2010.

exercício 14.2 Escreva um programa que faça o gerenciamento de uma biblioteca. As informações relativas a todos os livros existentes na biblioteca são organizadas em uma lista encadeada. Cada nó dessa lista é formado por campos com as seguintes informações: (1) código do livro; (2) título; (3) um ponteiro para outra lista, em que estão registrados os nomes dos autores; (4) editora; (5) número de exemplares disponíveis desse título; (6) valor de compra do livro. O programa deverá:

- montar essa lista (e as listas de autores) com dados lidos do teclado;
- uma vez montada a lista, informar quantos exemplares de um determinado código estão disponíveis;

- em seguida, informar título, autor(es) e editora correspondentes a um determinado código lido do teclado;
- informar os códigos de todos os livros dos quais existam mais de 10 exemplares na biblioteca;
- finalmente, informar o valor total gasto para comprar todos os livros da biblioteca.

exercício 14.3 Suponha uma lista montada conforme o algoritmo apresentado no Exercício de Fixação 14.2. Construa:

- um subprograma que percorra a lista, listando os códigos dos nós que têm valor maior do que 5;
- uma função que devolva como resultado a quantidade de nós que a lista tem;
- uma função que devolva a média dos valores contidos nos campos `valor`;
- um subprograma que acrescente mais um nó no final da lista, lendo os valores desse nó do teclado;
- uma função lógica que devolva `verdadeiro` caso a lista possua um nó com determinado código, passado como parâmetro.

exercício 14.4 Considere uma lista encadeada, em que cada nó seja composto por 2 campos: um campo com um valor (real) e o outro com o elo para o nó seguinte (ponteiro para o tipo dos nós). Nessa lista devem ser armazenados os valores diferentes de zero contidos em um vetor de 100 posições. Escreva:

- um subprograma que monte a lista a partir dos valores do vetor (o subprograma receberá o vetor (parâmetro de entrada) e devolverá um ponteiro para o início da lista);
- uma função que devolva como resultado o número de elementos diferentes de zero contidos no vetor, determinado contando o número de nós da lista.

exercício 14.5 Repita o exercício anterior, montando a lista com os elementos diferentes de zero de uma matriz de 10 linhas e 20 colunas.

exercício 14.6 Utilizando ponteiros, refaça em linguagem C o primeiro exercício para arranjos unidimensionais (Exercício 6.1, no Capítulo 6).

exercício 14.7 Refaça em linguagem C o primeiro Exercício para *strings* (Exercício 10.1, no Capítulo 10) utilizando ponteiros para operar sobre o vetor de distribuição de frequência do comprimento de palavras do texto.

14.14 termos-chave

acesso a variáveis acessadas por ponteiros, p. 399

alocação dinâmica de memória, p. 396

alocação e liberação de memória por meio de ponteiros, p. 399

atribuição de valor a ponteiro, p. 400

declaração de um ponteiro, p. 398

ponteiros, p. 397

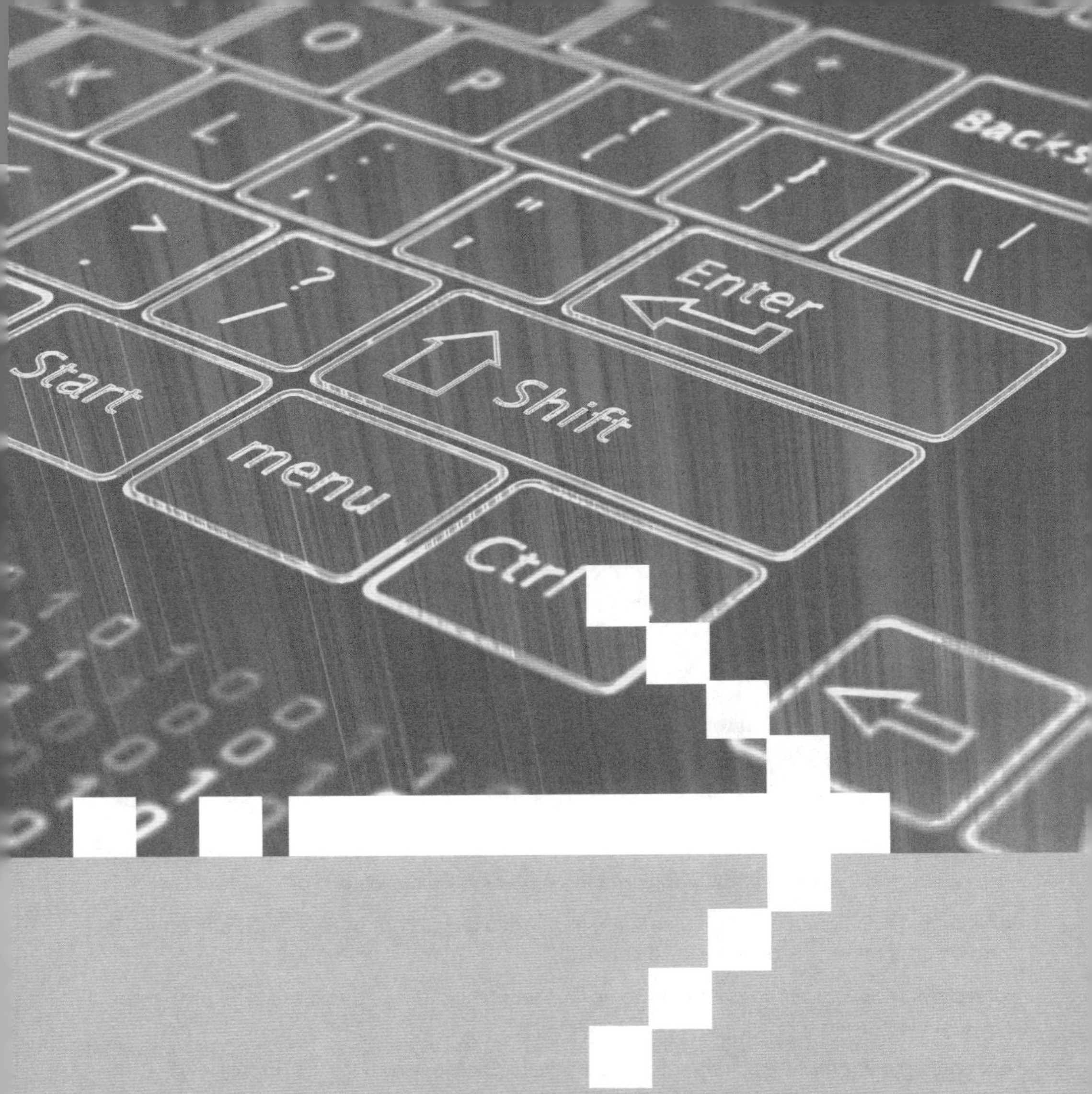
Backsp
Enter
Start
Shift
menu
Ctrl

capítulo

15

recursividade

■ ■ ■ Este capítulo introduz o conceito de recursividade, estendendo esse conceito para subprogramas recursivos. Discute também a implementação de soluções de problemas utilizando a ativação de subprogramas de forma recursiva.

Este capítulo discute a implementação de soluções para problemas utilizando a ativação de subprogramas de forma recursiva, ou seja, fazendo os subprogramas chamarem a si mesmos. A utilização de recursividade é apropriada para o processamento com determinadas estruturas de dados.

15.1 conceito de recursividade

Um problema é dito recursivo se é definível em termos de si mesmo. Um exemplo disso é a definição dos números naturais:

- o primeiro número natural é zero;
- o sucessor de um número natural é um número natural.

Diversas situações do nosso dia a dia podem ser definidas recursivamente. A seguir, são analisados dois casos muito comuns em que a **recursividade** é tratada naturalmente.

ler um livro. Um livro normalmente é dividido em capítulos. A leitura de um livro consiste em ler o primeiro capítulo e, depois, repetir o processo para ler o restante do livro. O restante do livro tem a mesma estrutura do livro original, sem o capítulo lido, podendo ser também encarado como um livro. Se o livro tem 12 capítulos, o processo inicia com a leitura do capítulo 1, seguida da leitura do restante do livro, ou seja, dos 11 capítulos restantes. A leitura desses 11 capítulos, por sua vez, consiste em ler o primeiro (no caso, o capítulo 2) e seguir lendo os 10 capítulos restantes. O processo recursivo se repete até que seja lido o último capítulo, ou seja, até não existir o "restante do livro". Então, a definição recursiva da leitura de um livro é:

- ler o primeiro capítulo;
- se houver capítulos depois dele, lê-los.

fila de pessoas no caixa de uma loja. No caixa de uma loja, é atendida em primeiro lugar a pessoa que está no início da fila. Uma vez terminado o atendimento, essa pessoa sai da fila e a que estava em segundo lugar passa a encabeçar a fila das restantes. As pessoas que estão atrás da pessoa atendida também estão formando uma fila. O processo é então repetido para a fila restante até que a última pessoa seja atendida. Assim, o atendimento das pessoas de uma fila é como segue:

- atender a primeira pessoa da fila;
- se houver alguém atrás da primeira pessoa, repetir o processo para o restante da fila.

Nesses dois exemplos, pode ser observado que as definições recursivas são condicionadas, no primeiro caso, a que exista algum capítulo ainda não lido e, no segundo, a que ainda haja alguma pessoa na fila. Pode ser observado ainda que as condições fazem que os processos recursivos parem em algum momento.

15.2 subprograma recursivo

O cálculo do fatorial de um número inteiro positivo é utilizado aqui para introduzir a utilização de recursividade em subprogramas. Como estudado em aritmética, o cálculo do fatorial de um número n, inteiro positivo, é realizado por sucessivas multiplicações:

   n! = n · (n-1) · (n-2) · ... · 3 · 2 · 1

Esse cálculo pode ser efetuado por meio de uma função, passando o número para o qual se quer calcular o fatorial como parâmetro. Na função Fat, a seguir, o fatorial é calculado por meio de um comando de repetição que acumula as multiplicações sucessivas necessárias ao cálculo.

```
Função Fat: inteiro
{CALCULA O FATORIAL DE UM INTEIRO N, PASSADO COMO PARÂMETRO}
   Parâmetro de entrada: N (inteiro)
   Variáveis locais:
      número (inteiro)   {USADO COMO ÍNDICE PARA AS REPETIÇÕES}
      val_fat (inteiro)  {VALOR CALCULADO POR MEIO DE
                          MULTIPLICAÇÕES SUCESSIVAS}
início
   val_fat ← 1  {INICIALIZA ACUMULADOR DE PRODUTOS}
   {REPETIÇÕES NAS QUAIS O FATORIAL É CALCULADO}
   para número de N incr -1 até 1 faça
      val_fat ← val_fat * número
   {VALOR CALCULADO É DEVOLVIDO POR MEIO DO NOME DA FUNÇÃO}
   Fat ← val_fat
fim {Fatorial}
```

Caso o parâmetro passado seja 3, a função efetua o cálculo de 3! da seguinte maneira:

   3! = 3 * 2 * 1

Analisando esse exemplo mais detalhadamente, observa-se que, como o fatorial de 2 é dado por 2 * 1, o cálculo do fatorial de 3 também pode ser expresso como:

   3! = 3 * 2!

De forma análoga, tem-se que:

   2! = 2 * 1!
   1! = 1 * 0!

Por definição, o fatorial de zero é 1.

Assim, o cálculo do fatorial de um número inteiro N pode ser realizado com base na seguinte definição recursiva:

```
se N = 0 então fatorial(N) = 1
se N > 0 então fatorial(N) = N * fatorial(N-1)
```

A função recursiva Fatorial, a seguir, implementa essa definição. É uma função recursiva porque no seu código há uma chamada para ela mesma.

```
Função Fatorial: inteiro
{CALCULA O FATORIAL DE UM INTEIRO N, PASSADO COMO PARÂMETRO, DE FORMA
RECURSIVA}
   Parâmetro de entrada: N (inteiro)
início
   se N = 0
   então Fatorial ← 1
   senão Fatorial ← N * Fatorial (N-1)
fim {Fatorial}
```

15.3 ⋯→ implementação de subprogramas recursivos

Na função mostrada na seção anterior, a chamada à função Fatorial(N-1) é o que se denomina **chamada recursiva**, ou seja, é uma chamada da função a si mesma. Conforme visto no Capítulo 9, o programa ou subprograma que faz uma chamada a outro subprograma fica com sua execução suspensa até que termine a execução do subprograma acionado. Quando isso acontece, a execução do programa ou subprograma que chamou é retomada a partir do ponto em que foi feita a chamada. O mesmo acontece quando a chamada for recursiva: o subprograma que faz uma chamada recursiva é suspenso e é iniciada uma nova execução do mesmo subprograma de forma totalmente independente. Caso o subprograma possua variáveis locais, aí incluídos os parâmetros passados por valor, são alocadas novas variáveis, que existirão somente durante essa nova execução. Somente quando o subprograma acionado na chamada recursiva terminar sua execução é que o anterior retoma sua execução.

A implementação de chamadas recursivas segue o mesmo mecanismo das chamadas a subprogramas apresentado na Seção 9.2, mesmo quando o subprograma chamado é o mesmo que faz a chamada. A cada chamada recursiva, os recursos locais deverão ser preservados, desde o momento em que sua execução é interrompida até o momento em que seja possível retomar essa execução para tentar concluí-la, quando então esses recursos locais deverão novamente ficar disponíveis. A implementação é feita por meio de uma estrutura de pilha, em que vão sendo colocados os elementos locais das chamadas interrompidas, bem como os endereços dos pontos a partir de onde as execuções dos subprogramas devem ser retomadas para serem concluídas. À medida que as execuções vão sendo concluídas, os elementos locais vão sendo restaurados a partir da pilha.

Quando um subprograma é chamado sucessivas vezes por si mesmo, cada nova execução gera uma nova entrada na pilha para armazenar seus recursos locais. É muito comum, quando utilizada recursividade, que as chamadas recursivas sejam muito numerosas, ocasionando falta de espaço físico para armazenar os valores das chamadas na pilha de execução, o que, em algumas linguagens de programação, gera uma mensagem de "stack overflow" (transbordamento da pilha) e a interrupção do processo de execução.

A Figura 15.1 ilustra a execução das chamadas recursivas feitas quando é utilizada uma chamada Fatorial(3). A primeira chamada resulta em três chamadas recursivas. No momento da execução da última, Fatorial(0), todas as anteriores estão suspensas, esperando o término daquela que a chamou (Figura 15.1a). Fatorial(0) é a primeira a terminar sua execução, devolvendo seu resultado (1) à anterior, Fatorial(1), sendo então liberado seu espaço de execução (Figura 15.1b). Ao término da execução de Fatorial(1), seu resultado (1) é passado à anterior e seu espaço de execução é liberado (Figura 15.1c). E assim sucessivamente, até que o resultado da primeira chamada seja devolvido.

parada de chamadas recursivas. Nos subprogramas recursivos sempre deve haver uma condição que leve ao término da execução do subprograma. Por exemplo, seja a função a seguir:

```
Função X: inteiro
   Parâmetro de entrada: N (inteiro)
início
   escrever(N)
   X ← X(N-1)  {CHAMADA RECURSIVA}
fim
```

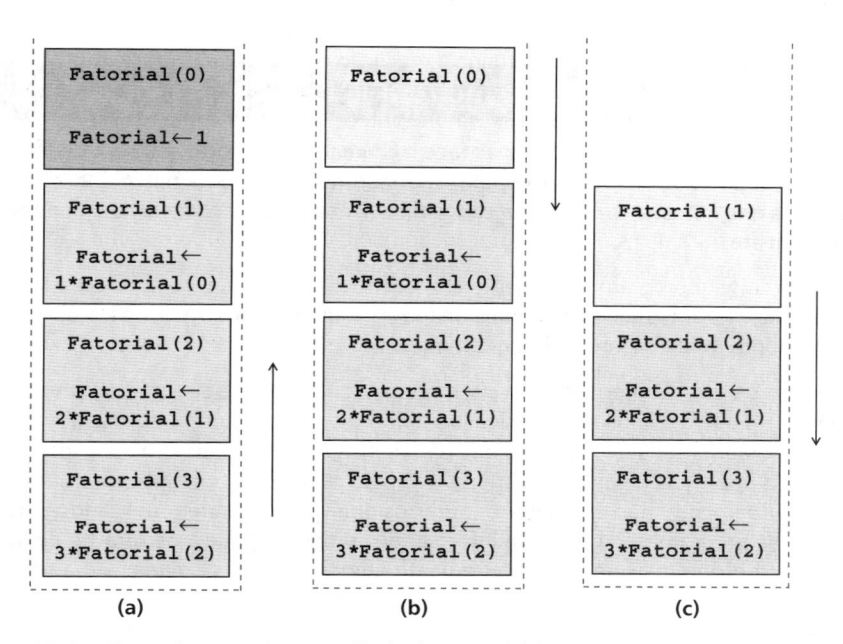

figura 15.1 Chamadas recursivas no cálculo de Fatorial (3).

Observa-se que a chamada recursiva será sempre executada, fazendo que a execução nunca termine! A chamada recursiva sempre deve ser condicional, garantindo a finalização da execução do subprograma. No exemplo da função `Fatorial`, a parada das chamadas recursivas se dará quando o parâmetro recebido for zero.

Além de atrelar a chamada recursiva a alguma condição, todo cuidado deve ser tomado para que essa condição realmente se torne verdadeira em algum momento, uma vez que ela pode envolver valores lidos ou calculados durante o processamento. Por exemplo, as chamadas recursivas da função K, a seguir, jamais cessarão se a função receber, na primeira chamada, um parâmetro menor do que 1:

```
Função K: inteiro
   Parâmetro de entrada: N (inteiro)
início
   se N = 1   {CONDIÇÃO DE TÉRMINO DAS CHAMADAS RECURSIVAS}
      então K ← 1                {DEVOLVE O VALOR 1}
      senão K ← K(N-1)
fim
```

solução recursiva e iterativa. Duas formas foram utilizadas para solucionar o problema do fatorial neste livro: inicialmente, foi dada a solução utilizando um comando iterativo e, em seguida, a solução recursiva. É importante lembrar que todo problema passível de solução recursiva pode ser resolvido também de forma iterativa, mesmo que os problemas apresentem claramente uma estrutura recursiva.

15.4 recursividade indireta

Existem casos em que dois subprogramas fazem chamadas recíprocas, ou seja, cada um faz alguma chamada ao outro – por exemplo, supondo dois subprogramas A e B, A faz uma chamada a B que, por sua vez, faz uma chamada a A. Essa situação caracteriza uma **recursividade indireta**.

Sempre que dois subprogramas apresentarem recursividade indireta, pelo menos em um deles a chamada ao outro deve ser condicionada a alguma situação para garantir que, em algum momento, as chamadas recíprocas terminem.

A declaração de um subprograma deve sempre ser feita antes de sua utilização em algum comando, para que o compilador consiga identificar o significado do nome do subprograma e para que possa ser feita a verificação dos parâmetros atuais, que devem corresponder, em quantidade e tipos, aos parâmetros formais. No caso citado, em que dois subprogramas se chamam mutuamente, não é possível declarar os dois antes de serem utilizados. Algumas linguagens de programação permitem informar ao compilador que a declaração de um determinado subprograma será feita mais adiante, permitindo dessa maneira sua utilização antes da declaração. Para isso, definem somente o nome do subprograma e seus parâmetros formais (nome e tipo). Na pseudolinguagem utilizada nesse texto, a sintaxe dessa declaração é:

    Declaração adiante : <cabeçalho da declaração do procedimento_1>
    <declaração do procedimento_2>
    <declaração do procedimento_1>

O exemplo a seguir ilustra a chamada recíproca de dois procedimentos. No programa principal, é lido um valor inteiro e, em seguida, chamado o procedimento A. Os dois procedimentos passam a se chamar mutuamente, até que o procedimento A receba um valor superior a 100 como parâmetro, que é a condição de parada das chamadas recursivas. A Figura 15.2 ilustra a sequência de chamadas recursivas no caso do valor lido para a primeira chamada de A ser 97.

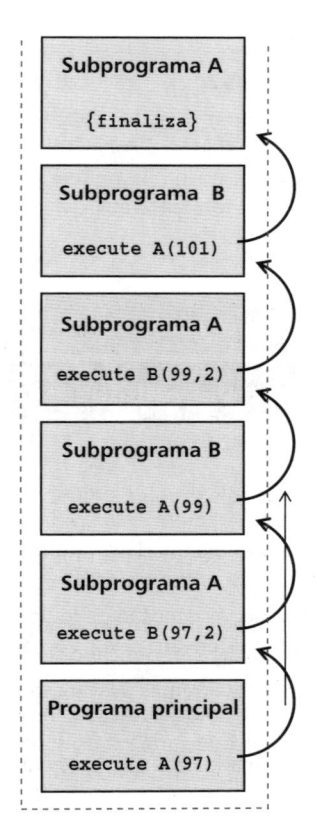

```
┌─────────────────────────┐
│   Subprograma A         │
│                         │
│      {finaliza}         │
│                         │
├─────────────────────────┤
│   Subprograma B         │
│                         │
│      execute A(101)     │
├─────────────────────────┤
│   Subprograma A         │
│                         │
│      execute B(99,2)    │
├─────────────────────────┤
│   Subprograma B         │
│                         │
│      execute A(99)      │
├─────────────────────────┤
│   Subprograma A         │
│                         │
│      execute B(97,2)    │
├─────────────────────────┤
│   Programa principal    │
│                         │
│      execute A(97)      │
└─────────────────────────┘
```

figura 15.2 Exemplo de recursividade indireta.

```
Algoritmo ExemploMutuo
{---------------------------------------------------------------}
Declaração adiante: Procedimento B (ref v1:inteiro; v2:inteiro)
{---------------------------------------------------------------}
Procedimento A (ref x: inteiro)
início
   se x ≤ 100
      então executar B(x, 2){CHAMADA CONDICIONAL AO PROCEDIMENTO B}
fim {A}
{---------------------------------------------------------------}
Procedimento B (ref v1: inteiro; v2: inteiro)
início
   v1 ← v1 + v2
   executar A(v1)              {CHAMADA AO PROCEDIMENTO A}
fim {B}
{---------------------------------------------------------------}
{DECLARAÇÃO DE VARIÁVEL GLOBAL}
   Variável: valor (inteiro)
{---------------------------------------------------------------}
início {PROGRAMA PRINCIPAL}
   ler (valor)
   executar A (valor)
   escrever (valor)
fim {PROGRAMA PRINCIPAL}
```

15.5 vantagens e desvantagens da recursividade

O uso da recursividade apresenta algumas vantagens:

- um código recursivo é a forma mais simples e direta de solução de problemas que têm uma definição recursiva;
- é especialmente conveniente para acessar estruturas de dados implicitamente recursivas, como árvores;
- quando bem utilizado, facilita a compreensão da lógica do subprograma;
- o código recursivo tende a ser mais enxuto que o código não recursivo.

Entretanto, sua utilização também traz algumas desvantagens:

- necessidade de memória extra durante a execução das chamadas recursivas para armazenamento dos itens locais às chamadas e respectivos endereços de retorno;
- aumento do tempo de processamento, devido ao acionamento das diversas chamadas recursivas;
- é inviável em problemas que exijam um número muito elevado de chamadas e, consequentemente, um grande espaço de armazenamento para a pilha de execução.

Observar, portanto, que a utilização de recursividade nem sempre é apropriada, devendo sempre ser avaliada sua real utilidade.

15.6 ⇢ exercícios de fixação

exercício 15.1 A posição em que é feita uma chamada recursiva influi diretamente nas ações executadas. Por exemplo, os valores apresentados são substancialmente alterados quando a saída de valores for feita antes ou depois de uma chamada recursiva. Neste exercício são mostradas duas versões para um procedimento, mudando somente o momento em que é mostrada uma informação.

O procedimento MostraVersão1 recebe dois parâmetros inteiros, i e n. O parâmetro i é alterado e o parâmetro n nunca sofre alteração.

```
Procedimento MostraVersão1
{CÓDIGO RECURSIVO COM COMANDO APÓS A CHAMADA}
  Parâmetros de entrada:
    i, n (inteiro)
início
  se i ≥ n
  então início
        escrever('Chamadas recursivas concluídas');
        escrever(i)
        fim
  senão início
        executar MostraVersão1 (i+2, n)
        escrever (i)
        fim
fim  {MostraVersão1}
```

Nessa versão, o valor de i está sendo apresentado na fase do desempilhamento, ou seja, após a finalização da execução da chamada recursiva. Caso os parâmetros recebidos valham respectivamente 2 e 8, a execução desse código produzirá o seguinte resultado na tela:

```
Chamadas recursivas concluídas
8
6
4
2
```

Observar agora o código do procedimento MostraVersão2, que recebe os mesmos dois parâmetros inteiros, i e n, e em que, igualmente, o parâmetro i é alterado e o parâmetro n nunca sofre alteração:

```
Procedimento MostraVersão2
{CÓDIGO RECURSIVO COM COMANDO ANTES DA CHAMADA}
```

```
        Parâmetros de entrada:
           i, n (inteiro)
    início
        se i ≥ n
        então início
                escrever('Chamadas recursivas concluídas');
                escrever(i)
                fim
        senão início
                escrever (i)
                executar MostraVersão2 (i+2, n)
                fim
    fim {MostraVersão2}
```

A diferença entre essa versão e a anterior é que agora o valor de i passou a ser apresentado na fase do empilhamento, ou seja, antes da execução da chamada recursiva. Se os valores iniciais recebidos para i e n forem novamente 2 e 8, a execução desse código produzirá o seguinte resultado na tela:

```
2
4
6
Chamadas recursivas concluídas
8
```

exercício 15.2 No Exercício de Fixação 5.1 (no capítulo 5), foi apresentada a série de Fibonacci. O *n*-ésimo termo da série de Fibonacci pode ser calculado por:

$$\text{Fib}(n) = \begin{cases} 0 & \text{se } n = 0 \\ 1 & \text{se } n = 1 \\ \text{Fib}(n-1) + \text{Fib}(n-2) & \text{nos demais casos} \end{cases}$$

No Capítulo 5, os termos dessa série foram calculados utilizando somente comandos iterativos. Entretanto, observando a definição aqui apresentada, se vê que, a partir do terceiro termo, a definição é puramente recursiva. Esse é um exemplo clássico em que a utilização da recursividade torna a solução do problema muito simples e intuitiva.

A função a seguir fornece o *n*-ésimo termo da série de Fibonacci:

```
    Função Fibonacci: inteiro
    {DEVOLVE O N-ÉSIMO TERMO DA SÉRIE DE FIBONACCI}
        Parâmetro de entrada: n (inteiro)  {TERMO SOLICITADO}
    início
        se n < 3
        então Fibonacci ← n - 1    {CALCULA O PRIMEIRO E O SEGUNDO TERMOS}
        senão Fibonacci ← Fibonacci(n-1) + Fibonacci(n-2)
    fim {Fibonacci}
```

A Figura 15.3 ilustra as chamadas recursivas realizadas para calcular o quinto termo dessa série.

exercício 15.3 Classificação de vetor pelo método *Quicksort*. No Capítulo 6 (Seção 6.3.3), foi ressaltado que a classificação de um vetor é uma operação muito usual em aplicações e que há vários métodos disponíveis para realizá-la. Aqui, é apresentado um dos métodos mais eficientes para classificar um vetor, denominado *Quicksort* ou ordenação rápida. Embora possa ser implementado somente por meio de comandos iterativos, a utilização de chamadas recursivas é recomendável, uma vez que a eficiência do método garante que o número de chamadas nunca seja elevado.

O método inicia buscando a posição correta do primeiro elemento do vetor (aqui chamado de pivô) e trocando-o para essa posição. Além de posicionar o pivô em seu lugar correto, todos os elementos antes dele serão menores do que ele e todos os posteriores, maiores do que ele. Isso é feito da seguinte maneira: o pivô é comparado com o segundo elemento, depois com o terceiro, etc., até que seja encontrado um (aqui nomeado de índice i) que seja maior do que ele. Em seguida, o pivô é comparado com o último elemento do vetor, depois com o penúltimo, etc., até que seja encontrado um que seja menor do que ele (índice j). Os elementos de índices i e j são então permutados. Feita a troca, novamente o pivô é comparado com os elementos que seguem o elemento que estava em i, até que seja encontrado outro maior do que ele, depois com os elementos abaixo do j, até que seja encontrado outro menor do que ele, e nova permuta é feita. Esse processo é repetido até que i seja maior do que j, o que define o valor de j como a posição correta do pivô, que é então trocado com o elemento dessa posição. Uma vez posicionado o pivô, o vetor original está particionado em dois – no subvetor inferior, todos os elementos são menores do que o pivô e, no superior, todos são maiores. O mesmo método de ordenação é então repetido para cada um desses subvetores por meio de chamadas recursivas, passando, como parâmetros, os índices que limitam os subvetores.

Exemplificando, suponha um vetor de 9 elementos, numerados de 1 a 9, preenchido com os seguintes valores:

70   27   21   90   81   24   30   80   88

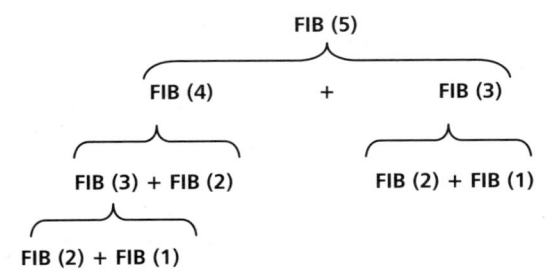

```
                        FIB (5)
                ┌──────────┴──────────┐
             FIB (4)        +       FIB (3)
          ┌─────┴─────┐           ┌─────┴─────┐
      FIB (3) + FIB (2)         FIB (2) + FIB (1)
      ┌─────┴─────┐
   FIB (2) + FIB (1)
```

figura 15.3 Chamadas recursivas para cálculo do quinto termo da série de Fibonacci.

```
         i         ↓i              ↓j       ↓i
    ⬤────▶
   ( 70 ) 27́  21   90    81    24   30    80́  88
                        ↓i    ↓j
     70   27   21   30  81    24   90    80  88
                        ↓j    ↓i
     70   27   21   30  24    81   90    80  88
     24   27   21   30 ( 70 ) 81   90    80  88
   ⎿_____⏌     ⎿_____⏌
         Quick (V, 1, 4)               Quick (V, 6, 9)
   ( 24 ) 27   21   30          ( 81 ) 90   80   88
     24   21   27   30            81   80   90   88
   ( 21 )( 24 ) 27  30          ( 80 )( 81 ) 90  88
   ⎿___⏌ ⎿_____⏌             ⎿___⏌       ⎿_____⏌
     21       27   30             80           88  90
```

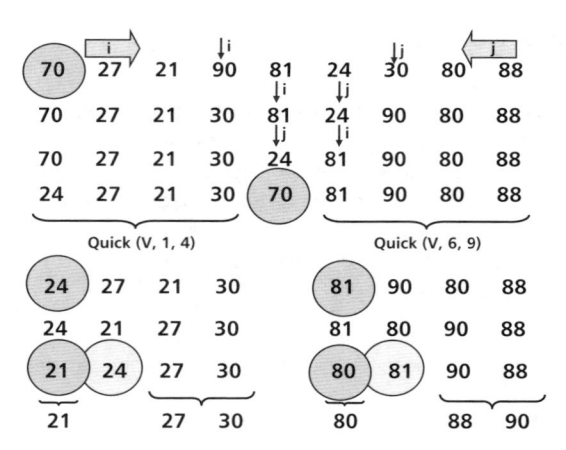

figura 15.4   Simulação de valores no *Quicksort*.

A Figura 15.4 mostra resumidamente a sequência de valores no vetor durante a execução do método. Os índices i e j são utilizados para percorrer o vetor, o primeiro crescendo e o segundo diminuindo. O pivô é o primeiro elemento, com valor 70. Quando i=4 e j=30, é feita a primeira permuta de valores, entre 90 e 30. A permuta seguinte acontece quando i=5 e j=6, sendo trocados de posição os valores 81 e 24. Quando i=6 e j=5, significa que foi encontrada a posição do pivô (posição 5), que é então permutado com o elemento dessa posição. Na figura, pode ser observado que agora todos os valores à esquerda de 70 são menores do que esse valor e todos os à direita dele são superiores a 70. Duas chamadas recursivas solicitam a ordenação do subvetor inferior, fornecendo os índices 1 e 4 como seus limites, e do subvetor superior, com índices limites 6 e 9. Na figura podem ser observados os valores decorrentes das permutas durantes as chamadas recursivas.

O procedimento a seguir implementa a classificação pelo método *Quicksort*. O procedimento utiliza o vetor V, do tipo TipoVetorInteiros, com valores inteiros, e um outro procedimento, chamado troca, que permuta os conteúdos (valores inteiros) entre duas posições de memória recebidas como parâmetros.

```
Procedimento Quick
{CLASSIFICA O VETOR V EM ORDEM CRESCENTE, PELO MÉTODO QUICKSORT}
   Parâmetros de entrada:
      ref V (TipoVetorInteiros) {VETOR OU SUBVETOR A SER CLASSIFICADO}
      li, ls (inteiro)          {LIMITES INFERIOR E SUPERIOR DOS ÍNDICES}
   Variáveis locais:
      i, j (inteiro)        {ÍNDICES UTILIZADOS PARA PERCORRER O VETOR}
      pivô (inteiro)    {VALOR CONTIDO NO PRIMEIRO ELEMENTO CONSIDERADO}
      sinal (lógico)                  {INDICA FINAL DE UMA VARREDURA}
início
```

```
        sinal ← falso                          {INICIALIZAÇÃO}
        se li < ls
        então início
              i ← li              {POSICIONA I E J NO INÍCIO E NO FINAL}
              j ← ls + 1
              pivô ← v[li]
              repita
                 i ← i + 1
                        {AVANÇA I ENQUANTO O ELEMENTO FOR INFERIOR AO PIVÔ
                         E NÃO CHEGAR AO FINAL DO SEGMENTO ANALISADO}
                 enquanto (v[i]<pivô) e (i<ls)
                 faça i ← i + 1
                 j ← j - 1
                        {RECUA J ENQUANTO O ELEMENTO FOR SUPERIOR AO PIVÔ
                         E NÃO CHEGAR AO INÍCIO DO SEGMENTO ANALISADO}
                 enquanto (v[j]>pivô) e (j>li)
                 faça j ← j - 1
                 se i < j                      {PERMUTA DOIS ELEMENTOS}
                 então executar troca(v[i], v[j])
                 senão sinal ← verdadeiro      {INDICA QUE TERMINOU}
              até sinal
              executar troca(v[j], v[li])  {POSICIONA PIVÔ EM SUA POSIÇÃO}
              executar Quick(v, li, j-1)
              executar Quick(v, j+1, ls)
              fim
   fim {Quick}
```

exercício 15.4 Pesquisa binária recursiva. No Exercício de Fixação 6.7 (no Capítulo 6), foi visto o método de pesquisa conhecido como pesquisa binária. Relembrando, esse método realiza a busca de um valor sobre um vetor já ordenado, comparando o valor buscado com o elemento que está na posição central do vetor. Se o valor não for encontrado nessa posição, a pesquisa segue buscando o valor na metade superior (caso o valor buscado seja superior ao valor que está no meio) ou na metade inferior (caso seja inferior ao valor do meio). Claramente, esse método pode ser implementado por meio de recursividade, pois a pesquisa na metade superior ou inferior é feita novamente da mesma maneira, alterando somente o tamanho do vetor analisado, ou seja, fazendo a chamada recursiva para a metade superior ou para a inferior.

A função a seguir realiza a pesquisa binária utilizando chamadas recursivas. Além do nome do vetor e do valor a ser pesquisado, são passados como parâmetros os índices que limitam o espaço do vetor a ser pesquisado. A função devolve o índice do elemento em que foi encontrado o valor buscado ou, no caso de não encontrá-lo, o valor -1 (supondo que esse índice não seja utilizado no vetor original).

```
Função Lugar: inteiro
{DEVOLVE A POSIÇÃO ONDE SE ENCONTRA O VALOR X NO VETOR V, POR MEIO DE
PESQUISA BINÁRIA. CASO O VALOR NÃO SEJA ENCONTRADO, DEVOLVE -1. O VETOR
DEVE ESTAR ORDENADO EM ORDEM CRESCENTE}
   Parâmetros de entrada:
      v (tipoVetor)                    {VETOR EM QUE É FEITA A PESQUISA}
      x (inteiro)                                     {VALOR BUSCADO}
      inf, sup (inteiro)     {ÍNDICES INFERIOR E SUPERIOR DA PESQUISA}
   Variável local: meio (inteiro)       {ÍNDICE DO ELEMENTO CENTRAL}
início
   se (inf = sup) e (v[sup] ≠ x) ou (inf > sup)
      então Lugar ← -1            {NÃO ENCONTROU O VALOR BUSCADO}
      senão início
            {DETERMINA ELEMENTO CENTRAL}
            meio ← (inf + sup) div 2              {DIVISÃO INTEIRA}
            se v[meio] = x            {ENCONTROU O VALOR BUSCADO}
            então Lugar ← meio
            senão {IDENTIFICA A METADE ONDE SERÁ CONTINUADA A PESQUISA
                   E FAZ CHAMADA RECURSIVA ALTERANDO UM DOS LIMITES}
                  se x < v[meio]
                  então Lugar ← Lugar(v,x,inf,meio-1) {METADE INFERIOR}
                  senão Lugar ← Lugar(v,x,meio+1,sup) {METADE SUPERIOR}
      fim
fim {Lugar}
```

exercício 15.5 Função Palíndroma recursiva. O Exercício de Fixação 10.3 (no Capítulo 10), mostrou como verificar, por meio de uma função lógica, se uma *string*, passada como parâmetro, é ou não um palíndromo. Outra versão dessa função, que utiliza recursividade na verificação, é aqui apresentada. A função inicialmente compara os caracteres dos extremos da *string* e, se forem iguais, a mesma função é chamada para verificar o restante da *string* contido entre os dois caracteres.

Exemplificando, vamos supor que a função seja chamada para analisar a *string*:

    REVIVER

A função compara o primeiro e o último caracteres, ambos "R", concluindo que, no que se refere a esses dois caracteres, a *string* é palíndroma. Em seguida, deve ser analisado o restante da *string*, removendo esses dois caracteres:

    EVIVE

Isso é feito chamando recursivamente a mesma função, entregando como parâmetro a *substring* EVIVE. Na nova chamada são, então, comparados os caracteres "E", sendo feita em seguida outra chamada recursiva, passando a *substring*:

    VIV

Comparados os caracteres "V", nova chamada é feita passando a *substring*:

I

A condição de parada das chamadas recursivas é quando a *substring* recebida tiver comprimento 1 (como no exemplo mostrado) ou zero (quando o número de caracteres da *string* original for par).

Na solução apresentada a seguir, é utilizada a função compr (Seção 10.2) para calcular o tamanho da *string* recebida como parâmetro. Deve ser tomado cuidado para que esse comprimento esteja atualizado para a *substring* recebida nas chamadas recursivas. Funções específicas das linguagens de programação permitem que novas *strings* sejam construídas, garantindo a correção da informação de seu comprimento. A solução apresentada utiliza uma função análoga à existente em Pascal:

cópia (<string original>, <a partir de>, <quantos>)

Essa função constrói uma nova *string* copiando <quantos> caracteres da <string original>, iniciando no caractere da posição <a partir de>.

```
Função PalíndromaRec: lógico
{A FUNÇÃO, RECURSIVA, DEVOLVE O VALOR VERDADEIRO SE A STRING PASSADA
COMO PARÂMETRO FOR PALÍNDROMA}
    Parâmetros de entrada:
        s (string)                          {STRING A SER VERIFICADA}
    Variáveis locais:
        compr_s (inteiro)           {COMPRIMENTO DA STRING RECEBIDA}
        sstring (string) {SUBSTRING EM QUE DEVE SER CONTINUADA A ANÁLISE}
início
    compr_s ← compr(s)        {CALCULA COMPRIMENTO DA STRING RECEBIDA}
    se s[1] = s[compr_s]      {COMPARA PRIMEIRO E ÚLTIMO CARACTERES DE S}
        então se (compr_s = 1) ou (compr_s = 2)    {ANÁLISE CHEGOU AO MEIO}
                então PalíndromaRec ← verdadeiro
                senão início
                    {MONTA A SUBSTRING REMOVENDO OS EXTREMOS}
                    sstring ← cópia(s, 2, compr_s-2)
                    {FAZ CHAMADA RECURSIVA PARA A SUBSTRING}
                    PalíndromaRec ← PalindromaRec(sstring)
                fim
        senão     {RETORNA FALSO QUANDO COMPARA 2 CARACTERES DIFERENTES}
            PalíndromaRec ← falso
fim {PalíndromaRec}
```

exercício 15.6 Nesse exemplo, é mostrada a utilização das chamadas recursivas para ler, caractere a caractere, uma determinada sequência de caracteres e imprimi-la de trás para diante. Cada caractere lido é empilhado quando é feita a próxima chamada. Ao ser lido o caracatere final ("#"), os caracteres são desempilhados e impressos.

```
Procedimento RV
{LÊ UMA SEQUÊNCIA DE CARACTERES TERMINADA PELO CARACTERE # E A IMPRIME
DE TRÁS PARA DIANTE}
  Variável local C (caractere)
início
  ler (C)
  se C ≠ '#'
  então executar RV
  escrever (C)
fim {RV}
```

15.7 em Pascal

Procedimentos e funções recursivas podem ser utilizados na linguagem Pascal sem restrições. As chamadas recursivas seguem a sintaxe de chamadas a subprogramas de Pascal.

Um acréscimo é necessário quando for utilizada recursividade indireta. Todo subprograma precisa ser declarado antes de ser utilizado, o que não é possível no caso de chamadas recíprocas. Isso é contornado no Pascal fazendo a declaração do cabeçalho de um dos subprogramas, com seus parâmetros formais, indicando, por meio da palavra forward, que sua declaração será feita mais adiante. Desse modo, esse subprograma pode ser chamado antes de sua declaração, pois o compilador conhece seu nome, além da quantidade e do tipo de seus parâmetros.

O exemplo a seguir mostra duas funções, UM e DOIS, que se chamam reciprocamente. Inicialmente, o cabeçalho da função DOIS é declarado, com seus parâmetros, com a cláusula forward. Após a declaração da função UM, é feita a declaração da função DOIS. Observar que a função DOIS sempre chama a função UM, mas a chamada à função DOIS em UM é condicional, o que garante o término das chamadas recíprocas.

```
Function DOIS (x: real): real; forward;
{-----------------------------------}
Function UM (x: real): real;
  begin
    if X = 0
    then UM := 0
    else UM := x + DOIS (X)
  end {UM};
{-----------------------------------}
Function DOIS(x: real): real;
  begin
    UM := 4 - UM ( x - 1 )
  end {DOIS};
{-----------------------------------}
```

15.8 ⟶ em C

Funções recursivas podem ser utilizadas na linguagem C e seguem a sintaxe de funções em C.

15.9 ⟶ dicas

opção por recursividade. Uma vez que um código recursivo pode sempre ser substituído por um sem recursividade, utilizando comandos iterativos, a opção da recursividade deve ser bem avaliada e reservada para os casos em que representar, realmente, a melhor opção.

chamadas recursivas condicionais. Definir sempre uma condição que possibilite a parada das chamadas recursivas.

cuidado para não provocar número muito elevado de chamadas recursivas. Lembrar que cada chamada recursiva reserva uma área de memória para sua execução. É comum faltar memória para execução quando se utiliza chamadas recursivas em razão do excesso de chamadas.

uso da recursividade em situações limitadas. Chamadas recursivas devem ser utilizadas com cuidado – em situações em que se tenha ideia do número de chamadas que serão executadas. Por exemplo, uma pesquisa sequencial em um vetor de 1.000 elementos, se for realizada usando recursividade, pode provocar até 999 chamadas recursivas, o que poderá resultar em falta de memória para execução.

15.10 ⟶ testes

usar mensagens para acompanhar chamadas recursivas. A melhor maneira de testar chamadas recursivas é introduzir no código mensagens de saída que informam o ponto onde está a execução e o valor dos parâmetros a cada chamada acionada.

testar valores limites para os parâmetros. Efetuar testes passando todas as possíveis combinações de parâmetros de entrada, incluindo limites, para garantir que o processo recursivo sempre tenha fim.

15.11 ⟶ exercícios sugeridos

exercício 15.1 Escreva um subprograma recursivo para converter um número da sua forma decimal para a forma binária. *Dica:* dividir o número sucessivamente por 2, sendo que o resto da i-ésima divisão vai ser o dígito i do número binário (da direita para a esquerda).

exercício 15.2 Escreva a função recursiva `Raiz (N, A, E)` que calcula a raiz quadrada de um número *N*, sendo fornecidos uma aproximação inicial dessa raiz quadrada (A) e o valor máximo de erro admissível (E). A raiz quadrada deve ser calculada como segue:

- se $|A^2 - N| < E$, então o resultado da função é A;
- caso contrário, o resultado da função é dado pela chamada recursiva RAIZ(N, (A^2 + N)/2A, E)

Definida essa função, realize diversos testes fornecendo valores diferentes para A e E. Liste a aproximação inicial dada para a raiz e todas as intermediárias.

exercício 15.3 Construa o subprograma recursivo MDC que determina o maior divisor comum de dois inteiros M e N por meio do Algoritmo de Euclides, como segue:

$$\text{MDC}(M,N) = \begin{cases} \text{MDC}(N,M) & \text{se } N > M \\ M & \text{se } N = 0 \\ \text{MDC}(N, M \bmod N) & \text{se } N > 0 \text{ e } N \leq M \end{cases}$$

exercício 15.4 Escreva uma função recursiva para calcular a função de Ackermann A(m,n), sendo m e n valores inteiros não negativos, dada por:

$$A(m,n) = \begin{cases} n + 1 & \text{se } m = 0 \\ A(m-1,1) & \text{se } m > 0 \text{ e } n = 0 \\ A(m-1, A(m,n-1)) & \text{se } m > 0 \text{ e } n > 0 \end{cases}$$

exercício 15.5 O somatório dos elementos de um vetor pode ser calculado recursivamente utilizando a seguinte fórmula:

$$\sum_{i=L}^{M} X[i] = X[L] + \sum_{i=L-1}^{M} X[i]$$

Faça um programa que:

a preencha por leitura (do teclado) um vetor de 10 elementos reais;
b imprima o conteúdo desse vetor;
c imprima o resultado do somatório dos elementos desse vetor, calculado por uma função recursiva.

exercício 15.6 Escreva uma função recursiva para calcular o valor de x^n.

exercício 15.7 Considere a seguinte série:

$$S = \frac{1}{1} + \frac{2}{3} + \frac{3}{5} + \frac{4}{7} + \ldots + \frac{20}{39}$$

Para achar a solução dessa série escreva:

a uma função não recursiva;
b uma função recursiva (o resultado da soma é o valor do primeiro termo somado à chamada recursiva para calcular a soma a partir do segundo termo).

exercício 15.8 Elabore um subprograma que calcule o valor da série a seguir. Utilizar tantos termos quantos forem necessários para que a precisão da resposta seja de 0,01. Indique quantos termos foram usados. O subprograma deve ser recursivo.

$$S = \frac{70}{7} + \frac{69}{14} + \frac{68}{21} + \frac{67}{28} + \ldots$$

exercício 15.9 Escreva uma função recursiva para calcular o produto dos elementos de um vetor.

exercício 15.10 Implemente o método de classificação da Bolha (Exercício de Fixação 6.9, no Capítulo 6) por meio de um subprograma recursivo.

exercício 15.11 Escreva um subprograma recursivo que inverta a ordem dos elementos de uma lista armazenada em um vetor. Ao final da execução, o conteúdo do primeiro elemento deverá estar no último, o do segundo no penúltimo, e assim por diante. *Dica:* troque os conteúdos das duas extremidades do vetor e chame o subprograma recursivamente para fazer o mesmo no subvetor interno.

exercício 15.12 As permutações possíveis de N caracteres podem ser geradas tomando cada um dos caracteres como o caractere inicial de todas as permutações que podem ser formadas com N-1 caracteres restantes. Por exemplo, considerando o conjunto de caracteres A, B e C, as permutações são ABC, ACB, BAC, BCA, CAB e CBA. Escreva um subprograma recursivo que, dado um conjunto de caracteres, todos diferentes entre si, liste todas as permutações entre eles.

exercício 15.13 Desenvolva um subprograma recursivo para inverter uma *string* recebida como parâmetro.

exercício 15.14 Faça um programa que, utilizando um subprograma recursivo, gere todas as combinações possíveis para um cartão de apostas da loteria esportiva. A saída do programa deve seguir o formato apresentado a seguir. Para cada combinação obtida, deverá ser impresso o cartão com a respectiva marcação dos jogos nas colunas 1, do meio (M) e 2. É necessário, ainda, que seja informado o número da combinação.

Jogo	01	02	03	04	05	06	07	08	09	10	11	12	13
1	X	X	X					X	X				
M				X	X								X
2						X	X			X	X	X	

```
Combinação Nro: 167435
Pressione uma tecla para continuar
```

exercício 15.15 Considere uma lista encadeada já montada, estando o endereço do primeiro nó no ponteiro pLista. Cada nó da lista tem dois campos, um campo inteiro de informação (valor) e o segundo (elo) com o endereço do próximo nó da lista:

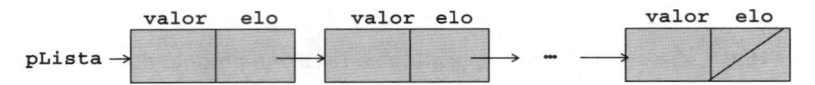

Escreva dois subprogramas recursivos que recebam o ponteiro pLista como parâmetro e imprimam, respectivamente:

- **a** os conteúdos dos campos valor na ordem em que a lista está montada;
- **b** os conteúdos dos campos valor na ordem inversa da lista, isto é, imprima primeiro o conteúdo do último nó, depois do penúltimo, e assim até o primeiro. *Dica:* imprima os valores na volta da recursão.

exercício 15.16 Para a mesma lista encadeada do exercício anterior, escreva uma função recursiva que receba um valor inteiro e devolva a ordem do nó em que esse valor foi encontrado. Caso nenhum nó da lista apresente o valor buscado, a função deverá devolver o valor zero.

15.12 termos-chave

chamada recursiva, p. 420

recursividade, p. 418

recursividade indireta, p. 422

subprograma recursivo, p. 419

apêndice

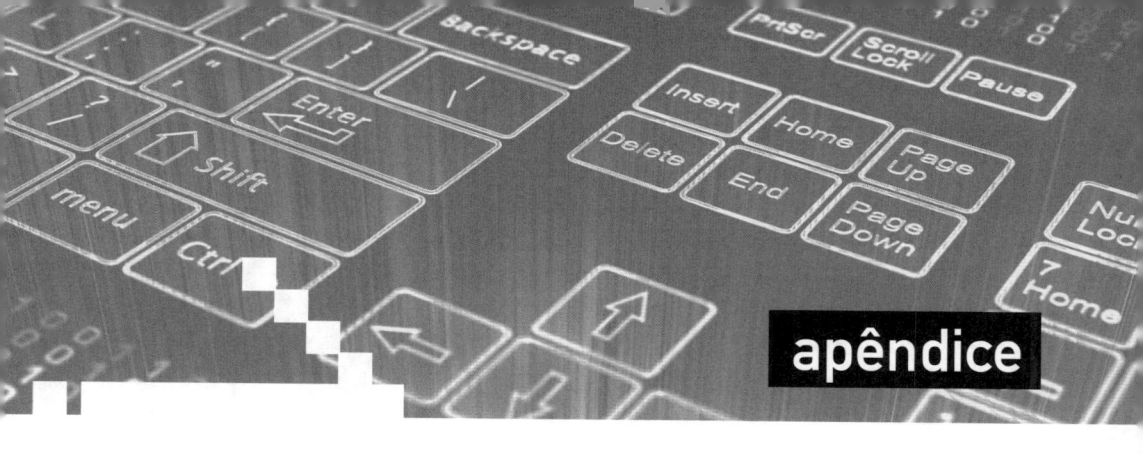

⇢ BNF simplificada

As construções válidas e a sequência em que os elementos da linguagem podem aparecer na pseudolinguagem, em Pascal e C, são representadas neste livro por meio de uma BNF (*Backus-Naur Form* ou *Backus Normal Form*) simplificada. Essa representação inclui classes gramaticais e unidades léxicas.

As classes gramaticais são representadas entre os símbolos "<" e ">". Por exemplo:

<nome da classe gramatical>

Em alguns casos, as classes gramaticais são definidas por regras específicas.

As unidades léxicas podem ser palavras reservadas ou símbolos. As palavras reservadas da pseudolinguagem têm algum significado associado como, por exemplo, uma declaração ou uma operação a ser realizada em um comando. Por exemplo:

se <expressão lógica>

indica como válida, em algum contexto, a construção que inicia com a palavra reservada "se", seguida por uma expressão lógica.

Os símbolos que constituem a pseudolinguagem utilizada aparecem nas regras como devem aparecer nas construções válidas. Por exemplo, na declaração a seguir são utilizados os símbolos "[", "]" e ":":

arranjo <nome do arranjo> [<limite inferior> : <limite superior>] de <inteiro>

Alguns símbolos adicionais são utilizados na BNF para representar construções especiais da linguagem:

- "|" – separa duas formas alternativas (OU);
- "[" e "]" – os elementos contidos entre esses dois símbolos são opcionais;
- "{" e "}" – os elementos contidos entre esses dois símbolos podem ser repetidos várias vezes (incluindo zero vezes, ou seja, não aparecer).

referências

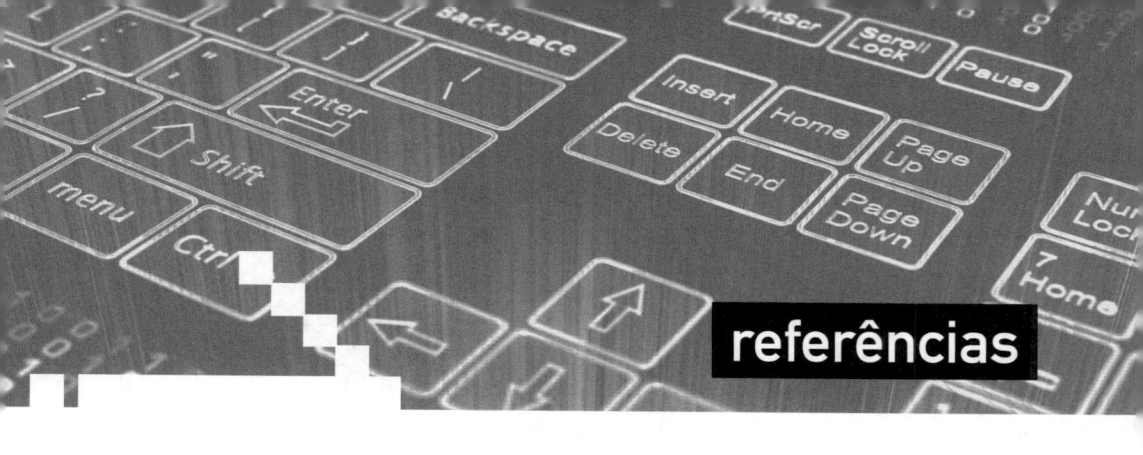

CHAPIN, N. *ANSI standard flowcharting*. [S.l.: s.n.], 1970. Disponível em: <http://www.perflensburg.net/cp-web/CHAPFLOW.HTM>. Acesso em: 06 ago. 2013.

DAMAS, L. *Linguagem C*. 10. ed. Rio de Janeiro: LTC, 2007.

EDELWEISS, N.; GALANTE, R. *Estruturas de dados*. Porto Alegre: Bookman, 2009. (Série Livros Didáticos Informática UFRGS, n. 18).

FARRER, H. et al. *Programação estruturada de computadores:* Pascal estruturado. 3. ed. Rio de Janeiro: LTC, 1999.

FORMALISMO de Backus-Naur. In: WIKIPÉDIA: a enciclopédia livre. Flórida: Wikimedia Foundation, 2012. Disponível em: <http://pt.wikipedia.org/w/index.php?title=Formalismo_de_Backus-Naur&oldid=34593179>. Acesso em: 27 jul. 2013.

GHEZZI, C.; JAZAYERI, M. *Conceitos de linguagens de programação*. 2. ed. Rio de Janeiro: Campus, 1987.

JACKSON, M. A. *Principles of program design*. London: Academic Press, 1975.

KERNIGHAN, W.; RITCHIE, D. M. *The C programming language*. 2nd ed. Englewood Cliffs: Prentice Hall, 1988.

KNUTH, D. E. *Selected papers on computer languages*: Backus normal form versus Backus-Naur form. Stanford: CSLI, c2003. p. 95-97.

KNUTH, D. *The art of computer programming*. 3rd ed. Reading: Addison-Wesley, 1997. v. 3: Sorting and Searching.

MELO, A. C. V.; SILVA, F. S. C. *Princípios de linguagens de programação*. São Paulo: E. Blücher, 2003.

SARAIVA, S. C.; AZEREDO, P. A. *Tabelas*: organização e pesquisa. Porto Alegre: Bookman, 2008. (Série Livros Didáticos Informática UFRGS, n. 10).

SCHMITZ, E. A.; TELES, A. A. S. *PASCAL e técnicas de programação*. 3. ed. Rio de Janeiro: LTC, 1988.

SENNE, E. L. F. *Primeiro curso de programação em C*. 3. ed. Florianópolis: Visual Books, 2009.

SOCIEDADE BRASILEIRA DE COMPUTAÇÃO. *Currículo de Referência da SBC para Cursos de Graduação em Bacharelado em Ciência da Computação e Engenharia de Computação*. Proposta versão 2005. Porto Alegre: SBC, 2005.

STAA, A. *Programação modular*: desenvolvendo programas de forma organizada e segura. Rio de Janeiro: Campus, 2000.

SUMMIT, S. *C programming*. [S.l.: s. n.], 1999. Disponível em: <http://www.eskimo.com/~scs/cclass/cclass.html>. Acesso em: 26 jul. 2013.

TOSCANI, L. V.; VELOSO, P. A. S. *Complexidade de algoritmos*. Porto Alegre: Bookman, 2012. (Série Livros Didáticos Informática UFRGS, n. 13).

WIRTH, N. *Programação sistemática em Pascal*. Rio de Janeiro: Campus, 1978.

WIRTH, N. The programming language PASCAL. *Acta Informatica*, v. 1, n. 1, p. 35-63, 1971.

WIRTH, N. *The programming language PASCAL (Revised Report)*. [S.l.: s.n.], 1972. Disponível em: <http://www.fh-jena.de/~kleine/history/languages/Wirth-PascalRevisedReport.pdf>. Acesso em: 27 jul. 2013.

ZIVIANI, N. *Projeto de algoritmos*: com implementações em Pascal e C. 3. ed. São Paulo: Cengage Learning, 2011.

Leituras Sugeridas

FARRER, H. *Programação estruturada de computadores:* algoritmos estruturados. 3. ed. Rio de Janeiro: LTC, 2008.

SEBESTA, R. W. *Conceitos de linguagens de programação*. 9. ed. Porto Alegre: Bookman, 2010.

índice

A

Algoritmos, 6-15, 16
    construção, 16
    definição, 7
    eficácia e eficiência, 13-15
    executados por um computador, 7-11
    formas de expressão, 12-13, 14
    validação, 16
Algoritmos sequenciais, 57-85
    comando de atribuição, 60-63
        de caracteres, 62-63
        lógica, 62
        numérica, 61-62
    comandos de entrada e saída, 59-60
        de entrada de dados, 59
        de saída de dados, 59-60
        formatação de entrada e saída, 60
    em C, 76-83
    em Pascal, 69-75
    esquema básico dos, 58
    estrutura, 64-69
    fluxograma de programas sequenciais, 63-64
    testes, 84-85
Alocação dinâmica de memória *ver* Ponteiros
Arquivos, 335-385
    binários, 345-354
        e acesso direto, 348-354
        e acesso sequencial, 346-348
        leitura e escrita em, 346
    características de, 336-338
        controle para acesso, 337-338
        formas de acesso, 338
    de texto, 342-345
        leitura e escrita em, 342-345
    de texto *versus* binários, 354-360
    em C, 368-384
    em Pascal, 360-368
    etapas para o uso de, 338-342
        abertura, 339-340
        apagar e renomear, 340-341
        associação de nome físico, 339
        declaração, 338-339
        fechamento, 340
        leitura e escrita, 341-342
        verificação de erros de entrada e saída, 342
    testes, 385
Arranjos multidimensionais, 195-213
    em C, 211-212
    em Pascal, 209-211
    matrizes bidimensionais, 197-200
        acesso a um elemento, 198
        declaração, 197-198
        exemplos de uso, 199-200
        inicialização, 198-199
    matrizes com mais de duas dimensões, 200-201
    testes, 213
Arranjos unidimensionais, 163-189
    em C, 186-187
    em Pascal, 183-185
    testes, 188-189
    vetor, 165-168
        acesso a um elemento de, 166-168
        declaração de, 165-166

exemplos de uso de, 168-172
   inicialização de, 168
Atribuição, comando de, 60-63, 78-80
   caracteres, 62-63
   em C, 78-80
   lógica, 62
   numérica, 61-62

B

Bloco, 116-117
BNF, 26, 437
   simplificada, 437

C

C, linguagem, 45-53, 76-83, 109-117, 149-154, 186-187, 211-212, 230-231, 258-262, 284-288, 305-307, 329, 368-384, 409-413, 433
   algoritmos sequenciais em, 76-83
      atribuição, 78-80
      entrada e saída de dados, 76-78
      estrutura de um programa, 80-83
   arquivos em, 368-384
      binários, 380-384
      características, 368-371
      de texto, 374-380
      etapas para uso, 371-374
   arranjos multidimensionais em, 211-212
      acesso aos elementos de uma matriz, 212
      declaração de uma matriz, 211-212
   arranjos unidimensionais em, 186-187
      acesso aos elementos de um vetor, 186-187
      cadeias de caracteres ou *strings*, 187
      declaração de um vetor, 186
      inicialização na declaração, 187
   comandos de repetição, 149-154
      condicional do/while, 153-154
      condicional while, 152-153
      por contagem for, 149-151
      seleção do comando mais adequado, 154
   conjuntos em, 329
   enumerações em, 230-231
   estruturas condicionais e de seleção em, 109-117
      bloco, 116-117
      comando composto, 109
      comando de seleção dupla, 111-112
      comando de seleção múltipla, 112-116
      comando de seleção simples, 110-111
   ponteiros em, 409-413
      alocação e liberação de áreas de memória, 410-412
      aritmética, 410
      atribuição, 409
      declaração, 409
      operadores, 409-410
      para vetores, 412-413
   recursividade em, 433
   registros em, 305-307
      declaração de uma estrutura, 305-306
      referência aos campos de uma estrutura, 306-307
   strings em, 284-288
      comparação, 286-288
      declaração com inicialização, 284-285
      declaração, 284
      escrita, 285-286
      leitura, 285
      tamanho, 284
   subprogramas em, 258-262
   unidades léxicas em, 45-53
      comentários, 46
      declarações, 49-50
      expressões, 50-53
      identificadores, 46
      literais, 45-46
      modificadores de tipo, 48
      palavras reservadas, 46
      símbolos especiais, 46
      tipos de variáveis, 47
Cabeçalho, 64
Caracteres, 27, 37, 45
Comando(s), 11, 59-63, 64, 73-74, 90-100, 105-109
   composto, 92-93, 105-106, 109
      em C, 109
      em Pascal, 105-106
   de atribuição, 60-63, 73-74
      de caracteres, 62-63
      em Pascal, 73-74
      lógica, 62
      numérica, 61-62

de entrada e saída, 59-60
   de entrada ados, 59
   de saída, 59-60
   formatação de entrada e saída, 60
de repetição, 125-156
   condicional enquanto/faça, 134-139
   condicional repita/até, 139-141
   em C, 149-154
   em Pascal, 145-149
   garantia da consistência de dados, 141-142
   por contagem para/faça, 127-134
   seleção do comando mais adequado, 142
de seleção aninhados, 95-97
de seleção dupla, 94-95, 107-108, 111-112
   em C, 111-112
   em Pascal, 107-108
de seleção múltipla, 98-100, 108-109, 112-116
   em C, 112-116
   em Pascal, 108-109
de seleção simples, 90-92, 106-107, 110-111
   em C, 110-111
   em Pascal, 106-107
Comentários, 28, 38-39, 46, 54, 64
   em C, 46
   em Pascal, 38-39
Conjuntos, 315-329
   construção de, 317
   declaração de, 316-317
   em C, 329
   em Pascal, 325-329
   entrada e saída de variáveis, 321
   inclusão de um elemento, 320-321
   operações sobre, 317-320
      que resultam em conjuntos, 318, 319f
      que resultam em valores lógicos, 318-320
   testes, 329
Constantes, 31-32, 50
   escolha de nomes para, 53

D

Declaração(ões), 28-32, 40-42, 49-50, 64, 242-246, 295-297, 316-317, 338-339, 398-399
   criação de novos tipos, 49
   de arquivos, 338-339
   de conjuntos, 316-317
   de constantes, 31-32, 50
   de registros, 295-297

de tipos de dados, 30-31
de um ponteiro, 398-399
de variáveis, 29-30, 49
em C, 49-50
em Pascal, 40-42
locais e globais, 242-246

E

Eficácia e eficiência de algoritmos, 13-15
Entrada e saída, comandos de, 59-60, 69-70, 76-78
   de entrada de dados, 59
   de saída de dados, 59-60
   em C, 76-78
   em Pascal, 69-70
   formatação de entrada e saída, 60
Enumeração, 221-231
   como índice de vetores ou matrizes, 224-225
   declaração de tipo, 222-223
   em C, 230-231
   em Pascal, 228-230
   testes, 231
   variáveis do tipo, 223-224
Estruturas condicionais e de seleção, 89-119
   comando(s), 90-100
      composto, 92-93
      de seleção dupla, 94-95
      de seleção múltipla, 98-100
      de seleção simples, 90-92
      de seleção aninhados, 95-97
   em C, 109-117
   em Pascal, 105-109
   testes, 118-119
Estruturas de repetição, 125-156
   conceito de contador, 126-127
   condicional enquanto/faça, 134-139
      comandos de repetição aninhados, 138-139
      contagem de repetições, 138
      sinalização de final de dados, 136-137
   condicional repita/até, 139-141
   contagem para/faça, 127-134
      aninhamento de comandos, 133-134
      execução do comando, 128-129
      representação do comando em fluxogramas, 129-133
   em C, 149-154
   em Pascal, 145-149

garantia de consistência de dados, 141-142
seleção do comando de repetição mais adequado, 142
Expressões, 32-37, 43-45, 50-53
   aritméticas, 32-34, 43
      em Pascal, 43
   de *strings*, 36-37, 45
      em Pascal, 45
      em C, 50-53
   lógicas, 34-36, 43-45
      em Pascal, 43-45

F
Fluxograma, 13, 91
Funções, 44, 247-248
   predefinidas, 44

I
Identificadores, 27, 38, 46, 53
   em C, 46
   em Pascal, 38
   representação padronizada de nomes de, 53
Instruções, 11

L
Laços de repetição, 126
Linguagem C, 19
Linguagem Pascal, 19
Linguagem textual, 12
Literais, 26-27, 37-38, 45-46
   em C, 45-46
   em Pascal, 37-38

M
Matrizes, 224-225 *ver também* Arranjos multidimensionais
Memória, 396-397, 399
   alocação dinâmica de, 396-397
   alocação e liberação de, por meio de ponteiros, 399
Modificadores de tipo, 48
   em C, 48

N
Números, 26-27, 37, 45

P
Palavras reservadas, 28, 38, 46
   em C, 46
   em Pascal, 38
Parâmetros, 240-242
   de entrada e de saída, 241
   formais e reais, 240-241
   por valor ou por referência, 241-242
Parênteses, 53
Pascal, linguagem, 37-45, 69-75, 105-109, 145-149, 183-185, 209-211, 228-230, 255-257, 277-284, 301-304, 325-329, 360-368, 407-408, 432
   algoritmos sequenciais em, 69-75
      comando de atribuição, 73-74
      entrada de dados, 69-70
      estrutura de um programa, 74-75
      saída de dados, 70-73
   arquivos em, 360-368
      binários, 366-368
      características, 360
      de texto, 363-366
      etapas para uso, 361-363
   arranjos multidimensionais, 209-211
      acesso aos elementos de uma matriz, 210
      atribuição em bloco, 211
      declaração de uma matriz, 209-210
      inicialização de matriz na declaração, 210-211
   arranjos unidimensionais em, 183-185
      acesso aos elementos de um vetor, 184
      atribuição em bloco, 185
      declaração de um vetor, 183-184
      inicialização de vetor na declaração, 185
      string tratada como vetor, 185
   comandos de repetição, 145-149
      condicional repeat/until, 148-149
      condicional while/do, 147-148
      por contagem for, 145-147
   conjuntos em, 325-329
      construção, 325-326
      declaração, 325
      entrada e saída de variáveis do tipo, 328-329
      inclusão de um elemento em um, 328
      operações, 326-328
   enumerações em, 228-230

estruturas condicionais e de seleção em, 105-109
  comando composto, 105-106
  comando de seleção dupla, 107-108
  comando de seleção múltipla, 108-109
  comando de seleção simples, 106-107
ponteiros em, 407-408
  alocação e liberação de memória, 408
  declaração, 407
recursividade em, 432
registros em, 301-304
  atribuição de registros inteiros, 304
  comando with, 303-304
  declaração de um registro, 301
  referência a um campo de registro, 301-302
strings em, 277-284
  comparação entre, 281
  comprimento efetivo de, 278-279
  declaração de, 277-278
  mais funções de manipulação de, 282-284
  procedimentos para alteração de, 279-280
  procedimentos para conversão de tipos, 281-282
subprogramas em, 255-257
  funções em, 256-257
  procedimentos em, 255-256
unidades léxicas em, 37-45
  comentários, 38-39
  declarações, 40-42
  expressões aritméticas, lógicas e *strings*, 43-45
  identificadores, 38
  literais, 37-38
  palavras reservadas, 38
  símbolos especiais, 38
  tipos de variáveis, 39-40
Ponteiros, 395-414
  acesso a variáveis acessadas por, 399-400
  alocação dinâmica de memória, 396-397
  alocação e liberação de memória por meio de, 399
  atribuição de valor a, 400
  conceito de, 397-398
  declaração, 398-399
  em C, 409-413
  em Pascal, 407-408
  perda de acesso a uma variável, 400-402
  testes, 414

Programa, 15-19
  etapas de construção, 15-19
    análise detalhada do problema, 15
    codificação, 17
    construção de um algoritmo, 16
    especificação dos requisitos do problema, 15-16
    manutenção, 17
    paradigmas, 17-19
    validação do algoritmo, 16-17
    verificação, 17
Programação, 17-21, 236
  paradigmas, 17-19
  estruturada, 19-21
  modular, 236
Pseudolinguagem, 12

R

Recursividade, 417-433
  em C, 433
  em Pascal, 432
  implementação de subprogramas recursivos, 420-422
  indireta, 422-424
  subprograma recursivo, 419-420
  testes, 433
  vantagens e desvantagens da, 424-425
Registros, 293-307
  declaração de, 295-297
  em C, 305-307
  em Pascal, 301-304
  referência a elementos de, 298
  testes, 307
Repetição, estruturas de *ver* Estruturas de repetição
Representação interna de dados, 21-22

S

Saída de dados, 59-60, 70-73
  em Pascal, 70-73
Seleção, 90-100, 110-116
  aninhados, comandos, 95-97
  dupla, comando de, 94-95, 111-112
    em C, 111-112
  múltipla, comando de, 98-100, 112-116
    em C, 112-116
  simples, comando de, 90-92, 110-111
    em C, 110-111

Símbolos especiais, 28, 38, 46
  em C, 46
  em Pascal, 38
Strings, 27, 36-38, 45, 46, 185, 187, 271-289, 413
  em C, 284-288
  em Pascal, 277-284
  formas de manipulação, 272-273
    como variável simples, 272
    como vetor de caracteres, 272-273
  tamanho, 273
  testes, 289
Subprogramas, 235-262, 419-422
  declarações locais e globais, 242-246
    escopo de identificadores, 243-246
  em C, 258-262
  em Pascal, 255-257
  implementação de chamadas a, 238-240
  parâmetros, 240-242
    de entrada e de saída, 241
    formais e reais, 240-241
    por valor ou por referência, 241-242
  recursivos, 419-422
    implementação de, 420-422
  refinamentos sucessivos e programação modular, 248-250
  testes, 262-263
  tipos de, 246-248
    funções, 247-248
    procedimentos, 246-247

T

Testes de mesa, 22

U

Unidades léxicas, 25-54
  componentes das linguagens de programação, 26-28
    comentários, 28
    identificadores, 27
    literais, 26-27
    palavras reservadas, 28
    símbolos especiais, 28
  declarações, 28-32
    de constantes, 31-32
    de tipos de dados, 30-31
    de variáveis, 29-30
  em C, 45-53
  em Pascal, 37-45
  expressões, 32-37
    aritméticas, 32-34
    de *strings*, 36-37
    lógicas, 34-36

V

Valores lógicos, 27, 37, 45
Variável(eis), 10, 39-40, 47, 223-224, 321, 400-402
  em C, 47
  em Pascal, 39-40
  do tipo conjunto, entrada e saída de, 321
  do tipo enumeração, 223-224
  escolha de nomes para, 53
  perda de acesso a uma, 400-402
Vetores, 224-225 *ver também* Arranjos unidimensionais

edelbra

Impressão e Acabamento
E-mail: edelbra@edelbra.com.br
Fone/Fax: (54) 3520-5000

Impresso em Sistema CTP